freedom letters

I0558183

№ 54

Дмитрий Быков

VZ

Портрет на фоне нации

Freedom Letters
Кривой Рог
2023

freedom letters

Сайт издательства freedomletters.org
Телеграм-канал freedomltrs
Инстаграм freedomletterspublishing

Издатель Георгий Урушадзе
Технический директор Владимир Харитонов
Художник Денис Батуев
Корректоры Инна Харитонова и Елизавета Мансурова

Дмитрий Быков. VZ. Портрет на фоне нации. — Кривой Рог: Freedom Letters, 2023.
ISBN 978-1-4467-2423-1

VZ Дмитрия Быкова — не биография Владимира Зеленского. И это даже не книга о войне.

VZ — особенно её третья часть, «Мистерия» — о, возможно, финальной битве архаики и прогресса. О битве, разворачивающейся на наших глазах и с нашим — хотим мы того или нет — непосредственным участием.

VZ — главный герой этой книги. Неожиданно для самого себя направивший XXI век по верному пути. Оказавшийся орудием того самого Абсолюта, в существование которого мир уже почти не верил, развращаясь неразличением добра и зла и мифом о всеобщей коррупции. Герой, защитивший нашу человечность.

Впрочем, божественный замысел происходящего ещё до конца не ясен...

© Дмитрий Быков, 2023
© Freedom Letters, 2023
© Андрей Баумейстер, послесловие, 2023

Содержание

От автора 8

Часть первая
КОМЕДИЯ

I. Просыпайся 15

II. Вся власть поэтам 16

III. Антропометрия 20

IV. Копперфильдовская муть 22

V. Бить в прыжке 25

VI. КВН 28

VII. Жена 35

VIII. «Квартал-95» 45

IX. «1+1». Роднянский. «Квартал-95» на ТВ 47

X. Братья Цыцько 61

XI. Коломойский 67

XII. Майдан 78

XIII. «Слуга народа» 84

XIV. Актер 91

XV. Король-нарратор 100

XVI. Зеленский как украинец 105

XVII. Периодическая система 110

XVIII. Зачем? 118

XIX. Еще немного антропометрии 122

XX. Президент (2019–2021) 126

XXI. Донбасс. Переговоры-2019 177

XXII. Соратники 193

Интермедия 241

Часть вторая
ТРАГЕДИЯ

I. Подготовка 250

II. Канун 254

III. 24 февраля 263

IV. Первый день 277

V. Март 285

VI. Буча 289

VII. Дерьмо 299

VIII. Переговоры 305

IX. Ход войны 308

X. Вместо блицкрига 313

XI. Июльский скандал 330

XII. Корбан 332

XIII. Операция «Интервью» 335

XIV. Сентябрьское наступление 339

XV. Бахмут. Пригожин 354

XVI. Контрнаступление 366

XVII. ВЗ-2 368

XVIII. Зе, мля! 381

XIX. Обращения 385

Интермедия. Холодец 400

Часть третья
МИСТЕРИЯ

I. Два капитана. Путин и Украина 407

II. Колониализм 453

III. Национализм. «Миротворец» и последствия 464

IV. Внешняя политика-2 474

V. Коррупция-2 481

VI. Варианты 483

Андрей Баумейстер. Послесловие 497

Прошу вас не кричать, потому что на нас смотрит весь мир.
Владимир Зеленский,
24 апреля 2019

Папа много шутит. Но когда становится серьезным, вообще трудно поверить, что он шутил.
Александра Зеленская,
программа «Рассмеши комика. Дети», 2016

Кто не знает, как умеют встретить дорогого гостя на Украине! А потом гостя подстерегает еще немало новых испытаний: пампушки с чесноком или с медом, пирожки с капустой или с печенкой… И, венчая все это, над тарелками и мисками будет возвышаться бутылка с сургучной головкой.
Евгений Поповкин, «Семья Рубанюк»

От автора

Прежде чем излагать чужую биографию, следует хоть бегло коснуться своей. То есть объяснить, почему тебя вообще нужно слушать.

Я опубликовал в своей российской литературной жизни около девяноста книг и среди них несколько биографий — главным образом писательских. Но читать меня стоит не поэтому.

Я один из трех (пока) авторов, который в России внесен в списки иностранных агентов и пятой колонны, то есть фактически врагов народа в нынешней терминологии, а в Украине — в списки сайта «Миротворец», куда вносятся враги Украины. В России я попал в черные списки (означающие полный запрет на журналистскую и преподавательскую деятельность) за то, что выступал против власти и против войны, а в Украине — за то, что назвал Одессу городом великой русской культуры, а националистов — дураками.

Как говорил один герой старой книжки, если в тебя швыряют камни с обеих сторон дороги, ты, скорее всего, на верном пути.

Эту книгу почти наверняка встретят дружной ненавистью в России и дружным недоверием в Украине. В России будут называть фантастические суммы, за которые я согласился ее писать, а в Украине обязательно найдутся люди, которые скажут, что эту сумму мне заплатили в Кремле — за плохую книгу о Зеленском. Все это нормально, и для меня гораздо печальней будет, если ее вовсе не заметят. Я все-таки потратил на нее довольно много сил, и там высказаны важные для меня мысли. Ведь Зеленский реабилитировал не просто творческую интеллигенцию — он защитил смысл всей нашей жизни, все то, что человечество в принципе считает важным. Путин обнулил, а Зеленский — защитил. Мне хотелось понять, как у него это получилось и как мы все можем оказаться достойны времени, которое независимо от исхода войны будет называться эпохой Зеленского.

Мне кажется, большинство книг сегодня пишутся как бы по обязанности. Писатель долго борется с прокрастинацией, потом наконец пинками загоняет себя за стол, мучительно разбирается со своими проблемами и комплексами, обильно смазывая собственной кровью нежизнеспособную тяжеловесную конструкцию в надежде, что читатель узнает в описанном какую-нибудь из своих детских травм и на этом основании проникнется к тексту хотя бы самым низменным интересом: неужели у всех так?.. Кто-то нам внушил — еще в эпоху Просвещения, давно скомпрометированную последующей историей, — что читать более престижно, чем заниматься, например, слаломом или сексом.

Эта книга пишется по совершенно другим причинам. Автор искренне хочет разобраться с главной тайной XXI века. Этот век за 22 года не предложил нам ничего более увлекательного. Ни ковид, ни массовое помешательство граждан России, ни поколебленная последними наблюдениями теория Большого Взрыва (оказывается, большинство дальних галактик никуда не разлетается!) рядом не стоят с загадкой Владимира Зеленского.

Все, что мы знаем о Зеленском, включая сплетни, вкусы и цитаты, можно было бы пересказать за час, и для этого не надо ни ездить в Украину, ни встречаться с его коллегами и современниками. Он парадоксально оказался на своем месте, но дело не только в нем, а и в уникальности места. Ситуация же напоминает о величайших поворотах истории, последствия которых даже дальним потомкам становятся ясны не до конца.

Актер и продюсер не самого интеллектуального стендап-шоу возглавил нацию, успешно противостоящую фашизированной ядерной державе. Фашист, вооруженный ядерным оружием, самый страшный кошмар жителей XX века, думавших, что страшнее Гитлера зверя нет, на наших глазах разбивается о европейскую страну, которая территориально уступает России в 15 раз, а населением — в 4. Страна, чей годовой бюджет занимает в мире 58-е место (Россия — на пятнадцатом), в течение двадцати месяцев, хотя и при технической помощи США и Европы, противостоит агрессии соседа, до сих пор обладающего самой большой в мире территорией. Страна, армия которой по численности находится в мире на 19-м месте (Россия — на пятом), на наших глазах хоронит миф о непобедимости и героизме русского солдата. Шут побеждает дьявола, комик — чекиста, художник (пусть балаганный, да хоть бы и цирковой) — злодея. На наших глазах сбывается сказка о Драконе, которую в обработке Шварца читала и смотрела вся Россия, несмотря на советские запреты. Великая империя рушится, пытаясь загнать в зону своего влияния собственную нелюбимую падчерицу, с которой вместе прожила почти четыреста лет, с самой Переяславской Рады, когда гетман Богдан Хмельницкий привел Украину к союзу с русскими.

Тайны тут, собственно, две: как Зеленский победил в президентской гонке на волне самого серьезного политического кризиса в украинской истории и как он выстоял во главе страны, вступившей в самую серьезную войну в своей истории. Как Давид в очередной раз победил Голиафа? И как этому Давиду, сочинявшему псалмы в формате фельетонов, удалось напомнить всему миру о незыблемости великих библейских истин — ему, который еще вчера потешал российское руководство на корпоративах или в собственном шоу изображал игру членом на рояле?

Это одно из тех чудес Божьих, о которых потом слагаются легенды. И хотя чудо это сотворил народ Украины, являющий примеры героизма и самопожертвования, у этого чуда подвижное еврейское лицо Зеленского, быстрые карие глаза Зеленского, хрипловатый узнаваемый голос Зеленского. Как бы ни сложилась его дальнейшая судьба, он был в первой половине двадцатых орудием того самого Абсолюта, в существование которого мир уже почти не верит, развращаясь неразличением добра и зла и мифом о всеобщей коррупции.

Есть ли для писателя более серьезная тема? Это же, понимаете, как если бы из леса вышел динозавр, а потом еще и заговорил человеческим голосом.

И сказал бы: как хотите, а эту книгу вам пропустить нельзя.

Дмитрий Быков,
Итака, август 2023

Часть первая
КОМЕДИЯ

I. Просыпайся

24 февраля 2022 года украинский писатель, журналист и рекламщик Валерий Примост собирался отмечать свой 55-й день рождения. Кстати, почти в любой киевской компании обязательно найдется человек, у которого день рождения приходится на 24 февраля. То ли большинство киевлян действительно родились в этот день, то ли считают его днем начала новой жизни.

Накануне Примост со своей тогдашней девушкой довольно сильно напился, поздно лег и проснулся в девять утра от вибрации мобильника. Приятель с другого конца города поинтересовался, насколько интенсивно их бомбят. Примост не слышал никакой бомбежки.

— Война, — сказали ему.

— Значит, все-таки началось, — сказал он и стал будить девушку.

— Зеленский уже сбежал? — спросила она.

— Вот теперь он точно никуда не сбежит, — уверенно сказал Примост. — Теперь на него смотрит весь мир. Ни один актер не покинет сцену, где на него смотрят десять миллиардов человек.

Эта фраза — универсальное объяснение происходящего. И это был второй случай, когда Примост чуть ли не в полном одиночестве угадал судьбу Зеленского. В начале 2014 года, работая редактором на телеканале «1+1», он просмотрел набросок сценария сериала «Слуга народа» и пошел к непосредственному начальнику, гендиректору группы «1+1 медиа» Александру Ткаченко, впоследствии министру культуры Украины (которому пришлось уйти в отставку в 2023 году, к этому сюжету мы вернемся).

— Саша, — сказал Примост (в Украине к начальству относятся без особого пиетета, и вдобавок они ровесники). — Это же готовая президентская программа.

Ткаченко засмеялся, а зря. В 2014 году Владимир Зеленский, исполнитель главной роли в сериале «Слуга народа», уже планировал участие в президентской гонке, и даже взнос в сто тысяч долларов не останавливал его. Но он передумал, поняв, видимо, что у президента Украины в 2014–2018 годах попросту не было хороших сценариев.

Четыре года спустя он выиграл президентские выборы с небывалым отрывом — 73,22 процента против 24,45 у действующего президента Петра Порошенко, — и во время своей первой президентской каденции перевел сериал нашей общей жизни в принципиально новый жанр. Об этом мы и будем говорить.

II. Вся власть поэтам

В 1917 году Николай Гумилев, командированный для контактов с Антантой Временным правительством и переживший в Европе октябрьский переворот, познакомился с Г. К. Честертоном. Оба произвели друг на друга впечатление самое приятное, но показались друг другу безнадежными чудаками. «Русские наделены всеми дарованиями, кроме здравого смысла, — вспоминал ГКЧ. — Когда он вышел в дверь, казалось, что столь же естественно для него было бы выйти в окно». Гумилев рассказал Честертону, как в детстве пытался словами остановить дождь (из этого факта, отраженного в его стихотворении «Память», вырос потом рассказ «Преступление Гилберта Гейла»), а также предположил, что миром должны править поэты: во-первых, они всегда договорятся, а во-вторых, умеют выбирать из миллиона словосочетаний сладкозвучнейшее, так что с государством как-нибудь управятся.

«Италию он предлагал Д'Аннунцио, Францию — Франсу, Англию — мне. В это время началась бомбежка. Что может быть поэтичнее, чем умереть в особняке в Мэйфер под бомбежкой, пока русский безумец предлагает тебе корону Англии?»

С тех пор романтическая идея передачи власти гуманитарной или творческой интеллигенции перестала восприниматься всерьез. Политическая деятельность самого Гумилева закончилась расстрелом за участие в антисоветском заговоре (так и не осуществившемся), Габриэле Д'Аннунцио сдал республику Фиуме и вернулся к литературе, Юкио Мисима совершил харакири после неудавшегося переворота, Эдуард Лимонов отсидел в тюрьме, партию его запретили, а сам он умер политическим маргиналом. Чуть больше повезло актерам, Рейгану и Шварценеггеру, но про них впору рассказывать анекдот, вроде бы относящийся к Книппер-Чеховой:

— Я так боюсь смерти! Говорят, что все актрисы будут в аду…

— Да ладно, милая, какая ты актриса…

За творцами закрепилась репутация людей легкомысленных, ничего не понимающих в экономике и социологии, недоговороспособных, а главное — мыслящих нереалистично. Но Украина во главе с Зеленским реабилитировала творцов и гуманитариев: она доказала, что расчет в экстремальных обстоятельствах только вредит. Не знаю, как обстоит дело в благополучных странах, но в ситуациях, когда отступать некуда, страну спасают именно те, кто руководствуется идеализмом. Более того: присущие актерам и литераторам самолюбование и даже кокетство чаще всего не дают им проявить трусость. Сноб умирает красиво именно потому, что заботится о своем внешнем виде. Актер привык, что на него смотрят миллионы, и не хочет перед ими скомпрометировать себя, а это big deal для государства на грани уничтожения. Это античная добродетель, заставляющая вспомнить предсмертные афоризмы спартанцев и римлян.

26 февраля 2022 года, когда Владимир Зеленский ответил на предложение США об эвакуации словами «Мне нужны боеприпасы, а не такси», у свободного мира появился бесспорный лидер, а у Европы — главный политик. Более того, он перевел политический нарратив в культурную, а возможно, и религиозную плоскость. Украинская политика, долго балансировавшая между трагедией и фарсом (периодически срываясь то в одно, то в другое), перешла в разряд мистерии. Геннадий Корбан — фактический хозяин Днепра, по образованию драматург и выпускник Литературного института в Москве, — принимал меня в своем офисе в конце июня 2022 года. На мой вопрос, не чувствует ли он перехода Украины из мира политики в мир литературы, он ответил вполне определенно: «Скорее, это кино. Даже сериал. Но качественный».

Окажись на месте Зеленского системный политик, он мог бы включить расчет. Но Зеленский в феврале 2022 года не рассчитывал — возможно, к нему и предъявят со временем претензии именно по этому поводу, но только после войны. Расчет тогда не спасал. Зеленский отверг любые варианты индивидуального спасения, и Украина превратила происходящее в грандиозное явление искусства, в спектакль мирового духа. Подобно герою знаменитого фильма «Генерал делла Ровере», актер сыграл героя и поверил в то, что он герой. В конце концов, в современном мире, где торжествует постправда, только актеры и верят в то, что они говорят. Иначе у них получится не убедительно.

Особенность этой войны в том, что она упразднила полутона: далеко не всякая война так проявляет действие закадровых исторических сил. В момент, когда Россия выпустила по украинской территории первые ракеты, гибридность — термин, которым обозначают современную необъявленную войну, — сошла на нет. Наступила исчерпывающая определенность, которую Томас Манн назвал в высшей степени благотворной: силы добра смогли наконец объединиться против явного и беспримесного зла. Зеленский задал новый стандарт поведения. С этого времени его все чаще называли украинским Черчиллем, Черчиллем из КВН — но, строго говоря, ведь и Черчилль не был системным политиком. Отважный военный журналист, самодеятельный (и недурной) художник, самодеятельный (и неплохой) каменщик, хороший писатель, недаром получивший нобелевку, оратор, позер, острослов, он всегда думал о том, как он выглядит и что о нем скажут, всегда продумывал театральные эффекты и запоминался броскими афоризмами. Назвать его системным политиком значило бы безмерно сузить эту титаническую личность. Зеленский обозначил грандиозную тенденцию мировой политики: собственно политические и экономические решения все чаще принимаются в закулисье, и судьбы народов теперь зависят не от самих народов, а от элитарных профессионалов, «эффективных менеджеров». Нарратив, национальный характер, представление нации о себе создают люди, которые это умеют: например, Зеленский, чью экономику и политику систематически критикуют все так называемые профессионалы. Но важен только один профессионализм — способность актера так раскачать зал, чтобы люди на несколько секунд стали лучше.

А уж этой способностью Зеленский наделен в высшей степени.

— Однажды в 2013 году, — рассказывала давняя сотрудница пресс-службы Зеленского — мы выступали в исключительно сложном зале. Сплошь политики. Номер, один, другой — сидят как каменные. Зеленский собрал всех за кулисами и сказал: без паники, сейчас я выйду и их раскачаю. И в конце его скетча они улыбались и даже прерывали его аплодисментами. В умении растопить любой зал ему нет равных.

Сегодняшняя Украина — сложный зал с массой разных, мало в чем согласных зрителей. Но когда актер выкладывается до предела, ставя на карту все, более благодарной аудитории нет. Наша тема — превращение мировой политики в шекспировскую драму, в которой шут произносит свой приговор королю. Конца этой драмы мы не знаем. Наша книга обрывается в кульминационной точке. Читателю легче — он знает больше.

Зато мы присутствуем в высшей точке собственной биографии — в эпоху, когда в нашу жизнь вернулись абсолютные ценности. И что бы там ни было дальше, мы будем благодарны за это не только великому актеру, но и его публике, сыгравшей эту мистерию вместе с ним и наполнившей смыслом существование всего этого шекспировского театрика с характерным названием «Глобус».

III. Антропометрия

Рост Владимира Зеленского — 166 см, вес — 62 кг, глаза карие.

Размер одежды — 42 (M в американской номенклатуре), размер обуви — 42 (9 в американской номенклатуре).

Любимый цвет — зеленый.

Любимый напиток — сухое красное вино.

Мотоцикл водит с 12 лет, автомобиль — с 18.

Насчет любимого блюда сведения расходятся. Вероятно, для продвинутых пользователей, среднего и выше-среднего класса, существует версия о добром стейке средней прожарки. Но для небогатого избирателя тиражируется версия о том, что больше всего Зеленский любит пожарить помидоры, перцы, баклажаны — любые овощи, которые под рукой, — и залить все это яйцом. Вообще ему не принципиально, что есть. Во время работы — это рассказывали все, кто видел его на съемках, — он о еде вообще не вспоминает.

Зеленский не производил впечатления великого человека. Ни в личном общении, ни во время выступлений, ни в своих кинороялях, ни на инаугурации, ни даже во время выступления перед первыми лицами других государств и их парламентами. Есть люди, чья внушительность не определяется ни ростом, ни комплекцией, ни суровостью черт: просто вошел, и словно повеяло ветром из другого измерения. Зеленский подвижен, энергичен, у него отличная реакция, редкая даже для актера память и то, что обычно называют позитивностью: он располагает к себе — но не к панибратству. Видно, — не знаю уж, как он этого добивается, — что похлопать его по плечу вам не удастся. Может быть, дело тут в его быстром оценивающем взгляде, а может быть — в манере мгновенно переключаться на холодноватую деловитость. Но при всем при этом — вы можете ему симпатизировать, а можете подозревать его во всех грехах, — но в нем нет ничего иррационального, сверхъестественного и странного. Единственная странность в его биографии — та роль, которую ему выпало сыграть; но даже эта роль не заставила его смотреть на себя как на сверхчеловека. Я не назвал бы его скромным и вообще не очень понимаю, что это такое: как сказал Черчилль об Эттли, сменившем его на премьерском посту, «он очень скромный человек, и у него есть для этого все основания». Зеленский — хороший актер, талантливый менеджер и храбрый политик, но не Бог, не царь и с виду не герой.

Он слушает вас внимательно, но не изображает эмпатию, не вербует вас, не пытается сделать вид, что каждое ваше слово для него жизненно важно. Он ведет себя как человек, у которого мало времени. Пожалуй, он умеет внушить собеседнику только одно ощущение, но оно и оказывается решающим: у вас на короткий миг появляется чувство, что вы делаете важное дело. Говоря языком КВН, вы играете в одной команде. У вас появляется — особенно если вы человек тщеславный, —

ощущение некоего заговора, в котором вы оба участвуете. И не то чтобы он постоянно подмигивал, как бы намекая «ну мы-то с вами понимаем», не то чтобы он вам льстил, давая понять, что вы равны, если общаетесь так запросто. Есть ощущение, что вы на одной стороне. Может быть, это он и сумел внушить нации, и за этот счет победил сначала на выборах, а потом и в войне.

IV. Копперфильдовская муть

Начало биографии читатель привык пропускать. Родители, детство и «вся эта давид-копперфильдовская муть», как назвал ее герой Сэлинджера, интересны разве что историкам. Но детство Зеленского пришлось на необычные времена и протекало в необычных местах. Многое в его жизни определилось тогда.

Зеленский родился в два часа дня 25 января 1978 года в Кривом Роге, украинском городе, основанном за двести лет до его рождения и расположенном в Днепропетровской области Украины. Статус города, однако, он получил лишь в 1860 году. Население на момент рождения будущего президента составляло 820 тысяч человек, в основном русскоязычных; не менее семи процентов этого населения — евреи (в реальности, вероятно, и больше, ибо население СССР предпочитало в еврействе не признаваться). Город гордился званием самого длинного в Европе (66 км; в отдельных патриотических пабликах учитывают агломерацию и пишут сразу 126, что делает его третьим в мире после Мехико и Сочи). Рог на местном диалекте — каменный мыс, и город получил свое название по длинному, около пяти верст, мысу между реками Саксагань и Ингулец. (Местная легенда о том, что поселение названо в честь основавшего его хромого казака по кличке Рог, не подтверждается: в переписях населения таковой казак не обнаружен). Кривой Рог более всего славен своими железо-рудными рудниками и горно-обогатительными комбинатами. Родители Зеленского, Александр Семенович и Римма Владимировна, до начала спецоперации жили в четырехкомнатной квартире в Кривом Роге на улице Землячки (Розалии Залкинд, более всего известной палаческими акциями в Крыму 1920 года). После начала войны их срочно вывезли в Израиль, в Ришпон. Российские СМИ неоднократно упоминали, что по соседству живут родственники украинского олигарха Коломойского и российского — Прохорова; фотосвидетельств, однако, не предъявили.

Комментарий сотрудника пресс-службы (на условиях анонимности): Родители Зеленского ни в каком не Израиле, а, насколько известно, вполне себе в Украине.

Отец родился 23 декабря 1947 года, горный инженер, маркшейдер, с 1995 года — завкафедрой информатики и вычислительной техники Криворожского экономического института. Мать родилась 16 сентября 1950 года в том же Кривом Роге, 40 лет проработала инженером, ныне на пенсии. Отец Зеленского ниже жены, комплекцией и манерами несколько напоминает Жванецкого, большую часть времени проводил на работе, сыном занималась мать — но и мимика, и характер, и язвительное временами остроумие у Зеленского именно от отца-профессора (над этим званием он неизменно трунит). Родители поженились за год до рождения сына, в 2022 году собирались отметить 45-летие брака, но началась война. За время профессиональной актерской карьеры сына они дали считанные интервью — кто-то скажет, что по причине личной скромности, кто-то подчеркнет, что к ним и не обращались, потому что живут они тихо и на жизнь Зеленского никак не влияли; единственный более или менее пространный разговор с ними обоими опубликовала казахская журналистка (Tengrinews) Жанна Нурланова в июне 2019 года.

Из этого интервью известно, что статус родителей Зеленского после его победы на выборах никак не изменился, что он многократно звал их в Киев, но они никуда не хотят переезжать, что их чрезвычайно огорчает грязь, которую на него льют оппоненты, и особенно подозрения насчет наркомании («А он никогда даже не курил»). На вопрос, не пугает ли их отсутствие у сына политического опыта, отец ответил вполне конкретно: «Опыт как красть? Зачем такой опыт?» Из всей роскоши, предложенной сыном, отец согласился только на новые зубы. О тлевшей тогда войне с Украиной Зеленский-старший высказался определенно: «Не нравится мне, когда сын называет Россию агрессором, но, наверное, так надо».

С 1979 по 1983 год Зеленский с родителями прожил в Монголии, где его отец строил Эрдэнетский горно-обогатительный комбинат, гордость Монгольской народной республики. (Потом они с матерью вернулись в Украину, а отец остался работать в братской стране: мать испортила себе здоровье из-за степного климата с бесконечными температурными перепадами). Из всего монгольского языка нынешний президент Украины, как он многократно признавался в интервью, помнит только слово «бахуй», т.е. «нету», — и не из-за сходства с обсценной идиомой, а потому, что действительно почти ничего не было. (В действительности «ничего нету» переводится как «байхгуй»; как видим, все он помнит правильно). «Там было два магазина, верхний и нижний, меня часто в них посылали, и в обоих почти пусто».

Отец рассказал, что в детстве серьезно занимался штангой и отдал сына в ту же спортивную секцию, но главным его успехом считает танцы. «С этого и КВН начался». (Вообще все, кто знает Зеленского с юности, отмечали его прекрасные физические данные. Для спортивной программы «Ze кубики», агитировавшей за здоровый образ жизни, руководитель «Квартала» серьезно тренировался в спортзале и за месяц с легкостью накачал пресс, то есть те самые кубики).

V. Бить в прыжке

О криворожском детстве Зеленский рассказывал в стендапах, например, в квартальском «Вечернем Киеве», — регулярно и весело: «Быть сильным в Кривом Роге в девяностые годы — это как автомобиль. То есть не роскошь, а средство передвижения. При моем росте трудней всего было не бить ниже пояса. То есть бить приходилось только в прыжке».

Детство и отрочество Зеленского пришлись на ревущие восьмидесятые и криминальные девяностые, когда главным развлечением криворожской молодежи были побоища «стенка на стенку». Город поделен на пронумерованные кварталы — в память о чем и назван «Квартал-95», — и пересекать границу чужого района было попросту опасно. Участников молодежных банд называли «бегунами» (статья портала Страна.ua об этой криворожской субкультуре показалась отцу Зеленского обидной). На любой дискотеке рано или поздно начиналась стрельба: парней перед танцами обыскивали, так что волыны проносили девушки — в юбках. Зеленский в бандах не участвовал — да и 95 квартал считался «неактивным», — и соответствовал репутации профессорского сына: хорошо учился, играл на фортепьяно. «В драках меня просили не участвовать: Вован, лучше подержи наши куртки. Ребята, лето, какие куртки?! А мы специально надели, чтобы тебе было что подержать».

В 1995 году он закончил 95-ю школу, в которой познакомился с большинством товарищей по «Кварталу», в том числе с Аленой Кияшко, будущей Зеленской. В аттестате у него были четыре четверки — по физкультуре (несмотря на всю спортивность), русскому, украинскому и химии. Все учителя... но каких воспоминаний о президенте вы ждете от учителей? Упорный... способный... все быстро схватывал... активно участвовал в школьной самодеятельности... играл в школьном спектакле «Женитьба» второстепенную роль Яичницы, но всем запомнился... Рано начал ломаться голос, уже в седьмом классе пел хриплым басом, сделал его своим фирменным знаком... Занимался танцами, тяжелой атлетикой, пел в школьном ансамбле, которым руководила учительница музыки Татьяна Соловьева. В десятом классе выиграл грант на бесплатное образование в Израиле, но не захотел покидать семью. Пользовался успехом у одноклассниц... но это как раз немудрено: по воспоминаниям другого выпускника, Сергея Жукова, к моменту выпуска в классе осталось всего четверо мальчиков (большинство после девятого класса отсеялось) и больше двадцати девочек.

Меня отыскала учительница математики Зеленского Елена Богачева: ей захотелось помочь в написании книжки и поделиться воспоминаниями. Она пришла к десятиклассникам на практику осенью 1995 года и была старше этих выпускников на каких-то пять лет. «Я очень тщательно готовилась к первому учебному дню: брюки в пол, белый верх, черный низ... Классная руководительница их класса меня без всякого приветствия развернула: никаких брюк! Я всю дорогу домой плакала. Ну, думаю, будет тебе юбка! И надела юбку с та-а-аким разрезом!»

10 «Б» принял практикантку чрезвычайно доброжелательно. «Я Зеленского заметила сразу, потому что он сиял таким интересом к людям! Он меня расспрашивал обо всем... И вот вы знаете, человеку с его внешностью и фамилией явно было нелегко в нашем городе, потому что и сам город наш непростой. Не зря у нас везде эти шахты — такое ощущение, что подземное зло вылезает. Много взаимного раздражения. А он... может, потому еще, что класс был хороший... он вообще не стеснялся, что он еврей! И совершенно не бежал от этого. Я многих знала, кто и фамилию менял, и в паспорте писался украинцем или русским. А он — может, потому, что отца знал и любил весь город, — очень спокойно это переживал.

На первом уроке у нас была самостоятельная работа. И у него трояк. У него вообще с математикой было не очень. Он подошел, весь такой обаятельный: «Елена Николаевна! Ну не ставьте тройку! Отец ругается». А я принципиальная была, поставила. И очень раскаивалась. Ну, думаю, он обидится теперь. А он мне такой букет подарил на день учителя!

Потом мы чего-то с ними разговаривали после уроков, он спрашивает, вот вы доучитесь, а потом куда? Я говорю, вряд ли в школу. Не очень мне нравится. А они с другом мне говорят: а давайте с нами в нархоз! У нас в городе два больших вуза — нархоз и горный. Я и пошла в нархоз. То есть он теперь назывался криворожский экономический университет, это был филиал киевского...»

— А вы за него голосовали на выборах в девятнадцатом?

— Конечно.

— Небось весь Кривой Рог за него голосовал?

— Да что вы, нет, конечно. Очень многие против были, потому что завидовали. Я же говорю, у нас непростой город. Но уж кто в нем сумел...

— Выжить?

— Состояться. Кто в нем сумел, тот и дальше не поломается.

По совету отца Зеленский поступил на юридический факультет экономического университета, раз уж к точным наукам душа не лежала. Там, несмотря на плотный график выступлений, он получил красный диплом.

Вообще школа сыграла в его жизни куда более значительную роль — отчасти потому, что постсоветское высшее образование деградировало заметней, чем школьное. Вуз превратился в своеобразную отсрочку от взрослой жизни. С одноклассниками Зеленский создал свою первую команду КВН, регулярно появлялся на встречах выпускников, отметил двадцатилетие выпуска общей фотографией... В экономическом университете на кафедре кибернетики работал его отец, чья помощь при поступлении Зеленскому не понадобилась — со своей фотографической памятью он сдал вступительные экзамены без напряжения. Юристом не проработал ни дня. Вероятно, самой яркой его победой в студенческое время, как вспоминает завкафедрой правоведения Иван Копайгора, стало участие в деловой игре по выборам президента Украины. Из трех кандидатов, вышедших в финал, Зеленский выступил убедительнее всех, так что роль президента страны впервые примерил еще в 1997 году. По воспоминаниям того же преподавателя, защиту своего диплома Зеленский «пересыпал шуточками» и всех очаровал. (Дочь своего преподавателя Ирину Копайгору Зеленский назначил в 2019 году госуполномоченной Государственного антимонопольного комитета, за что получил свою долю критики от украинских СМИ). Руководитель Луганской, а впоследствии Закарпатской администрации, соратник Порошенко Геннадий Москаль усомнился в том, что Зеленский действительно защищал диплом, и потребовал ему предоставить дипломную работу. Институт выполнил это требование.

Во время учебы в институте Зеленский создал театр миниатюр «Беспризорник», там его заметили участники КВНовской команды «Запорожье — Кривой Рог — Транзит» и пригласили сначала ставить танцевальные номера, а потом и играть на сцене. В 1997 году Зеленский с компанией друзей отделился от «Транзита» и создал собственную команду, названную в честь малой родины — «Квартал-95». Этому бренду суждено было стать одним из самых громких в Украине.

VI. КВН

В СССР не было легальных возможностей сделать карьеру, минуя партию и комсомол (исключение составляли ученые, связанные с оборонной промышленностью), но были

28

два загадочных социальных института, благодаря которым талантливый артист или интеллектуал могли заявить о себе и даже достигнуть определенного статуса исключительно за счет своих способностей, как и бывает обычно в человеческом обществе. Эти институции, до сих пор не ставшие объектом академического исследования, назывались двумя аббревиатурами: КВН («Клуб веселых и находчивых») и ЧГК («Что. Где. Когда»). КВН — пародийная расшифровка марки советского телевизора, который в фольклоре расшифровывался как «Купил — включил — не работает» (в действительности это как бы автограф его создателей, советских инженеров Кенигсона — Варшавского — Николаевского). Программу КВН создали журналист Сергей Муратов, врач и режиссер Альберт Аксельрод и телевизионный инженер Михаил Яковлев. Шоу традиционно шло в прямом эфире и представляло собою состязание студенческих команд в остроумии, причем непременным условием победы была способность к импровизации. Программа существовала на Центральном телевидении СССР с 1961 по 1972 годы, была закрыта в разгар так называемого «застоя» и возродилась в 1987. Но все 15 лет ее отсутствия клубы веселых и находчивых существовали в советских вузах, соревновались и концертировали.

У истока второго интеллектуального клуба стоял человек, чья биография еще станет международным бестселлером: Владимир Ворошилов (1930–2001), театральный художник, ученик Александра Родченко, известного как ведущий советский дизайнер и визуальный соавтор Маяковского. В случае Ворошилова особенно очевидна связь между сценической и социальной инженерией: всю жизнь вынужденно проработавший на советском телевидении, причем вполсилы, он рожден был, несомненно, для масштабных социальных преобразований. Возможно, желчная и раздражительная манера ведения программы «Что. Где. Когда», ставшая его фирменным знаком, связана с постоянным ощущением своей невостребованности и досады на вынужденное снижение планки. Любопытно, что самые яркие звезды КВН — Владимир Зеленский, Семен Слепаков, Алексей Кортнев — имеют отчетливые либеральные взгляды, тогда как ЧГК порождает в основном ярых реакционеров, имперцев, путинистов: Анатолий Вассерман, Нурали Латыпов, Максим Поташев... Наиболее заметное исключение (не считая молчаливого Александра Друзя) составляет Илья Новиков, адвокат, защищавший Надежду Савченко и в конце концов эмигрировавший в Украину; родной клуб от него отрекся. Вероятно, умные в России лучше понимают, на чьей стороне сила, а веселые умеют действовать, игнорируя это обстоятельство.

КВН был превосходным социальным трамплином. Прежде всего это была бизнес-школа, поскольку с начала девяностых эстрадные выступления наиболее популярных команд, раскрученных телевидением, собирали на гастролях лучшие аудитории страны. Один из создателей КВН, реаниматолог Альберт Аксельрод, на вопрос, что общего между его профессией и хобби, ответил однажды: «Оживление в зале». Оживлением советской экономики стал и бизнес, связанный с развлекательным шоу: из рядов КВН вышло множество крупных советских, а впоследствии российских шоуменов и телеперсон. Самым известным из них стал харизматичный капитан команды бакинского мединститута Юлий Гусман (ныне знаменитый кинорежиссер, постановщик массовых шоу, создатель первых телемостов и бессменный руководитель киноакадемии «Ника», проживающий большую часть года в США). Из рядов КВН вышли телеведущие Михаил Марфин и Михаил Борисов, музыканты и шоумены Алексей Кортнев, Валдис Пельш, политики Владимир Семаго и Михаил Лесин (делавший первые шаги в бизнесе именно как организатор гастролей КВН), а команды «Одесские джентльмены», «Уральские пельмени» и «Дизель» создали собственные шоу, в том числе на телевидении, хотя не меньше денег приносили эстрадные гастроли. Из шоу команды «Новые армяне» родился самый популярный комедийный проект российского телевидения Comedy Club. Можно с полной уверенностью сказать, что, если бы не комическое шоу с элементами политической сатиры (последовательно сходившими на нет в российском телеэфире), у Украины в 2019 году был бы другой президент.

Телевизионная карьера самого Зеленского поначалу не выглядела сенсационной: впервые он появился на Первом канале в одной восьмой финала 1997 года, в составе команды «Запорожье — Кривой Рог — транзит». Это была сборная украинских команд, выигравшая затем финал 1997 года. Ее капитаном был Михаил Гуликов, Зеленский ничем особенным не блистал. Запомнилась только его фраза о Крыме — как бы озвученная вслух мысль Бориса Ельцина: «Так он и отдал Крым! У него там дача с бассейном и яхта» (в чем усматривали парафраз реплики из комедии Гайдая «Не может быть»: «У нас отдельная квартира и ванна»). Справедливости ради заметим, что и остальные звезды «Квартала-95» в составе украинской сборной ничем не блеснули. Но если уж говорить всю правду, уровень юмора в сезоне 1997 года был вообще удручающим: это касается и финала, в котором Зеленский замечательно отработал в нескольких музыкальных номерах (например, с прибором для чтения мыслей), но и с импровизациями, и с социальной остротой дело было плохо. Пожалуй, ОРТ — так назывался тогда Первый канал, — оказался зеркалом общероссийской деградации: социальная сатира не имеет смысла, когда она ни на что не влияет. А выборы 1996 года наглядно показали, что никакого выбора у России нет: либо Ельцин, пребывающий в полном упадке, либо коммунисты с откровенно репрессивной программой и отсутствием перспектив. На всю программу, в которой украинской сборной противостояли «Новые армяне» под руководством знаменитого впоследствии стендапера Гарика Мартиросяна, прозвучала одна более или менее удачная шутка: «У армян очень высока солидарность. Устроился на хорошую работу кто-нибудь из армян — завтра там уже работают пять армян! И у русских с солидарностью все хорошо: устроился на работу какой-нибудь русский, глядь — работают пять армян!»

Горько смотреть сегодня этот финал: намеки на межнациональную рознь (в частности, на отмену в Украине всех советских праздников) имеют еще вполне мирный, анекдотический характер. Москва — все еще общая столица для всего бывшего СССР. Все бывшие советские нации с одинаковой охотой острят на еврейскую тему — правда, юмор в основном ниже пояса: после того, как армянин сделал в Москве обрезание, он рапортует маме, перефразируя слова советского хита «День Победы» — «Здравствуй, мама, возвратился я не весь». Сегодня такая шутка нипочем не прошла бы в эфир — и не по причине политкорректной диктатуры, а потому, что это глумление над Великой Победой, с двух больших букв. Короче, становится понятно, почему Зеленский и его команда со временем выбрали главной концертной площадкой Украину: здесь политическая сатира еще была, во-первых, действенна, а во-вторых — практически бесцензурна.

С КВН и его бессменным руководителем Александром Масляковым Зеленский расстался вполне мирно, сделав безошибочный выбор: в 2003 году ему предложили перейти в клуб на работу, оставив в Украине команду. Тогда карьера в метрополии казалась вполне перспективной, но Зеленский отказался бросить команду и сделал ставку на Украину. В этой развилке его судьбы многие увидели впоследствии аналогию с Наполеоном, просившимся в российскую армию в 1788 году, но не согласившимся на понижение в чине, обязательное для иностранного офицера. От Зеленского требовали покинуть команду друзей, и он тоже не согласился; Бонапарта, впрочем, сыграл — в российской комедии 2012 года «Наполеон против Ржевского».

Зеленский никогда не сказал о Маслякове плохого слова, а в первом большом интервью после президентских выборов — он дал его Дмитрию Гордону, — говорил, что расставание прошло бесконфликтно. Маслякова в 2021 году «Комсомольская правда» попросила прокомментировать слова Зеленского о возможности полномасштабной войны с Россией. Масляков тогда ответил: «Я уже и забыл, что у нас был такой игрок... Сейчас он не игрок, а кукла... как это называется... забыл...»

— Марионетка? — подобострастно подсказывает корреспондент Гамов.

— Ну не знаю... но он не самостоятельный игрок. В КВН так не играют.

— А вы его возьмете в клуб КВН, когда он перестанет быть президентом?

— Нет, конечно!

Увы, у большинства российских звезд, блеснувших в 60-е и 70-е, оказалась не особенно достойная старость. Кстати, в 2019 году, отвечая на вопрос РЕН ТВ о чувствах по поводу избрания Зеленского, Масляков опять сказал, что почти его не помнит, но у него были организаторские способности.

— Гордитесь? — спросил журналист.

— Никто пока из КВН президентом не становился. Нет, горжусь — не горжусь (о, интуиция! — Д. Б.), но любопытно...

Два года спустя Маслякову было уже не любопытно. Что-то он понял про этот крепкий орешек, который так легко расстался с его клубом.

Здесь наметился в жизни Зеленского важный инвариант. Вообще сочинение биографии предполагает своего рода разведку: надо выделить повторяющуюся ситуацию, лейтмотив — она обозначает либо главную проблему (если повтор становится навязчивым), либо главную черту характера героя. В жизни Зеленского — прежде всего актера — это расставание с режиссером, то есть с руководителем, до известного момента полезным, но потом превысившим полномочия. Зеленский по психотипу — актер, расставшийся с режиссером, взявший на себя руководство собственной судьбой. Так ему приходилось расставаться и с наставниками, и со старшими коллегами; чаще всего это расставание было мирным. Так он простился с Масляковым, который хотел оторвать его от команды; так впоследствии расстался с олигархом Игорем Коломойским, стоявшим у истоков его успеха, и с продюсером канала «1+1» Александром Роднянским. (С Коломойским, увы, потом получилось хуже, но к тому времени они давно не общались). Так удалил он (разумеется, без всяких репрессий) Андрея Богдана, руководителя своего офиса, претендовавшего на пигмалионские функции относительно политика Зеленского. Он воплощает в своей деятельности — и во всей жизни — тип актера, становящегося сначала режиссером, потом директором театра, а потом и командиром публики.

У Владимира Путина — его главного оппонента и в некотором смысле симметричной ему фигуры — тоже есть любопытный инвариант: ликвидация благодетеля. Так таинственно погиб Анатолий Собчак, так при странных обстоятельствах покончил с собой Борис Березовский, так исчез с радаров и восемь лет глухо молчал Борис Ельцин. Неслышно и таинственно сошли с политической сцены все архитекторы путинской победы, одному из которых — Анатолию Чубайсу — повезло даже сбежать с российского корабля, хотя и ценой странной болезни (аутоиммунного синдрома Гийена-Барре) в августе 2022 года. Искренне скорбел Путин, кажется, только по своему первому тренеру, дзюдоисту Анатолию Рахлину. Рахлину тоже повезло: умер в возрасте 75 лет, в почете. И словно исчез последний тормоз в сознании российского президента — на следующий год, в феврале 2014, аннексией Крыма началась война с Украиной.

VII. Жена

Все, с кем я говорил о семье Зеленского, от коллег по «Кварталу» до пресс-секретарей и помощников президента, сходились на том, что если Зеленский — хорошо сконструированная машина, то его жена в этой машине коробка передач.

Владимир Зеленский и Олена Кияшко поженились в Днепре (тогда Днепропетровске) 6 сентября 2003 года. Они ровесники: она родилась 6 февраля в том же 1978 году. Познакомились в школе (учились в параллельных классах, она в «А», он в «Б»), но тогда эти отношения не переросли даже в школьное увлечение. А вот когда она училась в Криворожском строительном университете, начался роман, продолжавшийся 8 лет.

Что тут правда, а что пиар, вряд ли сегодня признается кто-то из «Квартала», но легенде выстроена кинематографично: Зеленский не виделся с будущей женой со школьных лет, год спустя встретил ее на улице, в руках у нее была видеокассета с «Основным инстинктом», он попросил посмотреть и заодно взял телефон — чтобы вернуть кино, понятное дело. Какой бы фильм в действительности ни был на той кассете, «Инстинкт» придуман отлично, а если это еще и правда — все совсем весело. В фильме «Медузы» о выборах Зеленского Александр Пикалов, участник «Квартала» и друг Зеленского, уточняет: на самом деле Зеленский стеснялся сам подойти к Елене, а Пикалов, будучи постарше и «популярней у младших школьниц», по собственному выражению, взял у нее кассету, а возвращать отправил Зеленского. «Ну, он там и остался».

У Олены Кияшко был роман с однокурсником, но Зеленский ее отбил. Столь долгий срок от счастливой встречи до брака объясняется в официальных интервью тем, что Зеленский хотел детей, а бурная карьера этому мешала; наконец, якобы тоже после совместного посещения некоей романтической комедии, решили пожениться, а 15 июля 2004 года у них родилась дочь Александра. Сын Кирилл появился на свет в Киеве 21 января 2013 года.

Как и муж, Елена Зеленская никогда не работала по специальности (учиться на строителя ее отправил отец — Владимир Тимофеевич, тогда руководитель ООО «Криворижмонолитбуд», а ныне доцент кафедры строительных конструкций и сооружений в Киевском институте железнодорожного транспорта). Она вошла в число сценаристов «Квартала» и в этом качестве преуспела — многое в ее нынешней деятельности указывает на драматургические способности. Во всяком случае свои интервью — немногочисленные, строго дозированные, — она выстраивает профессионально, хотя интервьюеры и клянутся, что ее участие в правке и визировании минимально. Наиболее заметных интервью в 2022 было три: для Die Zeit (в марте 2022 года), Vogue (в апреле) и для Time (в июле). Наиболее откровенное она дала тому же Die Zeit в марте 2023.

До войны жена Зеленского появлялась в кадре рядом с ним сравнительно редко — они оба старались не злоупотреблять слащавыми историями из жизни счастливой семьи. Напротив, во многих своих скетчах Зеленский упоминал о спорах, несогласиях, непониманиях — это была не только игра на классической теме семейных распрей, но прежде всего желание подчеркнуть домашнее равноправие. В семейной мифологии Зеленского, по крайней мере довоенной, важно было сотрудничество, противостояние, «и роковое их слиянье, и поединок роковой» двух одинаково сильных и упрямых личностей. «Почему я на своих выступлениях часто продолжаю спор с женой? Потому что здесь меня по крайней мере дослушают до конца». И в этом, кажется, была только доля шутки.

Имидж покорной жены никогда не был актуален в Украине, патриархальная семья здесь скорее высмеивается: начиная с Гоголя, украинские авторы полюбили изображать гордых, самостоятельных, иногда и самодовольных, а иногда и роковых панночек. Олена Кияшко была негласным, но полноправным участником «Квартала», соавтором и редактором многих скетчей. Дети в немногочисленных контактах с прессой упоминали, что мама строже папы. В качестве первой леди Олена Зеленская много занималась проблемой школьного питания — эта тема выгодна для имиджа, и поле тут действительно непаханое. Второе любимое ее направление (и прочно ассоциируемый с нею термин) — «безбарьерное пространство». Barrier-free environment — новое название «общества равных возможностей». Этот термин стал моден в конце десятых годов; под безбарьерным пространством понимается такой дизайн среды — городской, образовательной, торговой etc., — который сглаживает любые формы неравенства: гендерное, возрастное, физическое. Пространство, где комфортно инвалидам, где вольготно детям, где учитываются проблемы старцев, — любимая европейская тема последнего времени; насколько Зеленский (особенно в военное время) выламывается из европейского контекста и из требований политкорректности, больше требует, чем благодарит, и не слишком стесняется в выражениях, настолько его жена демонстрирует верность новейшим европейским трендам, внимание к мелочам и благородную сдержанность.

Комментарий читателя. Дело не в модности темы и не в дизайне. Безбарьерное пространство — это про удобство пользования для людей, чьи возможности ограничены: пожилые люди, женщины с колясками, инвалиды с протезами или колясочники, слабовидящие. Приведу пример: инвалид-колясочник может подняться наверх по пандусу с уклоном 6 % с усилием. Это означает, каждый метр на 6 сантиметров. Чтобы преодолеть высоту этажа (3 метра), нужен пандус длиной 50 метров. И все это только для того, чтобы подняться из подземного перехода, например. Любая автобусная остановка, сделанная по стандарту «безбарьерной среды», подразумевает, что в автобус (трамвай, поезд) можно войти, сделав шаг по прямой, без лестниц. Ни одна советская типовая школа не была приспособлена для преподавателей, детей и родителей с инвалидностью. А ведь в «безбарьерном пространстве» в каждом общественном учреждении должен быть не только лифт, но и специальный туалет для инвалидов. Жилье — например, кухня... Как готовить, если ты инвалид-колясочник? Нужно другое устройство шкафов, плиты, стола и прочее... Почему я так подробно об этом пишу? Это означает, во-первых, правовую базу и нормы, а во-вторых, огромные государственные бюджеты, вложенные в строительство и транспорт. То есть это вообще может состояться только как государственная программа. Если эта тема сознательно курировалась ЕЗ — выбор безупречен.

23 августа 2021 года в Киеве состоялся Первый киевский саммит первых леди и джентльменов. Зеленская не побоялась собрать в Киеве на очную встречу жен и мужей первых лиц десятка дружественных государств; к мероприятию присоединились 11 участников — не так мало для первого постковидного года. Заявленная тема — «Мягкая сила в новой реальности»; присутствовали десять первых леди — из Латвии, Литвы, Сербии, Израиля, Германии, Турции, Хорватии, Коста-Рики, Бразилии, Европейского Совета, плюс дочь президента Ливана и сама Елена Владимировна. Второй саммит прошел 23 июля 2023 года в Софии Киевской в формате телемоста — участвовали 22 страны, в том числе Польша, Бельгия, США и Великобритания; лично приехали первые леди Литвы и Латвии, по видеосвязи участвовали Ричард Гир и Мила Кунис. Обсуждалось послевоенное восстановление Украины и скорейшее освобождение пленных. В качестве первого джентльмена перед участниками выступил Зеленский. «Украина никогда за всю свою историю не пользовалась такой поддержкой!» — сказал он, и с этим не поспоришь. «Сердце мира бьется в Украине», — написала Зеленская в колонке по

итогам саммита. Она провела марафон по сбору средств на машины скорой помощи для Украины и в качестве аукционистки выглядит весьма профессионально: собрали 5,4 млн долларов.

Все, кто слышал публичные выступления Олены Зеленской, должны признать, что «мягкая сила» — слова, идеально выражающие ее сущность. Она крайне скупо поведала о том, что первые три месяца войны жила отдельно от мужа, хотя не покидала Украину; потом вернулась в столицу. Дети полностью лишились привычной среды (сын Зеленского Кирилл признался, что играет только с собаками и телохранителями), первая леди свернула всю публичную активность и дала первые большие интервью с фотосессиями только в июне (мартовский разговор с Die Zeit был еще дистанционным).

Как и положено жене трикстера — Сольвейг Пер Гюнта, Неле Уленшпигеля, Гюльджан Ходжи Насреддина, — Олена Зеленская не спешит появляться в одном кадре с мужем и не дает ему публичных советов. Она несколько раз отказывала журналистам, желавшим написать биографические книги о ней, и отказалась участвовать в создании сценария об их романе. «Я не вижу себя ничьей киногероиней... хотя, пожалуй, все-таки Тарантино!» Любимым занятием она назвала участие в сочинении сценариев для «Квартала», но вернуться к этому хобби не планирует. «Все изменилось необратимо, — повторяет она. — Ничто не будет прежним. Хотя «Квартал» был и остался нашей второй семьей».

Из дизайнеров одежды она особенно уважает украинцев — Артема Климчука, Катю Сильченко (Coat) и Юлию Богдан (SIX). Любит брючные костюмы, а если уж платья — то от Лилии Литковской. Любимый цвет — светло-голубой. Серьги и подвески — от Валерии Гуземы. Туфли — от Jimmy Choo, хотя, по собственному признанию, любой обуви она предпочитает кроссовки. Какие? Ну, например, экокеды французского бренда Veja. Очень такая продвинутая обувь, Меган Маркл такую носит, вот ее рекламное описание: «Обувь Veja производят из каучука, экологически чистого хлопка, а также материала, который получают из переработанных пластиковых бутылок. Кожа для кед обрабатывается путем растительного дубления с экстрактом акации, то есть без хрома и других тяжелых металлов. Обувь производится в Бразилии и поставляется в коробках из переработанного картона».

И вот ровно на этих словах я с чудовищной ясностью понял, какой все это бред и насколько все эти разговоры, хотя бы и в самой светской хронике, к Зеленской неприменимы. Как-то хочется в этот момент самому себе адресовать слова, которые Зеленская обратила к англичанам в интервью Лауре Кёнсберг (BBC): «Пока вы считаете деньги, мы считаем трупы». Точнее, так это перевели в России. Правильнее — мы считаем катастрофы, трагедии. Это вообще хорошее интервью, резкое: «Меня оскорбляют разговоры о том, что вот, я была женой актера, а вдруг оказалась женой лидера нации в военное время. Он ни в кого не превратился. Он всегда был таким. Он никогда бы не мог поступить иначе!»

Наиболее же откровенным интервью Зеленской за все это время — демонстративно прямым, без малейшего имиджа, она ведь любит сниматься без косметики, — я считаю ее беседу для Die Zeit, которую провели две журналистки — Катрин Гилберт и Амели Шнайдер. Оно опубликовано 15 февраля 2023 года и называется «Не хочу быть жертвой». Там первая же реплика отличная:

— Как поживаете?

— Жива.

Дальше не хуже:

— Как вы себя ощущаете?

— Как белка в колесе. Я функционирую. У меня нет ни секунды покоя, а когда эта секунда появляется, я слишком измучена, чтобы прислушиваться к себе.

Война изменила все. Когда-то мне казалось, что самым трудным будет соблюдать протокол и быть на виду у всех, я ведь так люблю независимость. И все эти страхи сегодня так смешны. В первые месяцы войны мы вообще не виделись. Но самое трудное — это не физическая разлука. Сейчас много разлук. Мы хотя бы раз в неделю обедаем вместе, но не могу сказать, что мне становится легче после этих встреч или разговоров. Он так изменился... Мы раньше так много смеялись. Сейчас я радуюсь, когда могу заставить его улыбнуться.

— В чем главная перемена?

— Исчезла легкость. Постоянное давление. Мы организуем по всей стране терапию для детей, потерявших кого-то из родных. Но мне самой ненамного лучше.

— Вы получаете психологическую помощь?

— Я прохожу терапию и не вижу смысла это скрывать. Например, у меня портится зрение. Безумие какое-то, у меня за мои 45 лет сроду не было проблем с глазами. Но это потому, что мы постоянно смотрим в телефоны... И год живем в темноте. Либо электричество отключают, либо мы в подвале. Иногда мне кажется, что русские ждут, когда люди устанут бегать в бомбоубежища или подвалы, чтобы спрятаться. Тогда они внезапно ударят и убьют гораздо больше... как недавно в Днепре.

— Вы сильно ненавидите русских?

— У нас точно нет стокгольмского синдрома, когда жертва сочувствует мучителям. Мы не видим и не чувствуем массового движения против войны в России. Мы не видим, чтобы кто-то сочувствовал детям, гибнущим на Украине. Вместо этого после каждого ракетного удара мы читаем многочисленные комментарии в социальных сетях типа «Пусть они там все наконец сдохнут». Это не мы напали, это на нас напали и нас уничтожают. Этого достаточно для ответа?

— Вы нормально спите?

— Спать мне трудно. Знаете, что я заметила? Мне стало трудно не только излучать энергию, улыбаться, увлекать за собой... Мне стало трудно сопереживать.

— Вы писали сценарии для компании мужа. Сейчас пишете?

— Не могу больше. Раньше я любила придумывать смешное. У меня было такое ироничное отношение к жизни. Сейчас это все ушло. Но я не хочу быть в центре трагической, драматической истории. Я не хочу, чтобы меня жалели, не хочу быть жертвой. (Тут-то и прозвучала реплика про Тарантино — очень точная: у Тарантино всегда глубоко трагическое содержание, традиционная мораль и легкий, как бы циничный способ изложения. Но в «Джанго освобожденном» иногда прорывается та же серьезность, какая давно уже была в глазах Зеленского).

— Как ваши дети?

— Они уже не дети. Смотрят новости, понимают, что происходит. Как и все дети Украины, они должны стараться как-то жить дальше. Но они чувствуют, что их жизнь поставлена на паузу.

— У вас не выработалась привычка к ужасу? Это вообще возможно?

— Нет.

— В Украине критиковали вашу фотосессию с Энни Лейбовиц...

— Я не могла отказаться. Для меня большая честь — работать с Энни Лейбовиц.

— Вас ругали за атакующую позу и требовательный взгляд...

— Не вижу ни одной причины, почему жена президента Украины не должна выглядеть требовательно в 2023 году. И прятаться мне ни к чему. Война может отнять у меня многое, но не все.

В нарративе, который сознательно или бессознательно выстраивает Зеленский, у его жены исключительная роль, более серьезная, чем у Сольвейг, которая только любит и ждет. Она активна, деятельна, у нее каждый день встречи и гуманитарные мероприятия, простите за официозный термин. Но поверх этой роли, тайным темным слоем под всем, что она говорит и делает, проступают ненависть и шок, и шок от ненависти: нет, она не была к этому готова.

Она действительно не верит, что в XXI веке все это возможно. Вдобавок она из русскоязычного региона и русскоязычной семьи, и когда возникает спор о судьбах русского языка в Украине — этот спор еще и о ней. Это всему кругу ее городских друзей навсегда теперь чувствовать себя виноватыми. Это ей навсегда — теперь в этом трудно сомневаться — отвыкать от русского языка.

Я не думаю, что этот эффект мог быть просчитан каким-либо имиджмейкером: жена Зеленского всегда выглядела сильной, ироничной, уверенной, самостоятельной, во многом равной мужу, а в смысле вкрадчивой силы — еще и превосходящей. Она не стремилась к публичности, но и не избегала ее. Она высокомерно игнорировала обсуждения ее имиджа и вкусов. Она утверждала ценности взаимопонимания поверх границ. И тут ее увидели буквально вымороженной, застывшей, смертельно усталой — она и теперь позволяет себе быть тем, что она есть: потрясенной вымотанной женщиной. Она не понимает, что происходит, это не укладывается у нее в голове. Но она не растеряна — она умеет ненавидеть. Мягкая, осторожная, умеренная Зеленская на глазах у всего мира отвечает на агрессию ледяной, непрощающей ненавистью, а на дне этой ненависти плещется непонимание, и в каждом ее слове мы слышим грохот обрушившегося мира, ее личного мира, а не только межвоенного миропорядка. (Ужас ведь еще и в том, что мы убедились: послевоенного мира нет, есть только межвоенный. Будет ли поколение, которому не придется убеждаться в этом?) И ужас ситуации в том, что Зеленская хочет и умеет хорошо выглядеть. Вообще мало есть в мире более душераздирающих зрелищ, нежели человек, у которого все рухнуло внутри и снаружи, но он пытается при этом хорошо выглядеть. И у него получается. Воистину, девизом Зеленской, да и Украины можно было бы сделать эти слова: «Всего отнять нельзя».

Она призналась, что у нее есть мечта: одной сесть в машину, выехать из города, включить музыку на полную мощность и просто смотреть на пейзажи. Три ее любимых трека — «Тримай» Кристины Соловей, «Ні обіцянок, ні пробачень» Виктора Павлика и «Така як ти» Святослава Вакарчука. Вроде Штирлица, который сидит на весенней земле и под песню Марики Рекк «Семнадцать мгновений весны» гладит эту землю руками. Глубоко же в нас во всех это сидит. Я допускаю, что с Оленой Зеленской много еще всего может произойти, как и со всеми нами, в конце концов, она не зря назвала себя мишенью номер два. И кроме того, все мы можем просто сойти с ума. Но хорошим финалом для фильма об этой войне, и, может, даже для блокбастера «Зеленский», мне представляется именно этот проезд красивой женщины в красивой машине среди красивого пейзажа, под эту вот оглушительную песню «Тримай», тоже очень мне симпатичную:

> Посеред моєї хати, на мене будеш кричати.
> Бо як же тобі порвати і в серці сліди
> Чи чуєш як страшно мені у полоні.
> Як в твоїх долонях, нема так ніде.
> І крила так важко розправити пташці.
> Коли бідолашку погубить любов.
> Тримай мене міцно, одною рукою.
> Так сильно і ніжно вбивай мене.
> Віддай мені муку, своїми руками.
> Моїми губами лікуй, лікуй, себе.

Нормальные люди, давно не бывавшие под бомбежками, завоют в голос: вау, какой суперкитч! А как же наша модернистская утопия?!

Да, да, вау! На земле мир, в человецех благоволение! Мы заслужили 3 минуты 27 секунд суперкитча!

VIII. «Квартал-95»

Читателя, в особенности западного, если он будет, хочется предостеречь от неизбежной ошибки (да, неизбежной, но мы хотя бы попытались). Разбираясь в генезисе Зеленского, его политического успеха и военного мужества, такой читатель начнет смотреть лучшие выпуски «Квартала-95», скетчи, праздники, сериалы, и будет неизбежно разочарован.

«Введите еще пятьсот евро!» — говорит врач секретарше (имея в виду следующего посетителя). «После секса с женой у меня проблемы со зрением: я не вижу в этом смысла». «Всех в нашей семье я не прокормлю, кого-то придется уволить. Ты — хозяйка и должна выбрать: твоя мама... или моя собака. — Как ты можешь сравнивать мою маму и своего Бобика?! — Бобик по крайней мере не голосовал за Януковича!».

Да, господа! Популярность «Квартала» характеризует его не лучшим образом. Даже при тщательном отборе сцены с участием Зеленского (иногда только сыгранные им, а иногда и сочиненные с его участием) поражают грубостью юмора, откровенным дурновкусием, игрой на низменных зрительских инстинктах, вплоть до тиражирования старых анекдотов либо спекуляцией на национальной (иногда, страшно сказать, даже еврейской!) тематике. И да, Зеленский иногда изображает местечковый акцент. И да, это не всегда смешно. Уровень же большей части шуток — тот самый, о котором русский поэт-сатирик Саша Черный сказал: до Аверченко в нашей юмористике царила теща. Уровень «Квартала» — это совсем, совсем не «Сатирикон». И если бы не политическая актуальность некоторых действительно острых шуток, если бы не похвальное отсутствие лицемерных табу, которое и является приметой истинной свободы в духе Charlie Hebdo, «Квартал» был бы обычным стендап-шоу вульгарного вкуса, типичным для телевидения низкого разбора. Не Monty Python, о нет, ничего подобного.

Но кто из создателей Monty Python хоть отдаленно повлиял на британскую политику? Какие из их фильмов и сериалов, в том числе выдающихся, типа «Смысла жизни по Монти Пайтону», принесли его участникам серьезные политические дивиденды? Если даже Терри Гиллиам — которого, кстати, в 2021 году чествовали на Одесском кинофестивале и он в ответной речи перепутал Украину с Россией, — остался культовым режиссером для узкой прослойки знатоков, что говорить об остальных участниках группы? Да, билеты на концерт объединившихся в 2014 году «Пайтонов» были распроданы за 43 с половиной секунды, но показателем истинного влияния на массы это не является. Да и вообще, говоря шире, в России все очень хорошо обстояло с элитарной культурой, но Россия никак не смогла за всю свою историю противостоять собственному тоталитаризму. В России все неплохо обстоит — обстояло до войны и окончательной фашизации — с артхаусным кинематографом и постмодернистской литературой (тогда как низовой, телевизионный уровень культуры являет собой чистый и беспримесный треш). Но в России ни один артист никогда не добрался бы не то что до президентского поста, а и до министерского кресла (недолгим исключением был министр культуры Николай Губенко, и то в период распада СССР). В России есть ничтожно малая прослойка, способная сопротивляться пошлости, но категорически не умеющая возражать, когда ее лишают всех прав состояния и ставят к позорному столбу. Вероятно, качественная пошлость «Квартала» и есть тот средний слой культуры, от отсутствия которого всегда страдала Россия. Средний класс — не эталон высокого вкуса, но именно он, достигнув нормальной численности, — единственный серьезный барьер на пути тоталитаризма и охлократии, которые в России, как оказалось, прекрасно уживаются.

И если всерьез изучать творчество «Квартала», стоит рассматривать его именно с этой точки зрения: как профессионально и талантливо исполненную пошлятину, позволившую раскрутить до всенародной популярности не реваншистов, не сталинистов, не чекистов, а юмористов, не боящихся вслух говорить грубые вещи о властях. Вообще книга об издержках хорошего вкуса могла бы оказаться весьма полезным сочинением, когда у человечества после войны опять найдется время для культурологии.

IX. «1+1». Роднянский. «Квартал-95» на ТВ

Первым человеком, который поставил на Зеленского, был Александр Роднянский — известный украинский, впоследствии российский, впоследствии немецкий продюсер, создатель и глава канала «1+1», в просторечии «Плюсов».

Сразу после избрания Зеленского президентом Роднянский давал интервью российскому (эмигрантскому) изданию «Медуза». Расспрашивал его Илья Жегулев, занимавшийся украинской темой. Там много ценной информации и прозорливых оценок.

«Они («Квартал-95») всегда были командой — там не было отдельно Зеленского. Были Шефиры и Зеленский, никогда он не существовал отдельно. Он, бесспорно, был лидером на сцене — самым артистичным, живым, остроумным, — а в жизни они были только втроем. Они старше, и один из них, Сергей, чуть более коммуникативный, чем Борис. И он, как правило, брал на себя тогда деловую часть разговоров. Но и Володя

Зеленский участвовал тоже. Они решили организовать тогда большое шоу в Октябрьском дворце. Поскольку нам они дико нравились, то, порасспросив и убедившись в том, что у них есть контент на целую передачу, на полтора часа, я решил рискнуть. В принципе главное преимущество Шефиров с Зеленским состояло в том, что они очень хорошо писали.

Я не был телевизионным человеком, и вся команда, которая делала «1+1», тоже. Надо понимать, «1+1» был особым каналом. Я создал его в свое время с нуля, принципиально не собирая людей, работавших на телевидении до этого. Были либо киношные люди, как и я, пришедшие из документального кино, либо просто журналисты. Очень много молодых. Когда мы создали канал «1+1», то хотелось сделать его частью общественной и культурной жизни. Поскольку денег-то у меня не было, то мы с самого начала получили инвестиции от американской компании, которая называлась Central European Media Enterprises. Она инвестировала в независимые телевизионные компании, Восточной Европы прежде всего. Но в силу колоссального успеха «1+1» с первого года его существования у меня было не зафиксированное на бумаге, но абсолютное право на принятие решений. Конечно, если бы была неудача, это дало бы им аргумент для того, чтобы попытаться захватить больше влияния внутри телекомпании. Партнерство с американцами научило многому. Я после этого никогда не буду повторять опыт зависимости от подобного рода вещей.

Началась активная фаза борьбы за медиа, которая привела к трагическому для них периоду 2004 года, когда во время выборов президента на протяжении 140 с чем-то дней нельзя было показывать в эфире одного из двух лидирующих кандидатов. В результате все украинское телевидение выглядело плохо, униженно и отвратительно. Признаюсь вам честно, я никогда не симпатизировал Виктору Ющенко, потому что он казался мне неподготовленным к власти в сто раз больше, чем сейчас Зеленский. Он мне казался слабым, необразованным и очень несовременным... Все время говорил про историю, про битву при Конотопе, про украинский язык, про культуру, про село и так далее. Он не говорил про современную страну, экономику, будущее, про хай-тек, про молодых людей, про технические университеты, про все то, что хотело слышать огромное количество живых людей. Мне он не был симпатичен, и я всегда говорил: «Дайте ему возможность проявить себя на экране». Но не давали.

— Что было после первого телеэфира «Квартала-95»?

— Я помню, что пытался их убедить и уговорить, давайте, мол, делать это чаще, хочется каждый день. Ну, «каждый день» — это преувеличение, но хотя бы каждый месяц. Этого не случилось, они сказали, что в состоянии четыре раза в год.

— И вы с ними дальше начали уже плотнее общаться?

— Наоборот. Я оставался акционером «1+1» и председателем совета директоров канала, но, переехав в Москву руководить «СТС Медиа», я уже практически не занимался операционной работой на канале. И где-то уже в году, наверное, 2005 или 2006, их перекупил конкурент, канал «Интер», которым владел крупный предприниматель и позднее политик, член правительства Валерий Хорошковский. Возвращение «Квартала-95» на «1+1» было связано с деловыми отношениями с предпринимателем Игорем Коломойским, который стал владельцем «1+1» в 2009 году.

— То есть у коллектива сначала начались отношения с Коломойским, а потом они перешли к нему на канал?

— Да, насколько я понимаю, Коломойский купил часть «Квартала-95», какую-то миноритарную долю, и они вернулись на канал, получили тот объем эфира, который им был гарантирован на «Интере», а то и больше. По факту они контролировали и контролируют до сегодняшнего дня праймтайм «1+1». От них во многом зависел успех и доля канала.

И, конечно, роль, которую они играли для «1+1», была колоссальна всегда.

Но самое главное, что они превратились в регулярный политический театр в Украине, потому что на их шоу в Октябрьском дворце стекалась вся местная элита и любители острого юмора. Это не просто стендап, не просто КВН с его достаточно консервативными боязливыми шутками, редко имеющими отношение к реальности. Они были острыми всегда. Это настоящая политическая сатира, намного острее, чем в России, и они позволяли себе шутить над всеми.

Те, кто говорят, что могли бы представить поход Зеленского в политику, лукавят. Кто мог себе это представить? Да, на каком-то этапе украинская политика превратилась в кукольное шоу, в котором ничего не удивляет. Я понимал, что у Зеленского на выборах будут какие-то значимые проценты. Электорат уже устал от политиков, до такой степени они всех достали, и это будет естественная реакция отторжения — такой коллективный кандидат «Против всех». Неожиданностью было то, что Зеленский начал собирать те цифры, которые привели его к победе в первом туре. Мне не кажется, например, что такого смог бы добиться Вакарчук (рок-музыкант, лидер группы «Океан Эльзы»), потому что интонация у Вакарчука — лирическо-пафосная, ровно та, которую частично использовал Порошенко. Этот украинский пафос — мы униженная и оскорбленная, колонизованная в прошлом нация, которая сейчас, встав с колен, возвращает себе право на жизнь, историю, независимость, собственный язык, собственную церковь, собственную веру, армию, границы и так далее. У Зеленского была другая интонация — его политическая сатира, его легкость, его танцы, его остроумие, его жовиальность, — очень характерная для Украины. Это тоже часть, если хотите, генетического культурного кода украинцев — постоянная шутливость, ирония, нежелание сталкиваться в прямой дискуссии, жестко что-то защищать. Украина всегда отличалась умением остроумно и иронично относиться ко многим, даже вполне серьезным вещам. И Зеленский, конечно, воплощение этого духа. Он оказался наднациональным персонажем, которому даже не помешала трагическая в советские времена пятая графа. То обстоятельство, что он не этнический украинец, — никто по этому поводу никогда и не парился. Он утвердил отношение к себе как к человеку, способному на независимое мнение. В Украине, в которой всем известно, кто, кому, сколько раз и за какую сумму продался — я говорю о прессе, о медиа и о многих выступающих, — независимое поведение Зеленского на протяжении многих лет на сцене уже выглядело как позиция. Он отклеился от Коломойского, с которым был вначале и с которым, конечно, связан, склеен жестко. Как ни удивительно для оппонентов Зеленского, но расхождение явно наметилось. В общественном восприятии он, на мой взгляд, никак не марионетка. Я убежден в том, что Зеленский человек самостоятельный. Он селф-мейд в конечном счете. Это человек, который вырос в самом депрессивном городе Украины. Знаете, там была улица Ленина — километров 90 длиной, и заводы-заводы. Он жил там в одном из районов, все его друзья оттуда. Это особый опыт. Еще и пресловутые 90-е годы, Украина, проблемные заводы, люди без работы. Все это он прошел, состоялся, реализовался сам. Нашел свою команду, он им доверяет, вместе с ними идет по жизни. Это не значит, что он от них зависим, это его партнерские отношения. Я убежден, что они, конечно, будут играть в классическую украинскую политическую игру поддавки, в джиу-джитсу — поддавшись, оказаться наверху.

Зеленский не карманный президент. Он не может быть таковым. Да и президенты не бывают карманными — очевидно, сама по себе должность этого не позволит. Люди, которые вчера были на «ты» и хлопали тебя по плечу, превратятся в чрезвычайно вежливых и с хорошими манерами персонажей, называющих по имени-отчеству, обращающихся с вопросительными интонациями, ожидающих одобрения сказанным ими словам. И только, может быть, самые близкие сохранят особые отношения, но тоже не на людях. Все остальное будет ровно так.

Это, конечно, произведет те самые психологические изменения в человеке, которые всегда производит с любым человеком власть. Ребята утверждали, что главная их задача — обратите внимание — это сменить тональность власти. Вот, например, мы не будем, сказали они, сидеть в здании на Банковой, то есть в классическом здании Центрального комитета Коммунистической партии Украины, где находится штаб-квартира украинских президентов с момента обретения страной независимости. Нет, сказали они, мы найдем возможность разместить офис за пределами города. Во-первых, потому что в центре постоянные пробки, во-вторых, сократим количество людей, работающих в администрации.

— Способен ли Зеленский поменять жизнь в стране и систему власти?

— Мне кажется, несмотря на 73% проголосовавших, мало кто в это верит. Он в состоянии изменить тональность политики, конечно. Он может объявить тем уставшим от безнадежности власти, коррупции и системы молодым людям, что жизнь меняется. Вы знаете, это же, в конечном счете, первое правительство на территории постсоветского пространства — если не считать прибалтийских стран, — которое не имеет ничего общего с советским прошлым. Этим молодым людям по 40 лет, выросло огромное количество людей в стране, которые ровно такие же. И они хотят слышать про свою будущую жизнь, это для них важно.

— Профессиональный вопрос. Сериал «Слуга народа» — как вы его оцениваете? С точки зрения влияния на население и качество самого фильма?

— Сама по себе идея — прекрасная, и она ситкомовская. Неслучайно его режиссером стал Алексей Кирющенко — постановщик самого успешного российского ситкома «Моя прекрасная няня». Этот сериал мы делали в Москве, когда я еще был владельцем «1+1». «Моя прекрасная няня» была гигантским успехом и в Украине. Мы работали с очень большим количеством людей, которые сейчас работают в «Квартале-95».

Понятно, что «Слуга народа» — это гипертрофированная реакция на состояние дел в Украине. Сатирическая метафора. Это первое. Второе — качество сериала на каком-то этапе перестало быть важным. Нравится он мне или не нравится, не имеет никакого значения. Он стал общественным явлением. В нем есть идея о простом человеке, оскорбленном властью и несправедливостью жизни в стране, вдруг неожиданно становящемся президентом и пытающемся успешно или безуспешно навести порядок. Идея, как оказалось, невероятно востребованная.

В России же была попытка сделать аналогичный сериал. Роман Волобуев на «Дожде» (2015, — Д. Б.) сделал пилотный выпуск сериала под названием «Завтра» — о том, как некая команда либералов, победив на честных выборах, вдруг приходит в Кремль и оказывается в обстоятельствах власти. А как это, собственно говоря, руководить страной? Но сделали это всерьез. Серьезные люди серьезно думают, хорошо выглядящие, как бы современные. И это уныло, потому что они любовались собой.

Не так все примитивно, как утверждал Порошенко, который даже на своих финальных дебатах на стадионе сказал, что Зеленский — это не Голобородько. На самом деле никто и не принимал его за Голобородько. Все точно знали, что пора в стране произойти тому самому эксперименту, который произошел на экране. Но только всерьез. Когда приходит абсолютно новый человек к власти. И пусть он, может быть, чего-то не знает или ничего не знает, но эти, кто знают, надоели. Вот это ощущение сформулировал фильм.

Как и у Бахтина, украинская культура — культура смеха, фестивальная, праздничная. Она высмеивает собственную власть и высмеивает себя. Самоироничная культура. Разговаривать всерьез и на пафосе, обращаясь к людям, значит, вызывать у них подозрения. Только ирония, только понимание того, как несправедливо устроен мир, только осмеяние власти — и потом подчинение ей. Гетмана, прежде чем начать подчиняться его приказам, подвергающим жизнь обычных воинов риску, высмеивали в кругу — и обливали грязью, в прямом смысле, фекалиями. Унизить полностью, чтобы дать возможность собой руководить. Это часть генетического кода.

— Но когда Зеленского, образно говоря, обливали фекалиями, он реагировал не очень стойко, не как гетман, а довольно агрессивно. Он сильно переживал.

— Да понятно! Мы же с вами говорим в самом начале его президентской жизни. Ему предстоят страшные дни, месяцы и годы. (Пророк, шаман! — Д. Б.) И честно говоря, ему не позавидуешь, и я убежден в том, что нелюбовь к нему еще даже не начиналась. Все произойдет, и он столкнется и с чудовищным непониманием, и, может быть, унижением, и, вероятно, оскорблениями. Все это предстоит. Он никоим образом не Рейган. И у него нет ясности по огромному кругу важнейших вопросов жизни страны. Есть просто чудовищное несогласие с тем, как было. Явно выраженное, артикулированное и остроумно дискутировавшееся несогласие.

— Вы Зеленского поздравили с победой?

— Нет, я не поздравлял, я не до такой степени близок и никоим образом не пытаюсь... (Сын Роднянского, тоже Александр, — самого-то Роднянского друзья называют Лешей, — был экономическим консультантом команды Зеленского, но он давно взрослый и независимый человек, ныне член наблюдательного совета Ощадбанка, — Д. Б.). Я просто принял решение в интересах канала «1+1», понимая дарование и потенциал Зеленского, его коллег и партнеров. Давайте честно говорить:

я ничего не делал для этого очень симпатичного, обаятельного, вызывавшего у всех симпатию человека. Не было людей, которые бы не выделяли его.

В Украинской лиге КВН из любопытного, кстати, были две лидерские команды, которые остались у меня в памяти. Одна была «95-й квартал», а вторая — пятигорская, лидером которой был Семен Слепаков.

— Вы смотрели дебаты между Зеленским и Порошенко? Вы же сами организовывали дебаты когда-то. Как вам идея как продюсеру — стадион?

— Сама по себе идея дебатов мне безумно нравится. Я всегда был их сторонником. А стадион? Идея же Зеленского. Правильная, потому что он подчеркивал свое прямое обращение не к элите, а к тем, кто собрался на стадионе. И дальше они подготовили несколько прекрасных домашних заготовок.

— То есть если бы вы голосовали, вы бы, конечно, голосовали за Порошенко, а не за Зеленского?

— Как вам сказать? Я обоих знаю. Порошенко для меня товарищ многолетний. И я был уверен, что он справится, когда он впервые шел в президенты. Он меня разочаровал, второй раз я бы за него не голосовал».

Роднянский — человек своеобразный и талантливый, я сам с ним работал в 2010 году, когда, занимаясь ребрендингом Пятого канала, он запустил мое ток-шоу «Картина маслом» (вскоре после этого случились московские оппозиционные марши, и телевидение для меня было закрыто начисто). Из общения с Роднянским я вынес некоторые представления о той российской прослойке, творческой и продюсерской, которая до определенного момента полагала возможным сосуществование и даже сотрудничество с властью, хотя отчетливо видела эволюцию этой власти и даже конечный пункт этой эволюции.

И вот Роднянский — замечательный пример того, как Зеленский выпрямляет людей, пусть более опытных и раньше сформировавшихся. Долгое время, почти 15 лет, Роднянский сосуществовал с путинской властью, хотя с самого начала, пусть и окольными путями, пытался высказаться о происходящем. Спродюсировав с огромными трудностями (и едва выйдя в ноль) «Обитаемый остров» Федора Бондарчука по мотивам Стругацких и сценарию супругов Дяченко, главных украинских фантастов, он вставил туда пророческую реплику о наших бывших провинциях, которые теперь против нас злоумышляют; после Бондарчука он работал с Андреем Звягинцевым и высказывался вместе с ним все более радикально. Двадцать лет он поддерживал российское кино своим фестивалем «Кинотавр». Он высказался против аннексии Крыма, хотя и крайне сдержанно. Именно он привлек Абрамовича к переговорам между Россией и Украиной в марте 2022, но эта миссия провалилась; российский министр обороны Сергей Шойгу направил в Минкульт письмо с просьбой исключить Роднянского «из публичной повестки». 21 октября 2022 года Роднянского сделали иноагентом, 17 мая 2023 года заочно арестовали «за распространение фейков о российской армии». Он объявил о закрытии всех своих российских проектов, и сейчас живет в Штатах, где у него компания AR Content.

Несомненно, главным поводом для преследования Роднянского было то, что он причастен к карьере Зеленского и радостно приветствовал его избрание, а вовсе не то, что он продюсировал недостаточно патриотичное кино. Сегодня в России все, кто стоял у истоков карьеры Зеленского, ходят под дамокловым мечом — вот почему старый лис Александр Масляков предпочел от него дистанцироваться, постоянно повторяя, что давно с ним не виделся, да и никогда не общался всерьез. Дружба с Зеленским, поддержка Зеленского — наиболее токсичный актив в сегодняшней России; думаю, что и Максим Галкин попал в иноагенты главным образом из-за того, что вел вместе с Зеленским новогоднее шоу в 2013 и, страшно подумать, в 2014 годах.

Роднянский безупречно точен в определении амплуа Зеленского: «Политический театр». И то, что лидер «Квартала» сразу поставил на политику, а не на «цветы невинного юмора», какими зарабатывают все без исключения российские юмористы, — еще одно доказательство безупречного чутья. Политизированность украинского юмора (и украинского мировоззрения в целом) как раз и связана с тем, что одним из главных занятий украинского общества в последние 30 лет была десакрализация власти. Зеленский безошибочно понял, что в России ему с такой установкой делать нечего, и предпочел рисковать в Украине.

Судьбы Зеленского и Роднянского, как видим, переплетались три раза. Сначала Роднянский взял шоу Зеленского на свой канал, в 2022 помогал искать посредников (в частности, Абрамовича) для переговоров... Но ровно посередине, в 2012 году, было еще одно пересечение: на фестивале Роднянского «Кинотавр», самом представительном и престижном фестивале российского кино, значительно опережающем Московский, главный приз практически единогласно был присужден фильму, который спродюсировал «Квартал». Жюри там было серьезное — Хотиненко председательствовал, заседали Федорченко, Глаголева, Хомерики, Александр Котт, Бакур Бакурадзе, и конкуренция была неплохая — «Жить», «Кококо», «Рассказы»... А победил Павел Руминов с фильмом «Я буду рядом».

У этой картины была довольно дикая судьба, почти никакого проката и крайне противоречивые отзывы. Титр «основано на реальных событиях» в этом случае выглядит двусмысленно, потому что сериальная история отличается от киноверсии. Действие в Москве. Молодая мать-одиночка Инна внезапно узнает, что у нее рак мозга в агрессивной форме и жить ей осталось в лучшем случае несколько месяцев. Ее играет Маша Шалаева, это лучшая ее роль. А мальчика, которому шесть, играет сказочно обаятельный, нервный, подвижный Рома Зенчук. В фильме замечательно придуманы — явно подсмотрены — необычайно близкие отношения одинокой матери с сыном, фантазирующим, сочиняющим сказки, играющим с ней в смешные, им самим выдуманные игры, что-то про динозавров и роботов, но с безумными сюжетами, выдающими книжного ребенка. Он вообще все время изобретает сюжеты, подозревает ужасное — там это отзовется потом. И вот она узнает, что обречена, родни у нее нет, а бывший муж спивается и стреляет у нее деньги (она в кафе работает). Короче, она начинает искать своему сыну приемных родителей — помните, как у Петрушевской в «Своем круге», но, вы не поверите, здесь это написано страшней, потому что мальчик младше. Фирма, подбирающая ему усыновителей, жуткая, суровая, бюрократическая, требует, чтобы Инна, мать, сняла про него рекламный ролик, показывать, стало быть, желающим. Дальше — череда этих усыновителей, русских и иностранных, и все они абсолютно пустые внутри люди, говорящие пустые слова, и когда она начинает представлять своего домашнего сочиняющего ребенка, привязанного к ней маниакально, этим совершенно чужим людям, картина приобретает уже не просто мрачную, а гротескную, отчаянную интонацию, потому что становится видна вся эта дуто-стабильная, насквозь фальшивая Россия, в которой человеческое слово на вес золота. И совершенно мучительная сцена — мальчик начинает подозревать, что его готовят к чему-то ужасному, но сформулировать это ужасное не может. А поскольку он все время смотрит телевизор, в мозгу у него начинает формироваться желто-газетная версия. И он спрашивает мать в упор: ты что, хочешь продать меня на органы?

А вы примерно себе представляете, в каком она состоянии, — все это еще и снято репортажно, как тогда любили, в стиле «Догмы», с предельно естественными интонациями.

Она начинает безумно хихикать. Ты что, на какие органы, откуда ты это взял? Ну, говорит он, не знаю. Наверное, я тебя злю. Например, я посуду не мою, — и начинает, понятное дело, мыть посуду. Это он так давит на ее слезные железы, а Руминов — на наши. Но Руминов, хоть и самоучка (а может, как раз благодаря этому), не пережимает, есть у него некий врожденный такт, удерживающий от слишком эффектных решений. Да ты что, говорит Инна, ну хорошо, если ты не хочешь, я не буду продавать тебя на органы... А поскольку она все время импровизирует для него сказки и легко включается в его игры, она достает мобильник и изображает звонок: алло, это торговля органами? Нет, я передумала. Я не буду продавать его на запчасти, он мне самой нужен. Да-да, и даже всю посуду помыл.

Дальше там, собственно, сюжетная развилка. Она находит вроде приличную бездетную пару (очень хорошо играющие Иван Волков и Мария Семкина), и они старательно, тщательно, на самом деле абсолютно мертво изображают родительскую любовь. И в фильме героиня ложится в больницу и в безнадежном состоянии выписывается, к ней ходит глупая смешная гастарбайтерша из хосписа, ничего не понимающая старательная сиделка, а в сериале она неожиданно выздоравливает и просит новых родителей, чтобы ей вернули ребенка. А уже поздно, он официально усыновлен, и новая мать тигрицей бросается на старую. Сериал хуже сделан, затянут, там вполне искусственный хэппи-энд, и вообще становится не очень понятно, про что была вся эта история, если не считать эффектного мелодраматизма. А вот кино — в нем, несмотря на ужасные пережимы, а может, и благодаря им, возникает чудовищное чувство полного тупика, когда действительно ничего нельзя сделать. Вот она сидит одна дома, эта Инна, которая уже забывает слова и не может договорить до конца ни одно предложение. Сиделка ее накормила и ушла, а она сидит и смотрит без конца диск с записями про сына.

Он там свои сказки рассказывает, играет, хохочет. И большинство критиков изругало картину именно на том основании, что это сделано ужасно в лоб. Но жизнь — она ведь тоже сделана ужасно в лоб, она вся вот такая, и в ней, несмотря на милосердие Божье, случаются абсолютно безвыходные ситуации. Вот про этот тонкий ужас и невыносимую боль одинокой матери и книжного ребенка получилось у них кино, про то, как на самых слабых и одиноких наезжает танк жизни, и никуда невозможно деться от этого танка. Я знаю, что это такое, я сын матери-одиночки, я всю жизнь больше всего боялся за нее. Очень возможно, что году в 2012, попади я на «Кинотавр», я бы сам среди коллег подшучивал над этими лобовыми ходами, хотя вряд ли. Но сейчас, когда мы все выброшены из привычной жизни и нас продувает ледяной ветер всеобщего неустройства, вне зависимости от того, хорошо нам за границей или совсем нехорошо, я перед этой картиной гораздо более уязвим и гораздо лучше понимаю, про что она. Над сентиментальностью могут издеваться защищенные люди. А Зеленский как-то с самого начала знал, про что жизнь, и потому представил на «Кинотавр» именно такую версию, продюсерскую, смонтированную без малейшего намека на хэппи-энд.

Ему так тогда понравился сюжетный ход, что для собственного режиссерского дебюта — фильма 2018 года «Я, ты, он, она» он рассматривал похожую фабулу: муж узнает, что смертельно болен, и начинает пристраивать жену в хорошие руки. Потом это все многократно поменялось, и получилась грустная комедия о разводе, о месячном испытательном сроке, о глупостях, которые творят умные вроде бы и печальные люди, — и в глазах у Зеленского там все время такая невыносимая тоска, словно он прекрасно понимает, ясно предвидит и ненавидит все, что ждет его в ближайшие пять лет. И для любого, кто смотрел и слушал «Квартал», очевидно, что на дне всех этих шуток всегда была тоска, понимание риска и нависающего со всех сторон ужаса, только так и получается нормальная сатира. Говорил же Искандер, что юмор — след, который оставлен человеком, заглянувшим в пропасть и теперь от нее отползающим. Мы не знали такого Зеленского, нам хотелось представлять его комиком, а между тем он зачем-то вложился в создание этого фильма, и живет, видимо, именно с таким пониманием вещей. И это еще одно объяснение, почему он не сбежал: бежать, в общем, некуда.

На мой вопрос, какой, собственно, Зеленский, Роднянский мне ответил однажды: серьезный.

X. Братья Цыцько

Одиночное плавание «Квартала» после выхода из КВН началось в декабре 2003 года, когда была задумана серия из пяти праздничных шоу под названием «5 О!» (то есть колец, как раз к летней Олимпиаде в Афинах: год предстоял олимпийский). Это были:

— юбилейное шоу «О! Пять — Девяносто пять»

— «8 Мартица» (к женскому дню)

— вручение премии «Золотой Гарбуз» (вручаемая «Кварталом» премия «За необъятные достижения в области шоу-бизнеса»)

— концерт в Ялте «Таинственный полуостров»

— новогоднее шоу.

В «Мартице» — пародии на культовую к тому времени «Матрицу» — были две, прописью, хорошие шутки. Первая:

— Ты сможешь?

— Неа!

— Ты выдержишь?

— Неа!

— Нео, ты прошел испытание.

И вторая, не столько смешная, сколько пророческая. Зеленский:

— Я — избранный!

Тимоха (назидательно):

— Избранный у нас — президент.

Остальные шутки — уровень курортного концерта в Крыму годов этак девяностых: «Си Си Кетч и Си Си Кэпвелл — это две разные сиси!» Кто сейчас вспомнит, что Си Си Кетч — поп-звезда Каролина Мюллер, а Си Си Кэпвелл — персонаж «Санта-Барбары», тот улыбнется.

В целом все шоу «Квартала» в первые годы его карьеры были музыкальны, зрелищны, отлично сняты и абсолютно не остроумны. Зеленский был подлинным мотором действия, самым заводным и бесстрашным, явным лидером, и тем не менее нынешнего Зеленского не угадал бы в нем никто: в любой его сегодняшней речи больше мыслей и желчных острот, чем в любом шоу раннего «Квартала».

Главные лица «Квартала»:

1. Lady is first. Елена Кравец (до 2002 года — Маляшенко), главная актриса группы. Родилась 1 января 1977 года в Кривом Роге. После окончания экономического факультета Криворожского института народного хозяйства была директором криворожского отделения McDonalds. Играла в КВН, в 2000 году стала директором «Квартала». В 2002 году вышла замуж за исполнительного продюсера «Квартала» Сергея Кравца (трое детей — дочь и двойняшки). Крестная мать Елены Зеленской. Муж — крестный отец Саши Зеленской, дочери президента.

2. Евгений Кошевой, также известен как Лысый. Родился 7 апреля 1983 года в Харьковской области. Самый молодой из звезд «Квартала». В 2000–2005 годах играл в луганской команде КВН «Ва-банкъ». В «Квартал» приглашен в 2005 году, с тех пор — ведущий актер студии, соведущий рейтинговой программы «Украина, вставай!», член жюри

шоу «Рассмеши комика». В «Слуге народа» играл Мухина, министра иностранных дел.

3. Александр Пикалов. Родился в Кривом Роге 30 января 1976 года. Известен тем, что в школе стиляжничал, а в институте (Криворожский технический университет) учился 10 лет, но по специальности не работал. Руководитель СТЭМ (Студенческий театр эстрадных миниатюр), где начинал весь «Квартал». Ведущий ток-шоу «Вечерний квартал», «Вечерний Киев», «Пороблено в Украине» и прочих, всего около десятка. Чаще других изображал Януковича. Передал ВСУ Украины 3 автомобиля, 6 апреля 2022 года принял присягу и вступил в Нацгвардию Украины. Вместе с Кошевым делает выпуски новостей «Байрактар news».

4. Юрий Крапов. Старший среди актеров «Квартала» (13 сентября 1973, Кривой Рог). Горный инженер. В «Квартале» с 2003 года. В «Вечернем квартале» изображал десяток украинских политиков, чаще других — Петра Порошенко.

5. Степан Казанин. Настоящее имя — Сергей. Родился 19 декабря 1974 года. Окончил Луганский институт культуры. В «Вечернем квартале» изображал Путина.

6. Мика Фаталов (Тасунян). Родился в Баку в 1981 году. Окончил Луганский институт культуры. Играл руководителя СБУ (тоже Мику Тасуняна) в «Слуге народа». Вместо понтистого кавказца из анекдота — имперский нарратив, как сказали бы сегодня в Украине, играл рыцарски честного, пылкого, бескомпромиссного соратника Голобородько, хотя и не чужд классического пристрастия к шашлыкам, которые готовит в кадре при первой возможности.

7. Братья Шефиры. Мозг «Квартала» — основатели, авторы, организаторы, впоследствии перешедшие вслед за Зеленским в руководство страной. Сергей Шефир родился 25 мая 1964 года, его старший брат Борис — 14 июня 1960. Оба окончили Криворожский горнорудный институт, оба

занимались главным образом сочинением сценариев для КВН, писали в общей сложности для десятка команд, отбирали репризы для «Вечернего квартала».

— Шефиры — они, собственно, какие? — спросил я у Кирюшенко, работавшего с ними над «Слугой народа».

— Сережа всегда во всем сомневается. А Боря — такой русский баснописец Крылов, и по комплекции, и по темпераменту. Когда они отбирали шутки вместе с Зеленским — все очень быстро происходило, и все искрились. А когда он не мог присутствовать при разработке сценария, все происходило гораздо флегматичней. Шефиры с Вовой и без Вовы — разные Шефиры. Но при Вове у них иногда получалось забавно.

Как видим, «Квартал-95» являл собой уникальный актерский коллектив, который сам себя продюсировал, сам себе сочинял тексты и сам вел многочисленные телепрограммы; вскоре у него в Украине не осталось конкурентов.

Пересматривать их лучшие номера сейчас довольно странно — это совершенно другая Украина, она и к России относилась с юмором, и политические дрязги регулярно высмеивала, и площадного юмора не чуждалась («С балкона до фонтана струей подать», прелесть что такое). Но интересней всего смотреть на лица в зале. Когда смотришь на фотографии советских граждан накануне войны, веселость их кажется искусственной, торжествует решимость, аскеза, оно и понятно, люди давно живут при полноценном терроре. Даже в веселье присутствует некий истерический надрыв, а при попытке изображать человеческие чувства артисты срываются в дикий гротеск. Но вот в Украине — даже в самые рискованные дни, во время и после Майдана, и после Крыма, — нормальные живые лица, искренний смех, ощущение доброжелательности и родства: при всей внезапности немецкого нападения летом сорок первого люди были значительно лучше подготовлены к войне. Не в том смысле, что лучше воевали, хорошо воюют как раз тот, кто верит в свою правоту, а не тот, кто запуган. Нет, просто это была здоровая страна. И если в России ползучий страх постепенно сковывал всех с 2011 года, с разгонов митингов, а по большому счету никуда и не исчезал, на концертах «Квартала» сидели счастливые люди, не отравленные взаимным недоброжелательством. Они понимали, что идет война, но война еще не была тотальной, а многие, кажется, не очень ее и замечали. За это тоже пришлось платить — разве только москвичи не желают замечать войну и делают вид, что прежняя жизнь никуда не делась? В Украине тоже многие не верили, не допускали, не принимали. Тем сильнее был февральский шок.

Да, юмор «Квартала» не отличался тонкостью. Но от российского юмора он с самого начала отличался тем, что отважно топтался на всех мозолях и не щадил персоналий. «Что-то у всех получается поровну бюллетеней. Давайте испорченные тоже считать! Вот на бюллетене написано «Козел»... — «Это за меня!» — «Да почему же за вас, Петр Алексеевич?!» — «Всей своей политической жизнью я доказываю это!»

Больше всего Зеленскому прилетало — и прилетает — за номер «Квартала» под названием «Братья Цыцько», в котором будущий президент Украины изображает игру на рояле собственным членом, в составе ансамбля соквартальников. Номер этот был показан 24 сентября 2016 года в Юрмале, на концерте «Юрмалето». Его показ в программе «Вести недели» 23 января 2022 года — ровно за месяц до войны — был, разумеется, фейком: в номере «Квартала» звучал не гимн Украины, который весьма неумело подложили под видеоролик российские пропагандисты, а «Хабанера» Бизе. Более того, украинские СМИ (Страна.ua) еще 11 января 2021 года обратили внимание не только на этот концертный номер, но и на то, что придумали его не квартальцы. Оказывается, он был в репертуаре американского дуэта Freaking brothers, причем с тем же набором музыкальных тем. Суть номера в том, что исполнители подходят к роялю, спускают штаны, поднимают руки — «ручки-то вот они!» — и имитируют игру на рояле членами. У невзыскательных аудиторий этот номер пользовался огромным успехом — «Квартал» расцветил его своими неповторимыми красками, добавив к обычным приседаниям перед клавиатурой изысканное глиссандо с размашистым вилянием бедрами.

Показательно, что возмущение украинской аудитории вызвала не сальность этого юмора — никакой особой сальности нет, почему бы не посмеяться над утонченными меломанами или разнообразными конкурсами изысканных уродств? — но именно его вторичность, плагиат: тут же припомнили, что «Квартал» уже, мягко говоря, позаимствовал номер «Урок английского» у юмористического шоу «Дизель».

Что говорить, никакого особенного остроумия в этом рояльном номере нет, но смешно же, как хотите. И особенно становится смешно, если представить, что этот номер исполняет владелец бренда «Квартал», ведущий телепродюсер Украины, впоследствии ее президент, которому аплодировали Конгресс США и британский парламент. На секунду представьте себе Путина, играющего на рояле свою любимую песню «С чего начинается Родина» — членом, да, членом! Так-то он ее играл, даже несколько раз, кто-то его научил, наверняка Мацуев, главный пианист среди путинистов и наоборот, и это тоже было забавно, но сам-то Путин никакого иронического смысла в это не вкладывал. Это была демонстрация уникальных способностей, без тени юмора. Вроде хоккея, в котором он тоже забивает до 10 шайб за игру. А теперь представьте, что в России президентом избрали человека, который этим местом играет на рояле. Это немыслимо. Это за гранью возможного. И именно поэтому — да, корень проблемы здесь! — Россия нападает, а Украина защищается. Россия во главе всех людоедских сил мира, а Украина — во главе свободного человечества. Как ни странно, это определяется корневым различием: может президент сыграть членом на рояле или нет; и дело тут, как вы понимаете, не в размере. Size doesn't matter, когда речь идет о любви или величии.

XI. Коломойский

И опять совпадения, сопровождающие всю работу над этой книгой и внушающие мысль о ее нужности, а не только своевременности. Я правлю верстку этой главы, а информационные агентства сообщают об аресте Игоря Коломойского. Страна.ua пишет: «Шевченковский суд Киева отправил бизнесмена Игоря Коломойского под стражу с возможностью внесения залога в размере 509 миллионов гривен. Срок — 60 дней, до 31 октября. Напомним, сегодня СБУ вручила Коломойскому подозрение по двум статьям: мошенничество и легализация имущества, полученного преступным путем. По данным следствия, Коломойский в течение 2013–2020 годов легализовал более полумиллиарда гривен путем их вывода за границу, используя при этом инфраструктуру подконтрольных банковских учреждений».

А Коломойский не стал вносить эти деньги. Хотя 14 миллионов для него, думаю, не критичны — по сведениям украинского «Форбса», у него по состоянию на 2023 год никак не меньше миллиарда, в крайнем случае 800 с лишним миллионов. Но он не согласен с решением суда и решил сделать красивый жест, поставив своих оппонентов в весьма непростое положение.

Алексей Венедиктов успел прокомментировать: Буратино посадил Карабаса. Мне это кажется неверным: этот Буратино выбрался из полена в люди самостоятельно. Карабаса-Барабаса у его театра не было, его функции осуществлялись коллективно, самими артистами: скорее, это судьба Буратино с того момента, как он возглавил театр «Молния» в финале сказки. (Почему «Молния»? Это у Толстого какой-то странный намек или прозрение. Неужели он имел в виду нацистскую эмблематику, «грабенде блиц»? Но на этот знак скорее похож российский Z — главный символ спецоперации). Все сказки об ожившей кукле — фаустианский сюжет о гомункулусе — кончаются тем, что она становится человеком и обретает свободную волю: история Пиноккио у Коллоди, история Электроника у Велтистова; иногда она по такому случаю сводит счеты со своим создателем, как в истории Франкенштейна, но это не случай папы Карло, да и не было тут никакого Карло. Если Буратино в этой истории кого и посадил, то кота Базилио, на которого в исполнении Ролана Быкова Коломойский похож даже внешне; кот к созданию Буратино никак не причастен, а скорей его дурил, но жалко же — симпатичный персонаж. Просто у Толстого не описана ситуация, как на театр «Молния» напал Большой театр, не желавший терпеть конкурента. При таких обстоятельствах, конечно, уже не до сантиментов, особенно если за театр «Молния» вступается Бродвей.

Мне Коломойский симпатичен — и потому, что есть в нем веселый цинизм Бени Крика, и потому, что самое свое знаменитое интервью Юлии Латыниной он давал, с аппетитом пожирая жареную курицу, самую дешевую, из KFC, и потому, что есть в нем несомненная артистическая жилка. Я отлично знаю при этом, — как-никак я много времени проводил в Днепре, это вообще мой любимый город во всей Украине, — что репутация у него двусмысленная, что за ним числятся рейдерские захваты, что его объявляли врагом прессы за увольнения своих журналистов, что он типичный олигарх с бурным постсоветским прошлым... но то ли я ностальгирую по девяностым, которые мне тогда казались отвратительными, то ли мне эти пираты, доламывавшие советскую империю, кажутся симпатичнее чекистов, пришедших им на смену. Оно, конечно, между ворюгами и кровопийцами нет большой разницы, зато есть непреодолимый барьер между кровопийцами частными и государственными. Его сам Путин назвал проходимцем — по нынешним временам отличная рекомендация: «Уникальный проходимец. Он даже нашего олигарха Абрамовича надул два или три года назад; как говорят у нас в кругах просвещенной интеллигенции, «кинул». Ну, если кинул Абрамовича — это уже, как говорят в кругах просвещенной интеллигенции, блядь, выгнанная из общества блядей за блядство. Правда, реплика Путина была, по всей вероятности, ответом на слова Коломойского, сказанные им на первой пресс-конференции в качестве днепровского губернатора: «Мне непонятно, как украинцы и русские могут воевать, учитывая — я скажу недипломатично — шизофрению второго оппонента... Его мессианство, восстановление Российской империи 1913 года или СССР 1991 года может довести мир до катастрофы. У нас был один большой шизофреник, а там — шизофреник маленького роста. Он полностью неадекватен, полностью сошел с ума». Большой шизофреник — это Янукович, о котором Коломойский высказался даже сочувственней: «Мы видели, что произошло с Януковичем: как нежелание расстаться с малым привело к потере всего. Сегодня он военнопленный в недружественной нам стране. Он может заниматься провокациями, вплоть до того, что печатать там приказы, и его как марионетку могут привести в Крым, в Севастополь, и он будет рассказывать, что он действующий президент». Как видим, планы Путина он оценил довольно прозорливо, только ставить главной марионеткой в Киеве в 2022 году планировали уже Медведчука. Но в целом Коломойский понял все правильно, и немудрено, что Путин на него наехал, как говорят у нас в интеллигентных кругах (сильно переврав при этом историю сделки Абрамовича с Коломойским: тот всего лишь продал группе Абрамовича Evraz свой ГОК «Сухая балка», но послал своих людей перерезать автогеном подъездные пути к нему, чтобы Абрамович не смог вывозить руду, а сделал он это потому, что хотел контролировать деятельность Evraz). Но про олигархические разборки — это к Латыниной, она в них отлично разбирается. Мне нравится, что в сознании Путина человек, кинувший Абрамовича, — это сверхпроходимец, уникум. А сами олигархи легко ссорятся и легко мирятся, что видели мы сами на примере отношений Березовского с Гусинским в романтичные времена русского бизнеса.

Я не желал бы быть врагом Коломойского, еще менее — его другом, и уж точно не представляю себя его подчиненным. Но романтики эпохи первоначального накопления были как-то человечнее государственников, которые вели себя ничуть не лучше, но было гораздо скучнее. И если Коломойский действительно продвигал Зеленского — значит, в главном триумфе Украины есть доля его участия. Связь Зеленского с украинским олигархом еврейского происхождения Игорем Коломойским — тема бесчисленных спекуляций в Украине и за ее пределами. Диапазон мнений колоссален: от «Зеленский был и остается марионеткой Коломойского» до «Зеленский Коломойского ненавидит». Есть даже версия, что они едва знакомы.

Игорь Коломойский родился 13 февраля 1963 года в Днепропетровске. Родители — инженеры, первое образование будущего олигарха, занимающего сейчас восьмое место в рейтинге богатейших людей Украины, — тоже инженерное (Днепропетровский металлургический институт). Учредитель и один из основных собственников крупнейшего частного банка Украины «Приватбанк», владелец медиахолдинга «1+1», а кроме того — еврейский активист; успешный предприниматель, владелец десятка заводов и комбинатов, двух авиакомпаний, а число его офшорных компаний достигает нескольких десятков. Общим местом стало предположение (оспариваемое самим Коломойским и, разумеется, Зеленским) о том, что проект «Слуга народа» задуман именно олигархом для проведения во власть своей марионетки. Лавинообразно нараставший успех сериала и переход Зеленского в политику, неожиданный для всего «Квартала», принципиально не мог быть просчитан — и Коломойский, разумеется, не мог предвидеть, что на смену солидному Петру Порошенко придет капитан команды КВН, пусть и разросшейся до главного сатирического шоу в стране. У Коломойского были более серьезные креатуры из числа радикальных, но все-таки системных политиков: лидер «Правого сектора» Дмитрий Ярош, депутат Рады, лидер Радикальной партии Олег Ляшко, председатель партии «Свобода» националист Олег Тягнибок, — со всеми Коломойский перессорился, но всех поначалу спонсировал. Это и было его главным аргументом, когда его обвиняли в поддержке националистов: я, еврей, активист еврейской общины, поддерживаю националистов?! Если я их поддерживаю — они не националисты! Коломойский (вместе с Корбаном) — один из первых организаторов вооруженного сопротивления на Украине, когда Россия инициировала боевые действия на Донбассе. По данным «Forbes», Коломойский навербовал и содержал 3000 бойцов из добробатов (добровольческих батальонов), тратя на их питание и вооружение до 10 млн. долларов в месяц. Премьер ДНР в 2014–2017 годах Александр Бородай утверждал, что войска Коломойского лучше всех экипированы, вооружены и мотивированы.

У него и с Порошенко были неплохие отношения, закончившиеся бурным разрывом: Коломойский был назначен главой Днепровской администрации, но не поделил с государством «Укртранснафту», где у него было 42 процента акций, причем председатель правления «Укртранснафты» был отстранен обновленным составом совета директоров, заблокировался в кабинете и собирался отстреливаться. Дошло до того, что на выручку к нему приехали с автоматчиками Коломойский и его заместитель Геннадий Корбан, о котором как о человеке умном и колоритном мы поговорим отдельно. (Корбан в одном интервью рассказывал про Коломойского анекдот: Коломойский идет по улице и находит кошелек. Подбирает. Пересчитывает деньги. «М-да... чего-то не хватает!») Порошенко объявил Коломойскому выговор. Коломойский заблокировал в Приватбанке активы Порошенко и его семьи на 50 млн долларов, что объяснил потом техническим сбоем. Прошел слух, что в Днепр, где Коломойский собирался созывать народное вече, направлены два батальона нацгвардии. Это не подтвердилось, дело ограничилось отставкой Коломойского и его заявлением об уходе из политики.

Основания мстить Порошенко у него, как видим, были, но выбирал он для этой мести депутатов-националистов с популистским потенциалом, а никак не артистов. Слухи о том, что Коломойский финансировал избирательную кампанию Зеленского, особенно активно распространялись сторонниками Порошенко, вообще запятнать Зеленского связями с украинским олигархатом больше всего старался именно бывший президент, и в известном смысле кампания действительно финансировалась за счет Коломойского, поскольку трехсезонный сериал «Слуга народа» — главная часть этой кампании — снимался за его деньги, на его студии. Но именно Коломойский задолжал «Кварталу» больше 4 млн долларов. Если что и связывает Коломойского с Зеленским, говорил мне режиссер «Слуги народа», так это долги.

В интервью радио «Свобода» 19 апреля 2019 года Коломойский говорил: «Я был шапочно — здрасьте-до свиданья — знаком с Зеленским с 2009 года. Более серьезно мы познакомились в 2011, когда у него заканчивался контракт с «Интером», и мы были заинтересованы, чтобы он перешел на «Плюсы» («1+1»). Он хотел проводить переговоры не только с руководством канала, но и с кем-нибудь из контролирующих акционеров, чтобы он понимал, что условия договора будут выполняться. С июля 2011 он уже работал у нас, регулярно общались. Я его поздравлял иногда с днем рождения — я у него был один раз, он у меня два раза. Это были обычные отношения у людей, которые имеют общие интересы с точки зрения контракта, который, кстати, заканчивается в 2022 году... Так что — кто будет фронтменом? Контракта никто не отменял... То, что он собирается в президенты, для всех было неожиданностью. Мысли такие появились в семнадцатом, объявил он в восемнадцатом... но, мысля уже в обратном направлении, я думаю, он уже думал об этом, когда они начали снимать фильм. И это его совершенно самостоятельное решение. Если он захочет о чем-то меня спросить, я дам ему какие-то советы, но только если возникнет такая необходимость. И вообще я готов онеметь на пять лет... Я не буду ни теневым руководителем страны, ни серым кардиналом. Есть трудности вхождения во власть. На сколько там дается иммунитет — сто дней? За сто дней он справится». На вопрос о том, что в кадр попало несколько охранников Зеленского, которые раньше были замечены рядом с Коломойским, — он ответил, что охранная фирма у них одна и та же, и так как самого Коломойского давно не было в Украине, лучших охранников из той же фирмы дали Зеленскому. «Я хочу, чтобы он стал президентом. Не скрываю, мне этого хочется. Но это хочется большей части населения страны» (это заявление на фоне конфликта с Порошенко выглядело вполне органично).

О первых итогах президентства Зеленского он в разных интервью говорил: не все меня устраивает, но в целом стало гораздо лучше. Удовлетворить все ожидания, наверное, было невозможно... О том, что все олигархи поддерживали Зеленского (не деньгами, а тайными пожеланиями), он сказал в интервью «Украинской правде», добавив, что от Ахметова он еще в 2016 году слышал: «Зеленский будет президентом» (сам Зеленский еще не принял такого решения). «Мы с Зеленским отметили окончание финансового года. Это был март 2017 года. Мы немного выпили и позвонили Вакарчуку: „Ты поддерживаешь Зеленского?". Это было для него неожиданностью, он в этом направлении не думал... Фирташ никогда публично не поддерживал Зеленского, Пинчук тоже, но они были за него. Такого не было, чтобы олигархи между собой договаривались его поддерживать. Но общее мнение было — за него». Самого Зеленского в 2019 году он характеризовал даже не положительно, а восторженно: «У него кусачий юмор... За ним трудно поспеть. Думаю, соревноваться с ним мог бы только один человек — это Ургант. Я посмотрел бы, как бы они друг друга шпыняли... Слово «комик» звучит обидно. Он артист, большой артист... В бизнесе он циник. Палец в рот не надо класть...» (думаю, это единственная доступная Коломойскому форма комплимента. Зеленский всегда бился за интересы «Квартала», но циником его на моей памяти не называл никто).

Я вполне допускаю, что Коломойский стремился провести во власть своего человека, но не думаю, что этим человеком должен был стать Зеленский. Допускаю я также, что общение Коломойского с Зеленским могло быть вполне бескорыстным: ему просто хотелось сделать лучший в Украине телеканал с лучшим контентом. То есть помимо обладания ресурсами или рычагами, его занимала также власть над умами: в России она, положим, не имеет сегодня никакого значения, но в Украине десятых годов значила много. Есть же у людей не только пошлое желание доминирования, не только страсть всех нагибать — их интересует иногда совершить что-нибудь великое или запомниться впечатляющим. Кстати, у российских олигархов, например, у Владимира Гусинского, на которого Коломойский больше всего похож своим медиамагнатством и активностью на еврейском поприще, такие намерения тоже случались, и именно поэтому Гусинский оказался из России вытеснен. Здесь при Путине выживали только примитивные особи с жестокими и скучными желаниями.

...Тут я должен сделать одно признание, которое, конечно, с профессиональной точки зрения ужасно. Ведь я пишу портрет Зеленского, хоть и на фоне эпохи, и не могу, не должен позволять себе уходить от тех или иных тем. Но с другой стороны, я по учительскому опыту знаю: когда ты говоришь о том, что тебе скучно, классу тоже скучно. Так вот: мне кажется невыносимо нудным и бессмысленным копаться в украинской довоенной политике.

Не надо мне говорить о высокомерии, имперстве и непонимании украинской специфики: русская тоже невыносимо скучна, да ее почти и не было. Украинские разборки, подкупы, угрозы, периодические драки в парламенте — все это было вполне легитимной формой политической жизни, хотя уже и тогда было скучновато разбираться, кто кому взятку дал или убийством угрожал; Зеленского потому и выбрали, что он обещал выскочить из этой парадигмы. Он и выскочил, явив граду и миру принципиально новый, несистемный тип политика; но и его засосало это болото, и у него начались внутрикомандные дрязги, и он дошел до уголовного преследования предшественника, Петра Порошенко, и вынужден был посадить Медведчука, потому что Медведчук был прямой агент влияния России и вдобавок пытался убежать. В качестве обменной фигуры он оказался полезен: его и 55 российских военных обменяли на 215 украинских военнослужащих, в том числе 124 офицера, а из них 108 азовцев и трое иностранных граждан, приговоренных в ДНР к смерти за наемничество. Зеленский создал было новую парадигму украинской политики и новый тип лидера, но его настигают тени вчерашнего дня, от которых никуда не деться. Война, конечно, прекрасный шанс прыгнуть в будущее, но и у прошлого сохраняются неплохие шансы, и радикального обновления украинской политики до сих пор не произошло.

Одно несомненно: олигархи уже не будут играть в ней прежней роли, и это, пожалуй, единственная подлинная новость во внутренних делах Украины. Почему так получилось — вопрос отдельный. Отчасти это заслуга Зеленского, отчасти — смена политических поколений, но ведь рыцари первоначального накопления уже во втором поколении обычно сильно меняются и сходят со сцены. В Украине им удалось еще сойти сравнительно мирно — началась война, и стало не до них. Вопрос в том, кто придет им на смену: силовики, как в России, или новые люди, как может получиться в Украине — но гарантий, сами понимаете, нет. Арест Коломойского выглядит на этом фоне диссонансом, это не в духе Зеленского — арестовывать, тем более что Коломойского в последнее время было не слышно. Я знаю пока только одну версию его ареста (экзотическую догадку Станислава Белковского о том, что Абрамович продвинул своего человека Рустема Умерова на пост министра обороны Украины, я не рассматриваю: и Умеров — не человек Абрамовича, роднят их только общие симптомы отравления во время мартовских переговоров-22, да и к Резникову давно высказывались претензии, и вообще исход войны в случае Украины решает не министр обороны, от которого зависит честно распорядиться западной помощью, а ВСУ и боевые генералы. При том, что лично мне Резников всегда внушал симпатию, но мое мнение — мое частное дело). Версия такова: якобы Америка требует разбираться с олигархами, да вдобавок именно Коломойскому запрещен въезд в США, Блинкен обвиняет его в коррупции и попытках подрыва американской демократии, и вообще он вызывает там аллергию. Так что американцы пытаются навязать Зеленскому два непопулярных решения, чтобы отчитаться перед собственными выборами: во-первых, выборы президента, прямо запрещенные украинской конституцией во время войны, а во-вторых — арест деятелей теневой экономики и в первую очередь олигархов, которые, напомним, спасали Украину в 2014 году.

За что купил, за то и продаю. Нам всем страстно хотелось бы, чтобы американская помощь Украине была идейной и бескорыстной. Но видимо, Зеленский, как пишут мне, не сговариваясь, три политических комментатора, поставлен в условия выбора между плохим и ужасным.

Вот будет номер, если независимая Украина сможет не только победить Россию, но и выскользнуть из-под контроля Америки? Уж очень я не люблю, когда кого-то сажают. Россию это вон до чего довело.

Я показывал написанное любимым друзьям, далеко не всегда единомышленникам. В Днепре у меня их больше, чем где-либо на свете, больше даже, чем в Одессе, и уж точно больше, чем в Москве. Вот комментарий одного из лучших днепровских прозаиков.

«О личности Коломойского. Он таки Карабас-Барабас, ИМХО, конечно.

Всегда был кукловодом и хозяином цирка. И с непокорными куклами обходился жестко.

В 14-м Украине повезло, что у нее с Коломойским совпали интересы. Не совпали бы, могло бы случиться плохое.

Патриот ли Игорь? Я думаю, да. Есть ли в этом ситуативность? Несомненно.

Был ли Зеленский-президент его проектом?

Отчасти да. Игорь обожает такие эскапады. Он в душе — артист, прекрасный рассказчик анекдотов, который любит воплощать жизнь необычные ситуации просто из любви к искусству. Но вместе с тем всегда думает о выгоде, просчитывая все на десять ходов вперед.

Говорят, он превосходный шахматист, а это особый образ мышления.

Несомненно, он предвидел все возможности, что даст ему избрание Зеленского и всячески этому способствовал. Но архитектор его победы? Не думаю. Зеленский ковал свой успех самостоятельно, Беня пытался этим успехом воспользоваться. Он был не единственным, кто пытался это сделать. Все олигархи хотели прокатиться на этой лошадке. Все получили окорот.

Но тут против Бени сыграла его прошлая внушающая опасения влиятельность, его одиозность, его удаленность от нынешних политических проектов. Его репутация хорошего игрока, беззащитного на настоящий момент.

У него нет партии, что могла бы сыграть на его стороне. У него нет возможности сбежать, потому что расследование США сделало его невыездным. Его методика решения бизнес-конфликтов всегда формировалась без оглядки на мораль, закон и сохранение отношений. Он оттоптал все мозоли, что оказывались на доступном расстоянии.

Он был неудобен Порошенко и Путину, и он остался неудобен Зеленскому. Он неудобен всем.

Заслуженно неудобен. Он — негодяй. Хамоватый, обаятельный, наглый, жестокий и иногда сентиментальный.

Реликт из 90-х, которого не поменяли никакие апгрейды».

XII. Майдан

Февраль 2014 — переломная дата украинской истории: второй Майдан через десять лет после первого, бегство Януковича, мирная революция (жертвами которой, однако, оказались мирные граждане, получившие название «небесной сотни» — если быть точными, 106 человек; большая часть погибла 20 февраля). В самой Украине до сих пор продолжаются споры о том, кто стрелял по мирным гражданам: противники Майдана утверждают, что провокация исходила именно со стороны восставших (которых, разумеется, спонсировал Запад). Есть версия об участии российских снайперов в расстреле протестующих.

Примечание редактора: я стопроцентно уверен, что это так... Просто у меня была знакомая военврачиха, которая участвовала во всех военных гадостях России (и сейчас участвует). Жила в одном дворе с нами на Б. Пушкарской. На время Майдана исчезла. Потом появилась. Мы с ней поссорились. Она стала орать, что я зверей-бандеровцев не видел, как они наших ребят, прошедших Чечню, били. Я сходу успокоился и спросил: «Простите, а что наши ребята с боевым и, надо полагать, снайперским опытом делали в Киеве?...» — «А они..., — на автомате начала тетя, а потом так и заткнулась, — а это тебе знать необязательно...» Повернулась и быстро-быстро ушла...

Договоренность с Януковичем об отказе от штурма Майдана была сорвана, оппозиция перешла в наступление, и Россия стала муссировать версию о том, что мирное разрешение ситуации было невыгодно прежде всего Западу (именно это — о преднамеренном срыве мирного выхода из кризиса — Владимир Путин регулярно повторяет уже восемь лет, утверждая, что Запад обманул прежде всего Россию, поскольку накануне 20 февраля якобы дал гарантии компромисса и новых президентских выборов). Точка в деле не поставлена, хотя в октябре 2015 года тогдашний генпрокурор Украины Куценко заявил об однозначной уверенности следствия в виновности бывшего президента Януковича, отдавшего приказ о применении боевого оружия.

Но проблема «киевских снайперов», которой можно посвятить отдельную книгу, сейчас не входит в круг нашего рассмотрения. Нас интересует позиция Зеленского и «Квартала» в бурные дни Майдана и после аннексии Крыма, предпринятой Россией согласно давнему плану Генштаба 27 февраля — 1 марта 2014 года.

Один из парадоксов Зеленского заключается в том, что военное противостояние с Россией досталось выдерживать далеко не самому радикальному политику Украины. Напротив, он пришел к власти на волне усталости от вялотекущей войны 2014–2021 годов. Он всегда подчеркивал свою лояльность к востоку Украины, к Донецку, к русскому языку. Он ездил в Россию и выступал там едва ли не чаще всех украинских артистов, снимался в российских фильмах, предпочитал по-русски общаться в семейном и дружеском кругу. «Квартал» традиционно высмеивал украинский национализм и насильственный перевод украинской государственности на мову. Даже в дни Майдана, когда украинское общество было на редкость единодушно, он занимал скорее компромиссную позицию. В декабре 2013 года, на сравнительно мирном праздновании Нового года, когда «Квартал» проводил свое традиционное шоу, Зеленский выступил со вступительным словом: «Удивительно: четыре тысячи человек в центре Киева — а «Беркута» нет!» («Беркут» — украинский аналог ОМОНа; зал дружелюбно хохотал, до перехода противостояния в фазу вооруженного восстания оставалось полтора месяца). Лучшая шутка Зеленского на тему Майдана вызвала дружный вопль одобрения: «Многие сейчас спрашивают: будет ли этот Майдан таким же, как тот, в 2004? Отвечу на ридной мове: так мае буть. Так снова мае буть» — каламбур основан на созвучии с «наебуть», что на английский можно приблизительно перевести так: "You ask will it be tough? Yes, it will be puff" (и это еще гораздо мягче). Тогда же были сказаны слова, которые ему тоже припомнили не раз: «Как всегда, все делается через одно место, через удивительное место: в него ведут все дороги, в нем все деньги, и руки растут тоже из него! И как же мы горды, что это место тоже у нас!». Фактически, злорадствовали русские, он обозвал Украину жопой (to do anything by asshole — русская идиома, обозначающая наиболее абсурдный и трудоемкий образ действий); но для «Квартала» и для украинского юмора в целом тут ничего особенного нет — это Путин настаивает на тошнотворной серьезности в разговорах о родине, не понимая, что это черта идиотов: «Такой серьезный, важный, деловой, как будто хочет пернуть головой», называет их русский фольклор.

1 марта в программе Телевизионной службы новостей Зеленский по-русски (хотя ведущая говорила на мове) обратился к Януковичу лично:

Буду говорить остро, но без шуток. Господин Янукович! Я вас знаю лично, неоднократно встречались. Вы сильный человек. Не единожды вы взывали к моему разуму и говорили мне, что «Кварталу» надо шутить не так жестко. Я вас не слышал. Тем не менее «Квартала» вы никогда не закрывали. Вы были мудрым тогда и сильным. Сегодня вы должны вспомнить, что вы сильный, и отойти в сторону. В истории вас больше нет. И на Западе, и на Востоке, в моем Кривом Роге все согласны в этом. Не допускайте никакой возможности сепаратизма. Второе. Хочу обратиться к нынешней власти. Я могу сказать много нелестных слов о них, но не буду этого делать в эфире уважаемого канала. Если на востоке Украины и в Крыму люди хотят говорить по-русски — отцепитесь от них. Это их право. Язык никогда не ссорит людей, он связывает их. У меня еврейская кровь, я говорю по-русски, но я гражданин Украины и люблю эту страну. Третье. Вы говорили, что у нас в правительстве одни донецкие. Теперь у нас в правительстве все, кроме донецких. А вы говорили, что правительство будет учитывать интересы всей страны, донецких в том числе. И я хочу обратиться к господину Путину. Уважаемый Владимир Владимирович! Прошу вас не допустить никаких военных действий. Мы действительно братские народы. Миллионы замечательных людей, я знаю, живут в России. У нас одна кровь. Если хотите, если вам надо — я готов вас умолять, на колени встать, но не ставьте на колени Украину. И к украинцам хочу обратиться. Ребята. Мы великий народ. Вы великий народ. Мы все друг друга безумно любим. Ни Европа, ни Россия — думайте только о себе. Если нам не поможет Бог, пусть поможет разум. Мы безумно любим друг друга. Я вас кохаю».

Сколько раз припоминали Зеленскому эти слова о том, что он готов стоять перед Путиным на коленях — только бы тот не ставил на колени Украину! Думаю, сегодня он сам отрекся бы от этих слов, но не надо забывать, что говорилось все это в эйфории победы, когда украинское общество действительно выглядело единым — по крайней мере в страстном нежелании жить по-прежнему. Тогда еще казалось, что обо всем можно договориться. И, разумеется, ни Зеленский, ни кто-либо другой в Украине понятия не имел о том, что медали «За возвращение Крыма» были учреждены в России не 21 марта 2014 года, как гласил официальный приказ министра обороны, а месяцем ранее.

12 апреля 2014 года Зеленский произнес в «Вечернем квартале» один из самых знаменитых своих монологов:

Вы знаете, совсем недавно посмотрели мы в «Квартале» выступление Путина, в Колонном зале. Там все без пафоса, не так как у Пшонки, все скромнее. (Виктор Пшонка — генпрокурор Украины при Януковиче, бежавший в Россию; находился под санкциями США за коррупцию. После его бегства в его резиденцию пришли активисты Майдана и обнаружили там такое, что золотой батон Януковича показался мелочью. Обратите внимание на то, как Зеленский успевает затрагивать все пункты актуальной повестки. — Д. Б.) И одна фраза его прямо запала в душу, запомнилась: «Киев, — говорит, — мать городов русских».
Мать! Твою... Городов русских!
И поэтому у меня сейчас вопрос к россиянам: «Детки... Детоньки вы наши... (Овация в зале) А что ж вы про мамку в новостях всякие гадости рассказываете, а? Про мамочку-то родную? Говорите, что она без вас, деточек, не проживет, по миру пойдет? Та она рада уже по миру пойти! Только без вас.
И что это? Нормальные дети хотят жить без мамы. Нет! Вам надо у нас в квартире. Еще и комнату отжали недавно... С видом на море. А мамка независимая, понятно? Мамка, может быть, себе ухажера нашла. Европейца. Богатого. А вы хотите, чтобы и с вами, и с ним... Не такая мамка. Она не гулящая. Она верная. Пойдет с тем, у кого денег больше. (Овация) А еще мамка умная. И потом, хватит травить мамку. Ты тоже, доченька Россиюшка...
Как с Путиным жила — мамка слова не сказала. Хотя надо было по жопе дать... Потом за Диму замуж вышла, а продолжала с Путиным жить. Мама — молчок. Ясно? А тут на тебе, Боже мой...

А мамка к тебе со всей душой, мамка вам и молочко, и конфеты. А ты нос воротишь. А мамке-то от тебя ничего не надо. Только тепло. Газ. Дешевый. Не нужно дорогой, мама не привередливая. А главное, «Мамка сама виновата, — говорит доця. — Мамка сама виновата, что такой договор подписала». Просто вопрос — а кто с мамой договора подписывает? Это же мама!

И потом... Здоровая стала такая. Территория больше всех. Дылда ты. А корабли, кроме как у мамы, поставить негде. Да? А у мамки вот этого добра, между прочим, за 20 с лишним лет ничего не пропало. Это правда. В первые два года как пропало, так больше и не пропадало. Что же это за дети такие? Лучше вообще не рожать таких. И так уже от души хочется сказать вам, как мама деткам:

— Хватит трахать свою маму.

Но тем не менее, знаете, хочется положительным чем-то закончить... Любви... А потому мы уверены все в «Квартале», что наступит такой момент, что мама, дети, все подрастут, поумнеют, честно сядут за один стол и все вместе будем пить чай... На летней террасе. На маминой летней террасе».

Когда в июне 2014 года начались боевые действия в Славянске, куда направился со своим отрядом офицер ГРУ, по совместительству историк-реконструктор и прозаик-графоман Игорь Гиркин-Стрелков, Зеленский передал миллион гривен на нужды вооруженных сил и начал давать регулярные концерты на фронте. Выступая перед солдатами АТО (войну на Донбассе в Украине называли антитеррористической операцией), он сказал: «Мужики! Низкий вам поклон за то, что вы защищаете нас от всяких мразей. Вы красавцы. Вы самые мужественные люди нашей страны». А журналистам, освещавшим его концерт, сказал, что когда-то его поколение боялось армии, пряталось от нее, а в такую армию, как эта, он охотно отдаст своего сына.

Любопытное пророчество произнес Зеленский в пародийной программе «Квартала» под названием «Чисто ньюз» в августе 2014 года: «Спикер Рады Александр Турчинов пообещал, что через 5 лет Украина вступит в ЕС и НАТО. Советуем странам ЕС и НАТО укрепить свою валюту и социальную сферу, потому что через пять лет у них появятся гораздо более серьезные проблемы».

Поистине, оба — Зеленский и Турчинов — как в воду глядели.

XIII. «Слуга народа»

Не будет преувеличением сказать, что к власти Зеленского привел телевизионный сериал «Слуга народа» (2015–2018, три сезона, 51 серия).

В 2015 году «Кварталу» захотелось делать собственный комедийный сериал. Братья Шефиры пришли к выводу, что это должна быть история о народном президенте. Как уже было здесь сказано, сила «Квартала» — при посредственном вкусе и высоком проценте грубых шуток —всегда была в превосходном чутье на главную проблему. В России основным достоинством юмористических шоу всегда была способность обойти наиболее острые вопросы, а в Украине — коснуться их. Главной проблемой Украины в 2014 году оказался вакуум власти: не находилось людей, готовых взять на себя беспрецедентную ответственность, указать стране новый путь и выдержать при этом нарастающую конфронтацию с Россией. В сущности, война уже шла, хотя войной ее избегали называть с обеих сторон. Именно в условиях этого вакуума власть досталась Петру Порошенко — человеку, не побоявшемуся подставиться под всеобщую критику. Для этого переходного периода он был, пожалуй, оптимальной фигурой, но, чтобы двигаться вперед, нужно было сформировать новый национальный тип политика. Каков будет представитель обновленной украинской нации, готовый встать во главе страны? Этому вполне серьезному вопросу и был посвящен комедийный сериал, популярность и влияние которого никто тогда не мог предсказать.

Для начала братья Шефиры — главные идеологи «Квартала», — озаботились поиском режиссера. Оптимальной кандидатурой им показался Алексей Кирющенко, прославившийся сериалом «Моя прекрасная няня».

С Кирющенко невозможно ходить по Киеву: с ним фотографируется каждый второй, остальные просят автографы (заодно и у меня). До режиссерского опыта он окончил Щукинское училище при театре Вахтангова в Москве, где познакомился с другим актером украинского происхождения — киевлянином Сергеем Маковецким (он до сих пор бессознательно копирует его интонации, да и внешне они похожи). Он довольно много снимался в кино, главным образом в комических ролях второго плана. В 2004 году ему представился наконец шанс попробовать себя в режиссуре, к которой он тяготел еще с так и не законченного Днепропетровского театрального училища. Он снял на студии «Амедиа» российскую версию американского сериала «Няня».

«Моя прекрасная няня» принесла всероссийскую (и всеукраинскую) славу Анастасии Заворотнюк, выпускнице школы-студии МХАТ, о которой никто к тому моменту ничего не знал. Ее пригласили из-за яркой внешности и чудесной способности копировать украинский акцент. Кирющенко вспоминал, что Заворотнюк никогда до этого не снималась в комедиях — и он сделал акцент именно на этом: ни секунды не комикуя нарочно, она смотрелась предельно органично и в образе няни-гастарбайтерши полюбилась миллионам. Кирющенко был дружен с «Кварталом» с 2011 года, когда сыграл в пятом и шестом сезоне сериала «Сваты». Он успел поучаствовать в производстве десятка российских сериалов, в том числе вполне успешных «Ворониных». У него была широко известная особенность: он активно участвовал в адаптации сценария, иногда переписывая его начисто; в сущности, большинство сюжетных ходов «Няни» он придумывал сам, да и в «Сватах» постоянно импровизировал на площадке.

Идея Шефиров поначалу не заинтересовала Кирющенко именно в силу банальности. «Я немедленно ввел в поисковик слова «простой человек становится президентом» и получил семь страниц фильмов и сериалов на этот сюжет». Но в этом и был вызов — нащупать сугубо украинский поворот в этой ситуации. Хотя Кирющенко двадцать лет жил и работал в Москве, он продолжал ощущать себя украинцем и во время съемок сериала получил вид на жительство в Украине, поскольку большую часть времени проводил там. Съемки первого сезона проходили с июня по октябрь 2015 года в атмосфере веселого безумия, сценарий переписывался, а то и импровизировался прямо на съемочной площадке, продюсером выступил сам Зеленский. Насчет главной роли ни у кого в «Квартале» сомнений не возникало — роль писалась именно на Зеленского, с великолепной органичностью сочетавшего черты маленького человека и авторитарного лидера. Почти всех, кто стоял у истоков «Слуги народа», и многих первых зрителей я спрашивал о главном: было ли тогда, в 2015 году, хоть у кого-то ощущение, что они начинают все вместе лепить для Украины будущего президента? Все, во главе с режиссером, дружно отвечали: «Да что ты!». Вероятно, если бы с самого начала ставилась задача провести Зеленского в президенты (а в России, например, именно так и было бы), ничего бы не получилось, ни художественно, ни политически; но у «Квартала» была иная задача — вывести на экран так называемого простого человека, подчеркнув при этом его непростоту. Если вдуматься, фигура главного героя — учителя истории Василия Петровича Голобородько — была идеальным выбором: статусно — средний класс, обыватель и сын обывателей; по психотипу — интеллигент, которого, однако, нетрудно вывести из себя, и тогда он способен на скандалы и подвиги.

Думаю, на замысел Шефиров больше всего повлияли не иностранные проекты о простом человеке в президентском кресле, а российский фильм «Географ глобус пропил» (Александр Велединский по роману Алексея Иванова). Велединский, один из сценаристов культового сериала «Бригада», сумел предложить зрителям почти идеальный образ современного героя: пьющий, неудачливый, но принципиальный и обаятельный люмпен-интеллигент, устраивающийся на почве долгой безработицы учителем географии в школу. Отношения Голобородько с классом, да и главные типажи этого класса, почти полностью копируют школьную линию «Географа». В роли учителя Служкина, нового князя Мышкина, по мысли Иванова, снялся знаменитый российский актер Константин Хабенский, замечательно сочетающий в себе интеллигентскую нервозность и люмпенскую вспыльчивость. Зеленскому для этой роли пришлось существенно расширить свой актерский диапазон: «Слуга народа» — не ситком, а трагифарс, и в некоторых эпизодах Зеленский работает не хуже Хабенского. Впору было бы помечтать о том, какой культовый фильм мог бы получиться из «Географа», если бы картина затрагивала серьезные политические вопросы времени, но сюжет об учителе сыграл свою роль: Хабенский возглавил МХТ, главный театр страны, ее арт-витрину. А мог бы он, при должной раскрутке, дойти и до... но нет, не мог бы, конечно. Актера, да вдобавок полуеврея, в послепутинской России не выбрали бы никуда. Нужна была бы долгая школа свободы и социального эксперимента, чтобы актер, сыгравший школьного учителя, стал восприниматься как национальный герой и в конце концов попал на вершину власти.

Несмотря на ударные темпы производства, «Слуга народа» был сделан качественно, на уровне хорошего полнометражного кино (на основе второго сезона сериала был сделан двухчасовой фильм, шедший в украинском прокате). Сериал снимался на камеру RED, дающую до 120 кадров в секунду. Это позволяет достичь в цифре подлинно кинематографического качества изображения. Сериал стоил 15 миллионов гривен (то есть примерно 700 тысяч долларов США — на эти деньги в Штатах не снять и мини-сериала). Его премьера состоялась 16 ноября 2015 года, и «Слуга народа» стал самым рейтинговым сериалом года, опережая по доле спортивные трансляции (рейтинг каждой серии — около 10, доля — 25). Целевая аудитория сериала — 18–54, но он преодолел эти рамки, став также любимым зрелищем стариков и подростков.

На сторонний взгляд — а сериал купили более чем в двадцати странах, в том числе на всем постсоветском пространстве, — это далеко не шедевр, но, во-первых, втягиваешься, и на президента Голобородько хочется смотреть еще и еще: обаяния Зеленскому не занимать. А во-вторых, популярность продукта в огромной степени объяснялась его актуальностью (и я лукавил бы, если бы объяснял свое обращение к фигуре Зеленского исключительно высшими литературными соображениями: мне хочется высказаться о проблеме, которая волнует всех, и для писателя такое желание вполне естественно). Главное в «Слуге народа» — не шутки, иногда довольно острые, а иногда предсказуемые и банальные. Главное там — актуальность проблемы, способность коснуться острейших вопросов, от языковой проблемы до неискоренимой коррупции; «Слуга народа» — своего рода репортаж из зрительского подсознания. Все, что пугает, тревожит или пристыжает, здесь проговаривается вслух, и сериал становится актом коллективной терапии. Но помимо этой прямоты выхода на тему, в «Слуге» есть уникальная интонация, сделавшая его огромным прорывом, не побоюсь этого слова, в украинском искусстве как таковом. Создатели сериала не отделяют себя от героев и зрителей, они трунят не только над конкретными политиками и не только над украинской политикой с ее коррупцией, наглым пиаром и провинциальными понтами. Это ситуация твердого и даже гордого знания о себе всего лучшего и худшего; это ощущение коллективного социального эксперимента, в котором принимает участие вся нация. Этот эксперимент — уход части бывшего Союза в самостоятельное и рискованное плавание — осуществляется с массой ошибок и глупостей, и все-таки мы ни о чем не жалеем, мы все в одной лодке, и наше самоуважение не приводит ни к каким иллюзиям на собственный счет. Мы позволяем себе говорить вслух все, что захотим. Мы работаем для своего зрителя, а не для зарубежного общественного мнения. Слоганом сериала могли бы стать слова из похмельной речи Голобородько: «Громадяне! Нам усим зараз дуже погано». Это очень смешно, но главное — верно.

К талантливой работе сценаристов, актеров и режиссера, постоянно стилизующегося под американский политический триллер (или ситком), следует добавить грамотную рекламную кампанию: 24 октября 2015 года в Украине проходили выборы в Верховную Раду, и на улицах появилась реклама «народного президента Голобородько». В Киеве раздавали открытки с издевательскими лозунгами: «Люстрирую по самых предшественников», «Настучим чиновникам по льготам» и главное: «Чтобы учитель жил как президент, а президент — как учитель». Таким образом виртуальный кандидат Голобородько (фамилию, по признанию Зеленского, «Квартал» взял у старого криворожского друга коллектива) впервые заявил о своих президентских амбициях, и сериал с первого же сезона начал воплощаться в жизнь. Но между 2015 и 2017 (годом премьеры второго сезона) была нешуточная разница: за эти два года президент Порошенко успел разочаровать многих былых сторонников. В стране со сменяющейся властью это вещь естественная. В 2015 году «Слуга народа» был пародийным шоу, в 2017 — предвыборной программой будущего президента. И лозунг «история будущего президента» уже не воспринимался как абсурд. Многие всерьез задумывались: почему нет? Это вполне в духе новой украинской государственности, во вкусе страны, где все впервые. К 2019 году, когда на экраны вышел самый отвязный третий сезон, сделанный Кирющенко в ситуации отказа от любых ограничений, Зеленский был уже наиболее очевидным кандидатом в президенты; третий сезон гарантировал ему победу — Порошенко-то ни в чем не снялся, а в образе предыдущего президента Сергея Павловича блистал сам Кирющенко, и в его шаржированном исполнении порошенковские черты бросались в глаза.

Сюжет элементарен: школьный историк Голобородько однажды наговорил коллеге горькой правды о положении Украины после Майдана, который разочаровал многих своих сторонников, поскольку денег не прибавилось, коррупции не убавилось, а самые умные остаются самыми бедными. Эту речь подслушал и запечатлел на мобильник один из учеников Голобородько. Вирусный ролик стяжал ему небывалую популярность в сети, и на ближайших президентских выборах неожиданно для себя и без всякой подготовки победил матерящийся учитель, самый что ни на есть человек из народа. К нему приезжает седовласый глава администрации (Станислав Боклан) и предлагает вступить в должность: он победил на президентских выборах с огромным отрывом.

Голобородько разведен и живет теперь с родителями и сестрой. Он хороший сын, но родители искренне полагают, что теперь-то им представился шанс пожить в роскоши. В лучших традициях постсоветского мещанства они нанимают дизайнера и начинают превращать свою окраинную «трешку» в склад разнообразной роскоши. Голобородько с трудом утихомиривает отца и возвращает статус-кво.

Успех «Слуги народа» в огромной степени обеспечен тем, что ирония этого сериала тотальна: объектом сатиры является все, от украинского национального характера до украинской коррупции. Для сатиры «Квартала» запретных тем не существовало, и в этом был залог его сверхпопулярности. В «Слуге народа» господствует интонация гротеска и умиления, но нет и тени того самолюбования, которым все нагляднее переполнялась культурная продукция России.

XIV. Актер

Оценивать Зеленского как актера — задача нетривиальная, потому что он не совсем актер в классическом смысле: он персонаж, стендапер, играет по большей части себя — даже когда шутки ради притворяется Наполеоном («Наполеон против Ржевского», 2012). И «Я, ты, он, она» (2018) — лучшая и самая лирическая из его ролей, даром что картина полна откровенного и несколько самопародийного идиотизма, — автопортрет. Вот этот его ключевой персонаж — черты которого он придал и Новосельцеву в ремейке «Служебного романа», — представляется наиболее интересным его творческим достижением. Предыдущие актеры, сделавшие политическую карьеру, — Рейган, Шварценеггер, — резко отделяли игру от жизни, да и нельзя сказать, чтобы Рейган создал в кино принципиально новый типаж. Иное дело Зеленский: украинцы выбирали именно его героя, маску, которую он эксплуатировал и в «Квартале», и в телевизионных шоу (он придумал и провел их больше двадцати), и в кино. И это маска непростая, по крайней мере ничего подобного раньше не было.

Проще и глупее всего было бы сказать, что Зеленский играет маленького человека, но Голобородько никак не маленький человек, он скорее герой, до поры не осознающий своей силы, и Зеленский во время избирательной кампании внушил стране именно такую идентичность: мы сами пока не осознали своих возможностей, они в нас дремлют, но в критический момент мы — ого! Основной сюжет «Слуги» — история о том, как человек подчеркнуто негероической внешности и профессии, оказавшись на главном посту, демонстрирует лучшие

91

человеческие качества, и прежде всего самоотверженность, решительность и силу.

Так оно, собственно, и вышло. Зеленский всю жизнь играет обывателя, получившего великий исторический шанс. В «Ржевском», кстати, тоже все не так просто, потому что у него все роли со вторым дном: он изображает не Наполеона, а комика, которому выпало сыграть Наполеона. Думаю, Украина увидела в Зеленском себя — страну, которой выпал шанс величия. Она реализовала его сначала на Майдане, потом на беспрецедентных выборах 2019 года, когда совершила непредсказуемый выбор, — и, наконец, на войне. Зеленский играет обывателя, скромного профессионала, в котором спит герой, комика, в котором живет трагик, и Украина справедливо увидела себя именно в этом герое.

У Зеленского все в порядке с актерской техникой, он крепкий профи, исполнитель-универсал и хороший сценарист (придумавший, кстати, едва ли на самый успешный сериал нулевых «Сваты»). Он замечательно заводит зал и легко устанавливает контакт даже с самой тугой аудиторией. Но всех этих качеств было бы недостаточно для его тотального успеха — телевизионного, драматургического и кинематографического. Его актерская тема — выход из амплуа, эволюция фарса в трагедию, — совпала с вектором общества, а это всегда дает артисту шанс доиграться до героизма. В некотором смысле вся Украина повторила путь Зеленского — путь генерала делла Ровере, сыгравшего героя и поверившего, что он герой.

Смотрите: нация, над которой то высокомерно, то одобрительно шутят, которая сама о себе рассказывает весьма непочтительные анекдоты, которая создала столицу европейского юмора — Одессу с ее великой литературой и неувядаемым мифом, в 2004 году создает новый жанр европейской политики, а именно Майдан; в 2014 году она доводит этот жанр до совершенства. Майдан — явление не только и не столько политическое, сколько зрелищное, в огромной степени театральное; на Майдане идет непрерывный концерт, причем речи неотличимы от скетчей; сцена ни секунды не пустует. На Майдане-2004 могли побить, на Майдане-2014 — убить (и убили больше ста человек, «небесную сотню», которую Путин со своей тягой к конспирологии объявляет «сакральной жертвой», американской провокацией).

Путин и весь Майдан считает постановкой американских спецслужб, хотя самая интересная особенность этого действа — то, что оно режиссирует само себя. Майдан — революция в жанре шоу, или, если угодно, шоу, на котором стреляют по-настоящему и образ страны меняют тоже по-настоящему. «Квартал» — тоже новый жанр, стендап-шоу, непосредственно влияющее на судьбы Украины (заметим, что большинство украинских ток-шоу, прежде всего «Свобода слова» Савика Шустера, тоже претендовали на то, чтобы решать судьбы власти в прямом эфире). Украинская политика — сложное сочетание непрерывного шоу, жестокой, иногда кощунственной пародии, риска и героизма. Слабость официоза, попсовость государственного нарратива (особенно в исполнении Януковича, да отчасти и в стилистике Порошенко) приводит к широкому распространению и триумфу народного политического творчества. И как коррупция является народной моделью экономики — так украинские политические шоу, увенчавшиеся Майданом, стали народной моделью большой политики, революцией в форме круглосуточного концерта, рок-фестивалем на Крещатике.

Мне много раз приходилось говорить о том, что главную тему «Гамлета» Любимов вычленил, а Высоцкий сыграл точнее всех: это сильный человек в слабой позиции, гений, аристократ и мыслитель, загнанный в непривычную ему, унизительную область дворцовых интриг, сплетен и тайных злодейств. При Гамлете-старшем, известном нам главным образом в ипостаси призрака, датский двор жил по законам блокбастера, это был героический жанр, пропагандирующий воинские добродетели. При Клавдии двор стал пространством заговоров, лжи и разврата, и в этом пространстве принцу, философу и воину, нечего делать. Он путается в этих липких сетях, как в паутине, и вынужден действовать в несвойственном ему жанре: он рожден воевать и править, а ему приходится убивать и притворяться сумасшедшим. Основа шекспировской театральности (и это лейтмотив всех его пьес) — образ человека в несвойственной ему роли: бонвиван и ветреник Ромео влюбляется всерьез, честный и прямой военачальник Отелло становится жертвой мелкого интригана, умница Гамлет изображает безумца, нищий король скитается по степи, честный воин Макбет становится тираном и узурпатором — весь Шекспир о том, как мы сражаемся с навязанным амплуа. Случай Зеленского похож, но как бы обратен «Гамлету», это игра на повышение: комик оказывается Наполеоном, ему навязана трагическая роль. И Украина справедливо узнает себя в этом зеркале: провинция Европы оказывается на первых ролях, и не в Европе, а в мире; нация, долгое время позиционировавшая себя как сборище вороватых весельчаков вроде Хомы Брута, обнаруживает рыцарские черты и предстает в обличье, намеченном Гоголем: синтез козачьей вольницы и Киево-Могилянской академии.

Зеленский всегда, с первых своих стендапов играл человека с внутренней драмой, поначалу загнанного судьбой на мелкие и комедийные роли, но всегда готового внутренне распрямиться. И Д'Артаньян (2005), и Наполеон достались ему как актеру не просто так: героическое начало из него, простите за рифму, торчало. Может быть, оно прорезалось в его неожиданно хриплом и брутальном голосе, может, в манере говорить со сцены посреди корпоративного концерта резкие, злые, наотмашь хлещущие слова. Все его стендапы — внезапный трезвый и трагический монолог анекдотического персонажа. Зеленский потому и перерос КВН, что КВН пытался быть чем угодно, кроме сатиры; загонял сам себя в рамки студенческого капустника, хотя разыгрывался на тонущем «Титанике». Актерская тема Зеленского — перевод анекдота в трагедию, а стендапа в проповедь; во время избирательной кампании ему даже не пришлось перестраиваться, поскольку в украинской политике установка на зрелищность присутствовала изначально.

И вот тут, как ни странно, у Зеленского был в России прямой аналог, который мог бы, достань у него чисто человеческой значительности, пройти сходный путь и выйти в духовные вожди. Я говорю, конечно, не о Михаиле Евдокимове, который был хорошим барнаульским губернатором и юмористом, но на большее не претендовал. Я о Евгении Гришковце — стендапере с претензиями на драматического актера и при этом драматурга, исполнителя собственных моноспектаклей, которые были замечательными стендапами в клубном формате, но мгновенно срывались в слащавый китч, как только начинали претендовать на нечто большее. Гришковец бывал замечательно точен в деталях и состояниях, и, окажись у него мировоззрение, то есть осмелься он сказать в лицо зрителю несколько серьезных и важных вещей, и у него могла появиться совсем другая аудитория. Но Гришковец, во-первых, при первой возможности срывался в пафос, а во-вторых, обладал классическим русским характером «подпольного человека», то есть, изображая скромность и непритязательность, искренне полагал себя великим драматургом и артистом в одном лице. К тому же он имел слабость дурно говорить о коллегах, например, о «Квартете И», и это исключало для него возможность работы в коллективе, а Зеленский без «Квартала», без идеальной рабочей атмосферы в нем и без мозгового центра сценаристов, был бы в лучшем случае одним из многих авторов-исполнителей. У Зеленского было то, что практически не встречается в России (или возникает иногда под внешним воздействием тоталитарного гнета): чувство ансамбля, оркестра, товарищества.

В смысле коллектива неплохие шансы были у «Квартета И», выросших и учившихся вместе одесситов, которые, кстати, не боялись и весьма колких политических шуток в спектакле «День выборов». Но они сознательно воздерживались от серьезных политических высказываний и даже после начала войны не заявили ничего определенного, призвав только обе стороны не стрелять по мирному населению. Я сочувствую «Квартету И» и понимаю его трудности, но искренне не понимаю, как в этой ситуации можно не уехать в Одессу. Мария Галина, поэт и прозаик первого ряда, и ее муж, поэт и переводчик Аркадий Штыпель бросили все дела в Москве и уехали немедленно. «Квартет» явно не рвался подражать «Кварталу» — понимая, вероятно, что в России артист всегда останется «клованом». Но это, боюсь, постановка телеги впереди лошади: он потому и останется клованом, что не посмеет стать ничем большим. Этот тоннель роется с двух сторон.

Нельзя не упомянуть и Семена Слепакова, ныне иноагента, жителя Израиля. Слепакову поистине было что терять, он был одной из главных звезд Comedy Club. Их с Зеленским карьеры до известного момента развивались параллельно, и даже главный свой сериал они делали одновременно. Зеленский продюсировал и сочинял «Слугу народа» — Слепаков делал столь же актуальный для России «Домашний арест», где роль стремительно входящего в славу мэра сыграл Павел Деревянко. Тут особенно очевидна разница между Россией и Украиной: Деревянко не стал и не мог стать народным героем, не говоря о президентстве. Сама ситуация домашнего ареста радикально отличается от ситуации выборов. Потому и Слепаков, при всей популярности своих песен, ощущал полную зависимость от власти — и в январе 2021 года довольно резко высказался о московских протестных акциях. Процитируем, хоть и не очень приятно напоминать любимому автору о его провалах:

> Ваш праведный и столь истошный вой
> Не очень мне приятен как поэту,
> Но, поразмыслив, я кладу на эту
> Агрессию свой орган половой.
> Другое интересно для меня —
> Посыл ваш — бесконечно либеральный,
> А также взгляд ваш высокоморальный,
> На жизнь в России завтрашнего дня:
> Падут оковы и вздохнет народ
> Свободу ощутивший, полной грудью,
> Диктатор будет предан правосудию,
> Наступит в жизни новый поворот...
> А мне сценарий видится иной —
> Что управлять придет моей страной,
> Коль вдруг народный гнев огонь раздует,
> Лишь более отвязное жулье,
> Но это только мнение мое —
> На истинность оно не претендует.

Результат этого компромисса сказался очень скоро: Слепаков не написал с тех пор ни одного хита. Сам он оказался за границей сразу после начала войны, и вроде бы не сказал ни слова в поддержку Путина, напротив (еще недавно он говорил Дудю, что Путин ему скорее нравится, чем не нравится). Но это и есть ответ на вопрос о перспективах российской творческой интеллигенции.

Что до Зеленского, он и его команда с самого начала делали ставку на превращение анекдота в абсурд, стендапа в театр, театра в революцию, а комика в трагика. Я сейчас читаю в одном американском университете курс «Как Гоголь придумал Украину», иными словами, как главный украинский прозаик сконструировал национальный миф. Гоголю приписывается честь первого изображения маленького человека в русской литературе, не считая пушкинского Самсона Вырина, намеченного эскизно; но маленький человек литературу не интересовал, она ему не сочувствует, ей подавай великие страсти, а не сопливое снисходительное умиление. Повесть Гоголя — о том, как Акакий Акакиевич становится двухметровым привидением, срывающим шубы с чиновников; судьба Гоголя — о том, как рассказчик диканьских баек становится европейским Гомером. Перерастание собственных границ, не географических, разумеется, а личных и творческих, — сквозная тема украинской культуры, от «Каменного хозяина» Леси Украинки до «Вита Ностра» Марины и Сергея Дяченко. Украинец входит в европейскую культуру с прибаутками провинциального родственника, с бутылкой горилки и шматом сала, и вдруг оказывается в этом помещении единственным мужчиной и единственным носителем личного мифа, в то время как остальные давно этот миф похоронили и вообще живут в материальном мире. Так Чехов, уже будучи первым новеллистом и драматургом европейского модерна, прямым наследником и усовершенствователем Метерлинка и Мопассана, стыдливо писал в письмах: «Я ленивый хохол».

Персонаж анекдота «хохол» терпел снисходительное отношение лишь до поры: нация выскочила из одного жанра в другой и переучредила себя. Этот жанровый переход, вытаскивание себя за волосы из болота провинциального комизма, стал главной внутренней темой Зеленского и срезонировал с развитием украинского характера.

Фундаментальная ошибка Путина и кооператива «Озеро» состояла в том, что они планировали воевать с хохлами и шутом — а это уже были украинцы, и во главе у них был Джокер.

P.S. Редактор этой книги, один из самых дорогих для меня литературных критиков, чьего имени я по понятным причинам называть не могу, написал на полях этого абзаца:
Я в затруднении. Может, от того, что очень люблю «Квартет И» (один из немногих фильмов, которые я знаю наизусть: «День выборов»). Может от того, что двое из «Квартета...»

родились в Одессе (Барац и Хаит), а Ларин из Волгограда, Демидов — свердловский. Да... С этого стоит начать: не совсем понятно, почему именно одессит В ЭТОЙ СИТУАЦИИ должен быть в Одессе? Что принципиально меняется? Илья Новиков не киевлянин. Ильдар Дадин не из Тернополя. Хафнер не англичанин. Подчеркивать КОРНИ — не в масть... Если бы я был в США и украинцы жахнули бы по Москве — я не вернулся бы в Москву. Я бы сказал, как Томас Манн сказал по поводу англо-американских бомбежек Германии: «Так немцам и надо. Они это заслужили»... Я и здесь, если жахнет, буду говорить то же самое. Теперь другое. Я понимаю... понимаю — Хафнер в своем последнем интервью говорил: «Внутренняя эмиграция — чушь. Всякий интеллигент, который не эмигрировал, работал на нацистскую Германию. Он не писал, не снимал, не рисовал ничего нацистского? Значит, он создавал декорацию нормальной, обычной жизни, за что ему Геббельс тоже был благодарен...» НО... тот же Хафнер в том же интервью замечает: «ВСЕ эмигрировать не могли, да и с чем, и с кем бы осталась Германия, если бы уехали все не-нацисты или антинацисты?» Подхожу к «Квартету И». В отличие от Галиной, Беломлинской, Штыпеля они — сатирики или юмористы, эстрадники. Им нужна аудитория не просто для успеха, а потому что они... говорят на языке аудитории и подпитывают себя языком своей аудитории. Если бы они уехали в любую другую страну, им бы пришлось менять профессию. Юмор, особенно, стендаперский, очень национален. Вернера Финка (знаменитого кабаретиста) никто не упрекал за то, что он остался в Германии...

Понимаю со своей стороны, что иногда сменить профессию — далеко не самая серьезная плата за то, чтобы сохранить лицо. Но понимаю и то, что это мнение не универсально, а «Квартет» вызывает у меня чувства самые добрые. Что же делать, если ключ к соотношению творческой интеллигенции России и Украины — именно соотношение «Квартета» и «Квартала», особенно наглядное, как все в этой войне.

XV. Король-нарратор

Насим Талеб (автор «Черного лебедя») заработал деньги и славу нехитрой, но точной мыслью, из которой вытекают все его последующие книги. Будущее всегда а) абсолютно логично при осмыслении задним числом и б) столь же непредсказуемо.

Избрание Зеленского президентом Украины с огромным перевесом было невероятно еще за год до этого, но абсолютно логично и отражало две тесно связанные тенденции, которые мир пока не осмыслил и даже не заметил толком. Но главным результатом происходящего сейчас в Украине стал именно выход этих двух тенденций на поверхность истории.

Первая: мир устал от системных политиков, бюрократов, глубинного государства, потомственных карьерных дипломатов и профессиональных экономистов. Они могут где-то в глубине, как и положено глубинному государству, осуществлять свои мероприятия, может быть, даже и спасительные, но знать о них должны специалисты, а не голосующие граждане. Вторая: главой государства становится шоумен, актер, писатель — тот, кто создает нарративы. Нации неинтересно следить за реальной политикой, точней, эта политика опускается на региональный уровень, где горожане сами решают вопрос о ликвидации памятника или строительстве моста. А так называемую большую политику отныне формируют те, чьей профессиональной обязанностью является сюжетосложение.

Как это ни парадоксально, победа Трампа в Штатах была продиктована теми же двумя факторами. Он был не только не системным, но антисистемным. Он был не только фриком, но профессиональным шоуменом, чьей единственной по-настоящему успешной деятельностью было ведение телепрограммы. Трамп с Зеленским демонстрируют, конечно, разный уровень шоуменства — Зеленский гораздо более одаренный актер; но переоценивать его образованность я не советую, а с обучаемостью и у Трампа все неплохо, только самомнение выше. Ну, это, во-первых, возрастное, а во-вторых — американское.

И здесь нам придется ввести понятие Короля-нарратора, поскольку это новый тип лидера не только для Украины.

Примечание редактора: на полях. Вообще-то «король-нарратор» (как ты его описываешь) — конституционный король. Король, который представительствует. И ты знаешь: первым королем-нарратором был ... Вильгельм II. В принципе — он нарраторствовал. Флот строил Тирпиц, войной руководил Людендорф, экономикой — Ратенау. А Вильгельм, он выдавал мемы. Отменяет исключительный закон против социал-демократов и во всеуслышанье: «Я хочу быть королем бедных» (звучит двусмысленно, но все правильно поняли императора). Начинается война и снова мем: «Сейчас я не знаю партий, я знаю только немцев!» Очень плодотворную тему ты затронул.

Первыми, как всегда, успели Штаты с Трампом — но первый Трамп оказался комом (сейчас, когда я это пишу, он еще не оставил надежды вернуться, но, кажется, бывшие фаны от него отвернулись). Королем-нарратором мы будем называть правителя, который, предоставляя профессионалам заниматься экономикой, промышленностью или военным делом, сам занимается тем, что дает обществу Сюжет Существования. Это ключевое понятие введено не политологом, а писателем. «Сюжет существования важнее всяких экономических законов, вернее, сами экономические законы могут работать только тогда, когда у человека есть сюжет существования. Если вкладчики перестают верить в сюжет существования банка — банк лопается. Если граждане страны не улавливают сюжет существования государства — оно разваливается. Дайте сюжет! Дайте сюжет!»

Это из рассказа Фазиля Искандера 1997 года. И когда я спрашивал об этом сюжете у автора, — была у меня, слава Богу, такая возможность, — он ответил: «Дорогой мой! Если бы я уловил хоть тень его для России, я бы не занимался сейчас ничем другим». Но этого сюжета не было, а когда он возник — это был сюжет пещерного реванша, войны. Чтобы выдумать сюжет, надо иметь минимальные литературные способности.

Король-нарратор, несомненно, правит. Но правит он не грубыми материальными вещами, а настроениями и надеждами подданных. Он помещает их в пространство художественного текста, сериала, телевизионного шоу и не претендует на скучные вещи вроде экономики. Нарратор принципиально отличается от идеолога. Идеолог создает систему контроля и требований — нарратор мотивирует граждан с помощью ИНТЕРЕСНОГО, а не полезного или нравственного. Яков Голосовкер, философ и мифолог, автор глубокой работы о феномене интересного, постулирует, что интересное а) вне этики и б) вне эстетики. Эстетичны, то есть прекрасны, довольно скучные вещи вроде Пруста или Шелли (о вкусах не спорят, Голосовкер приводит одни примеры, вы можете подобрать другие). Этично все правильное, но правильное малоинтересно. Роберт Шекли признался мне в интервью (я и с Шекли разговаривал!), что непременно пошел бы смотреть на публичную казнь. Хорошо ли это? Нет. Но интересно же!

Идеология всегда зависит от этики и часто — от эстетики. Нарратор не имеет отношения ни к тому, ни к другому. Он следит за тем, чтобы население было увлечено и вовлечено. Это главная задача власти в постмодернистскую эпоху: модерн старается все поставить под контроль разума, постмодерн, напротив, отвлекает от него. В постмодернизме главное, чтобы человек не скучал. И вот еще одно важное соображение, высказанное Константином Эрнстом и тоже в разговоре с интересным автором этих интересных строк: при модернизме писали словами или красками, при постмодерне пишут толпами. Искусство при модернизме вышло на улицы, а при постмодернизме занялось непосредственно организацией жизни, политики, быта. Виртуальная реальность вытеснила осязаемую. Человек переселился в телевизор. Главные проекты писателей постмодернистской эпохи — создание нарративов для читателей. У Зеленского все получилось с сериалом и захотелось — со страной; думаю, это было не столько властолюбие, сколько нормальное расширение производства.

Иной вопрос, что нация, избирая Зеленского, продемонстрировала прямо-таки провидческое чутье: любой системный политик на его месте трезво оценил бы перспективы, прикинул шансы выжить и воспользовался возможностями, которые предлагал Запад. Можно не сомневаться, что бегство Зеленского не только положило бы конец его политической карьере, но и с огромной долей вероятности подорвало бы веру украинцев в победу. Актера больше всего заботит то, как он выглядит. Бегство выглядело бы плохо.

Больше того: актер — единственный, кто по-настоящему верит в собственные слова. Без этой веры он сыграет неубедительно. Думается, именно такой смысл вкладывает пророк в слова «откроюсь не искавшим меня»: у профессионального актера больше шансов уверовать, чем у богослова. Точно так же шансы актера достичь вершин в любой профессии выше, чем собственно у профессионала. Питер Устинов говорил в интервью все тому же автору этих строк: я плохо знаю русские слова, но так имитирую русскую интонацию, что произвожу впечатление русского аристократа, какую бы чушь я ни порол. Мимика Зеленского, его интонации, его футболка сказали украинцам больше, чем любые его речи. И нация поверила в то, что у нее героический президент, а Европа назвала его «Черчиллем в тишотке».

Это не случай Рейгана (который на момент избрания его президентом тридцать лет не снимался) и тем более не вариант Шварценеггера, который никогда и не претендовал на большое актерское дарование. Это принципиально новый акцент в мировой политике: как все на свете диверсифицируется в последние годы, так и политика все отчетливее разделяется на содержательный и нарративный аспекты. Содержанием занимаются военные (в чьи дела Зеленский не вмешивается) и экономисты (экономической программы у Зеленского фактически не было, о чем ниже). Президентом же становится персонаж, за которым интересно следить, на которого хочется смотреть, который способен подарить избирателю увлекательное повествование. Поэтому двумя главными деятелями в Украине стали главнокомандующий ВС Виталий Залужный и глава президентской администрации Андрей Ермак, а двумя лицами украинской политики — профессиональный актер и шоумен Зеленский и профессиональный пиарщик Арестович (у него много других профессий, но наиболее востребованной оказалась эта; не случайно его именем назвали СПА-салон, где профессионально снимают стресс. Его это ничуть не обидело, напротив, польстило).

Я убежден, что мировая политика пойдет именно по этому пути: президентами будут становиться талантливые артисты или увлекательные рассказчики, а осуществлять политику — управленцы. Нация должна заботиться не о прагматике, не о том, чтобы, по Пушкину, «оспаривать налоги», но о том, чтобы жить было интересно. Зеленский обозначил блестящие перспективы творческой интеллигенции на политическом поприще: именно из этой среды будут рекрутироваться наиболее успешные лидеры XXI века.

XVI. Зеленский как украинец

А теперь ответим на принципиальный вопрос: можно ли назвать Зеленского лидером нации?

Этот вопрос ставил в тупик большинство моих украинских собеседников, и это значит, что он попадает в нерв. Потому что Зеленский — лидер нового типа: не тот, который ведет куда-то нацию, а тот, кто воплощает главные ее черты.

Это не значит, что лидер в значении «ведущий» окончательно стал анахронизмом: нет, и нескоро станет. Но Украина — не та страна, которую можно куда-то вести. Возможно, в каком-то смысле это и минус: ее трудно объединить в мирное время, трудно добиться консенсуса даже по базовым ценностям, и вообще Россия дала ей уникальную возможность сплотиться именно в ненависти: что бы ни уверял новейший учебник истории, Украина никогда антироссийской не была, даже после Майдана 2014 года. Но тотально антироссийской она стала — и именно благодаря Владимиру Путину, который добивается противоположных целей, за что бы ни взялся. Он желал видеть Россию самой влиятельной силой в мире — и превратил ее в страну-изгоя; желал победить Чечню — и подчинил ей Россию; желал видеть Украину тотально зависимой — и сделал настолько независимой от всего российского, какой не мечтал и Бандера, большой, прямо скажем, нелюбитель северного соседа.

Украина, какой мы знаем ее с 1991 года, гордится именно неавторитарностью, майданно-вечевым, сетевым способом управления (коррупция является одной из форм этого народного самоуправления). Зеленский не ведет страну к победе — он соответствует ее стремлению не покориться, служит выражением и символом этого стремления. Особенность короля-нарратора вообще не в том, что он формулирует стратегию и намечает пути. Его главная роль — служить для всего мира воплощением тех качеств страны, которые сегодня востребованы. Вопрос о том, каковы эти черты в случае Зеленского, позволяет ответить на вопрос о том, что такое вообще Украина: Зеленский очень вовремя создал для всего мира образ современного украинца — и ничем пока его не скомпрометировал. А поскольку именно Украина сегодня — духовный лидер славянства, эти черты для мировой истории весьма важны.

Их много, и каждый выделит свои, но я бы предпочел сосредоточиться на пяти.

1. Главным качеством Зеленского Арестович назвал упертость, и эта черта, упоминаемая во множестве украинских анекдотов, ему действительно присуща. Зеленский крайне самолюбив и всегда был исключительно успешен, а потому ему проще исчезнуть, чем отступить, проще умереть, чем проиграть. Это самолюбие — не столько актерская, сколько продюсерская черта. Актеру как раз положена гибкая психика, а у Зеленского она в последние годы скорее жесткая, ригидная. В нем есть фанатическое упорство провинциала, завоевывающего столицу, и гордость лидера страны, которой в геополитических раскладах отводились вторые роли. Сегодня об Украине говорят в мире больше, чем об Америке и Китае, потому что от нее в конечном итоге зависит, выжить миру или погибнуть; некоторые этого не признают, но это, прямо скажем, не от большого ума.

2. Самоирония. При всем пафосе, неизбежном для экзистенциальной ситуации, Украина отлично умеет видеть себя со стороны, сознавать свои упущения и пороки. Никто не издевался над национальными комплексами и самообольщениями упорней, чем «Квартал»; никто не разоблачал украинские глупости ярче, чем Зеленский. Вынужденный постоянно подогревать уверенность в победе, он никогда не встает на котурны. Он по-прежнему готов

иронизировать над собой и своим окружением, хотя ситуация явно не располагает к веселью. Юмор его стал черным, из него ушла жизнерадостность, но Зеленский по-прежнему видит не только трагедию войны, но и ее абсурд. Вероятно, это один из источников его душевного здоровья.

3. Артистизм. Украина обладает богатейшим фольклором, в Украине ничто не делается без песни, что опять-таки стало темой бесчисленных анекдотов; герой этого фольклора — почти всегда артист, балагур, сказочник, и если в России в застолье чаще всего пели либо песни из советского кино, либо блатной шансон, в Украине народные песни, от лирических до неприличных, оставались живым элементом любого застолья. Украинский характер предполагает артистическое переосмысление любой ситуации, и это отчасти связано с другой национальной чертой — понтами. Я не знаю, как это перевести на иностранные языки, такого слова нигде больше нет. Самопрезентация? Но это далеко не так выразительно. Напыщенность? Это верно, но чересчур негативно. Наверное, это своего рода эстетизация жизни, априори предполагающая самолюбование. Но при такой самоиронии «форс дороже денег», а победа уж точно важнее жизни.

4. Независимость. Любовь к воле — самая устойчивая черта в самохарактеристике украинцев. Зеленский не терпит, когда им руководят. Он все больше становится собственным режиссером, собственным продюсером и собственным советником по имиджу (не по экономике и не по военным вопросам, что важно). В высшей степени самокритичный, к чужой критике Зеленский с детства не особенно терпим. И вопреки советской традиции саморугания и самоугнетения я склонен это ценить. Замечательно формулировал Маяковский в одном письме к любимой: «Я что угодно с удовольствием сделаю по доброй воле,

хоть руку сожгу, а по принуждению даже несение какой-нибудь покупки, самая маленькая цепочка вызывает у меня чувство тошноты». Украина может сама с собой делать что угодно, терпеть по собственной прихоти и голод, и смертельную опасность. Но малейший дискомфорт по чужой воле тяжело оскорбляет любого украинца, особенно сейчас, когда сначала Майдан, потом Крым и Донбасс, а потом война обострили эту независимость до нетерпимости. И нетерпимость, правду сказать, куда лучше, чем всетерпимость.

5. Быстроумие. Украинцы импровизационны, не любят тугодумов, легки на подъем — о них никак не скажешь, что они долго запрягают, но быстро ездят. Думаю, что тугодумие как-то связано с расчетливостью, прижимистостью — черта, которую приписывают украинцам особенно часто. «Що ви їсте, пане? — Сало. Та ви цього не будете! — Чому ж не буду? — Та тому, що я вам не дам». Как раз в украинцах я часто встречал несколько даже избыточную легкость при расставании с деньгами, понимание их иррациональной природы: они приходят не к тому, кто экономен и бережлив, а к тому, кого они любят. Опять-таки фольклор тут особенно откровенен: «Гроші не голова: справа наживна». «Грошей немає — перед прибутком, зайвий гріш — перед загибеллю». «Пошкодував алтин, втратив полтину». Можно набрать и контрпримеры — о том, что Бог любит веру, а деньги счет, — но преобладает именно легкое, почти пренебрежительное отношение к собственности, опять-таки потому, что понты дороже. И можно понять отношение украинцев к жизни в долг, их пресловутую неблагодарность, когда речь заходит о западной финансовой и оружейной помощи: «З ким знатися не хочеш, тому дай гроші в борг». Зеленский всю жизнь старался не одалживаться. Лейтмотив того, что пишут в последний год Баумейстер, говорит Арестович, повто-

ряют многие украинские блогеры: зависимость от Европы позорна, надо как можно скорее преодолеть ее... хотя, положа руку на сердце, каким образом Украина, чья экономика катастрофически подорвана войной, могла бы сохранить независимость? Тут можно только выбирать, как именно зависеть — брать в долг боеприпасы или бежать на европейскую территорию; тут Зеленский сделал идеальный выбор.

И, разумеется, Зеленский себе на уме. Он ни с кем не откровенничает — об этом рассказывают и друзья (принимающие эту его черту), и коллеги по студии, и политики. Скажу больше: он скорее будет откровенен в публичном выступлении, — это уж актерское, — чем в разговоре один на один. Может быть, в этой несклонности к исповедям есть особого рода душевное целомудрие, естественное в актере: он и так слишком публичен и потому требует оставить в неприкосновенности его внутренний мир. Зеленскому случается быть откровенным в телеобращениях, и он далеко не всегда дозирует свои эмоции, разговаривая с нацией. Но в интервью один на один и тем более в дружеском общении он говорит ровно столько, сколько хочет сказать, а душевной распущенности не переносит совершенно. И, как знают все, он не переносит крика: крик причиняет ему боль чисто физическую. Как вспоминает постановщик «Слуги народа» Кирюшенко, когда во время аврала он срывался на площадке, чуть не угрожая побоями опоздавшему актеру, Зеленский буквально повисал на нем, требуя успокоиться.

Да, он не любит, когда размахивают руками. Говорят, война его изменила. И это еще одно доказательство того, что война может улучшить только рейтинг президента, но, кажется, Зеленский охотно отдал бы жизнь, чтобы этой войны и этого рейтинга в его биографии не было.

Яндекс, как известно, русский (и более того, давно и окончательно путинский, что вполне очевидно из подбора триумфальных новостей). Гугл — американский, с перспективой скорого запрета в России. В Яндексе вам первым делом сообщат, что украинцы по природе своей предатели, жадины и националисты, а в Гугле — что в украинском характере доминирует самостоятельность, ирония и предприимчивость.

Зеленский, строго говоря, этнический еврей, чьи еврейские корни прослеживаются до пятого поколения, но мы говорим сейчас не об этнической идентичности. Президент Украины — в некотором смысле лицо нации, и в этом смысле символичнее всего, что Зеленский не украинец. Рискнем сказать, что украинцы сегодня — сборная мира, примерно в том же смысле, в каком ею были испанцы в 1936–1938 во время первой вооруженной схватки с фашизмом. На стороне Украины воюют — на фронтах, в дипломатии, в идеологии, — все, кому не нравится новая инкарнация фашизма в исполнении России, и почетным гражданином Одессы становится этнический англичанин Борис Джонсон, а добровольцами в Украину едут солдаты всей Европы (не говоря о международной журналистской сборной, освещающей во всех деталях жизнь и борьбу Украины). В этом смысле украинцы — формирующаяся нация, которая пока охотно включает всех, кто докажет Украине свою дружественность и полезность. Сегодня эта страна под ударом, а завтра она — идеальное место вложения денег, экономика, которую восстанавливают в буквальном смысле всем миром; смею надеяться, что и для русских будет предусмотрена такая форма реабилитации — одновременно социальной и психологической, — как работа на восстановлении украинских предприятий.

XVII. Периодическая система

Прежде чем говорить о Зеленском как о несистемном политике, нужно понять, каковы системные, то есть наметить приблизительную типологию украинских политиков образца десятых годов. Всего этих разрядов на сегодня шесть, Зеленский пока в единственном числе составляет седьмой (хотя постепенно и эта графа таблицы заполняется).

Первый, исчезающий тип украинских политиков — мастодонт, восходящий к советским временам, сделавший советскую карьеру и пытающийся применить ее навыки в постсоветское время. Такому человеку за шестьдесят, иногда его деятельность была связана с обороной или спецслужбами, иногда с производством. Таковы Леонид Кучма (второй президент Украины, гендиректор Южмаша), Николай Азаров (министр финансов при Кучме, премьер при Януковиче, геолог, директор Украинского геологического института), Борис Тарасюк (советский дипломат, впоследствии министр иностранных дел Украины.

Второй тип — олигарх, то есть, как правило, человек, сформированный советской эпохой, но воспользовавшийся постсоветскими шансами для обзаведения капиталом. Как сформулировал самый популярный постсоветский писатель России Виктор Пелевин, в постсоветских условиях первоначальное накопление является также окончательным, то есть в силу чрезвычайной краткости периода реформ и смуты, в силу эфемерности окна возможностей, которое захлопывается уже года через два, каждый остается с тем, что успел схватить. Украинские олигархи состоят друг с другом в чрезвычайно интересных отношениях, не подумайте плохого: они часто конкурируют, борются, случается, что и покушаются друг на друга, но в силу общего комсомольского прошлого и профессиональной солидарности, обычной для пиратов или солдат удачи, эти «люди Флинта» своеобразно уважают и поддерживают друг друга. Украинские олигархи могут сколько угодно соревноваться на выборах, но в период «деолигархизации» оказываются в одном строю. Все они поддерживали Зеленского (скорее морально, чем финансово) и надеялись на него; все объективно оказались его противниками в 2022 году, еще не осознали этого и в перспективе могут попытаться его сместить, но время работает против них. Все их биографии сходны, а манеры различны, но это различия сугубо косметические. К этому отряду принадлежат: Юлия Тимошенко (одна из самых успешных бизнесвумен Украины, премьер при Ющенко, лидер партии «Батькивщина»), Игорь Коломойский (комсомольский активист, впоследствии кооператор), Геннадий Корбан (брокер, инвестор), Сергей Тигипко (комсомольский активист, банкир, впоследствии вице-премьер и министр экономики), Петр Порошенко (создатель главного кондитерского предприятия Украины Roshen, пятый президент страны).

Третий тип — политический лидер, партийный вождь, профессиональный политик; этот тип формировался в нулевые, но довольно быстро себя скомпрометировал. К этому типу принадлежал Виктор Ющенко, который, впрочем, лидерскими качествами не обладал и после победы первого Майдана (2004) быстро растратил популярность.

Четвертый тип — националист. Разумеется, украинский национализм с началом войны обрел второе дыхание, но на довоенных выборах он стабильно показывал невысокие результаты. Трудно сказать, с чем это связано, то ли с инстинктивным страхом перед национал-радикалами, страхом, в основе которого лежат советские интернационалистические мантры, то ли с тем, что националисты слишком многое строят на негативной повестке, то есть на запретах, отказах, сносе памятников, переименовании улиц и прочих разрывах с советской идентичностью. Любой национализм хорош в войне против русских, но в основе своей он провинциален и для контактов с Европой или Америкой скорее вреден. Несомненная заслуга националистов — их боевое участие в Майдане 2014 года, высокая самоорганизация, заслуги в обороне (достаточно вспомнить батальон «Азов», состоящий именно из идейных националистов и вырастивший десятки героев). Но строительство Украины как национального государства — идея не столько малопривлекательная, сколько неосуществимая; в Украине это твердо понимают все. Национально ориентированный политик может собрать митинг, но едва ли способен претендовать на большую парламентскую фракцию, не говоря о президентском посте.

Пятые — региональные лидеры; этап регионального руководства почти неизбежен на пути в верховную власть (не обязательно президентскую, как минимум министерскую). В Украине президентская власть не абсолютна, а в мирное время скорее номинальна. И это не потому, что велика роль парламента (она как раз скорее развлекательна — и для парламентариев, и для избирателей). Украина — страна реального самоуправления, страна мэров, которым даны весьма широкие полномочия. Должность эта опасная — прямо сейчас, когда я это пишу, арестован мэр Одессы Труханов по подозрению во взяточничестве, и городской военком тоже брал взятки за отсрочки от призыва; в России по этому поводу громко злорадствуют. Мэр Киева Виталий Кличко известен оппозиционностью по отношению к Зеленскому, и это никак не влияет на его статус. Большинство украинских мэров — местные хозяйственники с опытом работы в горсоветах. Их средний возраст — 45 (средний возраст в кабмине — 39).

Шестая категория — военные. Их настоящее влияние впереди, но уже сейчас ясно, что многие из них в 2024 году выдвинутся в первые ряды. Вопрос — что в них окажется сильнее, инициатива или лояльность. Ясно, что для военного преданность нынешней власти входит в набор профессиональных добродетелей. Идеально избираемым кандидатом, рискнем предположить (как в свое время генерал Лебедь, не решившийся выпрямиться в полный рост), станет обаятельный и успешный военный, поссорившийся со своим начальством и заявивший ему альтернативу. Эту опасность отлично видел

Сталин, почему и предпочел задвинуть Жукова в опалу (Жуков — сомнительная альтернатива Сталину, но в народном мнении он выглядел именно так и не исключал в тайных мечтах подобного варианта; впоследствии он стал мешать и Хрущеву, которого фактически спас при попытке сталинистского переворота в 1957 году). Пока украинские военные в политику не играют, у них другие заботы; но шансы Залужного, если ему разонравится военная карьера, могут быть высоки.

Возможен ли несистемный политик после Зеленского? Будет ли его опыт воспринят как негативный или как привлекательный? Ответа на этот вопрос пока нет, но на интуитивном уровне я не сделал бы ставки на возвращение «системных». Они успели и во время войны показать себя растерянными людьми, не готовыми к новым вызовам. Максимум того, на что они способны, — снабжать армию бронежилетами, как Порошенко. Олигархи вели себя очень смирно, понимая, что военное время не располагает к бунтам. Шансы военных растут, но власть это видит и до поры будет контролировать самых популярных своих спасителей. Появление нового трикстера (и сферу его нынешней деятельности) предсказать невозможно, поскольку трикстер на то и трикстер. Волонтеры? — почему нет: из этой среды поднялся Арахамия. Ясно одно: президент Украины в ближайшие лет двадцать будет появляться с неожиданной стороны. Это единственный безусловно позитивный опыт, который украинцы вынесли из выборов-2019.

Нельзя не заметить, что первым резервом украинской политики, первым отрядом творческой интеллигенции, из которого стали рекрутироваться лидеры, были все-таки литераторы. Это и естественно — они традиционно связаны с идеологией; редкий украинский или советский автор мог оставаться вне политики. Перспективным резервом власти сейчас выглядят журналисты и блогеры, претендующие на политическое влияние. Роль медиа в Украине вообще высока, как и в допутинской России. Проблема в том, что изнанкой их влияния является дружная антипатия со стороны зрителей: по словам того же Пелевина, медиа хороши, чтобы «смотреть и ненавидеть». Пока на горизонте не просматривается ни одна масштабная медиафигура, способная составить конкуренцию любому кандидату от власти на парламентских и тем более президентских выборах. (Дмитрий Комаров? Вот на чьем месте я бы задумался: его двухчасовой фильм «Год» с небывало откровенным интервью Зеленского посмотрела вся Украина).

Но прежде чем возник и состоялся феномен Зеленского, украинскую (и сепаратистскую) власть штурмовал отряд писателей. На этот писательский поход во власть мало кто обратил внимание, а между тем успех Зеленского был отчасти подготовлен именно этой волной: усталость от системных политиков привела к тому, что в 2014 году войну вели (и идейно обосновывали) главным образом публицисты и фантасты. Этому феномену стоит уделить внимание именно потому, что они, по сути, прокладывали актеру путь в национальные лидеры.

Российско-украинская война давно была предсказана, подробно описана, распланирована, а впоследствии осуществлена именно писателями: Игорем Гиркиным-Стрелковым, Федором Березиным, Андреем Валентиновым, а также сопредседателем харьковского фестиваля фантастики «Звездный мост» Арсеном Аваковым. Роман Стрелкова «Детектив замка Хэльдиборн» был мало кем замечен в силу художественной блеклости, но Гиркин тоже писатель, о чем не следует забывать при знакомстве с его политической аналитикой.

Федор Березин — родившийся в 1960 году в Донецке офицер-ракетчик. Уволен в запас в 1991 году в звании капитана. Впоследствии полномочный представитель министра обороны Донецкой республики Игоря Стрелкова. Постоянный участник фестиваля фантастики «Звездный мост», патроном которого выступал мэр Харькова Арсен Аваков. Пробовал себя в предпринимательстве — не особенно удачно; автор двух десятков романов в жанре боевой фантастики, из которых наибольшей популярностью пользуются два цикла — «Война 2030» и «Война 2010. Украинский фронт». События последней разворачиваются в основном на территории Донецкой и Луганской областей, в основе сюжета — вторжение войск НАТО в Украину, которая становится полигоном масштабной войны между Россией и Западом. Есть тут и мирное население, в восторге поддерживающее армию; и помощь России, вовлеченной в конфликт; и расправа с предателями — как раз такой расправой, тоже описанной не без восторга, завершается первый роман цикла.

Арсен Аваков (министр внутренних дел при Порошенко) имеет к фантастике прямое отношение: он этого самого «Звездного моста» — сопредседатель, истинный фанат боевой, исторической и «альтернативной» фантастики, торжественно открывавший и закрывавший «Звездный мост». Аваков гордился тем, что в Харькове проходит крупнейший конгресс фантастов, и вряд ли предполагал, что их грезы (или кошмары) насчет украинской войны осуществятся так скоро, а сам он окажется по другую сторону баррикад. Именно Аваков, впрочем, первым заметил тенденцию: еще в 2009 году он опубликовал на сайте «Украинская правда» критический обзор «Хотят ли русские войны?», где пересказал книги «Поле боя — Украина. Сломанный трезубец» (Георгий Савицкий, донецкий фантаст, автор десятка романов о будущих войнах на территории Украины), «Русско-украинские войны» (Александр Север, футурология и конспирология, явно псевдоним) и все тот же «Украинский фронт» Березина. «Знаю Федора лично! Он получал премии на нашем Харьковском фестивале фантастики "Звездный Мост". Как можно было дать втянуть себя в такое???...» — именно так, простите за рифму, вопрошал Аваков, не жалея вопросительных знаков. Он верно заметил вектор, но не понял причины.

Можно не упоминать российского писателя Захара Прилепина, который получил в личное руководство батальон — главным образом в пиаровских целях, что не мешало ему направо и налево рассказывать о собственном участии в боевых действиях, исключительно безжалостных. Прилепин совмещал руководство батальоном с активными разъездами по презентациям, встречался с читателями, занимался политикой, но усердно позиционировал себя именно как боевого командира, что вызывало в Донецке сначала иронию, а потом и ненависть. Прилепин уже пообещал поучаствовать в президентских выборах-2024 в России, но сама фигура эта, при всей монструозности, до того комична, что рассматривать его политические перспективы трудно. Впрочем, в России возможно все. Писатели не могли претендовать на власть (разве что на мелкие должности в сепаратистских республиках), но в качестве идеологов и полевых командиров они дебютировали именно в 2014 году. Зеленский — далеко не первый деятель культуры, которому надоело ограничиваться искусством. Причин тут две. Первая — всеобщая усталость от продажных и манипулятивных политиков. Вторая — переход политики (и даже войны) в постиндустриальную пиаровскую фазу, когда важнее самих боевых действий становится их интерпретация и пиар. Отсюда поэты в качестве военкоров, прозаики в качестве советников сепаратистских лидеров и журналисты (или психологи) в качестве военных аналитиков. Украина первой продемонстрировала общемировую тенденцию — экспансию мастеров нарратива, рассказчиков, фантастов в военную политику, но не за горами, думаю, и экономика.

Седьмой тип политиков — хозяева дискурса; Зеленский — первый, у кого получилось, но явно не последний.

XVIII. Зачем?

Вопрос о том, зачем нужна политика, редко ставится именно в силу своей кажущейся инфантильной наивности. А между тем ответ на него не так уж предсказуем: политика — в одном ряду со спортом и культурой — отвлекает человека от смерти и дает ему иллюзию собственного влияния на мир. В действительности, по справедливому замечанию Славоя Жижека, политика — не более чем та кнопка на панели лифта, которая якобы ускоряет закрытие автоматических дверей. В действительности она чаще всего никак не влияет на поведение лифта, но дает пассажиру иллюзию участия в собственной судьбе. Роль личности в истории различна в разных общественных системах, но на вектор истории она повлиять не может — разве что на темпы и количество жертв.

Однако мотивация людей, идущих в политику, в разных обществах различна. На Западе политика, при всем ее прокламированном идеализме, — прежде всего один из самых доходных видов бизнеса, вернейшее средство обогащения. В России и Китае политика — способ достижения власти, демонстрация доминирования (в России все это сдобрено изрядной долей садизма, поскольку садомазохизм вообще давно превратился в любимое национальное развлечение). Цель российской власти — именно наслаждение властью как таковой и чужим унижением: народ попросту не оценит заботы о своем благосостоянии, но масштаб злодеяний принимает за признак величия и готов в этом величии посильно (пассивно) участвовать.

В Восточной Европе и особенно в Украине как в одной из самых молодых европейских демократий политика является формой азартной игры. Деньги тут не самоцельны — существует масса способов заработать их без риска, коррупцией пронизаны все институты, и это не столько коррупция, сколько примета корпоративного государства, основанного на взаимопомощи. Вносить сюда цивилизационные нормы (как сейчас пытаются поступить с Украиной Штаты, чтобы 40 млрд гуманитарной и военной помощи были все-таки разворованы не более чем наполовину) — дело трудоемкое, а главное, бесперспективное. Количество денег в криминализованной украинской экономике определяется не близостью к власти (ибо позиции власти довольно уязвимы и очередной Майдан всегда может ее скинуть), а исключительно ловкостью рук. Власть — способ реализации своих амбиций, проба сил, участие в увлекательном и опасном соревновании. Случай Порошенко, который за время президентства несколько увеличил свое состояние, тут скорее исключение, и нет гарантий, что вне власти он бы его не увеличил гораздо серьезнее.

Зеленский пошел во власть не ради денег и тем более не ради доминирования. Он вполне состоялся в профессии. Но вопрос о его истинных целях остается открытым. Думаю, после оглушительной победы с 73 процентами голосов Зеленский впервые задал себе вопрос, для чего он во все это ввязался. Полагаю, что такой же вопрос задавали себе и те, кто за него голосовал: очень хорошо, мы победили, а чего ради?

Голосовавшим было куда проще ответить на этот вопрос. Главный лозунг политической жизни Украины объяснила мне еще на Майдане-2004 одна кинокритикесса: хай гирше, але инше, пусть хуже, лишь бы иначе. Новизна — и способность к обновлению — сама по себе дороже качества жизни, ибо она и есть главное ее качество. Этому определяющему, на мой взгляд, различию — русскому пристрастию к стабильности по принципу «лишь бы не хуже» и украинской жажде перемен — Леонид Кучма в своей книге 2003 года «Украина — не Россия» почти не уделил внимания, хотя глава о различии национальных характеров занимает почти 50 страниц. Сформулировал он так: «По моим наблюдениям, русские — несколько менее оптимистичный народ, чем украинцы. Если случается что-то плохое или просто нежелательное, русский, скорее всего, подумает: «Так я и знал!», тогда как украинец решит: «Могло быть хуже!» Тем не менее русские в основном придерживаются своей здравой поговорки (они же ее и изобрели, ни у кого не позаимствовали): «Глаза боятся, а руки делают», и в конце концов довольно часто осуществляют задуманное».

Тут поневоле вспомнишь чеховское — «Дело не в пессимизме и не в оптимизме, а в том, что у девяноста девяти из ста нет ума». Стабильность мила тому, кто боится будущего, то есть ощущает свою слабость и неуверенность перед лицом любых перемен; у Хеллера в «Что-то случилось» сказано еще прямее: «Не люблю никаких перемен, потому что никогда не видел перемен к лучшему». Эта слабость, то есть уверенность в том, что лучше не будет, в России действительно есть. Независимая украинская государственность может себе позволить после тридцати лет непрекращающегося эксперимента еще один риск — выберем артиста, посмотрим, что получится.

Что касается мотивации Зеленского — все сложнее, потому что, на мой взгляд, она менялась. Поначалу он, как и Трамп, действовал на авось, по принципу из анекдота о петухе и курице: не догоню, так согреюсь. Шанс согреться был превосходный — такой рекламной кампании ни шоу Трампа, ни «Квартал-95» не получили бы ни за какие деньги. Постепенно, когда шанс на победу стал вырисовываться отчетливо, что было абсолютной неожиданностью и для избирателей, и для Зеленского, и для якобы стоявших за ним олигархов, — появилась формулировка, под которой подписался бы и Трамп: Зеленский лично ее обнародовал в инаугурационной речи. «Мое избрание показывает, что граждане устали от опытных системных политиков, которые создали страну возможностей. Возможностей откатов и дерибанов. Мы построим другую страну возможностей».

Об усталости от системных, профессиональных, потомственных политиков постоянно говорило окружение Трампа, его сторонники и он сам. Зеленский победил, как почти всегда бывает в Украине, не благодаря своей программе, а благодаря усталости от всех предыдущих вариантов; Россия в таких ситуациях выбирает военного или чекиста, который останавливает всяческую политическую жизнь вообще и единолично, решительным ударом стремительным домкратом доводит страну до катастрофы. Украина выбирает по принципу «то, чего не было» (именно так и следует интерпретировать название романа Бориса Савинкова о русском терроре, не зря Савинков, как впоследствии его двойник Савенко, родился в Харькове).

Зеленский решил поучаствовать в небывалом эксперименте — и победил. Возможно, для себя (публично он этого никогда не говорил) он действительно решил стать голосом народа, то есть воплотить лучшие черты украинского характера: демократизм, авантюризм, насмешливость.

Ввести в мировую политику человека с улицы бывает полезно по крайней мере в одном отношении: становится видно, чем дышит и на что способна улица. Избрание Зеленского (как и Трампа) — самая интересная социология, которая случилась в мире за последние двадцать лет. Любопытно, что большинство социологов не смогли дать точного прогноза. Грубо говоря, профессионалы облажались и тут.

Но есть еще один мотив, который оказался решающим. Залучить в аудиторию всю Украину, а после 24 февраля — и весь мир! Это звучит цинично. Но у всех благородных поступков, когда-либо совершенных, были исключительно циничные мотивы: как никто (в здравом уме) не совершает подлость из желания совершить подлость, а исключительно из благих намерений, — так и подвиг совершается не из тоски по героическому. Дорога в ад вымощена благими намерениями, дорога в рай — циничными и эгоистическими. Иногда поневоле думаешь: может быть, если бы русскими революционерами двигала не любовь к добру, а жажда обогащения и личное властолюбие, может, народу под их властью жилось бы чуть получше.

Или как сказал мне в последнем интервью Андрей Вознесенский: «Да, многие поэты моего поколения прилично себя вели только потому, что на них смотрели миллионы. Но лучше хорошо вести себя из тщеславия, чем подличать в тишине из скромности».

XIX. Еще немного антропометрии

В качестве кандидата в президенты Владимир Зеленский задекларировал:

— две выплаты роялти от ООО «Квартал-95» на 1 048 000 грн и 3 306 832 грн (в сумме 4,35 млн грн),

— 235 000 грн роялти от ООО «Киностолица»,

— дом под Киевом в селе Иванковичи (353,5 кв. м) и земельный участок (12 соток) в коттеджном городке «Маєток» (30 км от Киева). Дом куплен в 2008 году за $118610 плюс земля за $91200,

— квартиру в Киеве (131,9 кв. м) и два парковочных места,

— квартиру в Киеве (269,7 кв. м), записанную на кипрскую компанию Aldorante Limited, в так называемом «доме-монстре» по ул. Грушевского, 9а,

— четверть квартиры в Киеве (254.5 кв. м), причем 50% принадлежит Борису Шефиру, а еще 25% — его брату, помощнику президента, Сергею Шефиру,

— половину квартиры площадью 198,6 кв. м (вторая половина тоже у Сергея Шефира).

Собственность Елены Зеленской:

— квартира в Крыму (129,8 кв. м) с парковочным местом,

— нежилое помещение (337,8 кв. м) — пополам с братьями Шефирами,

— квартира в Киеве (284 кв. м).

Зарубежная недвижимость Зеленского: квартира в Великобритании площадью 91,9 кв. м, арендуемая и сдаваемая в субаренду,

— жилой дом в Италии площадью 413 кв. м (через компанию San Tommaso S.R.L.).

«Незавершенное строительство» — пять номеров в грузинском отеле.

Наличных денег, согласно декларации, у Зеленского на момент вступления в должность было $112 000 и €6300. В ОТП Банке — 4 062 000 млн гривен и $6776 долларов.

На счетах юридического лица Privatbank, зарегистрированного за границей, — $399772. У того же юридического лица, но на другом счете — $25 303.

У Елены Зеленской в ОТП Банке — 96 329 гривен и $3776, в Приватбанке — $5706.

Ну неплохо, в общем. Не миллиардер и не голодранец, и предельно откровенно все изложил. Для сравнения, Владимир Путин из года в год декларирует квартиру в Москве площадью 230 квадратных метров и автомобиль «Нива» с прицепом М-21. Его доход за 2021 год составил 10 202 616,00 рублей, а на счету у него, по данным избиркома, находилось $179600. В сравнении с Зеленским он нищий. Неофициально его собственность только в части недвижимого имущества — включая известный «дворец в Геленджике» — оценивается в $6,1 млрд. Точных данных нет ни у кого, включая, думается, самого собственника страны, которого вообще не должны волновать такие мелочи.

19 апреля 2019 года спорткомплекс «Олимпийский», выбранный Зеленским в качестве площадки для дебатов, был забит под завязку. Дебаты начались в семь вечера. Регламент был

утвержден заранее: пять минут на вступительную речь каждому, потом вопросы и ответы. Зеленский по жеребьевке (бросали монетку) говорил первым. Оба — по-русски. Зеленский начал речь шуткой («чувствую себя немного Вакарчуком» — Вакарчук за год до этого собрал на концерт «Океана Эльзы» полный спорткомплекс). Он назвал себя простым парнем из Кривого Рога, признался, что сам пять лет назад голосовал за Порошенко, но жестоко разочаровался в нем: он даже упрекнул действующего президента в раздвоении личности. «Петр Первый» отважно боролся против Путина, «Петр Второй» передает ему приветы через кума Медведчука и открывает в России филиалы Roshen. Прочие упреки были стандартны: так и не остановленная война с масштабными поражениями (конкретно названо Дебальцево) и разгул олигархии.

Порошенко был значительно агрессивнее: «Господин Владимир прятался от дебатов и украинского народа» (это никак не соответствовало действительности — Зеленский настаивал на своих условиях, и только). «Говорят, он начал проходить курс молодого бойца. Надо было делать это четыре года назад, но тогда он уклонялся от мобилизации». (Этот упрек в адрес Зеленского был наиболее употребителен, и Минобороны 13 апреля сделало специальное заявление о том, что он четырежды не явился по повестке; истинной подоплеки скандала с призывом Зеленского и гипотетической неявкой мы коснулись выше, говоря о 2014 годе). Закончил он прямым оскорблением, перейдя грань, отличающую рискованную шутку от хамства: «Вы говорите, что не хотите быть котом в мешке. Так вот, вы — просто мешок».

Зал встретил эти слова ревом одобрения: бой с самого начала получался гладиаторским.

Зеленский выстрелил первым вопросом: как Украина стала самой бедной страной при самом богатом президенте? И кто наказан за Дебальцево?

Порошенко ушел от прямого ответа. Он повторял свои тезисы: я отстраивал армию, пока вы от нее прятались; я воевал, пока вы брали у России деньги на кино; я спасал страну, пока вы выставляли ее проституткой и извинялись перед Кадыровым. Ответный залп Порошенко был прямо в молоко: вы сказали, что только учитесь, но доверите ли вы рейс пилоту-ученику, а операцию — ученику-хирургу? На президента не учат нигде, Порошенко тоже по образованию юрист-международник.

«Я публичный человек, ни от кого не прячусь. Что, меня не могли найти, чтобы повестку вручить?» — ответил Зеленский. Он подчеркнул, что с начала войны ни разу не был в России, что никогда не говорил с Путиным (а Порошенко неоднократно, в том числе через Медведчука). А вот почему у вашего окружения до сих пор по обе руки? (Порошенко обещал, что за воровство у армии будет обрывать руки).

В целом дебаты производили впечатление странное — именно потому, что продемонстрировали два разных жанра. Зеленский демонстрировал миролюбие и даже сострадание, Порошенко — агрессию; Зеленский говорил то, что хорошо звучало, Порошенко — то, что разжигало в зрителях самые яркие и не всегда светлые чувства. Порошенко хотел победить, Зеленский показывал, что время его оппонента закончилось. Диалога в результате не получилось и, видимо, не планировалось: получилась демонстрация двух стратегий. Со стратегией Зеленского все было понятно — он побеждал именно как шоумен; стратегия Порошенко была проигрышной именно потому, что о спокойствие, иронию и прокламированную доброту соперника он бился — даже не как волна о камень, но скорее как кулак о поролон. Зеленский не отвечал на прямые оскорбления и выглядел почти как Христос перед Пилатом: на время дебатов это была, пожалуй, идеальная роль. Печально, что содержательно не было сказано ничего нового, но это как раз и подтвердило тенденцию: политика окончательно перешла из разряда содержательной полемики в жанр стадионного шоу, во время которого заговаривать о государственных проблемах было почти неприлично — примерно как скорбеть на свадьбе.

XX. Президент (2019–2021)

1.

В разговорах с командой и окружением Зеленского у меня был простой критерий для отделения людей подлинно лояльных от сугубо конъюнктурных, потенциально готовых отвернуться от него при первой перемене ветра. В любой команде, в любой верхушке есть персонажи, которые хвалят лидера изобретательно и умно, но при первых рисках сдадут. Это входит в саму природу власти и ее обслуги, особенно чуткой к любой конъюнктуре. На вопрос, сильно ли изменился Зеленский, став президентом, одни отвечали:

— Ну что вы! Он ведь уже и был одним из самых влиятельных продюсеров, у него был опыт власти. Он остался ровно таким же — решительным, когда надо, но чутким... в общем, своим парнем... и вы заметили, как он демократичен?

Другие немногословно отвечали: да, он стал другим. Некоторые даже: «совсем другим».

Так вот: доверять можно вторым, поскольку они объективны. Они видят вещи неизбежные — даже в провинциальной школе учитель, став директором, обречен измениться. Президент страны радикально отличается даже от побеждающего кандидата в президенты. Президент — неважно, в авторитарной стране или демократической, даже там, где его должность чисто номинальна, — стонет под огромной символической нагрузкой, не говоря уж о реальной ответственности, а в Украине, при всей влиятельности парламента и опыте гражданского общества, он реально решает многое. И Зеленский буквально во время инаугурации стал неуловимо меняться: пожимать руки избирателям вышел совсем другой человек. Это был уже никак не Голобородько.

Можно убеждать себя, что настоящим президентом Зеленский почувствовал себя после начала войны, когда груз исторической ответственности обрушился на него всей тяжестью; отчасти это будет верно, но близоруко. Даже отрепетировав в сериале свою президентскую кампанию, даже многократно — это входит в набор актерских навыков — представив себе дебют во власти, он поверил в победу только после присяги. Никогда и ни с кем он после этого не был своим парнем: сыграть в это мог, почувствовать — никогда. Особенно наглядно это на праздновании нового 2021 года, когда он пришел на шоу «Квартала» — впервые как президент, а не капитан этой команды. Он был отделен от них настолько же — ну не знаю — насколько бывший муж на совершеннолетии сына: родители давно в разводе, он пришел на праздник (иногда, может, у супругов даже новые спутники), он поздравляет сына, говорит что-то вроде «Поздравляю, старина» (слово, которое я искренне ненавижу, хуже только «зая»), но грань между ними ужасна, и она тем заметнее, чем тщательней ее маскируют. А почему я употребил именно это сравнение? А потому что знаю, к сожалению, о чем говорю.

После выборов Зеленский был необратимо другим. И многие справедливо замечали, что он не просто так сыграл Наполеона.

2.

Первые два года президентства Зеленского войдут в историю как предвоенные. С точки зрения политической это были годы неудачные, приведшие к обвальному падению его рейтинга (79 процентов проголосовавших во втором туре — 37 процентов одобрения в декабре 2021). С точки зрения концептуальной — образцовые, ибо Зеленский знаменовал собой новый тип политика и с этой задачей отлично справлялся.

Модерн требует все передоверить профессионалам, а на роли публичных политиков поставить тех, кто хорошо отвлекает публику от главного. Такой modus operandi описал в свое время Бернард Шоу: «Демократия — это воздушный шар, который висит у вас над головами и заставляет глазеть вверх, пока другие люди шарят у вас по карманам». Эти золотые слова, в отличие от большинства расхожих интернетных цитат, не фейк, а фраза из предисловия автора к политическому фарсу «Тележка с яблоками» (1930); они имеют продолжение: «Теперь представьте себе, что примерно раз в пять лет шар возвращается на землю и вам предлагается совершить на нем полет — при условии, что вы предварительно вытолкнете из корзины одного из прочно обосновавшихся там пассажиров, Но поскольку у вас нет на это ни времени, ни денег, и при этом желающих полетать сорок миллионов, а в корзине не более шестисот мест, шар снова поднимается в воздух почти с тем же составом пассажиров, а вы остаетесь на земле».

Примечание редактора: Стоит ли отметить, что именно в этом предисловии Шоу расписывается в своем восхищении перед таким политиком, как Муссолини?

Применительно к Зеленскому это оказалось неверным, поскольку большую часть пассажиров на этот раз из шара вытолкали, а большую часть парламента (порядка 43 процентов) получили сторонники Зеленского из поспешно созданной партии «Слуга народа».

Инаугурация Зеленского 20 мая 2019 года являла собой стилистически — и содержательно —демонстративную противоположность инаугурации Путина образца 2018 года: он ехал в Кремль по пустой Москве, не сказал ничего осмысленного и не вышел к избирателям. Зеленский пригласил к Раде, где происходила инаугурация, всех своих сторонников, вышел к ним сразу после церемонии и десять минут пожимал руки, отделенный от толпы лишь невысокой перегородкой цветов флага.

Речь Зеленского, естественно, сильно отличалась от речи Голобородько в финале первого сезона «Слуги народа», и уж подавно он не совершил знаменитого прыжка, но без инцидентов не обошлось: когда, заговорив о Донбассе, он перешел на русский, лидер Радикальной партии Олег Ляшко, известный крайними мнениями и инициативой запретить въезд на Украину пяти сотням российских деятелей культуры (за поддержку аннексии), крикнул в места, что на Донбассе понимают украинский. Зеленский серьезно ответил: «Благодарю, пан Ляшко! Благодарю, что продолжаете разделять людей».

Вообще главным пафосом речи было именно объединение, стирание границ, солидарность вопреки различиям:

И сегодня я обращаюсь к украинцам во всем мире. Нас 65 миллионов! Да, не удивляйтесь, нас 65 миллионов — тех, кого родила украинская земля. В Северной и Южной Америке, Австралии, Азии, Африке — обращаюсь ко всем украинцам на планете: вы нам очень нужны! Всем, кто готов строить сильную и успешную Украину, я с радостью предоставлю украинское гражданство. Приезжайте в Украину не в гости, а домой. Мы ждем вас. Не нужно сувениров из-за границы, привезите, пожалуйста, нам свои знания, опыт и свои ментальные ценности. Все это позволит нам начать новую эпоху. Скептики скажут, что это фантастика, что это невозможно, а может, это и есть наша национальная идея — объединившись, сделать невозможное. Наперекор всему. Вспомните сборную Исландии на чемпионате Европы по футболу, когда стоматолог, режиссер, биолог, студент, уборщик бились и защищали честь своей страны. И сделали это, хотя никто не верил. И это наш путь. Мы должны стать исландцами в футболе, израильтянами в защите свой земли, японцами в технологиях, швейцарцами в умении жить друг с другом, невзирая ни на какие различия.

Затем он рекомендовал в первые два месяца работы новой Рады принять закон об отмене депутатской неприкосновенности, а приоритетами назвал возвращение всех аннексированных территорий (включая Крым) и борьбу с коррупцией. Вместо портрета главы государства он посоветовал вешать в кабинетах портреты своих детей, чтобы всегда смотреть им в глаза и думать не о ближайших выборах, а о будущем. Пожалуй, во всей речи это был самый эффектный риторический ход, вызвавший бурные аплодисменты.

Заметим в сторону, что особенно любопытно смотреть сегодня на лица и фигуры военных, приветствовавших Зеленского согласно церемониалу. Почти у всех — сановные советские лица и толстые тела советского генералитета. Средний возраст — от 45 до 50. Три года спустя на всех этих должностях (и не только в результате войны, а вследствие постепенной замены в предыдущий год) оказались подтянутые молодые волки с опытом боевых действий, с лицами, на которых читаются ирония и решимость. Пусть тут нету заслуги Зеленского, пусть это заслуга войны и соответственно Путина — важен результат.

21 мая Зеленский распустил Верховную Раду, мотивируя это низким, по всем опросам, уровнем доверия к ней (4 процента). Конституционный суд Украины подтвердил законность этого указа. На 21 июля были назначены новые парламентские выборы. Партия «Слуга народа» получила право самостоятельно формировать правительство. Роспуск Рады был необходим Зеленскому — предыдущий состав парламента дважды отказывался отправить в отставку министра иностранных дел Павла Климкина, который в обход президента и без согласования с ним ответил отказом на предложение российской стороны о переговорах (темой переговоров было освобождение российских моряков, задержанных в ноябре 2018 года в Керченском проливе). Зеленский с самого начала подчеркивал свою готовность к диалогу — Климкин этот

диалог демонстративно сорвал. Ясно было, что любые предложения нового президента встретят в прежней Раде прямой саботаж.

Несколько слов об отношении Зеленского к предшественнику: король-нарратор и здесь воспользовался классической драматургией. В трикстерской, гамлетовской драме Зеленского (он осуществляет мечту всякого актера — сыграть Гамлета, и справляется неплохо) Порошенко играет почетную роль Клавдия. Всякая политическая интрига — Зеленский здесь ничего не придумал — строится по гамлетовскому сценарию, особенно если налицо молодой лидер, популярный у большей части населения. Не совсем ясно, кто здесь тень отца — которая, в соответствии с другой великой драмой о власти, его усыновила. И тут как раз я советовал бы присмотреться к Леониду Кучме, который по отношению к Зеленскому ведет себя именно как политический отец, обращающийся к сыну через головы преемников. Ни с Ющенко, ни с Януковичем отношения у него не сложились, а вот с Зеленским — как раз. Именно Кучме доверено было как политическому тяжеловесу с 2016 года вести переговоры в Минске. Он предостерегал Зеленского от иллюзий в переговорах с Путиным, предупреждал, что это самый трудный переговорщик из всех, кто ему встречался, просил журналистов не задавать новому президенту рискованных вопросов о Путине (типа «убийца ли он» — после известного заявления Байдена). «Есть вещи, которые можно говорить только в лицо». Кучма не раз осуждал действия команды Порошенко, упрекал его в невыполнении обещаний, а Зеленскому, наоборот, свидетельствовал свое доверие. В августе 2022 года, отвечая на вопросы Би-би-си, он высказался однозначно: «Никто не может делать правильно все. Но, учитывая небывалую экстремальность и критичность ситуации, украинские власти делают гораздо больше и намного лучше, чем кто-то мог вообразить и ожидать от них до российского вторжения. Особенно если в них сначала видели только дилетантов, как, насколько мне известно, относился к нашим руководителям Путин. Очередной роковой просчет Кремля. А я, в свою очередь, искренне рад, что еще весной 2019 года поверил в большой потенциал и честность намерений Владимира Зеленского и поддержал его».

Почему Кучма выступает здесь в функции «тени отца», придавая Зеленскому легитимность от имени прошлого? Это как раз несложно: Кучма был, по сути, первым президентом независимой Украины. Леонид Кравчук проработал в должности всего 32 месяца и был не столько первым президентом новой Украины, сколько последним советским лидером, подписантом Беловежских соглашений. С Кучмой были связаны надежды на демократическую, свободную, счастливую Украину, он единственный, кто проработал два срока, и, хотя уход его был омрачен скандалом вокруг Георгия Гонгадзе, которого он якобы приказал ликвидировать (впоследствии выяснилось, что переусердствовали исполнители), — доверие к нему сохранялось у многих и при Ющенко, и при Януковиче. А уж по сравнению с ними он воспринимался как народный лидер, с ним были связаны те же надежды, что и с Зеленским, хотя он был как раз не политик нового типа, а классический советский директор.

Что касается Порошенко, то он как раз идеальный Клавдий, сочетающий прагматизм, коварство и верность своему клану. Зеленскому пришлось расхлебывать последствия его политики, в том числе Минских соглашений, негативного отношения к которым он никогда не скрывал. Порошенко принял страну в критический момент, ему с нуля пришлось создавать армию — ту самую, которая дала отпор агрессору, — и спешно договариваться о статусе Донбасса. Мы не входим здесь в полемику о деятельности Порошенко, тем более что она и не дает материала для эстетической и мифологической интерпретации, королем-нарратором и вообще артистом у власти он не был ни секунды; но амбивалентность Клавдия в нем явлена очень хорошо. Он крупный и хитрый бизнесмен, пытавшийся реализовать у власти те же бизнес-стратегии, то есть чтобы всем было хорошо, а ему лучше всех; но тот же Кучма сказал, что в игры по схеме «вин-вин» с Путиным играть невозможно. Для дракона нужен Ланцелот или хотя бы шут со всеми данными рыцаря, и Клавдию тут ловить нечего — к выборам 2019 года Порошенко подошел с рейтингом ниже 30.

А вот Гамлету приходится пересмотреть свои стратегию. Представим, что ровно в момент мести за отца — фабульная схема, которую Зеленскому, к счастью, отыгрывать не пришлось, — Данию атакует не Фортинбрас, а нечто стократно худшее. Подозреваю, что у Гамлета не осталось бы времени на рефлексию, а монологи пришлось бы произносить в формате телевизионных обращений к нации. От него потребовалось бы идеальное сочетание глубокой трагедии, гротескной пародии и народной драмы. И характеристика Гамлета, которую дает Пастернак, идеально приложима к украинской драме 2022 года: «Безволие было неизвестно в шекспировское время. Этим не интересовались. Облик Гамлета, обрисованный Шекспиром так подробно, очевиден и не вяжется с представлением о слабонервности. По мысли Шекспира, Гамлет — принц крови, ни на минуту не забывающий о своих правах на престол, баловень старого двора и самонадеянный вследствие своей большой одаренности самородок. В совокупности черт, которыми его наделил автор, нет места дряблости, они ее исключают».

Так и получилось.

3.

Есть известная трудность в том, чтобы описывать первые два года президентства Зеленского с высоты того знания, которое мы получили в два следующих; чтобы о президенте, чей рейтинг упал до 25 процентов, говорить с учетом тех 90, которые он набрал в марте 2022 и с тех пор не утратил. Но мы попробуем, чтобы тем разительней казалась перемена.

По итогам первой половины президентского срока, ровно пополам разрезанного войной, разочарованы были оба участника эксперимента — и Зеленский, и общество.

Общество ждало скорых перемен — столь же радикальных, как смена имиджа власти. Их не было. Зеленский вправе был рассчитывать на более мотивированную и сплоченную страну, а страна оставалась прежней, коррумпированной и скандальной, провинциальной и честолюбивой, ожидающей, что все сделается само. Одно чудо свершилось — несистемный кандидат победил; другое чудо, жестокое и страшное, случилось два года спустя, и не сказать, чтобы сделали его Зеленский или общество. Сделала его война, то есть те силы, которые завладели главными участниками драмы.

Рассмотрим деятельность Зеленского на посту президента по тем направлениям, с которыми связаны были наиболее пылкие ожидания.

Прежде всего напомним, что второй год президентства Зеленского пришелся на пандемию, то есть на условия чрезвычайно неблагоприятные. Начнем с того, что в октябре 2020 года ковидом переболел он сам, причем одновременно с Андреем Ермаком, впоследствии главой президентского офиса, а тогда советником, который вместе с президентом отправился в больницу «Феофания». (Тут же распространился слух, что пребывание там Зеленского стоит миллионы гривен, он эти слухи опроверг в инстаграме, подчеркнув, что лечится на общих условиях). Две недели он провел на самоизоляции и, к счастью, переболел легко. Меркель позвонила ему в больницу пожелать скорейшего выздоровления — Зеленский использовал повод, чтобы попросить у нее помощи с Pfizer'ом для Украины; поставки не заставили себя ждать. Напомним, что в России Pfizer был недоступен — автору этих строк пришлось вакцинироваться в Одессе. Впрочем, претензий к российскому «Спутнику» у меня нет — я сделал эту прививку одним из первых в Москве и не заболел.

«Офис Президента, начиная с первого дня угрозы коронавируса, привез более 700 тысяч штук респираторов, более 120 тысяч защитных костюмов. Очки защитные для врачей опорных больниц, куда привозят больных коронавирусом, — 60 тысяч. Перчаток — 7 миллионов пар, термометров — 20 тысяч, ПЦР-тестов — 250 тысяч, экспресс-тестов — 550 тысяч, реагентов для экстракции — 200 тысяч. На этих выходных мы привозим: респираторы — 350 тысяч, защитные костюмы — 105 тысяч, реагенты для экстракции РНК — 800 тысяч, сырье для производства украинских тестов. В целом у нас в неделю — около пяти самолетов», — рассказывал Зеленский в ток-шоу Савика Шустера. Там же он просил воздержаться от массового посещения храмов на Пасху (и сам не позировал в храме).

Во время пандемии он с обычной своей верой в коллективный разум предложил в интервью канадскому изданию Globe and Mail пересмотреть систему долгов в мировой экономике, посулив глубочайший экономический кризис, если это не будет сделано. Согласно заявлению Виталия Кличко, убытки одного только Киева от карантина составили миллиард гривен, а в целом по стране — больше 20 миллиардов. Евросоюз выделил Украине 190 млн евро (по подсчетам правительства, на борьбу с пандемией требовалось больше в три раза). Зеленский напрямую обратился к олигархам с просьбой скинуться. Он немедленно распорядился закупить все вакцины (кроме российских): вакцинация в Украине прошла на редкость быстро и дисциплинированно, и жертв пандемии оказалось меньше, чем в среднем по Восточной Европе: около 110 тысяч человек. Полный курс вакцинации прошли 44,9 процента взрослого населения (особенно активно — во время второй волны). В феврале 2022 года Минздрав Украины перестал выпускать бюллетени, пандемия была полностью вытеснена войной.

Фонд «Демократические инициативы» провел опрос: действия властей во время пандемии были оценены на 2,5 по пятибалльной шкале, коммуникация с населением — 2,6. Правда, харизма Зеленского в то время еще была такова, что его деятельность положительно оценили 46 процентов опрошенных (примерно столько же, сколько оказалось вакцинированных).

Относительно сокращения расходов на содержание аппарата: сократились они всего-то на десять процентов, и радикальной реформы украинского госуправления не произошло. Главное, что сделал Зеленский, — офис президента заменил администрацию. Разница в том, что администрация президента претендовала на большое политическое влияние, а офис работает главным образом на самого Зеленского, обеспечивая его информацией и координируя расписание. Само собой, президент не стал ездить на работу на велосипеде, это была гротескная заставка гротескного сериала; но другое обещание было выполнено: никаких больших кортежей, никакого личного водителя. Зеленский ездит по Украине (ездил до войны) на личном Range Rover Vogue в комплектации Autobiography, несколько раз давал комментарии в Tesla Model X, а если Зеленского и сопровождал кортеж, то состоял он из двух машин — Volkswagen Transporter T6 и Toyota Sequoia. Никакой роскоши, но и никакой демонстративной аскезы: в конце концов, Голобородько на старте своей карьеры был учителем истории, а VZ — одним из самых успешных продюсеров Украины. Что сбылось, так это полный отказ от перекрытия дорог; еще один повод для сравнения с Путиным, но если бы это было главным отличием!

Язык

С русским языком в Украине получилось интересно — это еще одна история про интуицию Зеленского, которая ему как артисту положена.

Вопрос о государственном языке (языках) Украины служит идеальным поводом для дискуссии, уводящей от решения любых насущных проблем. Начинается бесконечный спор, доходящий до драки. На протяжении 2005–2019 годов Зеленский в «Квартале» и в политике много иронизировал над раздуванием языкового вопроса, во время президентства Порошенко Зеленский неоднократно призывал дать людям возможности разговаривать на том языке, который для них удобнее, и подчеркивал, что русскоязычные украинцы никогда не подвергались дискриминации. Тем не менее Порошенко подписал 24 апреля 2019 года закон, согласно которому все делопроизводство, все преподавание и вся журналистика Украины должна была осуществляться на государственном языке, которым провозглашался украинский. Зеленский никогда не пытался отменить или оспорить этот закон, фактически последнюю масштабную инициативу своего предшественника, хотя в соцсетях замечал, что в одной только Верховной Раде было предложено больше двух тысяч поправок.

При этом сам он охотно переходил на русский, обращаясь к россиянам или встречаясь (дважды) с российскими журналистами. «Квартал» продолжал выходить по-русски. Но Закон о языке оставался незыблемым — возможно, потому, что в 2014 году еще имело бы смысл провозглашать русский вторым государственным, это выбило бы главный аргумент у многих противников Майдана, но в 2019 большая часть украинского населения уже не планировала разговаривать «На языке врага», как называлась лучшая книга стихов русскоязычного киевского поэта Александра Кабанова.

И вышло так, что вопрос о языке решила за Украину Россия, как она, собственно, и желала. Правда, решение это оказалось совсем не таким, какое мечталось Путину и компании: Украина отказалась от русского языка вся, включая недавних идеологов двуязычия. 13 июля 2023 года киевский Горсовет разместил на своем сайте запрет публично использовать русский язык в столице — то есть выступать по-русски и продавать русскоязычные книги (запрет на ввоз книг из России и Белоруссии декларирован в приказе, который Зеленский подписал 22 июня). С этим запретом на ввоз книг из РФ тоже все было сложно: в Евросоюзе считали, что он противоречит конституции, и текст его был отправлен на рассмотрение Венецианской комиссии Евросоюза, но то ли она его одобрила, то ли Украине стало не до согласований. Рада этот закон приняла, и президент подписал. А теперь в Киеве — не сомневаюсь, что это только начало, — нельзя торговать русскими книгами, проводить русскоязычные концерты и слушать русскую музыку. Три года назад никто в такое не поверил бы, но, честно говоря, послушав российские ток-шоу и почитав прессу, я тоже не поверил бы, что такое на бумаге и на экране в принципе возможно.

Поначалу о Зеленском писали если не сочувственно, то по крайней мере заинтересованно. Посмеивались над актерской профессией — как же, у нас со времен Рейгана глумились над президентом-артистом, ясно же, что артист умеет произносить только чужие текстА! Ясно же, что президентом может быть силовик, или обкомовец, или на худой конец кухарка, но представитель творческой профессии развалит все — именно потому, что ему профессионально нужна свобода! Однако по мере приближения к войне тон писаний и разговоров о Зеленском — не только в сети, где беспредел традиционен, но и в бумажной прессе, — становился неприличен; когда-нибудь, уж подлинно, мы вспомним это — и не поверится самим.

«Президент (пока еще) Украины Вольдемар Зеленский прибыл в Варшаву с объявленным визитом, всем своим видом подчеркивая, что он тут проездом с фронта и ему не до шуток. Милитари-штаны цвета хаки, милитари-ботинки и милитари-свитерок (правда, на этот раз вроде как черный, а не обычная куртка или футболка — наверное, в стирку отдал) и немытая голова лишь подчеркивали мужественность и аскетичность нынешнего главы Украины, которому для полноты образа не хватало лишь пропитанной кровью повязки на голове и маузера в деревянной кобуре на бедре. На фоне этого мужественного сморчка президент Польши Анджей Дуда выглядел лощеным штафиркой, который должен в присутствии такого визитера лишь есть его глазами и четко рапортовать: «Так точно! Будет сделано! Чего изволите?» Правда, руки о штаны (наверное, внезапно вспотели) перед рукопожатием вытирал почему-то Зеленский, а не штафирка. Зато сделал это совершенно по-пацански, как гопник с соседнего двора.

Оба президента были с супругами, но что там о дамах особо говорить: Олена Зеленская, в отличие от мужа, показала, что она сюда не из окопа приехала: стильное пальтишко, туфли на высоких каблуках в тон пальто, распущенные волосы. Про жену Дуды и говорить нечего. Она, как последняя зрадница поздоровалась с четой Зеленских на чистом русском языке: «Добрый день!» Просто как серпом по тому инструменту, которым Зеленский играл на рояле! Тут, знаете ли, даже одежда с намеком на цвета украинского флага не спасает».

Это «Комсомольская правда» от 5 апреля 2023 года, но можно было взять любой другой номер, любого автора, не только Александра Гришина: он особо ярится, но остальные недалеко ушли.

Я не фанат, конечно, вмешательства власти в работу прессы; но в любом уважающем себя государстве журналист, который в самой тиражной ежедневной газете (650 тысяч экземпляров) так отзывается о президенте сколь угодно недружественного соседнего государства — крупнейшего в Европе, — был бы вызван к своему начальству и получил по репе так, что звон слышен был бы во всех остальных федеральных изданиях; увольнение за полной профнепригодностью самого журналиста, непосредственного начальника и, вероятно, главного редактора предполагается само собою.

Но о Зеленском в России иначе не пишут. В аналитике преобладает тон шпаны, особенно жалкий оттого, что авторы пытаются острить и острить не могут; это и близко нельзя сравнивать с язвительной иронией политобозревателей позднего совка типа Боровика или Сейфуль-Мулюкова. Тогдашний советский дипкорпус и верный партийный отряд политических обозревателей как раз усиленно заглушал родные почвенные запахи изысканным парфюмом, все они хотели казаться миротворцами и более европейцами, чем самые европейцы; в России времен украинской войны возобладала стилистика гопоты, типа можем себе позволить. Вперлись во все международные организации, расстегнули штаны и, мотая мотней, принялись показывать. Стиль этот в среде профессионалов называется «Ачотакова». На этом фоне от Украины не требуется особенных усилий, чтобы выглядеть живым укором, но это и называется методом позднего Путина: конец всех ограничений.

Как угодно, но полный запрет печатной продукции такого государства, не просто уронившего себя ниже плинтуса, а втоптавшего в грязь, является мерой гигиенической, а не политической. Языковая проблема в Украине до конца двадцатых решена, а там видно будет.

Многие скажут, что язык не виноват, и даже вспомнят Окуджаву:

> Сливаются в одно слова и подголоски,
> и не в чем упрекать Варшаву и Москву...
> Виновен не язык, а подлый дух холопский —
> варшавский ли, московский — в отравленном мозгу.
> Когда огонь вражды безжалостней и круче,
> и нож дрожит в руке, и в прорезь смотрит глаз,
> при чем же здесь язык,
> великий и могучий,
> вместилище любви и до, и после нас?

Но он давно перестал быть вместилищем любви, и он виноват — его сделали заложником, тут уж не до разбирательств.

Виноват немецкий, который слился с лаем немецких овчарок, тоже вроде бы ни в чем не виноватых; ничего не поделаешь, русский с 2014 года стал языком лжи и ненависти, и отмывать его нам еще долго. Да и в качестве ответной меры на закрытие в Москве украинской библиотеки и полный запрет на изучение украинского языка и литературы Украине давно пора было ограничить использование русского у себя. Эту библиотеку я знал, постоянно ездил мимо нее на работу в «Сити FM», откуда сначала (после участия в московских митингах 2012 года) выгнали меня, потом (за освещение этих митингов) сменили менеджмент, а потом прикрыли и всю радиостанцию, вместе с теми, кто при этом сменившемся менеджменте остался работать. Непонятно, кто больше сделал для борьбы с русским языком, с теми, кто умеет на нем говорить, российская власть или украинская; но украинская, в отличие от российской, в своем праве. А языку ничего не сделается. И клянусь, если дело дойдет до презентации этой книги в Украине, я проведу ее на украинском. Моего словарного запаса на это хватит, а акцент мне как-нибудь простят.

Правительство

Первым премьером при Зеленском был 35-летний юрист Арсений Гончарук, которого считали самым либеральным по экономическим воззрениям (до этого он успел побывать советником министра экологии, позже — советником вице-премьера, министра экономики). Гончарука называли креатурой Андрея Богдана, первым заместителем которого он пробыл месяц перед своим утверждением на должность премьера. Проработал он в этом качестве семь месяцев, после чего подал в отставку.

Непосредственным поводом к отставке стал скандал с так называемыми «записями Гончарука» (публикация записей частных разговоров — частая вещь в украинской политике, начиная со знаменитых записей Николая Мельниченко, на которых Леонид Кучма косвенно санкционировал расправу с оппозиционным журналистом Георгием Гонгадзе. В разговорах украинские политики не заботятся о приличиях, что можно при желании счесть еще одним признаком внутренней свободы). В разговорах с министрами Гончарук называл профаном в экономике себя, но если бы только себя! «У Зеленского очень примитивное, простое понимание экономических процессов… ему надо просто, по-человечески объяснить: Вова, то, что сейчас курс меньше, значит, что оливье в следующем году на следующем новогоднем столе не будет дороже, чем в этом». (Оливье — частая тема шуток на новогодних «Кварталах»). Максим Бужанский и Александр Дубинский, депутаты от «Слуги народа», инициировали в Раде вопрос об отставке Гончарука. Давид Арахамия, лидер фракции, сказал, что Гончарук всегда общается с президентом уважительно и между ними существуют прекрасные отношения. Гончарук твердо заявил, что слив пленок — провокация олигархата, недовольного систематической борьбой с коррупцией. За публикацией «слива» видели прежде всего руку Игоря Коломойского, обидевшегося на отъем Приватбанка. Коломойский, естественно, назвал это чушью, хотя и высказался о команде Гончарука весьма негативно.

Следующее правительство, сформированное после отставки Гончарука, начало работать 4 марта 2020 года. Возглавил его 47-летний экономист (инженер по первому образованию) Денис Шмыгаль, на тот момент председатель Ивано-Франковской администрации. Первая драма, с которым ему пришлось столкнуться при вступлении в должность, — эпидемия ковида, обрушившая мировую экономику; Шмыгаля считали фигурой временной и не слишком влиятельной. Однако он остается у власти уже два года, причем в падении украинской экономики в 2020–2021 годах на 4 процента обычно обвиняют ковид. Доходы бюджета при Шмыгале незначительно возросли, а дефицит подпрыгнул чуть не в три раза (217 млрд против 71 при Гончаруке). Причиной устойчивости Шмыгаля обычно называют его несамостоятельность, в вину ему ставят низкие темпы евроинтеграции и рост тарифов. Самой спорной мерой называют жесткий локдаун марта 2020 года, который, по словам Шмыгаля во время отчета в парламенте, позволил избежать итальянского сценария. Действительно, смертность во время эпидемии была в Украине одной из самых низких в Европе — 1,9 процента. Вместе с тем его правительство регулярно обвиняют в низких (и неаккуратных) доплатах врачам и задержке ввоза вакцин. Заслугой Шмыгаля считают компенсационные выплаты бизнесу во время локдауна (в России ничего подобного не было), но для этого-то и потребовалось кратно увеличить госдолг. Словом, на любой комплимент приводятся увесистые возражения, и отсутствие новых кадровых перестановок в правительстве в 2022 году объясняют только тем, что война для них не лучшее время.

Экономика

По итогам первых двух лет правления Зеленского это — единственная сфера, где его критиковали минимально, поскольку здесь он не мешал работать профессионалам. В первые же дни президентства Зеленского его представитель в Верховной Раде Руслан Стефанчук заявил порталу «Левый берег»: «Администрация президента должна перестать быть параллельным правительством и ограничиться тремя функциями — канцелярия, аналитический центр, который будет нарабатывать новые идеи и программы, и контроль над решениями президента».

Первым министром экономики («развития экономики, торговли и сельского хозяйства») при Зеленском стал Тимофей Милованов, 45-летний на тот момент почетный президент Высшей школы экономики Украины и доцент Питсбургского университета США. Он продержался в должности до 4 марта 2020 года, его сменил ровесник, Игорь Петрашко, тоже не усидевший дольше года; с 18 мая 2021 года в должность, называвшуюся теперь короче («министр развития экономики»), вступил 50-летний доктор экономических наук Алексей Любченко, назначенный также первым вице-премьером. Он пробыл в должности всего-то до ноября, после чего его сменила 37-летняя Юлия Свириденко, первый заместитель министра. Она пребывает в этой должности по сей день. В истории России столь быстрая смена руководителей называется «министерской чехардой» и никак не служит признаком успеха, но для Украины, нырявшей из пандемийного кризиса в военный, такой оперативный менеджмент вполне нормален.

Однако в сравнительно объективной (тогда это еще допускалось) статье Владимира Чернеги, ведущего научного сотрудника ИНИОН РАН, достижения Зеленского оцениваются скромно — хорошо еще, что благожелательно:

«Действительность оказалась намного сложнее, чем, видимо, предполагал впервые занявшийся политикой В. Зеленский. Нет сомнения в том, что он искренне хотел поменять в лучшую сторону ситуацию на Украине. (В 2022 году не было сомнения уже в противоположном, Зеленский превратился в главного врага за какой-то год, — Д. Б.) Но ему досталось очень тяжелое наследство, сформировавшееся за годы независимости и усугубленное правлением П. Порошенко. Украина после развала СССР скатилась в экономике значительно ниже, чем Россия, и в ней не было такого роста в 2000–2007 гг., как в нашей стране. В результате если в 1990 г. ВВП на душу населения в УССР был несколько выше, чем в РСФСР, то в 2014 г. он был почти в три раза ниже российского. В 2018 г. Всемирный банк счел Украину самой бедной страной Европы. Правда, в пересчете по паритету покупательной способности ее «обгоняла» в этом плане Молдова, но вряд ли это могло служить утешением для украинцев.

Украина еще при П. Порошенко оказалась в долговой зависимости от МВФ, Всемирного банка и других международных финансовых институтов, в большинстве своем контролируемых США. В. Зеленскому и украинскому правительству пришлось долго доказывать главному кредитору — МВФ, что они проводит рыночные реформы по его лекалам, чтобы получить в мае 2020 г. согласие на новый транш в 5 млрд долл. на следующие 18 месяцев. Со своей стороны, ЕС также выделил льготный кредит в 1,2 млрд евро, растянутый на 12 месяцев, с условием продолжения Украиной сотрудничества с МВФ. В. Зеленский, следуя требованиям последнего, продавил в Верховной раде Украины закон, разрешающий куплю-продажу земли, вызвавший очень неоднозначную реакцию в украинском обществе. Наконец, хотя кредиты МВФ, Международного банка и ЕС предоставляются под низкий процент (1,2–1,4% годовых), их все-таки надо выплачивать. В 2020 г. Украина должна выплатить по своим долговым обязательствам 5,45 млрд долларов, из них 1,35 млрд — как раз МВФ. Иначе говоря, страна находится в порочном кругу, который пока не получается разорвать».

Зеленский, впрочем, никогда не объявлял себя глубоким экономом. Крупнейшим достижением украинской экономики за первые два года его президентства стала отмена моратория на продажу земли. С 1 июля 2021 года в Украине началась продажа сельскохозяйственных земель. В 2020 году украинская экономика падала из-за пандемии, в 2021 показала незначительный рост, а в 2022 из-за войны упала на четверть. Но зарплаты в Украине не задерживают, пенсии платят, дефицита продуктов не наблюдается. Конечно, все это европейская помощь — но еще и замечательная адаптация к любым кризисам.

Но в общем, ситуация мало изменилась с тех пор, когда Зеленский в «Квартале» читал лекцию об украинской экономике: «Мы достигли высочайшего уровня экономики: попрошайничества. Это надежная практика — проверено цыганами. Схема такова: вы даете нам свои деньги — мы вам их не возвращаем».

Впрочем, сказал же Кеннеди Кронкайту на вопрос, что оказалось для него главным открытием в первые месяцы президентства: «Все оказалось ровно настолько плохо, насколько я говорил во время предвыборной кампании».

Коррупция

Этот вопрос Зеленскому задавали на всех довоенных пресс-конференциях — я сам был свидетелем того, как в августе 2021 года, отвечая на вопросы немецких, украинских и российских журналистов (российским как раз был я) он с большим раздражением говорил о том, что украинскую коррупцию мифологизируют, из нее сделали миф и штамп, на деле она не больше европейской и т. д. Выступая 3 сентября в Стэнфорде, Зеленский отвечал на вопросы студентов, в том числе о коррупции: «Диджитализация - одна из приоритетных реформ в Украине, которая идет очень-очень успешно, мощно, быстро. Итог этой реформы — победа над коррупцией в государстве. Диджитализация всех госуслуг, цифровизация правительства, Офиса президента, Верховной Рады, сейчас запущена программа paperless... Хотим еще онлайн-голосование. Разрабатываем с министром программу Cashless, которая станет настоящим прорывом...»

Насчет прорыва в борьбе с коррупцией при Зеленском существуют разные мнения — сам он как раз многократно называл это направление приоритетным, но оппозиция — как любая украинская оппозиция — обвиняла в продажности его и его окружение. Регулярно всплывали новые записи с участием Андрея Ермака, обсуждающего назначения на должности и соответствующие расценки; самого Зеленского обвиняли в том, что он слетал в отпуск в Оман за счет принимающей стороны; генпрокурора Ирину Венедиктову систематически ругают за невыполнение собственных требований к государству — никаких масштабных посадок в рамках деолигархизации так и не произошло. А если бы они произошли, Зеленскому инкриминировали бы сведение счетов с людьми, которые его же и продвинули во власть. Рейтинг президента держался в 2020 году главным образом на остатках гордости за небывалый риск, который Украина взяла на себя, выбрав принципиально несистемного политика. В 2021 году рейтинг падал, потому что Зеленский совершил, пожалуй, самую обидную и самую понятную ошибку: недооценил серьезность и жестокость намерений Путина. Эту ошибку, впрочем, совершил весь мир (кроме Арестовича, который этим и прославился). Зеленский до последнего не верил, что Путин начнет войну. Позволяя себе все более резкие заявления против российской власти, Зеленский явно надеялся, что обойдется.

И кстати уж еще об одном, хотя эта мысль вряд ли встретит поддержку читателей, особенно сейчас. Вот все говорят «коррупция, коррупция», и вроде она действительно непобедима, и даже 12 июля 2023 года, когда саммит НАТО предложил Украине одноэтапный путь в блок и максимальное благоприятствование, в качестве одного из двух условий вступления (первым предсказуемо оказалось окончание войны) ритуально названа борьба с коррупцией. Впору вспомнить великую фразу из романа Михаила Успенского «Райская машина»: «Зачем говорить «коррупция», когда есть слово «традиция»? Хочется сказать слово в защиту коррупции — кто ее пожалеет, кроме меня? Давайте уж называть вещи своими именами: любой, кто служил в Советской Армии, помнит, что уставщина хуже дедовщины, что по уставу можно достать бойца так, что любая дедовщина покажется гуманной; воровской закон гуманней лагерного начальства, хотя с романтическим понятием чести, как показал Шаламов, он не имеет ничего общего. Коррупция — те горизонтальные связи, которые противостоят государственной вертикали, и, если вы не хотите жить под гнетом государственной мафии, вам придется терпеть мафию самоорганизованную, демократическую, так бы мовити.

Украинское общество корпоративно, оно умеет договариваться, в нем великолепно поставлена самоорганизация, что доказали майданы, но где есть самоорганизация, там есть и неформальная договорная экономика. То, что коррупция в Украине оказалась непобедима, оказалось еще одним доказательством того, что Украина непобедима в целом. А если кто-то захочет возразить, что с коррупцией и в тоталитарной России все обстоит прекрасно, отвечу предельно честно: может быть, коррупция и есть то единственное живое, что осталось еще в мертвом российском обществе? Не помню автора формулы о том, что без коррупции Мексика была бы стопроцентно фашистским государством; должно быть, кто-то из мексиканцев. Надо бы предложить России лозунг на реконструктивный период: «Коррупция — последнее прибежище человечности!». Жаль, что Украина его не подхватит: ей в НАТО вступать, а нас все равно уже никто никуда не возьмет. Так благородные жулики вроде Бендера были единственными приличными людьми в год великого перелома. Человеческое вообще чаще выживает в негативных своих проявлениях, ибо позитивные во времена смут отмирают первыми. Говорят, в ядерной войне выживают только тараканы — как у Маяковского при коммунизме выжили только клопы: все остальные уже андроиды.

Операция «Авеню»

Самым громким скандалом довоенной части президентства Зеленского стал «Вагнергейт», или операция «Авеню» — несостоявшийся арест 33 участников частной военной компании «Вагнер», воевавших на Донбассе.

К осени 2019 года Главное управление разведки Министерства обороны Украины располагало данными тысячи с лишним российских наемников. Большая их часть в 2019 году томилась в бездействии. Принято было решение создать фальшивую частную военную компанию и завербовать бывших наемников якобы для охраны нефтяных месторождений в Сирии, вывезти их с российской территории и там арестовать. Первоначально предполагалось заманить их в Венгрию, якобы для сборов в тренировочных лагерях, каковые на территории Венгрии действительно есть, и оттуда передать Украине. В сентябре был создан домен office-rosneft.org, предназначенный якобы для вербовки охранников нефтяных месторождений, разрабатываемых «Роснефтью» на Ближнем Востоке. Безработные боевики с готовностью повелись. Им пообещали зарплату в 225 тысяч рублей ежемесячно. Подход оказался ошибочен: завербоваться хотели слишком многие, в том числе обычные российские безработные, не имевшие никакого боевого опыта, тем более на Донбассе. Следующий заход оказался удачнее: теперь от соискателей требовался боевой опыт. Одним из первых завербовался Артем Миляев с позывным «Шаман» — о нем достоверно было известно, что он воевал на Донбассе и командовал там подразделением. За каждого завербованного ему было обещано по 2000 рублей. К лету 2020 года боевики прислали украинской разведке (изготовившей для такого случая бланки несуществующей ЧВК с печатями) больше двухсот анкет, содержавших подробное описание их подвигов на территории Донбасса. Сами, добровольно и подробно, они указали все свои данные, включая антропометрию, сфотографировали свои боевые награды (в том числе выданные Кремлем) и в деталях описали военные преступления, которые до того считались недоказанными. По изяществу и простоте операция, получившая название «Авеню», оставляла далеко позади все прежние достижения украинской разведки. Аналитики группы Bellingcat, занимающиеся международными киберрасследованиями, ознакомились с этими анкетами-признаниями, прослушали записи телефонных разговоров вербовщиков с кандидатами и не могли сдержать восторга (расследование было опубликовано в ноябре 2020 года).

Тут всплыли удивительные вещи — прежде всего доказательства прямого руководства «донецкими повстанцами со стороны российских профессиональных военных; то, что пропаганда в России подавала как восстание сторонников «русского мира», оказалось банальной спецоперацией, участников которой тренировали на базе Военной академии российского генштаба. Наемники рвались в бой, а ГУР все еще не разработало всех деталей операции; были свои комические моменты — чтобы оправдать отсрочку, пришлось «убить» одного куратора и назначить другого. Зеленский был введен в курс операции только 15 июня, сама она планировалась на 26 июля. Согласно плану, самолет, вывозящий наемников из Беларуси в Стамбул, должен был на полчаса войти в воздушное пространство Украины. Предполагалась имитация сердечного приступа у одного из пассажиров, но в этом случае пилотам было бы проще вернуться в Минск; тогда стали разрабатывать вариант с бомбой на борту, информацию о которой сотрудник СБУ должен был передать из Минска. Операцией непосредственно руководил Василий Бурба — директор ГУР.

Был сформирован «первый взвод» (о том, что второго не будет, никто не распространялся): 47 наиболее разыскиваемых боевиков, участвовавших в боевых действиях на Востоке Украины, в том числе в Дебальцево. Достать, однако, удалось только 34 билета на Стамбул. Кандидатов в несуществующую ЧВК сначала отвезли в Минск автобусом, потом должны были везти в аэропорт. 24 июля они стартовали из Москвы. Бурба и замглавы СБУ Баранецкий должны были 23 июля докладывать президенту о готовности, но тут начинаются странности: Зеленский оказался занят, и принял их руководитель президентской администрации Андрей Ермак. Он-то и просит — приказывает? — перенести операцию на неделю, поскольку 23 июля Зеленский (на совместной пресс-конференции с президентом Швейцарии) объявляет о перемирии, достигнутом на Донбассе в результате усилий «нормандской четверки». Операция «Авеню» якобы может это перемирие сорвать. А если все произойдет неделю спустя, то уже, значит, не сорвет.

Мало того, что это объяснение донельзя искусственно (неделя в этом случае ничего не решает), оно не выдерживает критики хотя бы потому, что глава президентской администрации не может принимать такое решение; операцию подобного масштаба курирует непосредственно президент. А если это решение принял сам Зеленский, остается категорически непонятным, зачем оно ему понадобилось и почему он от него самоустранился, а уволил в результате главу военной разведки Бурбу (который, впрочем, никак не пострадал, перешел на преподавательскую работу, а впоследствии стал киевским адвокатом).

Но операция перенесена, билеты с великим трудом поменяли, и группа наемников, разбитая на два отряда (отправить всех в один день не смогли), должна была покинуть пансионат «Белорусочка» под Минском неделю спустя. Однако тут в ситуацию вмешивается тот неизбежный идиотизм, который присутствует в любом маразмирующем режиме, где компетентно умеют только проводить собственно силовые акции: в дело вступают белорусские спецслужбы, которых во избежание утечек никто не ставил в курс дела (да и кто мог бы доверять спецслужбам Лукашенко, тотально зависимого от Кремля?).

Дело в том, что у Лукашенко на носу выборы: фиктивные, как всегда во вверенной ему Беларуси, зачищенные, как привык он поступать за 26 лет своего пребывания у власти, вызывающие откровенную насмешку не только за границей, но и в стране, однако выборы! И есть на этот раз даже три конкурента — вовсе не декоративных: жена арестованного оппозиционера Светлана Тихановская, дипломат и глава Белгазпромбанка Виктор Бабарико и создатель белорусского Парка высоких технологий Валерий Цепкало. Лукашенко нервничает. И тут приходит сообщение о том, что в пансионате под Минском группа сравнительно молодых, физически крепких россиян, прибывшая в Беларусь с неясной целью, проводит вечерние поверки на втором этаже и воздерживается от употребления спиртного! Это было настолько непохоже на поведение обычных российских туристов, что КГБ Беларуси решает арестовать всех наемников — и ранним утром 29 июля прибывшие к пансионату в микроавтобусе бойцы белорусского спецназа укладывают лицом вниз всех потенциальных участников ЧВК, обыскивают их комнаты и вещи, а потом препровождают под арест. В тот же день кадры о задержании российских боевиков, якобы прибывших в Минск по сговору с белорусской оппозицией, показывают во всех новостных программах.

В Украине никто, кроме руководства операцией, не в курсе; в России шок, поскольку никаких боевиков для свержения режима Лукашенко никто, естественно, не посылал. Лукашенко пребывает в таком испуге, что повторяет мантру о попытке госпереворота (скоро ему предстоит талдычить об этом круглосуточно — в Беларуси начинаются массовые протесты против подготовки выборов). Дмитрий Песков, пресс-секретарь российского президента (это о нем ходит анекдот, что ему никогда не могут поставить верный диагноз, поскольку он не может не врать), открещивается от версии переворота, но не предлагает никакой другой. Украина направляет запрос на экстрадицию наемников, передавая белорусским силовикам документы об их участии в боевых действиях на украинской территории. Хотя Лукашенко некоторое время пытался лавировать между Украиной и Россией, выдавать Киеву наемников он отказывается наотрез, и 16 августа их отправляют в Россию. В Украине разгорается скандал, получивший название «вагнергейта». 5 августа Зеленский увольняет Бурбу и назначает главой ГУР его заместителя Кирилла Буданова, на тот момент 34-летнего. Бурба негодует и требует проверить на детекторе лжи всех, кто знал про операцию «Авеню» на предмет выявления утечки. Утечка не выявлена.

Главных версий этого оглушительного провала — то есть срыва потенциально самой успешной операции украинской разведки за все время ее существования, — насчитывается три. Первая: предательство Ермака, который, будучи, по неподтвержденной информации, сыном офицера ГРУ, является «кротом» России в украинском руководстве. Поскольку Ермак стабильно вызывает вражду и зависть, а тайна его влияния на Зеленского остается нераскрытой, ни подтверждений, ни опровержений этой версии мы предложить не можем. Вторая: страх Зеленского перед Путиным, который на этот международный скандал мог бы ответить чем угодно, вплоть до начала военных действий. Очевидно, в 2020 году (и даже в январе 2022, и даже получая от западных разведок все доказательства скорого конфликта) Зеленский верил в возможность перемирия с Россией: именно обещание прекратить войну было одним из главных пунктов его предвыборной программы. Сам Зеленский несколько раз публично повторил в августе 2020, что это «не наша операция» и что Украину пытались в нее втянуть (не уточняя, кто — Россия или Америка). Ясно, что эта откровенная ложь не выдерживала никакой критики и прикрывала некую более серьезную проблему.

Ну и третья версия, присутствующая во всех попытках объяснить те или иные украинские неудачи: российские агенты, внедренные еще во времена Януковича, или пресловутые утечки. Уровень идиотизма в постсоветской политике на постсоветских территориях неизменно высок, и, если на подготовительном этапе операции все шло без сучка, без задоринки благодаря алчности неразборчивых кандидатов в наемники, на финальном этапе кто-то мог проболтаться. Как бы то ни было, грандиозный успех Зеленского обернулся самым громким скандалом за все время его довоенного президентства — скандалом тем более обидным, что в нем, несмотря на всю серьезность военных преступлений «вагнеровцев», отчетливо проявляется элемент фарса. «Слуга народа» уверенно вошел в четвертый сезон.

Внешняя политика. Украгейт

Накануне истечения президентских полномочий, на праздновании Дня Европы в Киеве, Порошенко давал Зеленскому внешнеполитические напутствия: движение в Евросоюз и создание широкой мировой коалиции для сдерживания российской агрессии. Он призвал добиться к 2023 году членства в Евросоюзе и подписать план по вступлению в НАТО. Все это Зеленский делал, и при нем, 23 июня 2022 года, уже в разгар войны с Россией, Украине был официально предоставлен статус кандидата в члены ЕС. Правду сказать, у Украины уже были в тот момент более серьезные проблемы.

Развитие отношения с США осложнялось американскими внутренними скандалами: Зеленский не лукавил и не льстил Трампу, когда говорил, что использует его наработки и отчасти идет его путем. Трамп — тоже артист разговорного жанра, хотя и куда менее профессиональный; шоумен с претензией на короля-нарратора, дающего нации, впрочем, не столько сюжет существования, сколько повод для непрерывных расколов. Скандал вокруг разговора с Трампом получил название Украгейта, по аналогии с Уотергейтом.

Это было первое (и пока последнее) столкновение с Зеленского с другим шоуменом на высшем государственном посту.

Относительно Трампа и его позиции в украинском вопросе существуют две версии. Согласно первой, при Трампе война не началась бы вовсе; согласно второй, Трамп не стал бы помогать Украине и занял бы недвусмысленную пропутинскую позицию. Что сегодняшний Трамп критикует позицию Байдена — в том ничего сенсационного нет, это естественно и никак не выражает его личный взгляд на войну (тем более что личной позиции по большинству политических вопросов там никогда и не было: была конъюнктура, популизм, эпатаж и прочие нехитрые механизмы). Скорее всего, Трамп, по своему обыкновению, действовал бы в собственных интересах (каковую позицию он с похвальной откровенностью и пытался навязать всей стране): если бы Зеленский выполнял определенные условия, он бы его поддержал, если бы заартачился — сдал. И если для Байдена поддержка демократически избранного украинского президента все-таки не пустой звук, то Трампа роднит с Путиным отсутствие каких-либо моральных и юридических барьеров.

(Напоминаю, что эта книга претендует на полноту информации, но отнюдь не на объективность; много чего я видел в жизни, но объективности — никогда).

Фабула такова: 25 июля 2019 года, через два месяца после инаугурации Зеленского, Дональд Трамп в телефонном разговоре с ним просил его содействовать расследованию по поводу Хантера, сына Джо Байдена, к тому моменту основного кандидата и соперника Трампа на выборах 2020 года. Просьба сопровождалась обещанием активизировать помощь Украине — прежде всего военную — в случае согласия Зеленского. Анонимный сотрудник разведки США, узнавший о содержании разговора, усмотрел в нем давление на президента Украины и подал рапорт по начальству (то есть директору национальной службы разведки); тот утаил это обращение от Сената, хотя обязан был немедленно ознакомить с ним законодательную власть. Информация стала известна спикеру палаты представителей Нэнси Пэлоси, которая объявила о начале процедуры импичмента Трампа.

Хантер Байден сотрудничал с украинской компанией Burisma Holding. Адвокат Трампа Руди Джулиани неоднократно заявлял, что Зеленский окружен врагами Трампа и людьми, вмешивающимися в американские выборы. Разговор 25 июля опубликован (его обнародовала американская сторона), и это не очень хороший разговор — прежде всего со стороны Зеленского. Трамп там не говорит ничего противозаконного, что и было подтверждено его полным оправданием и прекращением процедуры импичмента в феврале 2020 года; но вот Зеленский демонстрирует чуть ли не раболепие. Разумеется, можно возразить, что опубликована не стенограмма, а реконструкция, что в действительности все могло выглядеть иначе, — но увы, текст кажется аутентичным. В духе Зеленского — в духе артиста, желающего нравиться публике, — говорить именно то, что от него хотят услышать. Вдобавок это разговор коллег-шоуменов, что Зеленский всячески подчеркивает. Ведь в самом деле, во второй половине десятых годов произошли две ошеломительные, посрамившие всю политологию победы двух телепродюсеров в США и Украине; это положило начало новому политическому стилю, и Зеленский искренне верит, что коллега Трамп не может быть «плохим человеком» (оба часто употребляют это словосочетание). А ведь Трамп — опытный вербовщик, не хуже Путина, он тоже очень хорошо умеет быть приятным.

Мы этот разговор частично процитируем, хотя он хорошо известен. Что-то он мне напоминает. А, знаю! Напоминает он мне наиболее едкие номера «Квартала». В жанре «Квартала» он и развивается, словно за Трампа говорит Лысый, он же Кошевой, а за Зеленского, понятное дело, сам Зеленский. Вот эта реконструкция, как ее опубликовала администрация президента под давлением любопытствующей общественности.

Дональд Трамп: Поздравляю с большой победой. Вы проделали отличную работу. Вы догнали своего оппонента, вырвались вперед, хотя от вас этого не очень ожидали, но в итоге одержали легкую победу. Это фантастическое достижение. Мои поздравления.

Владимир Зеленский: Вы абсолютно правы, господин президент. Хочу признаться, что учился у вас. Мы использовали некоторые из навыков и знаний, и это в итоге служило нам примером на наших выборах и в течение предвыборной кампании. Это действительно были уникальные выборы. Мы находились в исключительной ситуации и смогли достичь исключительного успеха. Я скажу следующее: в первый раз вы звонили мне, когда я победил на президентских выборах, а сейчас вы звоните мне во второй раз после того, как моя партия выиграла парламентские выборы. Думаю, мне стоит чаще участвовать в избирательных кампаниях, чтобы мы с вами могли чаще разговаривать.

Дональд Трамп (смеется): Это очень хорошая идея.

Владимир Зеленский: Честно говоря, мы много работаем, потому что мы хотели вытащить Украину из болота. Мы привлекли много новых людей. Не старых политиков, не типичных политиков. Мы хотели создать новый формат и новый тип правительства. Вы для нас хороший учитель.

Дональд Трамп: Это очень мило с вашей стороны. Мы многое делаем для Украины, тратим много усилий и времени. Гораздо больше, чем европейские страны; они должны помогать вам больше. Германия не делает для вас почти ничего. Все, что они делают, это говорят, и я думаю, вам стоит с ними это обсудить. Ангела Меркель говорит про Украину, но ничего не делает. Многие европейские страны поступают так же. Я думаю, вам стоит это проанализировать. Но США всегда хорошо относились к Украине. Я бы не обязательно сказал, что это было взаимно, потому что происходят некоторые нехорошие дела [со стороны Украины], но в последнее время США были очень, очень добры к Украине.

Владимир Зеленский: Вы абсолютно правы. Не просто на сто процентов, а на тысячу процентов. Я разговаривал с Ангелой Меркель и встречался с ней. Я также разговаривал и встречался с Эммануэлем Макроном. Я сказал им, что они не делают так много, как следовало бы, в вопросе санкций. Они не обеспечивают соблюдение санкций. Они недостаточно помогают Украине. Логически Евросоюз должен был стать нашим ближайшим партнером, но технически США — более близкий партнер, чем ЕС. Я очень благодарен вам за то, что США многое делают для Украины. Гораздо больше, чем ЕС, особенно в вопросе санкций против России. Я бы также хотел поблагодарить вас за поддержку в военной сфере. Мы готовы вывести сотрудничество на новый уровень, в частности, готовы купить больше «Джавелинов».

Дональд Трамп: Я бы хотел, чтобы вы оказали нам услугу, потому что наша страна через многое прошла, и Украина многое об этом знает. Я бы хотел, чтобы вы выяснили, что произошло со всей этой ситуацией и при чем тут Украина, как говорят в Crowdstrike... (такой сервис американский, по расследованию кибератак). Я думаю, один из ваших состоятельных людей... Сервер, говорят, на Украине... С тех пор многое произошло. Я думаю, в вашем окружении есть некоторые из тех людей. Я бы хотел, чтобы генеральный прокурор США позвонил вам или вашим людям, и вы разобрались в этом. Как вы заметили вчера, вся эта чепуха закончилась неудачным выступлением человека по имени Роберт Мюллер. Говорят, что многое из этого началось на Украине. Важно, чтобы вы сделали все возможное.

Владимир Зеленский: Да, для меня важно это и все, что вы упомянули ранее. Мы открыты для любого сотрудничества. Мы готовы открыть новую страницу в двусторонних отношениях. Я отозвал нашего посла в США (такой был Валерий Чалый, всего Зеленский сразу после вступления в должность заменил 12 послов — Д.Б.), и заменю его очень компетентным и опытным человеком, который будет работать над сближением наших стран. Я бы хотел, чтобы он завоевал ваше доверие и наладил с вами личные отношения, чтобы мы могли сотрудничать еще плотнее. Один из моих помощников недавно разговаривал с господином Джулиани, и мы очень надеемся, что господин Джулиани сможет прилететь в Украину, и мы с ним встретимся. Хочу еще раз заверить, что среди нас у вас есть только друзья. Я удостоверюсь, что окружаю себя лучшими и самыми опытными людьми. Также хочу сказать, что мы друзья. Мы большие друзья, и у вас, господин президент, есть друзья в нашей стране, поэтому мы сможем продолжать наше стратегическое сотрудничество. Я планирую окружить себя лучшими людьми и как президент Украины гарантирую, что все расследования будут проводиться открыто. Я вас уверяю.

(Вот это все был чисто квартальный монолог. Я не верю, представить не могу, что он все это говорил всерьез. Хорошо все-таки быть артистом, всегда можно сказать, что ты шутил. Еще лучше быть двумя артистами: всегда можно сказать, что вы шутили оба — Д. Б.).

Дональд Трамп: Хорошо. Потому что я слышал, что у вас был хороший прокурор, его уволили, и это очень несправедливо. Многие говорят, как был снят ваш прокурор, и в это были вовлечены некоторые очень нехорошие люди. Господин Джулиани уважаемый человек. Он был мэром Нью-Йорка, отличным мэром, и я бы хотел, чтобы он позвонил вам. Я попрошу его поговорить с вами, как и генерального прокурора США. Руди хорошо разбирается в происходящем, и он очень умелый парень. Если вы поговорите с ним, это будет здорово. Бывший посол США, та женщина — это была плохая новость, и те люди, с которыми она работала на Украине — это тоже была плохая новость, и я хочу, чтобы вы это знали. (Это была Мари Йованович, совсем не плохая женщина, просто демократка и противница Трампа. Трамп ее обвинил в нелояльности, сказал, что она нарочно не выдавала визы украинцам, готовым давать показания о сговоре противников Трампа с властями Украины — Д. Б.) Еще одна вещь. Много говорят о сыне Джо Байдена, будто Байден прекратил преследование, и многие хотят знать об этом, так что все, что вы с генеральным прокурором могли бы предпринять, было бы великолепно. Байден хвастался тем, что остановил преследование, так что если бы вы могли расследовать... По-моему, это звучит ужасно.

Владимир Зеленский: Я бы хотел высказаться по поводу прокурора. Прежде всего, я понимаю, я осведомлен по поводу этой ситуации. Поскольку мы добились абсолютного большинства в нашем парламенте, следующий генеральный прокурор будет на сто процентов моим человеком, моим кандидатом, и его кандидатура будет одобрена парламентом, и он приступит к своим обязанностям в сентябре. (Предыдущий прокурор был Юрий Луценко, а следующий, Руслан Рябошапка, будет уволен Радой с должности всего через полгода после своего утверждения, 5 марта 2020 года. Причина увольнения была то ли в том, что он собирался посадить Коломойского, то ли в том, что так и не смог посадить Порошенко, — Д. Б.) Он или она изучит ситуацию, в том числе касательно компании, которую вы упомянули в вашем вопросе. Вопрос с расследованием этого дела — это вопрос восстановления правды, поэтому мы позаботимся об этом и будем работать над расследованием этого дела. Более того, я бы хотел попросить вас — если у вас есть какая-либо дополнительная информация касательно расследования, которой вы можете поделиться, то это очень помогло бы расследованию — чтобы быть уверенными, что мы сможем свершить правосудие в нашей стране. Что касается посла Украины в США, насколько я помню, ее фамилия Иванович. (Йованович, но кто вам считает, — Д. Б.) Это прекрасно, что вы стали первым, кто сказал мне, что она была плохим послом, потому что я на сто процентов согласен с вами. Ее отношение ко мне было далеко не лучшим, поскольку она восхищалась предыдущим президентом и была на его стороне. Она бы не смогла принять меня в качестве нового президента в достаточной степени.

Дональд Трамп: Что ж, через какие-то вещи ей придется пройти. Я попрошу господина Джулиани позвонить вам, и я также попрошу позвонить генпрокурора Барра, и мы доберемся до дна всего этого. Я уверен, что мы в этом разберемся. Я слышал, что к прокурору относились очень плохо, а сам он был очень честным прокурором, поэтому удачи вам с этим. Я ожидаю, что ваша экономика будет становиться лучше и лучше. У вас множество активов. Это великая страна. У меня множество украинских друзей, они замечательные люди.

Владимир Зеленский: Я бы хотел сказать вам, что у меня тоже есть несколько украинских друзей, которые живут в США. На самом деле, в последний раз, когда я ездил в США, я остановился в Нью-Йорке возле Центрального парка, в «Трамп-Тауэр». Я поговорю с ними и надеюсь, что еще увижусь с ними в будущем. Я также хотел поблагодарить вас за приглашение посетить США, в том числе Вашингтон. С другой стороны, я хочу заверить вас, что мы очень серьезно отнесемся к этому делу и продолжим работу над расследованием. Что касается экономики, то у наших стран есть большой потенциал, и одна из важных проблем для Украины — это энергетическая независимость. Я уверен, что мы можем очень успешно сотрудничать с США в вопросе энергетической независимости. Мы уже работаем совместно. Мы покупаем американскую нефть, но я также возлагаю надежды на будущую встречу. У нас будет больше времени и больше возможностей обсудить наши перспективы и узнать друг друга лучше. Я бы хотел поблагодарить вас за поддержку.

Дональд Трамп: Хорошо. Что ж, большое спасибо, я ценю это. Я попрошу Руди и генпрокурора Барра позвонить. Спасибо. Когда бы вы ни решили посетить Белый дом, звоните в любое время. Назовите дату, и мы решим вопрос. Я с нетерпением жду встречи с вами.

Владимир Зеленский: Большое спасибо. Я был бы счастлив приехать, счастлив встретиться с вами лично и узнать вас поближе. С нетерпением жду нашей встречи, а также хотел бы пригласить вас посетить Украину и приехать в Киев, это очень красивый город. У нас прекрасная страна, которая будет рада приветствовать вас. А также рассчитываю, что мы оба будем в Польше 1 сентября и сможем встретиться. Будет неплохо, если вслед за этим вы отправитесь в Украину. Мы можем полететь туда на моем самолете или на вашем — думаю, он гораздо лучше, чем мой.

Дональд Трамп: Хорошо, мы обсудим этот вопрос. Я с нетерпением жду встречи с вами в Вашингтоне или в Польше, поскольку мы, очевидно, окажемся там в одно время.

Владимир Зеленский: Большое спасибо, господин президент.

Дональд Трамп: Поздравляю вас с той фантастической работой, которую вы проделали. Весь мир смотрит на вас. На самом деле, успеха стоило ожидать, но все равно примите мои поздравления.

Владимир Зеленский: Спасибо, господин президент. До свидания.

Это некрасивый разговор с обеих сторон — прежде всего корыстный; а с другой стороны — что Зеленскому было делать? Ему надо любой ценой заручиться поддержкой США, и Трамп вроде бы коллега, и просит-то всего ничего — помочь с объективным расследованием дела Хантера Байдена. Обещают за это финансовую помощь и великую экономику. Даже в Штатах, когда этот разговор напечатали, не нашли никаких оснований для импичмента Трампа. А кроме того, никакого компромата на Хантера Байдена Зеленский не передал, что и привело к отказу Трампа с ним встречаться. Он-то, видимо, думал, что перед ним новичок и непрофессионал, а Зеленский, как сказано выше, очень и очень себе на уме. Возможно, тем же иррациональным чутьем, которым руководствовалась Украина при выборе Зеленского, сам Зеленский угадал, что дальше ему придется иметь дело с Байденом, и Байден в самом деле ему помог, хотя и неохотно, и не сразу.

Но вот с кем у Зеленского сразу сложилось, так это с Борисом Джонсоном. С ним был один из первых разговоров 24 февраля, он трижды с начала спецоперации посещал Киев, ему всерьез предложили после премьерства стать мэром Одессы, и он шутя согласился, вот он Зеленскому по психотипу близок. Потому что старые, как Трамп и Байден, войны компромата и перетягивание штата Флорида его совершенно не интересовали — ему хотелось открыть новую страницу в мировой политике. По факту он ее и открыл, но чудовищно дорогой ценой. И вот Джонсон, в отличие от Байдена и тем более Трампа, — тот самый политик нового типа, с которым Зеленский хотел иметь дело.

Что это за новизна? Как и Зеленский, он работал в медиа, у него в общей сложности тридцать лет журналистского стажа, из них первые десять — политическая журналистика, а потом автомобильная колонка в GQ. Политически они с Зеленским вроде бы ортогональны — Джонсон всегда был евроскептиком и стремился вырвать Британию из ЕС, в чем и преуспел, а Зеленский очень туда стремится, и европейская бюрократия его не пугает; но не будет преувеличением сказать, что Зеленский тоже евроскептик, потому что нынешняя Европа всетерпимости и половинчатых решений совершенно его не устраивает. Можно сказать, что оба, каждый со своей позиции, пытаются разбудить Европу, вернуть ей принципиальность, научить сопротивляться (не на почве русофобии, как поспешат сказать многие, а на почве модерна, с которым Россия как раз намерена покончить). Ну и вообще — сходная стилистика, открытость, экстравагантность, храбрость, демонстративность, не зря Джонсона в Чернигове посвятили в казаки и записали в войсковые книги под именем Бориса Чуприны (Борис Чуб, так сказать, хотя такое прозвище и Трампу подошло бы). «Он устроил вечеринку на день рождения во время пандемии COVID. Из-за него локдауны продолжались слишком долго. Он позволял своей девушке, а теперь — жене, подстригать себя. Его прическу делал дорогой лондонский парикмахер, приезжавший к нему домой. На публике он неряшлив. Он — аристократ. Он был журналистом. Он слишком много пьет. Он красит волосы, хотя его сестра Рэйчел настаивает на том, что вся семья Джонсонов — натуральные блондины; наверное, эта информация немного излишня. О его волосах вообще многое говорят. Его волосы — секретный ингредиент его политического успеха, равно как и тайный порок, Ахиллесова пята, позволяющая прогнозировать его политический крах. Он ленив и равнодушен к премьерским обязанностям» — так предваряет интервью с ним еврейский сетевой журнал Tablet в феврале 2023 года. Это интервью взял Дэвид Сэмюэлс, редактор «Таблетки», реально крутой малый, не заморачивающийся политкорректностью и называемый основателем нео-гонзо-журнализма. Вот как он пишет о Джонсоне далее: «Уже готовясь уйти с должности (за год до отставки), Борис Джонсон сделал важнейшую вещь, которую делал британский премьер со времен неудачного захвата Суэцкого канала, выхода из Индии и Палестины, а также победы во Второй Мировой. Он встал за Украину и против Путина, когда Украина осталась одна — на передовой войны за демократию. Украину, которую никто особо не хотел защищать, кроме самих украинцев, Украину, которую остальной мир считал боксерской грушей для россиян или банкоматом для коррумпированных американских политиков, знай веселившихся на российских яхтах, трахавших местных эскортниц и набивавших карманы деньгами из нефтяных и газовых компаний, доля в которых принадлежала Путину. Единственный среди западных лидеров на это отважился Борис Джонсон — персонаж маппет-шоу, возомнивший себя Черчиллем. Он счел, что украинцы будут бороться.

Старый вампир, богатый и коррумпированный Вашингтон склонялся к тому, чтобы дать Владимиру Путину все, что он хотел: скормил ему Крым, кусочки Донбасса, порты в Сирии и контракты на ядерные реакторы в Иране, но это насытило его не более, чем канапе — голодного крокодила. В свою очередь Путин считал, что западное руководство состояло из слабаков, которые легко сбросят штаны и встанут в нужную позу. Вообще Путин думал, что эти декаденты тайно желают старого доброго царского кнута. Что до украинцев, Путин думал: а когда они вообще были нацией? Какая-то смесь крестьянских националистов и раболепных евреев; Сталин показал им, кто здесь хозяин. Путин, хоть и так себе тиран, наследует Сталину. У этой схватки мог быть только один исход, и он должен был наступить максимум через две недели: триумфальный танковый парад в сердце Киева, причем продолжительностью в несколько дней. О, это должно было быть величайшее зрелище с тех пор, как Красная Армия зашла в Берлин, Будапешт или Прагу.

Но у украинцев были другие мнения на этот счет. Равно как и у Владимира Зеленского, героического еврейского комика, сыгравшего президента в сериале (а затем в реальности) лучше, чем кто-либо со времен Рональда Рейгана. Так же, как Борис играл роль британского премьера лучше, чем кто-либо со времен Маргарет Тэтчер — другого премьера, прославившегося прической.

А?! «Вот как надобно писать!» Но кто же в политкорректной Европе или тем более в России может себе такое позволить? В Украине-то не все готовы к такой прямоте и блеску. А Сэмюэлс — ничего, маргинал, может себе позволить. И не зря Джонсон поговорил с ним без малейшей самоцензуры:

— Это катастрофа. И суть в том, что я увидел, как Путин может сбросить 500-килограммовую бомбу на восьмиэтажный дом и просто уничтожить его до основания — без всяких угрызений совести, без понимания законов войны или человечества. Но он делает это постоянно по всей оккупированной территории Украины и в тех местах, где он атакует. И он постоянно пытает, калечит, убивает невинных гражданских. Я очень боюсь, что Украина может устать. Зеленский в Лондоне произнес невероятную речь, требуя самолетов. Это абсолютная правда — им нужна куча всего, чтобы остановить российскую агрессию, но и чтобы освободить оккупированные Россией земли тоже. Это единственный способ закончить эту историю. Но не забывайте, что сопротивление этому было всегда. Полтора гора назад, я помню, мы с Беном Уоллесом, министром обороны Соединенного Королевства, рассматривали возможность поставки переносного противотанкового вооружения — NLAW. Система говорила нам: «Нет! (повторяет 5 раз). Это будет эскалация. Это спровоцирует россиян». А мы это сделали. Это было невероятно важно — NLAW, Javelin, которые отправили Соединенные Штаты, еще Дональд Трамп их послал, — это было бесценно, украинцы смогли себя защитить на поле боя, я под Киевом видел их в действии. Потом у нас был спор по HIMARS. Затем — спор по Multiple Launch Rocket Systems.

— «Не надо им давать боевые танки».

— Точно. Каждый раз, как мы оказывались на этой развилке, мы выбирали предоставление украинцам того, что им нужно. Но мы делали это медленно. А я говорю: давайте не будем оказывать помощь «по каплям». Мы не пипетка. И на самом деле мы предоставляем огромные объемы помощи. Кстати, хочу поприветствовать и горячо поблагодарить Соединенные Штаты Америки. Считаю, что то, что делает Америка, прекрасно. Думаю, что Америка снова стала арсеналом демократии и свободы.

— А что республиканцы? Возражают?

— Да нет, большинство республиканцев, с которыми я встречался, еще и хотели бы действовать быстрей Байдена. Но есть люди, которые придерживаются очень своеобразного взгляда на происходящее, и я действительно не могу этого объяснить. Они каким-то образом пришли к тому, что Путин у них ассоциируется с консерватизмом или отстаиванием традиционных ценностей, а Украина — с новизной. Э, минуточку! Насколько консервативно приступать к уничтожению демократии и свободы в ни в чем не повинной европейской стране? Насколько это консервативно — поощрять преследование групп христианских меньшинств, например, которые не придерживаются официального государственного православия? Во всем, что делает Путин, и близко нет ничего консервативного. Впрочем, подавляющее большинство республиканцев тверды в солидарности с Украиной.

— Вы думали, что Путин нападет?

— Что значит думал? Я знал. С середины ноября.

(Дальше мы узнаем нечто очень интересное, о чем Джонсон знал, но вслух до поры не говорил. И Зеленский знал. И все это на него давило — Д. Б.)

— Я ездил туда в апреле, потому что шли такие разговоры... что может быть заключена сделка. Типа новый Минск: «Ты храбро сражался в течение шести недель. Это замечательно. Мы все знаем, что в конце концов ты проиграешь, давай кончать». Но ведь нет никакой сделки, которую можно заключить с Путиным, даже если бы вам удалось убедить украинцев принять план «земля в обмен на мир». Что вы ему собираетесь отдавать? Мариуполь? И вы думаете, что в обмен на Мариуполь он остановит войну? Мало того, что это морально неприемлемо, катастрофично, но это еще и бессмысленно. Потому что не верите же вы в самом деле, вы не могли бы положиться на то, что он будет соблюдать какие-либо условия? Мало он вам показал в 2014 и 2023? Если бы он поставил себе целью доказать, что с ним нельзя иметь дело, он бы не мог сделать этого лучше, чем в 2023. Не было способа сделать это более решительно и, я бы сказал, элегантно.

— На Зеленского сильно давили?

— Не знаю. Но что толку на него давить? На Западе наверняка было много разговоров на эту тему, но он никогда бы не пошел на такую сделку для Украины. Мое дело было ему сказать, что у него всегда будет непоколебимая поддержка Великобритании.

Украина кровью купила свою свободу, свою государственность, свое место в Европе. Никто не может этого отрицать. Вот что произошло за последний год. Они сражались. Они гибли. Они сдерживали этого тирана и эту военную машину. Как вы думаете, чем Европа, Англия и НАТО сейчас обязаны Украине? Украинцы сражаются за всех нас. Украинцы сражаются за поляков, за грузин, за молдаван, за прибалтов. Они сражаются за каждую страну, границы которой могут быть изменены силой в любой точке мира. Это огромная жертва, на которую они идут.

И еще они показывают, почему Путин был неправ. Они заслуживают безмерного, беспримерного уважения. Очевидно, что их прием в ЕС надо ускорить. Что касается НАТО... Если бы вы спросили меня до войны, до того, как Путин совершил свой безумный поступок, собирается ли Украина вступить в НАТО в ближайшее время, — я бы сказал...

— Ну, Владимир Путин сам задал вам этот вопрос.

— Да. Реальность, откровенно говоря, была такова: внутри НАТО была достаточно сильная группа, чтобы заблокировать Украину, и ее бы не приняли, грубо говоря, пока ад не замерзнет. Но теперь Путин начисто уничтожил аргументы против членства Украины в НАТО. Отсутствие Украины в НАТО означает самую страшную войну в Европе за последние 80 лет, колоссальные страдания, глобальную экономическую катастрофу. Теперь Москва утратила всякое право на протест. НАТО не является враждебным альянсом. НАТО — оборонительный альянс. И Путин своими действиями доказал шведам, финнам, что НАТО необходимо для них, и он, безусловно, доказал, что это необходимо для Украины.

Все это относится уже к Украине воюющей. Но привел я этот фрагмент исключительно ради того, чтобы показать, сколь надежного друга приобрела Украина и лично Зеленский в лице Джонсона. Сколь прав он был, поставив на него и поверив ему. Это и было самым ценным результатом его внешней политики в первые годы президентства, и 24 февраля 2023 года ему было кому позвонить.

Борьба с олигархией

Инициатива в борьбе с украинскими олигархами исходила от Совета Европы, предоставившего Украине статус кандидата на вступление в Европейский союз. Это формальное требование (в рамках борьбы с коррупцией, которую в Европе считали главной бедой страны) было столь же формально выполнено, поскольку олигархи представляли главную опору власти в борьбе с российским влиянием и потенциальной агрессией. Их влияние на политику оставалось медийным: Зеленский и его команда не были связаны ни с одной олигархической группой и были устойчивы к любому лоббированию. В будущем учебнике политической истории будет записано: олигархизация экономики — неизбежный этап в развитии любого государства при переходе от феодализма к капитализму, если термин «капитализм» вообще сохранится в учебниках.

Тут ведь в чем проблема: гражданского общества после тоталитаризма нет, институтов тоже. Социально активен только бизнес, который в смутное время должен нахапать сколько сможет (и с этим хорошо справляется). В результате олигархи становятся главной общественной силой — других нет. По-настоящему активное гражданское общество, от которого требуются не столько митинги, сколько регулярная работа по самоуправлению, возникло не в результате второго Майдана, а в результате войны. Так что в довоенное время антиолигархические меры могли быть чисто декларативными — как и получилось.

4 июня 2021 года, после заседания Совета по национальной безопасности и обороне, Зеленский сказал в обращении к нации: «Самый главный вопрос и текущего заседания, и текущей недели — это закон об олигархах. Прежде всего хочу сказать: даже не ожидал, что в нашей стране есть столько экспертов по деолигархизации. Если бы мы знали, привлекли бы их к разработке законопроекта. Но, к сожалению, все они почему-то скрывали эти свои знания все предыдущие 30 лет.

И ни один из политиков, в том числе самого высокого уровня, никогда не поднимал вопрос олигархов. Наверное, потому что много говорить о себе — некрасиво и нескромно.

Во-вторых, спасибо всем критикам закона. Ваши замечания ценны: вы много лет работаете с олигархами, или на олигархов, или под олигархами, а следовательно, точно знаете все недостатки закона, будучи, как говорится, глубоко в материале. И отдельно хочу обратиться к работодателям всех этих независимых экспертов и критиков. Как акулы бизнеса, вы должны иметь сильное чутье. Удивительно, что вы не чувствуете, что страна изменилась и начинает новую историю. По новым правилам. Даже не так. Просто — по правилам.

Те, кто не захочет жить и работать по новым и честным правилам игры, окажутся вне игры.

Для тех, кто попытается раскачать, убедить, переломить или договориться с депутатами парламента относительно этого закона, у меня будет один вопрос. Это вопрос о статусе олигархов, который будет вынесен на всеукраинский референдум. Этот вопрос будет первым. А для кого-то, возможно, последним.

Я также хочу сказать, что этот законопроект — только первый шаг. Это создание фундамента для противодействия олигархическому воздействию. Нельзя владеть депутатами, министрами и любыми другими чиновниками. Этот законопроект — первое решение за все 30 лет независимости, которое демонстрирует наше отношение к олигархической системе. Он утверждает: да, в Украине есть олигархи. Да, они влияют на политику. И да — этого больше не будет».

Полное название законопроекта Зеленского № 5599 (предложенного им лишь через два года после вступления в должность) — «О предотвращении угроз национальной безопасности, связанных с чрезмерным влиянием лиц, имеющих значительный экономический или политический вес в общественной жизни (олигархов)». Олигарх, по Зеленскому, начинается с подтвержденной собственности в миллион прожиточных минимумов (83 млн долларов), он участвует в политической жизни и располагает собственными СМИ. Лицам, подпадающим под критерии закона и внесенным в специальный реестр, будет запрещено финансировать политические партии. Любой госслужащий или депутат, контактировавший с олигархом, обязан подавать в Совет безопасности декларацию с кратким конспектом беседы, даже если беседа происходила онлайн.

Секретарь украинского Совбеза Алексей Данилов поспешил заявить, что включение в реестр олигархов никому ничем не угрожает: «у человека ничего не отбирают», разве что обязуют ежегодно публиковать полную декларацию обо всех доходах. Поневоле приходит на ум аналогия с реестром иноагентов в России: они тоже обязаны публиковать декларацию о доходах и о движении своих средств, и включение в реестр им угрожает только запретом на преподавание (примерно как олигархам — запретом на политическую деятельность). Очевидно, что меры эти в обоих случаях — сугубо декларативные: у всех наследников СССР в крови неприятное чувство угрозы, когда тебя вносят в список (дальше, как правило, начинают перечислять с маленькой буквы и во множественном числе). Чувствовать себя нежелательным элементом — вот главная неприятность, которой антиолигархический закон угрожал украинским миллионерам.

Киевские политологи справедливо назвали закон «методом стигматизации оппонентов». «Любой в цивилизованном бизнесе сделает все, чтобы не попасть в этот реестр», — сказал тогдашний министр юстиции Денис Малюська; под цивилизованным бизнесом понимался бизнес испуганный. Партия Петра Порошенко «Европейская солидарность» предсказуемо заявила, что олигархом с точки зрения Зеленского является тот, кто не нравится ему лично. Коломойский сказал, что с радостью нашьет на костюм звезду «олигарх» — вполне понятно, какую звезду он имел в виду; иноагентскую плашку в России тоже часто называют «желтой звездой». Тех, кто ее нашивает, презирают, а на тех, кто не нашивает, — доносят.

Антиолигархический закон был предложен Украине в трудные для Зеленского времена — опрос общественного мнения, проведенный службой КМИС, показал, что его выдвижение на второй срок вызовет неодобрение более чем у половины украинцев. Тем не менее 23 сентября 2021 года закон был принят Верховной Радой во втором чтении при поддержке 279 депутатов при 21 воздержавшемся и 54 голосах против. До войны оставалось полгода, и за эти полгода никакой реестр так и не был составлен, и антиолигархические меры остались на бумаге: вскоре стало не до того.

Рейтинг

К концу 2021 года Зеленский лидировал по антирейтингу среди украинских политиков, поддержка его ограничивалась 25 процентами. Причин тут немало.

Именно Зеленский стал первым украинским президентом, закрывшим три телеканала. 3 февраля 2021 года он отобрал лицензии у ZIK, NewsOne и «112 Украина». Все они принадлежали депутату Рады от оппозиционной платформы «За жизнь» Тарасу Козаку. От президента, пришедшего к власти благодаря телевидению, ожидали режима наибольшего благоприятствования для СМИ, и именно эти ожидания он обманул наиболее радикально, вызвав, однако, одобрение большинства избирателей. При всем демократизме Украины решительные меры тут воспринимаются как сознание своей силы.

Во время войны (начиная с декабря 2022) Зеленскому сильно повредили в глазах многих наблюдателей, прежде всего зарубежных, меры, которые ему пришлось принимать против Украинской православной церкви Московского патриархата. Антицерковные меры — почти всегда плохой пиар, даже там, где церковь не имеет никакого влияния. По словам самого

Зеленского, «Совет национальной безопасности и обороны Украины поручил правительству внести в Верховную Раду законопроект о невозможности деятельности в стране аффилированных с Россией религиозных организаций». Государственной службе по этнополитике и свободе совести было дано поручение провести религиоведческую экспертизу устава об управлении Украинской православной церковью «на наличие церковно-канонической связи с Московским патриархатом» и в случае необходимости принять меры.

Наместник Киево-Печерской Лавры митрополит Павел пообещал Зеленскому: «Наши слезы не упадут на землю, они упадут вам на головы», имея в виду президента «и его свору». Гонения на церковь в разгар войны — не лучшая тактика; в России, конечно, Зеленскому попытались приписать антиправославную риторику, хотя действия его направлены лишь на РПЦ и православию ничем не угрожают. Пригодилась тут и антисемитская риторика, как без нее, и антибольшевистская — Зеленский назван более радикальным врагом православия, чем даже Ленин.

По меркам мирного времени Зеленскому полноценно удалось только одно — утвердить новый тип власти, но достаточно ли быть Василием Голобородько в условиях, когда твоя страна проходит через самоопределение решительно по всем главным вопросам истории? Проект Зеленского был превосходен как эксперимент, но, как и показано в «Слуге народа», удовлетворяться этим народ не готов, ибо живет и работает не в сериале; чтобы Зеленский стал лидером, а нация стала единой, понадобилось испытание, о котором никто и не думал в 2019 году. То есть война шла, Крым был аннексирован, Донбасс тлел, но о полномасштабной агрессии в центре Европы, о том, что сам мир окажется ближе, чем когда-либо, к ядерной катастрофе, не думал никто.

К концу 2021 года при резко просевшем рейтинге и нараставшей реакции на невыполненные обещания Зеленский все хуже выглядел — и в глазах сторонников, и в буквальном смысле. Разумеется, уволенный соратник на все смотрит скептически, однако во взгляде наших бывших тоже есть особая трезвость, и пренебрегать их наблюдениями не стоит. В интервью Дмитрию Гордону уволенный в мае 2020 года первый руководитель офиса президента Андрей Богдан говорил: «Власть съедает Владимира Александровича. Он физиологически поменялся. Человек был веселый. Легкий, юморной, красивый, острый, энергичный. И видишь? Просто на него смотреть больно. Я не понимаю, что он говорит. Он не понимает, что он говорит. Серое лицо. Он уставший. Он постоянно в какой-то то ли депрессии, то ли непонятно. Он все время нервничает. Он звонит депутатам, угрожает».

Разумеется, тогда же на оценки Богдана отреагировали новые соратники Зеленского, в частности, Михаил Подоляк: «Тебя деликатно попросили вон — ты стандартно обиделся и стандартно же начал хамить, угрожать, понтиться». Но Богдан не отступался: «Когда ты идешь свой путь самурая, ты должен понимать, куда ты идешь. Если нет цели, то, в принципе, лучший выход — стояние на месте. Правильно? Куда идет Владимир Зеленский и его команда? Куда они идут? Никто не знает. Даже Владимир Зеленский. Есть набор общих фраз: «Мы за все хорошее, против всех плохих». Но это хорошо для песни и для выступлений, но для государственной политики — нет… Это самый сильный продюсер, сценарист, актер, я считаю, на всем СНГ, бывшем СССР. У него абсолютно нет никаких знаний и никакого опыта, он вообще не понимает, что вокруг него происходит. Мало того, его слабость в том, что он замыкается на каком-то количестве людей и слушает только их. У него нет второго мнения, третьего мнения. Он хочет слышать только хорошее».

Все это высказывалось в 2021 году многократно, и все это забылось, загнано в подсознание. Послевоенный взгляд на довоенные годы президентства Зеленского невозможен прежде всего потому, что об Украине (в меньшей степени о Зеленском) можно теперь говорить лишь одобрительно или сочувственно, но никак не критически: при любом другом модусе вы солидаризируетесь с агрессором. Никакой анализ при таком подходе, само собой, невозможен, как невозможно было критиковать борцов с царским режимом во времена столыпинской реакции; как невозможно осуждать советских маршалов в эпоху сталинского террора; как нельзя разбираться в перспективах Пражской весны после советских танков, раздавивших ее.

Россия, может быть, существует в мире именно затем, чтобы своими предельно грубыми и стратегически провальными действиями переводить этически двусмысленные ситуации в предельно однозначные; чтобы снимать любую моральную амбивалентность и расставлять железобетонные акценты. Роль сомнительная, но кому-то надо же это делать, и вот большевики обретают белоснежность, сталинские маршалы выглядят образцами военного таланта и отваги, а Пражская весна с ее более чем сомнительными перспективами начинает казаться вполне реальным проектом по приданию социализму человеческого лица. (Хотя ничего бы у них не вышло — нет ни одного сценария, даже при полном бездействии варшавского блока, при котором пражские реформаторы остались бы у власти).

На начало 2022 года проект «Слуга народа» — отважный эксперимент по внедрению во власть представителя творческой интеллигенции, чей имидж полностью сформирован сериальной ролью, выглядел если не провалившимся, то преждевременным. Но тут закавыка, загогулина, как сказал бы Ельцин. Я попытаюсь описать ее феноменологически, то есть безоценочно, хоть это и почти невозможно. Когда читаешь (вынужденно, потому что для этой книги вся подобная информация скорее sine qua non, протокольная необходимость) отчеты о коррупционных или репутационных скандалах вокруг Зеленского, чувствуешь себя примерно так же, как Ленин при чтении протоколов Учредительного собрания: все это другая эпоха. Зеленский предпринял отважную, хотя и обреченную попытку вытащить украинскую политику из провинциальной лужи, из так называемой рагульности — и она уперлась. Она плюхнулась в прежнюю стихию с тем же облегчением, с каким ребенок продолжает хныкать, хотя давно пора перестать. Ни коррупционная проблематика, ни сдержанно-глумливые интонации отзывов политиков друг о друге и журналистов обо всех властях, ни базарные и полублатные разборки, ни многочасовые скандальные и, в сущности, бесплодные ток-шоу — все это никуда не делось, и даже в самой команде Зеленского начались дрязги; для того, чтобы радикально изменить Украину, потребовалась война, и новый президент получил наконец новое общество. Все безнадежно, именно поэтому мы обречены на победу. Зеленский, возможно, на второй год своего президентства разочаровал страну и разочаровался сам, но это и породило ту общую для всех интонацию стоической насмешки, которая сплачивала Украину в последующие два года войны. Все очень плохо, но отступать некуда; мы едины в том, что плохо всем — олигархам и пролетариям, востоку и западу. Усе дуже погано, но мы сохраняем способность смеяться над этим.

Так что неудача Зеленского, пытавшегося открыть новый исторический этап в Украине, оказалась опять-таки уместной, и именно она привела его к тому стоицизму, с которым он встретил войну: терять нечего. И конечно, появились свои идиоты, уверявшие, что Зеленскому нужна война, что она легитимизировала его и позволила сохранить рейтинг... Сохранение рейтинга ценой таких испытаний и потерь могло бы обрадовать разве что людоеда — Путина, например; по Зеленскому хорошо видно, чего ему все это стоит. Но как ни парадоксально, атмосфера неудач или разочарований первых двух лет его президентства подготовила его к страшному напряжению первых месяцев войны. Я понимаю, что эта мысль тоже уязвима — вроде дневниковой записи Берггольц о том, что без террора конца тридцатых народ не был бы готов к войне и элементарно не выдержал бы ее. Наверняка эта мысль призвана была задним числом оправдать страшный опыт самой Берггольц. Но психологически она объяснима. Зеленский, привыкший к обожанию и успехам, был бы уязвимее Зеленского, который подошел к войне в состоянии внутреннего кризиса. Война разом дотянула и его, и украинское общество до того уровня солидарности, который мечтался ему с самого начала. Он не хотел платить такую цену. Но нация избрала именно человека, который готов к небывалому и в известном смысле призывает это небывалое; иное дело, что оно осуществилось не так, как ждали. Но это и есть главная черта будущего по Талебу: прилетел черный лебедь и одним крылом смел прошлое.

Если бы не война... сейчас нельзя даже представить, что можно было обойтись без нее, но представим: что тогда? Тогда Зеленскому пришлось бы так или иначе либо становиться просвещенным диктатором (и то еще вопрос, насколько просвещенным), либо окончательно превращать свое президентство в клоунаду. В мирное время оба варианта могли рассматриваться, но Россия придала ситуации смысл и драматизм: она отлично справилась с ролью абсолютного зла, и война стала тем восемнадцатым верблюдом, который разрешил неразрешимое.

Это произошло ценой огромных жертв, ценой разрушения миллионов жизней — в России, в Украине, в мире; рискнем сказать, что это произошло ценой российского будущего, потому что никакого будущего у страны-агрессора с фашистской идеологией и палаческим режимом быть не может. Но в Украине появилось реальное гражданское общество и все механизмы самоуправления.

XXI. Донбасс. Переговоры-2019

Частью предвыборной программы было урегулирование конфликта на востоке страны. В апреле 2019 года Зеленский предупредил, что никаких переговоров с сепаратистами вести не будет и на федерализацию Украины не пойдет (что вызвало критику в том числе и среди российских либералов — некоторые из них предлагали федерализацию еще в 2014 году как оптимальный сценарий). Зеленский много раз подчеркивал, что категорически возражает против раздачи российских паспортов населению Донбасса и добивается мира на условиях Украины.

Первая встреча Путина и Зеленского (на переговорах «Нормандской четверки») состоялась 9 декабря 2019 года. Правду сказать, нет никаких достоверных сведений о том, встречались ли они раньше, а ведь могли. Путин периодически посещал съемки КВН, Зеленскому случалось выступать в Москве, да мало ли шансов встретиться у двух телеперсон?

Отступление: а вот с Медведевым он виделся и даже разговаривал при обстоятельствах весьма любопытных. 12 июля 2010 года Виктор Янукович, только что наконец-то избранный президентом Украины, отмечал 60-летний юбилей в Крыму (то есть в узком кругу он начал отмечать его еще под Киевом, в Залесье, отчаянно там плясал, а на более высоком уровне праздновал в Крыму, на так называемой Госдаче-3 в Малой Сосновке. Это бывшая дача Сталина, впоследствии место отдыха украинских вождей, а с 2015 года, что символично, музей). Приглашены были президенты стран СНГ (Армении — Саргсян, Азербайджана — Алиев, Беларуси — Лукашенко, Казахстана — Назарбаев) и в их числе Дмитрий Медведев. Тогдашний министр культуры Украины договорился с Зеленским и «Кварталом» о получасовом выступлении. Отгремел ужин (главным блюдом на котором были фазаны с галушками, а для известного сладкоежки Медведева заказана была разнообразная выпечка), пошла концертная часть. Когда «Квартал» вышел на сцену, оказалось, что в зале всего два зрителя — Янукович и Медведев. Пикалов показывал пародии на Януковича, тот хохотал. О дальнейшем Зеленский рассказывал так: «Отработали, и в конце выступления я говорю: "Выступает народная артистка, всеми любимая Таисия Повалий, встречайте!" А эти два красавца встают и уходят! То есть выходит Повалий, играет вступление, она только начинает петь, а они встали и пошли». Пошли они в сауну, освежиться. Министр культуры прибежал в гримерку, требуя продолжить выступление. «Квартал» отказывался, министр настаивал — короче, снова вышли на сцену, увидели, что Медведев и Янукович уже в халатах. Отыграли еще полчаса, после чего состоялся сеанс общения.

— Хорошие шутки, острые, — похвалил Медведев. — Но когда будете выступать у нас, так не надо.

— А у нас, между прочим, — сказал Зеленский, — Валера Жидков в «Квартале» гражданин России, вы знаете?

(В Украине Жидков с 2003 года, объяснил это тем, что придумал такие шутки про Владимира Путина, с которыми жизнь в России несовместима).

— Да? — переспросил Медведев и внимательно посмотрел на артиста. — Ну хорошо, что вы тут.

Что он имел в виду — понять трудно: видимо, хорошо для Жидкова. Иначе ему было бы плохо.

Дмитрий Медведев в своих твитах неоднократно обсуждал перспективы физического устранения Зеленского, а самого его назвал «деятелем в грязной зеленой майке». Он, кажется, все еще думает, что он — государственное лицо, а Зеленский — шут гороховый. Он так и не понял, что они давно поменялись ролями и в амплуа стендапера давно выступает он сам, потешая и чужих, и в особенности своих. Любопытно было бы как-нибудь им собраться тем же составом — не исключаю, что в Гааге так и будет: Зеленский — свидетель обвинения, а Янукович с Медведевым опять на одной скамье, только уже не в халатах. Как писал Диккенс в самом готическом романе, «Когда эти трое свидятся снова?» Он так и не успел дописать сцену их новой встречи, и нам сегодня тоже приходится только гадать о ней. Но что-то мне подсказывает, что она будет, причем именно в таком формате.

А с Путиным они тогда не увиделись, он не прилетел. Дмитрий Песков (тоже источник не самый надежный, но хоть такой) утверждает, что до 11 июля 2019 года Путин с Зеленским вообще не разговаривали. Их первый телефонный разговор (ознакомительный, по характеристике Кремля) состоялся 11 июля, через полтора месяца после вступления Зеленского в должность президента Украины. История отношений, однако, на тот момент уже наличествовала. Путин не поздравил Зеленского с избранием — случай беспрецедентный. Януковича, для сравнения, поздравлял трижды: два раза в 2004 (когда его не выбрали, и состоялся первый Майдан) и один раз в 2010. О причинах этого демарша Путина спросили на Петербургском экономическом форуме 7 июня 2019 года, встречу модерировала Софико Шеварднадзе.

— Почему вы не поздравили Владимира Зеленского, когда он стал президентом? (недружные аплодисменты в зале — то ли смелости вопроса, то ли хамству президента).

— Вы понимаете, он до сих пор продолжает определенную риторику. Называет нас врагами, агрессорами... он как-то должен определиться с тем, чего он хочет добиться, чего он хочет сделать...

— Но вы президент огромной державы. Он очень любим, пришел с огромным рейтингом... Один маленький жест может полностью поменять ситуацию, вы же это знаете. Почему не встретиться просто так, без всяких условий?

— А я что, отказывался, что ли? Мне никто не предлагал... (аплодисменты).

— Но вы готовы с ним встретиться?

— (смеется) Послушайте меня. Я не знаю этого человека. Судя по всему, он хороший специалист... в той области, в которой работал до сих пор. Он хороший актер. (Смех, аплодисменты). Я говорю серьезно, а вы смеетесь. Но одно дело кого-то играть, а другое — быть кем-то. (Аплодисменты). Чтобы кого-то играть, нужен талант перевоплощения. Ты каждый десять минут должен менять амплуа. Сейчас ты принц, а через десять минут нищий. И там, и там надо быть убедительным. Это действительно талант. А чтобы заниматься государственными делами, нужны другие качества. Нужно увидеть главные проблемы и пути их решения, найти инструменты решения этих проблем. Уметь собрать дееспособных людей в эту команду, поверить в них, дать им возможность свободно мыслить... Нужно объяснять миллионам людей мотивы принятия этих решений... И самое главное — иметь мужество и характер брать на себя ответственность за последствия этих решений. (Аплодисменты непонятно чему: вероятно, намек на то, что пора бы уже Путину и отвечать за последствия своих решений?) Я не хочу сказать, что у господина Зеленского нет этих качеств. Может быть, опыта не хватает, но это, как говорят у нас в народе, дело наживное. Есть ли все другие качества у него, которые я перечислил? Этого я не знаю. Он пока себя никак не проявил. Мы этого не видим. Видим пока противоречивые высказывания: в ходе предвыборной кампании одно, после кампании другое... Поживем — увидим. (Аплодисменты, вероятно, тому, что поживем). Я не говорю, что он, ничего не сделав, уже все испортил своими высказываниями. Ну, посмотрим.

Путин на экономическом форуме обычно ведет себя вальяжно, уверенно, наслаждается позой гостеприимного и могущественного хозяина, к которому весь мир подобострастно устремляется для корректировки прогнозов и выслушивания рекомендаций. Это сейчас к нему никто никуда не ездит, а тогда к нему съезжались только так. С теми, кто целует дьявола под хвост, у него всегда прекрасные отношения, обманывает он только в самом-самом конце, а так-то все контракты исполняются — как исполняет он до поры до времени свои контракты с Каддафи, Хусейном, Чаушеску, Путиным... Им всем до поры до времени очень прет, расплата приходит позже, но это, как говорят у нас в народе, дело наживное. Ясно заявлено одно: на президентской должности надо четко выделять приоритеты. Приоритетом Зеленского должен быть контакт с Россией, с Путиным, от них все зависит, а не от другого кого. Но он так и не пригласил «встретиться без всяких условий».

И, кстати, не так уж они и смеялись. Это Путин хотел, чтобы они смеялись. Как же: клован-президент, хо-хо-хо! Кто в этой ситуации будет клован и кто посмеется последним — мы, как говорится у нас в народе, будем посмотреть.

Сейчас уже мало кто помнит, что такое «Нормандский формат». Война заслонила эти попытки договориться и установить худой мир, эпоха Меркель, когда Запад искренне пытался укротить Путина и договориться с ним на его условиях, лишь бы не напал, уже три года как в прошлом. Но такой формат был, и на него даже возлагались надежды. Когда-нибудь Нормандия будет не только символом высадки союзников, но и олицетворением последней попытки этих союзников заклясть мировое зло. Бегло напомним, как это было.

Нормандская четверка называется так потому, что 6 июня 2014 года в Нормандии праздновалось 70-летие высадки союзников. Президентом Франции был тогда Франсуа Олланд — признаться, мало чем запомнившийся: самый непопулярный президент за всю историю выборов и единственный лидер Пятой республики, даже не попытавшийся избраться на второй срок. Именно Олланду явилась идея пригласить на праздник одновременно Путина и Порошенко, чтобы они попытались договориться. Договорились единственно о том, что будут регулярные встречи министров иностранных дел, а на полях саммитов — консультации президентов. Россия с 2014 года вела разговоры о федерализации Украины и особом статусе Донбасса. 11 февраля 2015 года после долгих приготовлений состоялась 17-часовая встреча в Минске, организованная Александром Лукашенко: он единственный, кому она была реально полезна, потому что на фоне Путина он временно перестал выглядеть главным монстром Европы и даже снискал репутацию миротворца. Россия упрямо заявляла, что выступает посредником в украинской гражданской войне — это вообще был любимый принцип: они там воюют, а мы всего лишь защищаем русскоязычное население. Особо муссировался тезис «ихтамнет», и российские войска на Донбассе во всем мире стали называть ихтамнетами. Положение Украины в тот момент было катастрофическое: как раз случился Дебальцевский котел, и договариваться под прямым военным давлением было необходимо. Разговаривали в Минском дворце независимости, в переговорах участвовали (в неясном статусе, они и подписали соглашения без указания должностей) тогдашние лидеры самопровозглашенных ДНР и ЛНР Захарченко и Плотницкий — Захарченко с тех пор взорвали, Плотницкого свергли после неудачного покушения, он бежал в Россию, где его не видно и не слышно. Запомнился он главным образом тем, что термин «Евромайдан» объяснял захватом власти в Украине евреями.

Минские соглашения, которые Порошенко подписал под страшным российским нажимом при миротворческом попустительстве Европы (Меркель и Олланд были искренне убеждены, что договариваться с Путиным можно и должно), были невыполнимы в принципе. Путин много раз с тех пор повторял, что Европа и Украина обманывали его сознательно и что никто эти соглашения выполнять не собирался; прежде всего не собиралась этого делать сама Россия, потому что контроль над границей к Украине так и не вернулся. Зеленский с самого начала говорил о необходимости пересмотра или адаптации Минских соглашений. «Коллективом "нормандского формата" мы не отделаемся, и никто не отделается. Сильные мира сего, включая Штаты и Россию, сядут и подпишут, что есть такой вот путь. Но там должно быть три-четыре-пять пунктов о безопасности нашей страны. Тогда это разговор». Он называл соглашения бездарными, ставящими Украину в заведомо проигрышную позицию, а накануне вторжения России, понимая, что терять нечего, высказался прямо: «Я запрыгнул в этот поезд, который, честно говоря, уже катился в пропасть. Под «поездом» я подразумеваю эти соглашения в целом. Каждый пункт представляет собой вагон, и когда начинаешь его разбирать, понимаешь: все устроено так, что одна сторона не может что-то выполнить, а другая сторона замораживает конфликт».

Из всего наследия Порошенко, будем откровенны, именно Минские соглашения были самым тяжелым и в некотором смысле постыдным для Зеленского пунктом. Ему приходилось отказываться от главного принципа Порошенко — любой ценой договариваться с Россией, а в это время, пользуясь передышкой, выстраивать нормальную армию. (Не будем делать из Порошенко соглашателя и пацифиста: риторика у него была отнюдь не мирная, и он с самого начала понимал, что мир на Донбассе не устраивает прежде всего Путина). Зеленский, отдадим ему должное, не предъявлял Порошенко претензий за этот насильно подписанный, по определению невыполнимый договор: думаю, единственными людьми, которые хоть отчасти верили в его осмысленность, были Олланд и Меркель, но и Меркель еще в 2014 году сказала Обаме по телефону, что Путин утратил связь с реальностью. Зеленский объяснил Минск так: «Я не увидел в договоренностях желания сохранить независимость Украине. Я понимаю их (Запада — Д. Б.) точку зрения: в первую очередь они хотели немного утолить аппетиты России за счет Украины. Промедление совершенно нормально в дипломатии». Ну вот, они промедлили, и что-то, возможно, действительно выгадали — у Украины было по крайней мере шесть лет, чтобы подготовиться к войне (Порошенко в интервью Би-би-си сказал — восемь). У России, правда, тоже. Украина свое время использовала более эффективно.

Зеленский вообще отличался от Порошенко главным образом тем, что не считал нужным придерживаться Минска, не считал те бесконечные переговоры важным результатом. Это вовсе не значит, что у него с самого начала не было иллюзий насчет Путина: были, но не столько насчет Путина, сколько насчет собственного обаяния и ореола успеха, который после триумфальных выборов его окружал. Он думал, что сумеет с Путиным договориться; что между ними, чем черт не шутит, возникнет взаимопонимание, что зловещий юмор Путина каким-то образом войдет в резонанс с черным временами юмором «Квартала»... да Бог знает, на что он особенно уповал: думаю, прежде всего на харизму. Это для актера вещь естественная. Перевернем страницу, ведь предвыборная риторика Зеленского была подчеркнуто мирной, языковой вопрос он предлагал отодвинуть, договариваться заново...Особенных надежд, как признавался он потом, не было: «Я сконцентрировался на вопросе обмена пленными и сказал главе администрации президента: Андрей (Богдан — Д. Б.), давайте активизируем это, это про людей. А когда добьемся обмена по формуле „все на всех", посмотрим, что делать дальше».

И 11 июля 2019 года первый телефонный разговор состоялся. Инициатива принадлежала Киеву. Зеленский, что особо подчеркнули российские медиа, говорил по-русски (вот как мы его прогнули!). Обсуждалось освобождение украинских моряков, пленных после инцидента 25 ноября 2018 года, когда они вошли в акваторию Керченского пролива, а также обмен пленными и продолжение встреч в нормандском формате. 24 украинских моряка были переданы Украине 30 августа 2019 года, тогда же Украине передали режиссера Олега Сенцова, арестованного 10 мая 2014 года по обвинению в подготовке диверсий в Крыму; он был приговорен к 20 годам строгого режима, отбывал срок в Якутии, полгода держал голодовку, требуя освобождения 64 украинских заключенных, а не только своего. Россия постоянно отказывалась его освободить, несмотря на просьбы и протесты мировой художественной элиты. Сейчас он на фронте. В интервью мне осенью 2019 года говорил о личной благодарности Зеленскому, которому удалось то, что до сих пор никто не мог сдвинуть с мертвой точки. Многим памятны слова Александра Сокурова, обратившегося к Путину: «Я прошу, я умоляю вас...» Но вот Зеленский договорился; честно говоря, это было его последним успехом в переговорах с Россией, и, думается, не по его вине. Вскоре прошли еще два масштабных обмена пленными — «35 на 35» 7 сентября и «76 на 127» 29 декабря.

Правда, и тут ему предъявили серьезные претензии, поскольку ему пришлось выдать России Владимира Цемаха — наводчика того самого БУКа, который сбил голландский «Боинг» 17 июля 2014 года. Цемаха выкрали 27 июня 2019 года после двухлетней подготовки (операцию планировала СБУ). Его задержали в ДНР и через линию фронта вывезли на подконтрольные Украине территории, где он начал давать показания, но 7 сентября по настоянию России был возвращен. Именно его выдача была условием освобождения Олега Сенцова. То, что Сенцов вернулся на Украину и обнял детей, в глазах Зеленского явно перевешивало ущерб от освобождения ценного свидетеля, который, впрочем, многое успел рассказать. В 2021 году обмен застопорился — по утверждению Зеленского, его остановила Россия. Вероятно, Россия рассчитывала вернуть свое без переговоров.

Встреча в Нормандском формате была запланирована на декабрь и состоялась в Париже. Придуман был довольно мудреный регламент: сначала встреча Путина с Меркель, у них история отношений была долгая и сравнительно благополучная, и Зеленского с Макроном. Потом они, так сказать, менялись партнерами (звучит ужасно, но как еще сформулировать?). Потом состоялась встреча Путина и Зеленского тета-тет, потом ужин вчетвером.

Корреспонденция Андрея Колесникова («Коммерсантъ»), главного придворного журналиста путинской эпохи, умудряющегося сохранять ироническую дистанцию относительно всех художеств власти и промахов оппозиции, донесла до нас важные детали встречи 9 декабря: во время речи Путина на финальной пресс-конференции Зеленский интенсивно дрыгал ногой под столом, и это бы, может, еще сошло. Но когда Путин заговорил об особом статусе Донбасса «на постоянной основе», — «На этих словах Владимир Зеленский сжал руку в кулак и закусил им губу, делая вид, что может, но не хочет рассмеяться, а все-таки не может и удержаться.

Я был уверен, что он сейчас начнет рожицы строить.

Такого детского сада за таким столом никогда еще, конечно, не было.

Очень может быть, что Зеленский переоценил влияние и доброжелательность Европы, а может быть, недооценил решимость Путина продавить федерализацию Украины, а может быть, ему действительно было смешно; однако Путин это запомнил. Он и так везде видит унижение, а здесь не нужно было даже прилагать усилий, чтобы унижение стало очевидным. Он ждал от Зеленского гораздо большей податливости, ведь он в самом деле пришел на волне усталости от войны; он не обещал никаких компромиссов, но о Донбассе, о языковой проблеме, об уважении к населению востока говорил вроде даже с пониманием... и тут такой афронт:

— Я также хотел бы обозначить принципы, которые я никогда не нарушу, будучи президентом Украины, принципы, нарушения которых никогда не допустит народ Украины! Мы не допустим изменения конституции Украины по поводу федерализации ее структуры! Мы не допустим какого бы то ни было влияния на политическое развитие, политическое управление Украиной. Украина — независимая страна, которая сама определяет свой политический путь! Это делает украинский народ! Сама возможность компромисса по урегулированию вопросов восточных территорий невозможна путем отторжения территорий! Мы повторяем в очередной раз: Донбасс, как и Крым, являются украинскими территориями!

Многие считают сейчас, что во время той встречи Зеленский упустил единственный шанс найти с Путиным общий язык; думаю, что шанса не было. Рассказывают, что Бабель горько жалел о том, что при первом разговоре не понравился Сталину; а что, мог понравиться? Подводя итоги встречи, Зеленский сказал небольшую речь по-украински и там подчеркнул, что согласия по ключевым моментам нет: Украина — унитарное государство, никакой федерализации и особого статуса для Донбасса не будет. «Не может быть никакого урегулирования в вопросе территорий. Все мы знаем, что для каждого украинца и Донбасс, и Крым — это Украина. О Крыме речь на парижской встрече не заходила, но Россия требовала политических реформ, предусмотренных, как сказал Путин, Минскими соглашениями. «В первую очередь речь идет о внесении в Конституцию изменений, закрепляющих особый статус Донбасса». Единственное, о чем внятно договорились, — это прекращение огня и отвод войск, но о проведении выборов в Украине (которые признала бы ОБСЕ) никаких договоров не было, и о месте следующей встречи, назначенной на апрель 2020 года, тоже ничего не говорилось.

«Вы говорите, что Зеленский — актер, а Путин чиновник. Нет, Путин тоже актер, — говорил мне в июне 2022 года философ и богослов Александр Филановский. — Они оба пытались завербовать друг друга, но любопытно, что оба — безуспешно. Видимо, это разные актерские школы». Продолжая это сравнение, можно сказать, что Зеленский принадлежит к школе переживания, а Путин — к школе представления, но это было бы, попытаемся быть объективными, слишком серьезным комплиментом актерской технике Зеленского. Оба принадлежат именно к школе представления, использующей готовые шаблоны; иное дело, что у Зеленского с самого начала была установка на человечность, мягкость и гибкость, а у Путина — на подчеркнутую, пренебрежительную ригидность (выше это слово употреблено в отношении Зеленского). Зеленский хотел договариваться, Путин — манипулировать. Зеленский надеялся, что возможен разговор на равных, эта иллюзия владела им до декабря 2019 года, а может быть, и позже; избавление от нее оказалось травматичным, но настоящего Зеленского мир увидел именно в декабре.

Для кого эта встреча оказалась подлинно огорчительной, так это для Владислава Суркова, который после этого (и, вероятно, вследствие) распрощался с большой политикой. Про Суркова тут надо сказать пару слов хотя бы потому, что Донбасс был территорией его личной ответственности, и как-то он не справился с этим, будем откровенны, безнадежным делом. Что самое интересное, Сурков все прекрасно понимал. Об этом свидетельствует его повесть «Подражание Гомеру», где содержатся циничные и крайне противные портреты писателей-патриотов и донбасских командиров. Сурков вообще был фигура демоническая (был, хотя он живехонек, просто демонизма не осталось. У использованных персонажей не бывает демонизма). Его называют самым интересным политиком путинской эпохи, и это справедливо, если ставить логическое ударение не на слово «интересный», а на слово «самый». Просто все остальные вообще тлен. Сурков претендовал на то, чтобы манипулировать доверчивыми карьеристами, заставлять их пробивать одно днище за другим и в результате кидать: так было создано движение «Наши», лидер которого Василий Якеменко пребывает ныне в Баварии, на заблаговременно купленном участке. Но кинуть он попытался и свое кремлевское начальство, которому гарантировал согласие Зеленского на федерализацию. Зеленский оказался более крепким орешком. Почему Сурков 18 февраля лишился должности помощника российского президента — сам он сообщил в интервью Алексею Чеснакову, ближайшему соратнику и, пожалуй, ученику: «Моя отставка — чистая самоволка. Буду заниматься политикой на кухнях, в рюмочных и в странных трактатах. Я путинист, отчасти еретического толка. Хотел уйти еще в 2013 году, когда понял, что мне нет места в системе, но вернулся и выбрал Украину. Уже тогда предчувствовал борьбу с Западом. Наши отношения с Украиной никогда не были простыми, даже когда она была в составе России. Исторически доказал эффективность принуждение силой к братским отношениям». После этого он добавил: «Владимира Зеленского на саммите в Париже все приняли как президента, он не лох». Спасибо и на этом, но насчет чистой самоволки, кажется, имела место хорошая мина при безнадежной игре. Тогдашний министр внутренних дел Украины Аваков рассказывал в интервью Дмитрию Гордону, что во время согласования финального коммюнике Сурков бросил бумаги на стол и закричал: «Мы так не договаривались!» Сурков комментировал, что Авакова, хоть он и был в составе украинской делегации, не подпустили к переговорам, да вдобавок он сам признался, что перепил. Однако в увольнении Суркова появляется своя логика, если допустить, что он заверил кремлевское начальство в абсолютной податливости Зеленского, а Зеленский продемонстрировал неожиданное упорство и скепсис относительно Минских соглашений. Сам Сурков впоследствии говорил, что «контекст изменился», а комментаторы замечали, что от попыток договориться Кремль перешел к откровенному силовому давлению. Вероятно, он действительно надеялся обойтись без войны, хотя другом Украины и сторонником переговоров его тоже назвать затруднительно; скорее всего, он нарисовал Кремлю чересчур утешительную картину, а когда Зеленский уперся, Сурков был сделан крайним.

Путин что-то понял о Зеленском именно в первый год его президентства и после личной встречи. Он осознал, что к Минским соглашениям новая украинская власть относится без всякого пиетета, и что вожделенная федерализация — которая лишь отсрочила бы войну, — не планируется. Он понял также, что Зеленский его не боится и даже непроизвольно усмехается в его присутствии. Зеленского во время парижского саммита высоко оценили европейские коллеги; Путин многократно давал понять, что его эта оценка не интересует. По всей вероятности, курс на войну был взят именно в том декабре, в первый же год президентства Зеленского.

Почему эта война стала неизбежной? Собственно, политологи самого разного толка предсказывали ее с середины девяностых, когда стало ясно, что Чечней дело не ограничится. Крепнущий тоталитарный режим нуждается в войне как в главном допинге; война сплачивает народ вокруг власти и позволяет не менять ее до победы или окончательного поражения. Вероятно, шанс избежать войны у Зеленского был, если бы он пошел на требования Кремля; но на том же саммите он сказал журналистам, что, если его будут особенно активно склонять к дословному выполнению Минских договоренностей, на следующий саммит приедет другой президент. Украинское общество отлично понимало, что федерализация Украины для России — способ не просто впихнуть за шиворот соседу раскаленную картошку Донбасса, но кратчайший путь к заражению Украины как таковой все тем же раздраем. Нагнуть Украину, заставить ее признать Донбасс, пойти на переговоры с Гиви или Моторолой — цель не столько геополитическая, сколько, так сказать, психологическая. В результате молодой президент дал бы повод для бесконечных шуток о недоношенности, а Путин предстал бы зубром мировой политики. Но, как известно, первые да будут последними. Из

Грина мы знаем о «железном смехе дряхлого прошлого». Но бывает и смех будущего, и этот смех — пусть тщательно скрываемый — Путин услышал поздним вечером 9 декабря. Таких вещей прошлое не прощает.

Встреча через четыре месяца не состоялась — мир проходил через ковид, первую волну турбулентности, обозначившую начало великого кризиса двадцатых. (Кто не верит — поговорим через десять лет, если выживем и коллапс тридцатых не расплющит нас окончательно).

Сейчас мне придется сказать вещь печальную и, может быть, кощунственную. Полуудачи и откровенные неудачи первых двух лет президентства Зеленского связаны с тем, что политик нового типа, для которого важней всего сплоченность, взаимопонимание, чувство команды и единство цели, мог триумфально избраться в Украине, но сохранять рейтинг не мог никак. Ему предстояли непопулярные меры, его былые соратники и благожелатели немедленно разочаровывались, как только эти непопулярные меры касались их лично, да вдобавок ему все время предстояло действовать в условиях компромисса — то с олигархами, от которых слишком многое зависело, то с Россией, от которой зависел худой (все более худой) мир. Перевернуть новую страницу, на чем с самого начала настаивал Зеленский, ему не удавалось. То, для чего хорош был Порошенко, о котором тут же начали ностальгически жалеть, не удавалось человеку, предлагавшему новую парадигму украинской политики, новую модель страны, свободную и от советских рудиментов, и от провинциального чванства. Для того чтобы у Зеленского начало что-то получаться, как ни ужасно это звучит, понадобилась катастрофа государственного масштаба.

Появилось сплоченное общество — та команда единомышленников, с которой он привык иметь дело. Востребованы оказались главные качества с точки зрения модерниста — скорость реакции, умение держать себя в руках, высокая мотивация. Появилась возможность безоглядно развязаться с наиболее влиятельными олигархами, среди которых были люди отважные и принесшие много пользы Украине — но делить с ними власть президент нового типа не мог. Наконец, исчезла необходимость договариваться с Россией, терпеть ее шантаж и прямую ложь. Именно война обычно легитимизирует диктатора, уж в России-то мы это знаем как никто, но и лидеру нового типа она развязывает руки. Война укрепила власть Сталина — но и привела к власти де Голля; война выдвинула сервильного прозаика Бубеннова — но и Гроссмана, и Виктора Некрасова. Война не решает ни одной проблемы, напротив, она загоняет их вглубь, и мы не можем не заметить, что после войны на Украину обрушатся все отложенные и нерешенные вопросы, начиная от пресловутой коррупции и кончая национализмом. Война — миг величайшего национального стресса, и Зеленскому с самого начала нужна была обстановка радикальной новизны — не такой ценой, конечно, но другой не предлагали.

Участнику и зрителю этой драмы остается только изумляться черному юмору и парадоксальной мудрости сценариста. Главный парадокс биографии Зеленского заключается в том, что президент, готовившийся к миру, избранный для заключения мира, на базе усталости от тлеющей донбасской войны, для мира совсем не подошел, установить его не смог, а по итогам двух лет сравнительно мирной работы разочаровал даже пылких своих сторонников. Но несистемный, во всех отношениях неожиданный, непрофессиональный политик идеально сгодился для войны, для противостояния жестокому, предельно циничному агрессору — к чему, кажется, сам себя считал в принципе непригодным. Интуиция нации, как выяснилось, вполне материальный фактор, нагляднейшая иллюстрация к словам Исайи: «Я открылся не вопрошавшим обо Мне». Спасение в лице единственно нужного человека всегда приходит не с той стороны, откуда ждут, и вне зависимости от того, как Зеленский закончит свой президентский срок, миссию он уже осуществил, такое не забывается.

Эти результаты ровно противоположны тому, что задумывал российский президент. Но Господь использует людей как инструмент для выполнения своих задач, а не их планов. Осуществление этих целей в мировом масштабе и есть мистерия.

XXII. Соратники

Давид Арахамия
Лидер «Слуги народа»

Украинская политика 2019–2022 года являла собой четвертый сезон «Слуги народа», и Зеленский подсознательно заботился о том, чтобы у главных персонажей были реальные двойники. Это ситуация уникальная — обычно бывает наоборот. Но в «Слуге» так славно подобралась команда, в ней так кинематографично распределились роли и так гармонично представлены амплуа, что большая часть типажей перекочевала с экрана в реальность. Только один добавился — у него нет автора, братья Шефиры не могли написать такого персонажа, его могла создать только наша пограничная реальность, и о нем позже.

В «Слуге народа» есть обаятельный кавказец, не актер, директор «Квартала-95»: Мика Тасунян, которого и в сериале так зовут. В реальности он, правда, Фаталов — после развода родителей записан под фамилией матери.

Он родился в Баку в 1983 году. Когда начался карабахский кризис — армянам в Баку стало сперва небезопасно, потом невыносимо, — в 1988 году семья переехала в Украину. Фаталов был с детства очень артистичен, пошел в деда по материнской линии, знаменитого свадебного музыканта, окончил Луганский институт культуры и играл, как почти весь «Квартал», в КВН. У Окуджавы в «Свидании с Бонапартом» есть герой, за которым буквально по пятам гнался Наполеон: в какую бы европейскую страну он ни приехал, корсиканец немедленно вторгался туда. Наконец в Москве его застрелили — и в Москве корсиканец остановился. Помнится, я Окуджаве сказал: гениально придумано, это вообще лучшая ваша идея! — и он сказал, что ничего это не придумано, а вычитано им в «Русской старине», реальная история.

— Такое бывает, я видел, — добавил он серьезно, уж не себя ли имея в виду? И за героями «Квартала» межнациональные войны после распада СССР словно гнались по пятам: Фаталов в Луганск — и война в Луганск, Фаталов в Киев — и война в Киев...

Он отличается не только насмешливостью и, так сказать, пластичностью психики, — с поразительной легкостью изображает веселье, гнев, тоску, — но и оргспособностями, подтверждая тем самым знаменитый советский анекдот о том, что еврей — это призвание, русский — диагноз, а кавказец — профессия. Как видите, с юмором на национальную тему в империи все было хорошо, и перед рабской свободой анекдота все были равны.

Арахамия воплощает в команде Зеленского дерзость, хитрость, предприимчивость и глубокую верность друзьям, воплощенные в кавказском характере; роль его отчасти пиаровская — он лидер парламентской фракции «Слуги народа», — но при этом, как и в «Квартале», и в «Слуге», он безусловный интеллектуал. Арахамия родился в Сочи, потом семья переехала в Гагры, а потом, спасаясь от грузино-абхазского конфликта, после долгих переездов осела в Украине. В Николаеве Давид с золотой медалью закончил школу, поступил в Европейский университет и уже в 2002 году открыл собственную компанию по разработке веб-сайтов. Выдвинул его по-настоящему

2014 год, когда Украине понадобилось защищаться в гибридной войне: стал главным организатором волонтерской деятельности в Николаеве, а почти сразу после — председателем совета волонтеров при Министерстве обороны Украины. Почему в сентябре 2019 года Арахамия возглавил парламентскую партию «Слуга народа», рационально ответить трудно: вероятно, потому что, с точки зрения большинства украинских политологов, он является идеальным менеджером, ко всем умеет найти подход и отличается при этом истинно кавказскими понятиями о чести. То есть при всем стремлении оппонентов его поддеть (а недоброжелательных материалов о нем море) на него действительно ничего не накопали. «По моей информации, уже более трех месяцев на меня пытаются абсолютно разные службы накопать хоть что-то дискредитирующее или компрометирующее, но пока «нашелся» только фотошоп. Мне кажется, это хороший результат», — сказал Арахамия Стране.ua, когда у него просили комментарий во время скандала с американским гражданством. О наличии у него этого гражданства заявил бывший народный депутат от Радикальной партии Игорь Мосийчук. Мосийчук — персонаж мутный, как, с моей точки зрения, и вся партия Ляшко, сочетающая отчаянный украинский патриотизм с критикой вступления Украины в НАТО и ЕС; был он одно время заместителем командира «Азова», но рассорился с днепровским мэром Борисом Филатовым и был из «Азова» изгнан; периодически участвовал в публичных драках, был лишен депутатской неприкосновенности и арестован за взятку, потом освобожден, и дело его, как многие украинские дела против политиков, прекращено и замято. Он-то и заявил, что у Арахамии есть второе гражданство, что по украинским законам неприемлемо. Он опубликовал немедленно разоблаченный фейк — фото этого паспорта, в котором вдобавок имя и фамилия Арахамии поменялись местами. Арахамия, комментируя вброс, заметил: «Сроду бы я не надел такой жлобский свитер».

Некоторое время Арахамия работал в США. Ему пытались придумать репутацию «крота ФБР в Украине», но опять-таки не нашли ни одного факта. Он постоянно настаивает на абсолютной прозрачности бизнеса и первоочередном значении антикоррупционных расследований. Видимо, по этой причине Зеленский и утвердил его членом наблюдательного совета сотрясаемого скандалами «Укроборонпрома» (и, в частности, коррупционными разоблачениями Гладковского-Свинарчука, человека Порошенко; ниже мы вернемся к этому эпизоду). Кстати, принципиальный кавказец Тасунян сделан в «Слуге народа» главой СБУ, автором сенсационных разоблачений воровства при строительстве киевских дорог. Эта серия второго сезона — безусловно одна из самых смешных и ядовитых. С Тасуняном Арахамию роднит и пренебрежение протоколом: он утверждает, что оптимальный внешний вид парламентария — шорты и ноутбук. Помимо фракции, Арахамия возглавляет комиссию по взаимодействию с американским сенатом, а в ноябре 2022 года возглавил комиссию по контролю за использованием американской военной помощи; с отчетом о мониторинге этого использования он ездил в США и, по собственному заявлению, имел весьма плодотворные контакты с представителями республиканской партии. Выскажу крамольную мысль, но если назначение Арахамии на все эти посты непосредственно лоббировалось США — такую версию вбрасывал, например, абсолютно пророссийский и базарный по тону портал «Антифашист», — лучшего выбора для контроля за своими расходами США сделать не могли. Увы, похоже, что вбросы о звонках Зеленскому с требованием назначить Арахамию опять-таки ничем не подтверждены — просто жил человек в Штатах, стало быть, завербован.

Именно Арахамия был ключевой фигурой на переговорах с Россией в феврале-марте 2022 года и добился определенного сближения позиций, которое, однако, после Бучи стало неактуальным. Он поддержал высказывание Зеленского о недопустимости переговоров с Путиным. Он стал во время войны одним из самых сдержанных и уверенных комментаторов происходящего, не уставая уверять читателей и журналистов в безоговорочной лояльности парламентариев Зеленскому в военное время. В его мобильном телефоне президент значится как ЗеВова, что изобличает не столько панибратство, сколько уважение: определенный артикль The — как бы намек на качества Зеленского, о которых Арахамия часто говорит журналистам. Прежде всего это именно определенность взглядов и верность слову.

Арахамия умело дозирует официоз и человечность, эмоциональность и жесткость — словом, безупречно играет Мику Тасуняна. Иногда коллегам фракции приходится дезавуировать его заявления — например, в 2021 году он сказал, что во время американского визита Зеленский будет вынужден говорить с Байденом о военной помощи на повышенных тонах; «Давид у нас парень горячий», сказала депутат Евгения Кравчук. На самом деле, насколько можно судить, парень чрезвычайно расчетлив, то есть умеет добавить в политику «человечинки», которую журналисты потом долго обсуждают. Именно он сказал, что у Зеленского, видимо, «синдром хронической усталости» (что вполне справедливо, но дружеская и вражеская пресса обсасывала этот вброс недели две). Арахамия — давний приятель и симпатизант Михаила Саакашвили, упрямо требующий его освобождения. «Я — Давид Арахамия, председатель президентской партии «Слуга народа» и лидер парламентского большинства, записываю это видео, чтобы выразить свою поддержку главе Национального совета реформ Михаилу Саакашвили. Он гражданин Украины, чиновник высокого ранга в Украине. Мы будем защищать каждого гражданина Украины вне зависимости от того, на какой территории он находится. Мы требуем, чтобы его немедленно освободили. Я недавно был в Грузии и видел огромные достижения и все те огромные объекты капитального строительства, которые были построены Михаилом. Михаил действительно реформатор и продвигает очень много реформаторских идей и здесь в Украине. Михаил, Украина с вами, вы нам нужны, ждем вас дома!» — такое обращение в его защиту он записал 17 октября 2021 года. И это тоже кавказская рыцарственность, основанная не столько на землячестве и национальной солидарности, сколько на сочувствии к идейному союзнику.

Арахамия — не просто успешный менеджер, но еще и воплощение того кавказского характера, с которым Зеленский хочет иметь дело. Это человек со своим бескомпромиссным представлением о чести, аристократичный, остроумный и темпераментный; Мика Тасунян, которому повезло поработать в Штатах и не повезло работать в парламенте военного времени. Главная черта Тасуняна в сериале — информированность. Ее же все без исключения мои собеседники выделяли в разговоре об Арахамии.

Однажды Фазиля Искандера спросили, чем отличается умный человек от мудрого. Искандер ответил совершенно по-кавказски: умный понимает, как мир устроен, а мудрый умудряется жить и действовать вопреки этому.

Вот это прямо про Арахамию.

Тайна Ермака

1.

При Зеленском нет серого кардинала, и это едва ли не самая примечательная характеристика его президентства. То есть на эту роль прочат то одного, то другого кандидата, и самая упоминаемая фигура в этом контексте — руководитель офиса, Андрей Ермак, о котором известно очень много, но все это ничего не объясняет. Тем не менее нет ни одного персонажа, о котором было бы достоверно известно: президент к нему прислушивается, его влияние абсолютно... Зеленский сумел выстроить свою политику и расставить окружение так, что ни один помощник, советник или администратор не обладает монополией на доступ к телу; никто не является стопроцентно надежным лоббистом. Зеленский принимает решения сам — или передоверяет их специалистам. Но если кого-то в Украине и называют серым кардиналом, то Андрея Ермака. В сериале у него был вполне конкретный прототип (и укорениться в украинской политике, как уже сказано, имеет шансы только тот, кто укладывается в сюжет «Слуги народа»). Там это тип Всемогущего Администратора Юрия Ивановича Чуйко, которого играет Станислав Боклан; Ермак немного напоминает его даже манерами и, так сказать, мимикой, и чуйко у него действительно феноменальное.

Никто не может объяснить, почему Зеленский доверяет Ермаку и не сменяет его вот уже четвертый год. Упоминаемые причины:

1. Ермак старше Зеленского на семь лет и выше на 22 см. Зеленский испытывает по отношению к нему комплекс младшего брата, то есть доверяет, опирается, чувствует надежность. Те, кому факторы возраста и возраста кажутся несерьезными, недооценивают роль «человеческого, слишком человеческого» в поведении власти. (С тоской думаю о том, что пишу о людях, которые значительно младше меня: Зеленский — на 11 лет, Ермак — на 4... На что ушла моя жизнь? В более динамичных странах, чем Россия, люди в 30 лет министрами становятся, в 55 на пенсию уходят. В сущности, мое поколение в России только и ждало, когда настанет его черед действовать. И не факт, что дождется).

2. Ермак — идеальный организатор, фактически живет на работе (с началом войны переехал в свой офис, поставил там диван).

3. Ермак — крот России в окружении Зеленского, неформальный контакт для переговоров, как раньше Медведчук. Вся недостоверность и абсурдность этой версии — особенно сейчас, когда Зеленский демонстративно отказывается от

любых контактов с Россией, — очевидны, и тем не менее она живуча, поскольку конспирология непобедима в принципе. Огромный процент россиян и значительная часть украинцев (особенно зарубежных, то есть живущих не под бомбами) по-прежнему уверены в том, что у России с Украиной договорняк. Версия эта существует не потому, что убедительна, и не потому, что любой руководитель президентской администрации идеально подходит на роль крота в силу своей влиятельности и вовлеченности в тайны Банковского двора, а потому, что очень уж страшно представить, насколько все всерьез. То есть допустить, что Украину хотят уничтожить до основания без всяких договорняков.

При всем этом Ермак, особенно если сравнить его с главой администрации президента России Антоном Вайно, публичная фигура, регулярно общается с прессой, дает комментарии. Таинственно другое — почему именно он оказался на этой должности и все еще кажется Зеленскому самым сильным администратором. Слухи о его коррумпированности или о связях с Россией всплывают регулярно, но все как с гуся вода. Честно говоря, из всего окружения Зеленского он не то что наиболее таинственен, но как-то наименее уязвим. Поэтому разбираться в его феномене особенно интересно, особенно если учесть, что никаких инсайдов у меня нет. У большинства авгуров, гадающих о его планах, — тоже.

Андрей Борисович Ермак родился 21 ноября 1971 года в Киеве. Его отец окончил Киевский политех, инженер, занимался радиоэлектроникой, впоследствии работал в комитете по профтехобразованию, был командирован в Афганистан и выстраивал систему технического образования там. Был начальником отдела кадров советского торгпредства в Афганистане, что без связей с КГБ маловероятно; отсюда бесчисленные спекуляции, но фактов нет. Андрей Ермак окончил Киевский университет (факультет международных отношений, международное частное право). Основал международную юридическую компанию. Занимался защитой интеллектуальной собственности, боролся с кинопиратством. Был помощником олимпийского чемпиона по вольной борьбе Эльбруса Тодеева (депутата от Партии регионов). Двоюродный брат Тодеева Джамболат — главный тренер российской сборной по вольной борьбе. Ермак никогда не скрывал (наоборот — подчеркивал) свои хорошие отношения с частью российской элиты, в частности, «конструктивные рабочие отношения» с Дмитрием Козаком, курировавшим ЛДНР от России.

В 2019 назначен помощником президента Украины, а с февраля 2020 сменил Андрея Богдана в должности руководителя офиса, учрежденного вместо президентской администрации. Обстоятельства замены Богдана на Ермака особенно любопытны. Богдана называли самым влиятельным человеком в команде Зеленского (вероятно, должность такая), и сам он не только не скрывал, а всячески подчеркивал свою роль в решении Зеленского выдвигаться на выборы: «Я сказал, Володя, ты своим фильмом дал людям надежду!». В интервью Гордону Богдан оценивал Зеленского так: «Он очень харизматичный. Он просто притягивает людей. Я сам наблюдал, как такие, знаешь, зубры мировой политики просто при разговоре с ним просто оттаивали. Он вызывает, знаешь, такое ощущение, что это... ну, твой сын. Что-то такое, к чему ты не можешь быть враждебным. Это очень сильная его сторона. Но при этом надо понимать, что он суперпрофессиональный актер. Суперпрофессиональный. Он может включать свою харизматичность даже с людьми, которые ему неприятны».

Но с какого-то момента Богдан стал Зеленского раздражать, и тот, будучи вызван на прямой разговор («Уже на заборах пишут, что ты меня уволил»), вынужден был ему прямо сказать: «Ты как нелюбимая женщина: все, что ты делаешь, вызывает у меня агрессию». Разговор был наедине, а фразу эту цитировали многие: интересно, кто рассказал? Вряд ли Богдан (он всего лишь подтвердил Гордону, что это было сказано):

вообще-то это не из тех фраз, которые хочется пересказывать другим, если ты их услышал от бывшего друга, который тебе вдобавок многим обязан. Впервые с такой отчетливостью эту враждебность Богдан ощутил, когда президент поздним вечером позвонил Арахамии, проводившему с главой Офиса короткое совещание. «Ну и что он там у вас делает?» Зеленский подозревал, что Богдан против него интригует. Но скорее всего, раздражать его стало то, что Богдан часто и публично подсказывал ему на ухо — иногда это было решение, иногда формулировка. Зеленский не любит, когда им публично руководят и даже не пытаются это скрыть. И Ермак, заметим кстати, никогда не позволял себе ничего подобного.

Увольнение Богдан переживал крайне болезненно, да и кто бы после двух лет исключительной близости к первому лицу легко отнесся к низвержению? Он искренне считал себя создателем Зеленского-президента, старшим другом, главным режиссером — он и натолкнул Зеленского на попытку побороться за власть (самообольщение очень наивное — Зеленскому эта мысль наверняка явилась еще до «Слуги народа», с честолюбием там все в большом порядке). То, что Зеленский будет избавляться от былых соратников, считавших себя кузнецами его победы, вполне естественно. Нет ни одного лидера, который не убрал бы свидетелей и участников своего становления. Не то странно, что Богдана убрали, а то, что он к этому не был готов.

Но почему Ермак?

Богдан говорил, что он — как итальянская обувь: ноге комфортно. Многие на мой вопрос отвечали сходно: он говорит то, что Зеленский хочет слышать. Но для самосохранения в условиях всемирного кризиса этого недостаточно. Ермак твердо знает свое место и никогда не пытался намекнуть на свое серое кардинальство.

Богдан — признавая, впрочем, что он не видел этого документа, — говорил о неких двенадцати (или тринадцати, но политики обычно суеверны) пунктах Андрея Ермака: о тайных договоренностях, которых Ермак достиг с российской стороной (главным образом о признании Крыма, изменениях Конституции и огромных компенсациях за это). В эфире «Свободы слова» с Савиком Шустером Ермак решительно опроверг всю эту, как он выразился, конспирологию: «Могу вам сказать с полной ответственностью, что никаких тайных соглашений с Российской Федерацией нет и не может быть по существу».

Руководил группой украинских переговорщиков в Нормандском формате. Создал Центр противодействия дезинформации. Входит в состав Ставки Верховного главнокомандующего. Участвовал как продюсер в создании пяти художественных фильмов (наиболее успешным было «Правило боя», наиболее интересным в художественном отношении — драма Криштофовича «Предчувствие», странный тревожный фильм). Занимает второе место в рейтинге украинских политиков, общается с Зеленским больше всех коллег, но влиятельность политика в Украине определяется не близостью к президенту, а, по собственной формулировке Ермака, способностью предоставлять ему экспертную информацию. Ему же принадлежала решающая роль в организации саммита НАТО в Вильнюсе, и он настойчивей других убеждал украинцев в том, что саммит оказался для Украины триумфальным, что страна фактически приглашена в НАТО и что помощь ей будет только расширяться.

2.

...В день первого тура президентского голосования в офисе Зеленского проходил мини-турнир по настольному теннису. Выиграл его корреспондент «РБК-Украина» Владислав Красинский. Призом была партия с Зеленским. Перед партией корреспондент предложил: если Зеленский проиграет, он даст РБК эксклюзивное интервью.

17 апреля Зеленский дал проигранное интервью. По предварительной договоренности, на визу его не посылали

(в 2015 году журналист, народный депутат Сергей Лещенко подал законопроект об отмене обязательного согласования интервью; законопроект тогда не прошел, а в 2020 году уже сам Лещенко запретил изданию «Бабель» публиковать свое интервью без визы. «Лещенко ведь член вашей команды», — сказал Красинский Зеленскому, мотивируя право публиковать интервью без визирования. «Он не член команды, разные люди приходят, помогают», — ответил Зеленский, но согласился на публикацию аутентичного текста без редактуры). Он там сказал много интересного, но особенно часто ему припоминали обещание:

«Вы готовы брать на себя политическую ответственность? Если у вас в окружении найдут своего Свинарчука, вы уйдете в отставку?

— Я считаю, что президент Порошенко должен был посадить Свинарчука. Он сам посадить не мог, но он должен был выйти и сказать: я прошу, обращаюсь ко всем правоохранительным органам, ко всем там судьям и так далее...

— В отставку вы уйдете?

— Если будет такой, как Свинарчук, я считаю, что президент должен уйти в отставку. Он партнер, это важно. Он партнер со Свинарчуком? Конечно, в отставку и не только, а дальше криминальное разбирательство этого вопроса. Но если в его команде был Свинарчук, и он не знал о том, что он украл, то он должен был Свинарчука посадить. Вы же понимаете, где мы живем и что происходит. Пролезть могут люди».

Олег Свинарчук, о котором давно забыли, ибо у Украины появились куда более серьезные проблемы, — украинский бизнесмен, глава штаба Порошенко в Черкасской области, после победы Порошенко отвечал за военный экспорт Украины, был первым заместителем секретаря совета национальной безопасности и обороны (СНБО) Украины, по этому случаю взял более благозвучную девичью фамилию матери — Гладковский. Был обвинен в расхищении средств, уволен, арестован, выпущен под залог в 10 млн гривен. Зеленский перед вторым туром обещал задать Порошенко вопрос: почему свинарчуки не за решеткой?

Вспомнили мы эту историю главным образом потому, что вокруг Ермака тоже возник коррупционный скандал. Молодой режиссер и акционист Гео Лерос (депутат Рады от фракции «Слуга народа») опубликовал традиционный для Украины компромат — весной 2020 года поддержал обращение небольшой части депутатов к Зеленскому с призывом создать консультативный совет с участием сепаратистов из ОРДЛО (отдельные районы Донецкой и Луганской областей, аббревиатура, принятая в Украине для оккупированной части Донбасса). Ермак категорически возражал. «Видимо, Андрей Ермак посчитал, что его опыт лучше и сильнее всех других. Именно поэтому он начал выдавливать любое окружение, которое может доносить президенту альтернативную мысль», — заявил Лерос. Он объявил сбор компромата на Ермака и уже на следующий день получил компрометирующую пленку, на которой младший (1979) брат Андрея Ермака Денис фактически торгует назначениями, ссылаясь на родственные связи. Ермак потребовал выяснить происхождение этих записей и пути, которыми они попали к Леросу. Лерос отказался раскрыть информаторов. Ермак в ответ заявил, что блокировал назначение, которое Лерос пытался через него протолкнуть (предположительно речь шла о кандидатуре Ильи Сагайдака на должность замминистра), и вот депутат ему мстит: «Борются не только со мной — они борются с украинской властью, с командой президента», сказал он на брифинге. Денис Ермак выступил с собственным заявлением: он не отрицал, что на пленке его голос, но утверждал, что обсуждаются не назначения, а проекты, которые он планировал презентовать вполне официально. Сразу несколько анонимных источников заявили, что за скандалом с пленками угадывается фигура предыдущего главы Офиса президента Андрея Богдана, которого «валили теми же методами».

3.

Все это и последующие попытки свалить Ермака ни к чему не приведут, и уйдет он либо вместе с войной, либо вместе с Зеленским: в момент радикальной перемены стилистики, в которую он пока вписывается идеально.

Принципиальное соображение, которое касается политики в целом, но политики Зеленского в особенности. Особенность короля-нарратора в том, что он выстраивает для нации сюжет по всем законам жанра, сознательно или бессознательно, но так, чтобы в него верилось и за ним хотелось следить. Он создает своего рода театральную маску для реальности, потому что реальность всегда грязна и почти всегда алогична. В том сюжете, который Зеленский выстраивает для Украины, должна быть таинственная демонизируемая фигура, наделяемая всеми полномочиями, и Ермак на роль такой фигуры подходит идеально, нигде не выбиваясь за края. Он не позволяет себе ни одного личного высказывания и говорит ровно столько, чтобы его можно было трактовать полярным образом — как агента России и как главного патриота Украины в окружении Зеленского.

Я далек, конечно, от мысли... хотя почему так уж далек? Меня бы ужасно обрадовало наличие в команде Зеленского специального человека, ответственного за драматизм, потому что очень уж наглядно все выстраивается — есть соблазн увидеть за всем авторскую руку. Я даже подозреваю, я иногда надеюсь, что если вдруг Зеленский найдет время прочесть эту книгу, хотя бы в отставке, и она ему покажется интересной, он раскроет мне эту тайну — лично, секретно покажет того консультанта из команды «Квартала», который выстраивает сюжет его президентства. Но этот сюжет, скорее всего, выстраивается по законам жанра сам или контролируется лично Создателем. А какая была бы прекрасная идея — держать в правительстве человека, который, так сказать, пишет историю современности! При Путине этим одно время занимался — реально занимался, то есть конструировал действительность, — Владислав Сурков, назначивший главным демоном себя; он человек даровитый, но со вкусом у него беда, и главной фигурой он назначил себя. Демонизм в результате получился провинциальный, с сильным привкусом Института культуры, с организацией «Наши» в виде иронического постмодернистского протофашизма. Впрочем, разница еще и в том, что в России во все это играли всерьез, с надрывом, без малейшей самоиронии.

В Украине все президентство Зеленского с самого начала — арт-проект, которому, как всякому подлинному искусству, пришлось доиграться до смертельного риска. В этом арт-проекте, в сюжете новой украинской государственности, необходима роль всемогущего, всезнающего, строго засекреченного администратора, говорящего лишь то, что позволено протоколом; он ассистирует президенту на всех этапах его работы, но никогда не берет инициативу на себя; его называют агентом России, главным коррупционером, главным борцом с коррупцией, представителем силовиков, архитектором всей украинской политики, но при этом он ничего не решает и лишь обеспечивает бесперебойное функционирование всей сценической машинерии. (Кстати, почему Ермака чаще всего подозревают именно в закулисных связях с Россией? А потому, что в Украине сегодня это самое страшное подозрение, и самый влиятельный политик обязан отбрасывать именно такую тень. Человек без тени — это подозрительно, и лучше отбрасывать такую, длинную).

Украинская политика — безусловно пьеса, но по крайней мере пьеса хорошо написанная и безупречно срежиссированная; сезон сериала с грамотным сценаристом и пристойным реквизитом. При всей сценичности, или, если хотите, сериальности украинской политики, в ней все же не бывает таких сбоев, как пригожинский мятеж (который, даже если он задуман для развлечения населения, полон диких логических и логистических нестыковок). И уж такая фигура, как Ермак, продумана безупречно.

Ермак оттягивает на себя огромную часть негатива, будучи своего рода черной дырой; эта дыра, как ей и положено, втягивает все отрицательные эмоции, которые могли бы достаться Зеленскому. Версия о том, что Ермак — агент Москвы, базируется на том, что его отец, вероятней всего, связан с российскими спецслужбами, мать родилась в Ленинграде, а сам он хорошо знаком с Козаком и многократно участвовал в переговорах с российской стороной. При вдумчивой проверке эта версия никакой критики не выдерживает, потому что нет доказательств связи семьи Ермака со спецслужбами, кроме работы отца в Афганистане, а все попытки украинских политологов (в частности, журнала «Фокус» в 2020 году) обнаружить связи Ермака с Козаком выглядят сугубо спекулятивными, ни единого факта там нет, кроме намеков самого Ермака на то, что его контакты с Козаком были более конструктивными, чем с другими представителями России. Однако схема, при которой Ермак выглядит агентом Москвы, необыкновенно привлекательна. За этим интересно следить. Об этом интересно гадать. Это ни к чему Ермака не обязывает. Это наделяет его фигуру подлинным, а не сурковским демонизмом.

Кстатическое соображение, как говаривал мой итакский сосед. Пока я читал корректуру, Владислав Сурков опять опубликовал стихи в «Русском пионере» — это его постоянный канал для спуска своей литературной активности. Он и в кремлевский свой период не скрывал тяги к перу, то песни напишет для Вадима Самойлова, то роман тиснет.

Стихи такие:

ни слова

слепые пророки

листают священные книги
в которых ни строчки
ни буквы ни кляксы ни фиги

молчи умаляйся
до точки на уровне моря
до краха до края
несуществованья немого

исчезни не засти
дай времени течь и разлиться
до самого завтра

дай миру начаться и сбыться

Думаю, всех загадочных фигур, в том числе Господа, можно объяснить апофатически (есть целый раздел богословия — апофатическое): Бога можно определить через то, чем он не является.

Так вот, к вопросу об идеальном администраторе: Андрей Ермак стихов не пишет. А если пишет, то никому не показывает.

4.

Чем загадочней фигура верховного администратора, тем незначительней его роль в политике, и вообще это нечто вроде масонских тайн: чем больше вокруг них шума, тем меньше веры в то, что они существуют в реальности. Ни могущество масонов, ни причастность масонов к великим эзотерическим тайнам, ни мировое правительство с его паутиной глобальных связей никогда и ничем себя не проявляют, но для масонов миф о тайном обществе выглядит лестно и увлекательно, а для всего мира не придумаешь лучшей легенды. Миф о тайном обществе — новый извод религиозного чувства, его вырождение, если угодно; за фигурой могущественного администратора скрывается техничный исполнитель, но его репутация — уже половина успеха.

Читатель вправе воскликнуть: киевское руководство состоит из симулякров! Читатель будет не совсем прав. Киевское руководство состоит из профессионалов, в том числе из профессиональных сценаристов. Четвертый сезон «Слуги народа» режиссируется исключительно талантливо, и все его главные герои — Лидер-трикстер, Могущественный демон, Слуга народа, — отрабатывают свои роли на ура, вне зависимости от того, чем они занимаются в действительности. Только роковой женщины нет, она бы очень сгодилась на роль медиатора, в конспирологическом романе ее роль многое определяет, и в русском сюжете она обычно еврейка, а в украинском могла бы быть полькой, что ли... Не дошли у них руки. Может, после этой книги найдут такую? Есть же в ЕС роковые красавицы на ключевых должностях?

Для довершения своего демонизма Андрей Ермак в 2023 году бросил все силы на подготовку саммита в Саудовской Аравии, призванного перетащить на сторону Украины глобальный Юг. Это своего рода ответ — асимметричный, разумеется, поскольку осмысленный, — на российско-африканский саммит (хотя не исключено, что как раз эта тусовка в Константиновском дворце была попыткой сыграть на опережение, ведь Саудовская встреча анонсирована давно, да и разведка наверняка не дремлет. Россия пытается по старой памяти привлечь к себе Африку — Украина в кои-то веки активизирует работу на южном и восточном направлении, а заодно присматривается к арабам. Арестович признал, что должной работы с третьим миром за двадцать лет украинской независимости так и не налажено.

Разумеется, Саудовский саммит во всем мире вызывает напряженные ожидания — там должны предложить мирный план, но Зеленский предупредил: никакого мирного плана и переговоров с Путиным. Перестанут давать помощь — будем обходиться своими силами, проиграем — значит, умрем, вечной жизни все равно не бывает. Если же истинная цель — не мирный план, а привлечение все большего числа из движения неприсоединения на свою сторону... о, тогда, кажется, мы присутствуем при особенно показательном заблуждении. Дело в том, что страны третьего мира — плохие союзники: у нищих нет принципов, у них на первом месте прагматика (что Владимир Путин и возглашал беспрерывно на первом сроке своего президентства). У прагматиков нет союзников. А движение неприсоединения не в том положении, чтобы придирчиво выбирать союзников. Страны третьего мира служат перспективным объектом перетягивания, но вот загвоздка: они предают первыми. Ни к России, ни к Украине у них нет сколько-нибудь сильных чувств, разве что обычное презрение шамана к светской культуре.

А с Америкой в ближайшее время начнутся некоторые трения — мы уже говорили, что Зеленский имеет тенденцию избавляться от режиссеров. И потому Ермак — вот где чуйко! — сосредоточивает свои усилия на поиске новых союзников, зачастую неожиданных. Кстати, не удивлюсь, если контактами с русской оппозицией, в том числе олигархической, тоже занимается он: пренебрегать такими союзниками не следует, даже с учетом общей токсичности России в современном мире. Да и параллели с Латинской Америкой, в основном с ее мифологической, поэтичной и страстной литературой, давно стали общим местом, и там у Украины могут оказаться весьма влиятельные друзья.

5.

И хотя украинская политика совершенно непредсказуема, да и будущее мира не вполне понятно, но одно можно сказать точно: стандартный ход «скармливание толпе» в этом сюжете не предусмотрен. Практически любой крупный чиновник в России живет с твердым осознанием своей неизбежной травли в конце карьеры: его сбрасывают толпе с царского крыльца, чтобы отвести ее гнев.

В Украине это тоже бывало, но при Зеленском не принято; надеюсь, он не переродится до такой степени. Потому что на Ермака завязывается все больше вопросов, и по российским меркам он был бы идеальной фигурой для того, чтобы в какой-то момент по-растопчински крикнуть: «Ребята! Этот человек — тот самый мерзавец, через кого…» (вставляется любое поражение или ошибка). Но Зеленский так не поступит в силу одной своей актерской, продюсерской и человеческой черты: эгоцентризм. Именно поэтому он никогда не назовет Ермака виновником той или иной глобальной проблемы: первопричиной всего происходящего он может быть только сам, лично. По этой же причине Зеленский никогда не станет говорить, что во всем виновата Россия: он не придает России такого значения. Это не российские идеологи, которым во всем мешают коварные англосаксы. Зеленский не считает русских умнее украинцев, нет, никогда, ни в коем случае. И Ермака он не считает главнее себя. Ермак лишится должности только тогда, когда выйдет из тени — или, не дай Бог, начнет публиковать стихи.

— Ермак рядом со мной не просто так. Я доверяю ему, — сказал Зеленский.

21 ноября, на пресс-марафоне, корреспондентка украинского Пятого канала спросила Зеленского, не видит ли он аналогий между Ермаком и министром внутренних дел при Януковиче Виталием Захарченко. Последнего считали ответственным за выстрелы на Майдане. Он теперь в «Ростехе» работает — кто б сомневался.

— Не нужно сравнивать истории Захарченко и Ермака. Во-первых, Ермак не убивал людей и не давал таких команд. Во-вторых, господин Ермак, напротив, возвращал людей, которых, кстати, владелец вашего канала, бывший президент, господин... — все-таки он «товарищ» — которых товарищ Петр Порошенко должен был в рамках своих операций вернуть домой.

И добавил: сейчас с Андреем Ермаком ведут переговоры «руководство лучших разведок разных стран» и «главы аппаратов разных президентов», что, по мнению Зеленского, свидетельствует о доверии к фигуре руководителя ОП.

— Его знают полностью. Его телефон, поверьте мне, слушали и слышали все руководства всех разведок — они бы не сели за один стол с ним.

Как он выстраивает Ермаку имидж всезнающего и таинственного! Любо-дорого.

Сюжет про обманутое доверие — это точно не сюжет Зеленского. «Царь хороший, бояре плохие» — вообще не украинская тема. Украинская тема — это царь хороший, бояре надежные, а народ еще лучше. От окружения Зеленскому нужно одно — чтобы не предавало; окружение может рассчитывать на ответные гарантии.

Думаю, кстати, что и фигура Чуйко опирается на советский миф о Всесильном Администраторе: все мы, и Ермак уж точно, смотрели в детстве «Москву-Кассиопею». Смоктуновский играл там Исполняющего Особые Обязанности, который в самом дальнем космосе оказывался раньше наших героев.

Вот это Ермак. С вечной иронией относительно собственного всемогущества на добродушном, всегда обманчивом, всегда малоподвижном лице.

Но, разумеется, список действующих лиц был бы не полон без Двойного Агента — и это, как уже догадался читатель, отнюдь не Ермак.

Арестович

1.

Думаю, Алексей Николаевич Арестович — самое интересное, что случилось с Украиной после избрания Зеленского.

Я не скрываю — и поди скрой: я фан Арестовича! Я сыр Арестовича. (Пришло время, когда уже надо объяснять читателю, что такое сыр. Нет, не потому, что сыр исчез из продажи, а потому, что некритичный, фанатичный обожатель исчез как класс: нет уже абсолютных кумиров, на каждого нашли компромат, все развенчаны... Сырами, мой юный читатель, назывались именно влюбленные фанаты, фанатизм пошел с Лемешева, который жил на Тверской напротив Почтамта, в доме, где располагался культовый в советские времена магазин «Сыр», там бывало иногда что-нибудь, кроме «Российского» и «Пошехонского»; вот они около него караулили любимого тенора, демократичного, певшего и классику, и дежурили, чтобы словить взгляд, ответную улыбку, бросить фиалковый букетик, самый дешевый... Сырихи были у Аллы Тарасовой, у Козловского, впоследствии у Аллы Пугачевой; к ним относились пренебрежительно, а вместе и уважительно, потому что люди жертвовали собой, в любую погоду там дежуря. Я был фаном Арестовича, когда это было модно, и остался теперь, когда он, как я ему и предсказывал, стал всеобщим врагом, и это состояние мне нравится гораздо больше — хотя бы потому, что оно привычнее. Поистине, в кумире мы любим идеальный вариант себя).

Биография этого человека не играет никакой роли, потому что не знает ее никто; чем больше она будет мифологизирована, тем лучше. Но как-то вышло, что все главные имена и проблемы нового века оставили в этой биографии свой след. Арестовича демонизировали как никого другого, и он получает от этого неподдельное наслаждение. Нет таких гадостей о нем, каких он не скопировал бы на своей странице; нет таких карикатур, которые он бы не растиражировал, и сплетен, которых не поспешил бы распространить. Миф о своей демонической природе он сам усердно раздувает с самого начала войны. Полемизировать с ним в самом деле трудно — любые гадости на свой счет он подтверждает с опережением. В одном из разговоров я прямо его спросил: вы понимаете, что чем больше у вас сейчас будет заслуг, тем скорее вас объявят предателем?

— Обязательно, — кивнул он. — Уже начали. Вообще модернист — предатель по определению.

И это прекрасная формулировка — именно потому что модернист обречен отказаться от любых имманентностей вроде крови, почвы, национальности, возраста, родни и Родины — от всего, что он не выбирал. Арестович — единственный последовательный модернист в политическом поле Украины (и России, конечно, потому что в России торжествует сегодня такая густая зловонная архаика, что любое нонконформистское заявление там выглядит самоубийством). Арестович — воплощенный вызов среде и контексту, и для 48 лет его поведение поражает несолидностью: обычно в этом возрасте люди уже зависят от репутации, опасаются резких высказываний и приглядывают тихую должность. Но особенность поколения нынешних сорокалетних — в том числе Зеленского — была именно в том, что их слишком долго загоняли на вторые роли: последней советской генерации надо было нахапаться, а потом и навластвоваться. А когда их удалось вытеснить из власти, потому что они уже утомили всех, началась война, и вместо ожидаемых бонусов власти ровесники Зеленского получили небывалую ответственность. Как говорится, бойтесь ваших желаний — они осуществляются.

Зеленского, кажется, эта ответственность не столько стимулировала, сколько ошеломила. Он не был готов к таким результатам своего эксперимента. Зато Арестович плавает в ней, как рыба по середине Днепра. Он выглядит, как его любимый герой его любимых Стругацких: «Перед пультом скорчился

Горбовский, примотанный к креслу ремнями. Черные волосы падали ему на глаза, при каждом толчке он скалил зубы. Толчки следовали непрерывно, и казалось, что он смеется. Но это был не смех. Сидоров никогда не предполагал, что Горбовский может быть таким... не странным, а каким-то чужим. Горбовский был похож на дьявола. Валькенштейн тоже был похож на дьявола. Он висел, раскорячившись, над пультом атмосферных фиксаторов, дергая вытянутой шеей. Было удивительно тихо. Но стрелки приборов, зеленые зигзаги и пятна на флуоресцентных экранах, черные и оранжевые пятна на экране перископа — все металось и кружилось в веселой пляске, и пол дергался из стороны в сторону, как укороченный маятник, и потолок падал и снова подскакивал». Веселая пляска. И сам он сказал однажды, что Украина похожа сейчас на Мексику из незаконченного фильма Эйзенштейна — карнавал скелетов, пляска смерти. Решили, что уже умерли, и могут теперь веселиться. Это состояние позади страха, дальше страха. И он веселится, как на страшном карнавале, которым, согласно замыслу Эйзенштейна, должна была заканчиваться его «Да здравствует Мексика».

2.

Не думаю, что война решает нравственные проблемы, скорей, она загоняет их вглубь. Крайне сомнительно, что война напоминает миру о полузабытых добродетелях вроде патриотизма или солидарности (патриотизм она вообще ставит под сомнение — во всяком случае на примере нападающей стороны). Она скорее выдвигает профессионалов, и в этом ее второе положительное последствие.

В обычное время, особенно в такие гнилые эпохи, как нулевые, люди вроде Арестовича пребывают либо на пятых и десятых ролях, либо в тех сферах, где не привлекают внимания (потому что на каких-то невидимых фронтах война идет всегда, и там меритократия, хочешь не хочешь, работает). Выдвинуться в Украине времен Януковича или Порошенко такой человек не мог бы по определению. Но избрание Зеленского, как мы помним, как раз ознаменовало собой эпоху профессионалов — когда те, кому противопоказано мурлыкать, приступили к чириканью, а сапоги стал тачать сапожник.

Любопытно, что этот триумф профессионализма, сменивший эпоху тотального и надоедливого дилетантства, начался с шоу-бизнеса: вероятно, в нем профессионалы всего заметнее. Но это, знаете, стоит начать — а там пойдет. Арестович — второй профессионал, оказавшийся на своем месте. В феврале 2022 года он стремительно сделался самым известным украинцем после Зеленского. Его известность очень быстро стала всеукраинской, затем общероссийской, а в марте — всемирной. И мало на свете людей, которые с такой великолепной самоуверенностью примерили бы эту всемирную славу.

Трудно вспомнить, как я услышал о нем впервые, но, рекомендуя слушать Арестовича, обычно говорили: он точнее всех предсказал захват Крыма в 2014 году и войну в 2022, то и другое — за три года. Так же трудно определить, чем он, собственно, занимался. Формально он был тогда советником президентского офиса. Но статус советника в Украине — вообще особая тема: на этих должностях пребывают незаменимые люди, занимающиеся всем и сразу. Иногда другой должности нет у них только потому, что публично назвать вслух то, чем они занимаются, как-то неловко. Арестович — главный менеджер по мотивации. Он не утешает, не убаюкивает и вообще не расслабляет слушателя. Его задача — постоянно напоминать людям, за что они сражаются и ради чего терпят; зачем все это вообще надо Путину и почему сопротивляться всему этому обязана именно Украина. Грубо говоря, он менеджер по картине мира. Такой должности официально нет и быть не может, и потому он советник (теперь уже бывший, но, как говорится, бывших не бывает). Грубо говоря, его задача, как и задача всякого нормального идеолога при власти, заключается в том, чтобы задавать координаты жизни: пол-потолок, левое-правое. И именно эта работа во время военной турбулентности наиболее востребована.

Примечание издателя: СБУ и ВСУ тихонько хмыкнули.
Ответ автора: ...После ВСУ и СБУ. Которым, впрочем, тоже нужна психотерапия.

Эту работу нельзя делать показушно, для галочки: во время войны вообще ничего нельзя делать для отчета, как это постоянно делается в России. Во время войны важна эффективность, а никого эффективнее смелых и быстрых авантюристов природа не знает. Большинство красных командиров и героев Гражданской войны 1917–1922 годов (Котовский, Дундич, Камо, Махно, Чапаев, Фрунзе, Щорс) принадлежали к этому типу. После войны судьбы их были трагичны — в мирное время таких убивали быстрей, чем на фронте.

Во времена великих потрясений такие фигуры появляются в публичном поле регулярно. Они универсальны, наслышаны в литературе и социологии, увлекаются математикой, могут починить машину и набить морду, причем никогда не открещиваются от высокого звания авантюристов. (Помнится, икона леваков всего мира Че Гевара говорил: меня называют авантюристом — что ж, я таков, но рискую своей шкурой во имя своей правды.) Арестович — трикстер для продвинутых, синтез Остапа Бендера, Шерлока Холмса, Гарри Поттера и немного Зеленского. Арестович — герой нового типа: подобно персонажу Интернационала, он был всем.

Он родился в Грузии, в Кахетии, 3 августа 1975 года. Отец — офицер, служил в ГДР, впоследствии возглавлял приемную комиссию в Национальной академии обороны в Киеве, мать — бухгалтер, старшая сестра Олеся, ныне нотариус в Киеве — жена Андрея Корнийчука, экс-сотрудника управделами Верховной Рады и бывшего секретаря делегации Украины в Парламентской ассамблее Совета Европы. Старший брат

Сергей — бизнесмен. Биография Арестовича известна в основном с его слов и поражает грандиозными крайностями: по разбросу интересов и разнообразию талантов он сравним разве что с другим великим пропагандистом — Александром Невзоровым (и даже интересы у них схожие — биология, конный спорт); однако мировоззрение Арестовича, в отличие от невзоровского, отличается последовательностью. Главная разница, собственно, в том, что оно у него есть.

Арестович поступил на биофак Киевского университета и бросил его, проучившись год. Пошел актером в театр-студию «Черный квадрат». Получил диплом военного переводчика в Одесском институте сухопутных войск (впоследствии переименованном в Военную академию — академии в постсоветское время плодились повсюду). Служил в Главном управлении разведки и Департаменте стратегических исследований Министерства обороны Украины. Поучаствовал переводчиком в миротворческой миссии на Балканах. Уволился из армии в 2005 году — объясняет это тем, что руководство страны (Виктор Ющенко, которого привел к власти первый Майдан) стало вмешиваться в работу военных. Снимался в рекламе. Сыграл роли второго плана в 17 комедийных фильмах и сериалах (особенно часто его попрекают женской ролью Люси в фильме 2011 года «Не бойся, я рядом»; Арестович не только не открещивается от этой роли, но охотно выкладывает свои фотографии в женском парике). Создал собственную компанию, снимающую кино и рекламные ролики, Aegis Artist Group (aegis — щит Афины).

Выступал как активный противник «оранжевой революции», видя в ней триумф идей национализма, которые всегда казались ему провинциальными. В Москве познакомился с Александром Дугиным, главным московским оккультистом, представителем крайне правого консерватизма, и вступил в Евразийское движение. В 2008 году разочаровался в нем и стал организовывать оборону Крыма от российского вторжения. Заявил о создании партии «Долой всех» («Геть усіх»), но она оказалась нежизнеспособной. После 2014 года с начала боевых действий сначала объявил о создании движения «Народный резервист», потом служил разведчиком в 72 механизированной бригаде, о своих выходах за линию фронта рассказывал скупо. Участвовал в работе трехсторонней контактной группы по выработке Минских соглашений. Став руководителем президентской администрации, Андрей Ермак сделал его своим советником. Арестович через год уволился, сказав, что его утомила бюрократия. С начала российского вторжения стал главным военным экспертом украинского телевидения, в регулярных телеэфирах с Марком Фейгиным давал картину боевых действий, неизменно оптимистичную для Украины. Многие украинцы обоего пола, а также русские либералы — как в России, так и за ее пределами, — признаются, что не засыпают без Арестовича.

С Марком Фейгиным он расстался в июле 2023 года, благородно поблагодарив за сотрудничество.

— Почему вы больше с ним не работаете?

— Не буду выносить сор из избы, но скажу честно: Марку удалось меня удивить. Это непросто.

(Слухи насчет недовольства Фейгина растущей популярностью Арестовича пересказывать не буду: раз они не опустились до публичного выяснения отношений, зачем это нам?)

14 января 2023 года, комментируя попадание ракеты в жилой дом в Днепре, Арестович сказал, что, по одной из версий, ракету сбили украинские ПВО. Командующий Воздушными силами ВСУ Николай Олещук заявил, что у ВСУ «нет огневых средств, способных сбивать данный тип ракет». «После этого Арестович заявил, что «никакая ракета ПВО и близко не могла бы причинить и половины таких разрушений», и объяснил свои первоначальные слова усталостью», — комментировал Forbes. Поскольку пресс-секретарь российского президента Дмитрий Песков немедленно использовал ошибку Аресто-

вича — вот, мол, они и сами признают, — поднялась волна хейта. Арестович немедленно подал в отставку с поста советника: «Хочу показать пример цивилизованного поведения: принципиальная ошибка, значит, в отставку», написал он в телеграме.

Правда, извинялся он без всякого самоуничижения: «Я всегда доверяю своим слушателям и уверен, что разговариваю со взрослыми людьми, способными сложить дважды два, а не с дерганым детским садом, привыкшим выдавать свои чувства за чужие мысли. Поэтому я позволяю себе роскошь не бояться говорить свободно, не подбирая слов, рассчитывая, что взрослые люди не будут валиться в истерику от определенных их сочетаний, а в состоянии определить суть и предмет высказываемого. Опасно строить страну, в которой нужно дрожать за сочетание слов».

Но именно такой страной Украина будет, хочешь не хочешь: время нервное. С января 2023 года Арестович словно почувствовал себя свободным от обязанности утешать и нашел новую обязанность: критиковать и будоражить. Обстановка тому способствовала, поскольку в прежнем качестве он стал раздражать слишком многих, а чего не можешь преодолеть, то надо возглавить. В своей школе психологического и мировоззренческого тренинга «Апейрон» — одно из бесчисленных направлений его деятельности — Арестович учит примерно таким вещам: если на тебя идет девятый вал, его надо оседлать.

3.

Вся эта пестрая чехарда биографических данных, не примите за саморекламу, больше всего напоминает мне жизнеописание моего собственного героя, тоже трикстера — всякая революция и почти всякая война поднимают на поверхность персонажей этого склада. И Манасевич-Мануйлов был из таких. И Малиновский, дурачивший самого Ленина. И Казанова. И Калиостро. И Том Эдвард Лоуренс, более известный как Лоуренс Аравийский.

Такие люди ярко блещут, внезапно исчезают, потом о них снимают фильмы, потом они — аристократическими стариками с живыми сверкающими глазами — приходят на его премьеру. Смокинг для этой цели им приходится одалживать, потому что в старости они, швырявшиеся когда-то бриллиантами, не каждый день ужинают.

Для начала хочу подчеркнуть, — сказал он скромно, — что на всем протяжении своей деятельности был связан с борьбой рабочего класса. Исключен из университета в пятом году за участие в стачке. Выслан в Курскую губернию, но по причине контузии в Русско-японской войне добился разрешения отправиться на лечение за границу. Мать валялась в ногах, целовала жандармские сапоги. Отправился в Турин, где изучал историю и делал исторические разыскания. Там сблизился с гарибальдийцами. Вы знаете гарибальдийцев? Борцы за освобождение итальянского рабочего класса, Спартак, все вот это... Привлек внимание полиции. Вынужден был бежать в Россию, здесь сблизился с деятелями большевистского подполья. Выполнял их задание в Сербии и Болгарии. Вы понимаете? Братушки, бравы ребятушки, все вот это... Но очень секретно! — Он поднял палец. — Особо! Мне пришлось для конспирации видеться с первым помощником министра иностранных дел Болгарии, самим Миридоновым! Я подготовил потом об этом брошюру, но царское правительство ее не выпустило. И потом, вы понимаете — соображения конспирации... В семнадцатом году я немедленно на стороне восставшего народа, не-мед-лен-но! По особому поручению отбываю в Тифлис. Контролирую финансовую помощь большевистскому подполью. После этого переведен в Ленинград — и здесь, по специальному поручению, выявляю бывшие элементы, опасные с точки зрения контрреволюции, о чем специально сообщается товарищу Огранову. Таков мой путь, путь горячо сочувствующего, не во всем, может быть, совершенного, но искренне устремленного...

Это Остромов, заглавный герой романа. Но таких героев, да и таких романов, было много: «Ибикус» Алексея Толстого, где героя по провидческому совпадению зовут Невзоров; Хулио Хуренито Эренбурга, Беня Крик Бабеля... По справедливому замечанию Марка Липовецкого, трикстер — всегда агент прогресса. Он защитник и носитель «иронии и милосердия», по определению Фитцджеральда. Его демоническая природа — не более чем ироническая маска, призванная отсеивать дураков, и дураки ненавидят Арестовича страстно, обвиняя его в недооценке украинской культуры и клевете на националистов, с которыми он сам одно время сближался. (С Дмитро Корчинским, например, — тоже тот еще шутник, активист «Правого сектора»). Некоторые высказывания («На вопросы восстановления исторической памяти, справедливости, борьбы, побед и поражений, становления наций, языка(ов), закрытия исторических ран я смотрю, как солдат — на вошь») прямо сближают его с Невзоровым, который тоже одно время позиционировал себя как русского националиста, друга Проханова и Глазунова. Но если Невзоров свою философскую систему никогда не излагал, а точных военных прогнозов не давал, ограничиваясь хлесткими разоблачениями, Арестович, во-первых, многажды рассказывал о своем мировоззрении,), а во-вторых, как минимум трижды дал предельно точные военно-политические предсказания:

1. В 2003 году предсказал, что Крым будет аннексирован Россией.

2. В 2008 году предсказал неизбежную русификацию и отпадение (отторжение) Донбасса.

3. В 2019 году предсказал крупномасштабную войну Украины с Россией (и хотя предсказывали ее многие, включая автора этих строк, только Арестович внятно датировал ее концом 2021 — началом 2022 года). Сам он утверждает, что этот прогноз — трюк нехитрый: у России оставалось сравнительно небольшое окно для ядерного шантажа остального

мира, а Путину срочно необходимо придумывать новые приманки взамен угасающего крымского консенсуса.

Правда, уже в 2022 году Арестович предсказывал окончание боевых действий летом, ибо российские военные возможности иссякли, а проводить мобилизацию Путин не решается; боевые действия затихли, но не прекратились, обе стороны готовятся к наступлению, до иссякания конфликта далеко. У России хватает резервов, у Украины — союзников. Заморозить конфликт не получится, Украина всерьез нацелена выдавить агрессора к границам 23 февраля 2022 года, мирные инициативы блокируются с обеих сторон — так что может оказаться верен другой прогноз Арестовича: активизация боевых действий осенью, победа Украины весной («политически мы уже победили, но точку в войне поставят ЗСУ»). Впрочем, планировать свою жизнь более чем на три часа в военное время дурной тон.

Мировоззрение Арестовича стоит на трех китах: постсоветский модернизм, учение Вернадского о ноосфере (сам он многократно называл себя человеком религиозным и верит в Божественный акт творения) и утопия Стругацких. Эта утопия описывает мир будущего как пространство «радости и любопытства», то есть как мир, в котором людям важнее работать, чем жить, и где радость познания сильней радости экспансии. Советский Союз Арестович называет лучшим, что случилось с человечеством в XX веке, и не потому, что ему нравятся массовые репрессии или имперская идея Старшего брата, а потому, что все остальное было еще хуже, чем зрелый (или поздний) СССР.

К Зеленскому Арестович абсолютно, по-военному, лоялен. В августе 2022 года Арестович дал интервью Дмитрию Гордону и сообщил, что, если Зеленский, выполняя свое обещание, не пойдет на следующие президентские выборы, он выдвинет свою кандидатуру. Но, повторил он, только при условии, если не перейдет дорогу действующему президенту. Война, конечно, обнуляет предвоенные обещания, но шанс, что Зеленский устанет к 2024 году, есть. Каковы шансы Арестовича?

Лично я был бы счастлив видеть его президентом, но почти убежден, что это невозможно. И эта уверенность наполняет меня странной радостью: у Арестовича впереди огромный путь, власть его нежелательным образом спрямит и наложит на него слишком серьезные обязательства.

Собственно, и вся эта книга (по крайней мере, в замысле) — о том, как Бог заставляет человека играть в божественной драме и выполнять предусмотренные Богом задачи. О совпадении и несовпадении с этой ролью. О том, как человек бессознательно встраивается в уготованную ему нишу, и о том, как зрителю научиться распознавать замысел этой драмы, вычитывать из нее верховную мысль. Потому что история — это наглядное выражение Божественного замысла о человеке; другого смысла она не имеет.

4.

12 июля 2023 года, после саммита НАТО, на котором Украина получила значительно меньше, чем хотела, и максимум того, что могла, Арестович опубликовал текст, явно знаменующий новый этап его бурной биографии.

> То, что на Западе нынче слабые лидеры, не способные принимать серьезные решения, не отменяет тот простой факт, что мы от этих лидеров зависим чуть более, чем полностью.
> Наша главная ошибка, которая вчера пахнула нам в лицо жаром непоправимости, заключается в том, что мы сделали ставку на политику эмоционального шантажа, политику перформанса, политику мужественных желваков.
> А надо было (выбирайте любой момент: с 25 февраля 2022 года, с 2019 года, с 2014 года, с 2008 года, с 1991 года, с 1648 года) заниматься политикой улучшения своих партнерских качеств и приобретения реального суверенитета.
> За историческое время у нас было два таких периода — Мазепа и Скоропадский.

Все остальное — былины про «...героизм», насильно втискиваемые в «...дорогих партнеров».

Героями быть легче, чем заниматься реальным системным строительством.

Но любой военный знает: героизм — это следствие провалов.

Учитывая наш массовый героизм в течение всей нашей истории, можете оценить количество наших провалов.

Естественно, что партнеры, которые содержат нашу экономику, Силы обороны и имеют свои (!) цели во внешней политике, слегка удивлены нашей позицией, которая заключается в том, что мы их эмоционально шантажируем и требуем поменять их цели на наши цели — и при этом, на секундочку, тырим деньги их налогоплательщиков, которые они отрывают от своих и отправляют нам.

1. Американцы не собираются побеждать РФ (чтобы не пошла под Китай окончательно).

2. Мы требуем победы и развала России — за американские деньги.

3. Мы тырим американские деньги — американцы требуют, чтобы мы прекратили.

Вот схема того, что происходит сейчас в Вильнюсе и схема того, что происходит с этой войной и вообще со всей нашей внешней политикой.

А внешняя политика есть продолжение внутренней.

Недаром «борьба с коррупцией» выставлена первым требованием НАТО Украине.

Если бы мы системно поднимали наш реальный суверенитет, прежде всего экономический, то мы бы получали пусть малые, но реальные инструменты воздействия на позицию партнеров, долю самостоятельности в решениях и целях.

Но, увы... работает вечное проклятие Украины.

Как только Алексей Венедиктов перепостил эту, не побоюсь этого слова, предвыборную программу, Арестовичу предсказуемо начало прилетать, и многие комментарии написаны как минимум не хуже, а под некоторыми просто хочется подписаться:

Леша всю жизнь умел красиво писать то, что ждут от него массы. Писать — не делать. Он ничего никогда не делал и никем никогда не был, а только переобувался вовремя. То был убежденный порохобот, то полюбил Зеленского, теперь развернул свою президентскую кампанию. Человек без принципов, как всякий выходец из семьи военного. Нарцисс. У него в аккаунте отключены всегда комментарии, принимает только лайки. (...) Он не украинец, ему все равно, перед кем красоваться, сегодня он влюбляет в себя украинцев, завтра в Россию подастся и там будет иметь такой же успех.

Одни тут же стали писать, что текст Арестовича «обжигающе честен» и полон искренней боли за Украину. Другие — что он потрясающе фальшив и полон кокетства (это дежурный упрек любому, кто умеет внятно излагать) и при этом играет на руку России. Последнее совершенно верно, потому что на руку России играет любая радикальная критика Украины, особенно в уничижительном тоне, но что ж теперь, воды в рот набрать? Как говорится, Путина бояться — в сортир не ходить.

Если попытаться объективно, без учета сиюминутных быстрых реакций, рассмотреть сказанное — что же, у Арестовича не отнять его главное умение: не отражать, а предугадывать настроение масс и выражать его с замечательной четкостью. Текст ориентирован не столько на украинцев, — большинство из них сейчас травмированы войной и не настроены на объективный разговор о будущем, до него дожить надо, — сколько на европейцев и американцев. И разумеется, военная повестка наскучила всему миру, это еще Украина поразительно долго умудряется благодаря беспрецедентной глупости и зверству российского военного начальства и гражданского вранья удерживать интерес к себе. По «Невыносимой легкости бытия» — смерть Кундеры заставила многих перечитать ее и убедиться в пугающих повторениях, о которых предупреждает первая же страница романа, — все мы помним эту сцену: «Как я уже сказал, русское вторжение было не только трагедией, но и пиршеством ненависти, полным удивительной (и ни для кого теперь не объяснимой) эйфории. В Швейцарию она увезла с собой фотографий пятьдесят, которые сама же и проявила со всем тщанием и умением, на какие была способна. Отправилась предложить их в большой иллюстрированный журнал. Редактор принял ее любезно (все чехи еще были окружены ореолом своего несчастья, трогавшего сердца добрых швейцарцев), усадил ее в кресло, просмотрел снимки, похвалил и объяснил ей, что сейчас, когда события уже отдалены определенным временем, нет никакой надежды («несмотря на то, что снимки превосходны!») на их публикацию.

— Но в Праге еще ничего не кончилось! — возразила она и попыталась на плохом немецком объяснить ему, что именно сейчас, когда страна оккупирована, на фабриках, вопреки всему, организуются органы самоуправления, студенты бастуют, требуя вывода русских войск, и вся страна продолжает жить своей жизнью. Именно это и потрясает! А здесь это уже никого не волнует!»

Но редактор переходит к просмотру фотографий с нудистского пляжа.

И скоро Украина будет вытеснена новой темой, хотя и не окончательно; и для Украины придет время других лидеров. Тогда-то многие припомнят фразу о том, что любой подвиг — это чья-то недоработка. Это фраза эффектная, но неверная, потому что мир пока еще не так комфортно устроен, чтобы в нем все работало. Подвиг будет необходим до тех пор, пока существует неконтролируемое зло и агрессивное невежество. И никакой суверенитет не спас бы от российской агрессии ни одну безъядерную державу, будь то хоть Венгрия, хоть Казахстан, да и для стран Балтии даже членство в НАТО не является стопроцентной гарантией. И никакого другого варианта, кроме политики героического перформанса, у Зеленского не было. Всем кандидатам во власть — это и главная отличительная черта — кажется, что там, наверху, вариантов много. Но их почти никогда нет. Во всяком случае во время войны нет альтернативы героизму.

Но Арестович интересуется сейчас не этим. Он думает об инвестировании своей популярности во власть, трансформации морального капитала в политический; война дала ему такой шанс, и другого не будет. Сам он, по всей вероятности, убежден, что действует не ради власти, а ради блага Украины. Очень может быть, что все так и есть. Именно ради политической борьбы он сменил утешительную и патриотическую риторику на алармистскую и критическую, хотя об украинском национализме и самолюбовании всегда высказывался достаточно резко. Есть ли у него единомышленники и потенциальные влиятельные сторонники? В интеллектуальной сфере — безусловно. Вот что сразу после саммита НАТО писал украинский философ Андрей Баумейстер: «Саммит НАТО в Вильнюсе стал для Украины и мира важным, суровым и отрезвляющим уроком политического реализма. Украинская политика «жесткого давления» и «решительной риторики» по отношению к партнерам показала свою полную несостоятельность и потерпела оглушительный провал. Это провал коллективного «Андрея Мельника» с его громкими и грубыми заявлениями, задним числом объявляемыми «эффективными» и «успешными». Вот уже и министр обороны Великобритании просит лидеров Украины о хотя бы минимальной благодарности... Политический Запад напомнил нам и всему миру о своем главном искусстве: искусстве пафосных, громких, обтекаемых, иногда весьма приятных, но зачастую совершенно бессодержательных формулировок. Украина теперь понимает, в какой форме и в каком стиле будет протекать разговор о членстве страны в ЕС. Там для «домашних заданий», «сроков и условий» — широкое поле применения. Уж не сомневайтесь.

Как и в Бухаресте в 2008 Украине и (тогда) Грузии сказали «нет» в форме «да». А сейчас и почти прямо сказали «нет». Не похоже ли это на сигнал Москве: мы очень осторожны, мы не хотим вас волновать, не извольте беспокоиться!

Гневные и пафосные заявления — это оружие из арсенала вчерашнего дня».

Как видим, выводы популярного философа ничем не отличаются от меморандума Арестовича, в каком-то смысле они и жестче. Но Баумейстер не собирается включаться в предвыборную борьбу, у него все в порядке с научной карьерой, а Арестович явно не тот человек, чтобы ограничиться психологическими практикумами. Лично для меня его приход в украинскую политику был бы событием радостным — он по крайней мере радикальный противник национализма, человек стремительных реакций и поклонник Стругацких. Но, как мы знаем, все три эти качества, поврозь и в совокупности, никого ни от чего не гарантируют. Многие черты Арестовича заставляют насторожиться уже сегодня, и одна из таких черт — слишком быстрая, хотя и вполне адекватная, смена риторики.

Зеленский предлагал Украине поверить в несколько безбашенную, но веселую и открытую страну, готовую к экспериментам. Арестович предлагает образ страны, которая не сумела выиграть войну (хотя и сумела не проиграть) и в этом смысле повторила системные ошибки своей истории: слишком много пафоса, слишком мало работы, слишком мало суверенитета. Это скорее не завышенная самооценка, а завышенные требования — а это удовольствие для немногих. Украина полюбила свой героический имидж и не так-то легко с ним расстанется. Трезвость взгляда сегодня легко принять за временное разочарование, панику, за абстиненцию, наконец. Абстиненция после героизма обычно очень тяжелая.

Наиболее высокий шанс прийти к власти после Зеленского (при условии, что ему хватит ума вовремя покинуть Банковую) — у военных, в крайнем случае у военных аналитиков.

В Армении после куда менее масштабной войны так и было. Это выбор тупиковый, при всем таланте потенциального военного. Есть надежда, что обойдется, но первые реакции на заявления Арестовича показывают: ему охотно верили, когда он утешал и повышал самоуважение страны, но совершенно не верят, когда он обличает. У него были бы отличные шансы прийти к власти, если бы выборы проводились среди российской либеральной интеллигенции, но ее мнение в Украине встречают либо равнодушно, либо враждебно. Так что придется ждать еще пять лет (если следующие выборы состоятся вообще), пока Украина разочаруется в военных... или не разочаруется, и это отдельный сценарий с серьезными развилками.

Правда, возглавить оппозицию — пожалуй, еще более выгодный для Арестовича вариант. Тем более что поводов для критики тут будет более чем достаточно: и языковая проблема, которая никуда не делась, и пресловутая коррупция, у которой тоже высокие шансы никуда не деться, и война, которая может никуда не деться в ближайшие годы, если Господу не надоест российская власть. Думаю, ни у кого уже нет иллюзий, всем ясно, что Путин — значит «война», пусть даже с мирными паузами, которые России нужней, чем Украине, и уж явно они будут использоваться не для мирного развития. Как видим, все эти проблемы дают оппозиции замечательное поле для критики власти — при условии, что оппозиция в Украине останется и будет иметь прежние права. Военное время в этом смысле непредсказуемо. Интересно посмотреть на аргументы, которыми Арестович будет агитировать за мир, хотя атмосфера в стране к тому времени может измениться и усталость возьмет свое. Но думаю, что роль лидера оппозиции, причем вечной, без шанса взять власть, для него значительно более вероятна.

И, добавим, куда более выигрышна. Арестович как руководитель может оказаться невыносим, зато Арестович как рупор или лидер оппозиции — настолько же на своем месте, насколько Зеленский оказался на своем. Поддержка значительной части интеллигенции ему гарантирована. Главное же — это будет очень интересно, как интересно все, связанное с этим феноменально одаренным человеком.

И то, что я надеюсь остаться его горячим сторонником, тоже одна из гарантий его вечного неприхода к власти. Те, на чьей стороне я сражаюсь, обычно проигрывают, хотя и красиво, с попаданием в историю. Эта закономерность много раз приводила меня к искреннему желанию сыграть наконец на стороне российской власти, но у них чутье не хуже моего, и они меня, конечно, не примут.

Слава Богу, ограждающему нас от наимерзейших соблазнов.

5.

Вот отрывки из нашего стрима 30 июля 2023 года.

— Если помните, мы с вами говорили о том, что из амплуа всеобщего любимца вы непременно перейдете в амплуа всеобщего врага.

— Я всегда был в этом качестве. Очень многие люди не понимают, за что меня ругают в Украине. Они думают, что я враг украинского общества, враг украинской идеи, они еще не знают, что я враг всякого общества и всякая идея, кроме своей, мне чужда. Они не понимают, насколько выгодно иметь дело с врагом. Враг всегда честен — по крайней мере такой, как я. Враг всегда говорит все как есть. Он единственный, кто может спасти некоторые общества от самих себя. Война — повод заняться работой над собой.

— Вы уверены, что после такой войны украинское общество не станет националистическим и не скатится в архаику? Война никогда не улучшает нравы.

— Война — это хороший повод заняться эволюционной работой над собой. Но для очень многих — повод наконец сладострастно деградировать, снять с себя последние ограничения, объяснить все войной по принципу «Война все спишет». Сбрасываем с себя последние сто лет человеческого. Да, война портит нравы. Как герой «Трудно быть Богом» — он уже не хотел быть землянином, не хотел быть коммунаром, он хотел рубить, предавать огню... Очень многие радостно в это кинулись. Но с другой стороны — очень много еще здравого смысла, и людей, которые хотят странного, тоже хватает.

— Американцы требуют выборов в марте 2024 — как вы на это смотрите и пойдете ли на них?

— Надо сразу уточнять: какие американцы. Сейчас это общество, в котором почти идет гражданская война идеологическая, друг друга они не любят значительно больше, чем внешних оппонентов. Если выбор будут — да, конечно, я на них пойду. Назвался груздем — полезай в кузов. Если я взялся строить мир Полдня, лучший инструмент для этого — политическая власть. Моя роль — написать пролог к миру Полдня.

— Можете ли вы на этих выборах стать голосом всех русскоязычных?

— Нет, меня слишком много, чтобы стать только голосом только русских и только русскоязычных. У меня масса украиноязычных сторонников. Для меня вообще не на первом месте проблема языка, хотя мне старательно лепят этот то ли ярлык, то ли жупел. Я не подбираю остатки партии Медведчука «Оппозиционная платформа за жизнь». Безусловно, я защищаю русскоязычных, и безусловно, я готов работать с хорошими русскими, да вообще со всеми хорошими — китайскими, американскими... Я хочу встать между людьми и системой. Систему тех, которые сжирают, унижают и убивают, — сломать. И создать общество творческих свободных людей, построенное на доверии, радости и любопытстве. Как вы понимаете, я неоднозначный человек сегодня в Украине. Однозначный — Залужный. Его обрабатывают все, он выдерживает непрерывные атаки политических предложений. Мы, слава Богу, имеем возможность говорить один на один, и насколько я знаю, он чурается политики. Он военный до мозга костей в высшем смысле этого слова, его беспокоят военные опасности, существующие вокруг Украины в перспективе двадцати лет, и он хочет радикально перестроить систему национальной безопасности, в частности, вооруженных сил. У него кабинет завален военной литературой, и он находит время по 5–10 минут в сутки, но все-таки прочитать еще один абзац.

— Как Зеленский выдержал текущую ситуацию? Когда война рутинизировалась, возможно, нужен другой человек?

— Зеленский выдержал эту ситуацию, потому что он очень сильный человек и очень амбициозный, и набор его качеств идеально подошел к этой ситуации. Он политик переходного периода, если смотреть с исторической высоты, и должен осуществить переход от старой украинской республики, — которая на самом деле СССР-2, только гораздо хуже по эффективности, — к новой. И история ему воздаст должное за то, что он согласился быть фигурой перехода. Через пятьдесят лет, оценивая его деятельность, потомки подведут баланс в его пользу. Умные всегда поймут, что добровольное распятие как способ перехода — это дорогого стоит, если он понимал. А он, насколько мы знаем, понимал.

— Вопрос неизбежный: не кажется ли вам, что коррупция — изнанка национального характера, что это способ выживания, традиция, почти фольклор, народный промысел? В Рейхе не было коррупции, так ведь это хуже...

— Коррупция как механизм выживания — да, это традиция. Без коррупции люди бы не выжили, даже необходимо было коррумпировать всех этих поляков, москвичей, турок... Бытовая коррупция — пристроить родственника, врачу дать триста долларов и в детский сад занести сто, чтобы ребенка взяли... Это как выпить на дорожку. Но если это воровство из бюджета на крови — это уже не вопрос национального характера. Это вопрос национального выживания. В Украине с самого начала, с девяностых, власти создали систему, когда талантливый человек не может с ними конкурировать, потому что они используют государство.

— Путин говорит, если бы не Майдан — не было бы войны. Мы понимаем, что это ложь, и все же: как вы сегодня оцениваете Майдан?

— Это слишком комплексное явление. Я и тогда говорил, что Майдан напугал политиков по обе стороны границы Запада с Востоком. Это было и борьбой одних олигархов против других, и народное вече, восстание, попытка не дать развернуть курс Украины... Это исторический вызов для народа, самоорганизация и самозащита там была очень интересная, замечательные культурные формы рождались. Это атмосфера совершенно специфическая, когда пятьсот организаций, часто ненавидящих друг друга, там топчутся на одном пространстве — но никто никому не отдавил ногу и все делают общее дело. Я это назвал хроноплазмом. 31 декабря 2013 года было прямое включение с Майдана, и за мной в этот момент тучи разошлись и как бы столб света опустился — у меня сохранилось где-то в фотках. Майдан показал, какой может быть новая Украина, какие социальные формы новые она может предложить миру. А все остальное... Ну конечно, как любое явление, он был и немножко заговором, и немножко инспирирован — в том числе Россией и борьбой народа за национальное самоопределение... Я согласен с определением «Революция достоинства». Просто мы еще не довели ее до конца.

— Каковы сегодня самые опасные политические силы политические силы в Украине?

— Те, кто хотят установить моноэтнический и монокультурный проект. Я не считаю никого из них серьезной и, честно говоря, с большой иронией к этому отношусь. Украине надо строить новую цивилизацию, а потом распространять опыт, в том числе и на Запад. Я не стесняюсь говорить об этом прямо: Запад в тупике, исчерпан потенциал развития, нет картины будущего. Великий светлый Запад, на который все молятся, его давно уже нет, больше ста лет. И это интересно: как говорил генерал Дудаев, чем больше врагов, тем интереснее.

— Можно ли воевать с фашизмом и не заразиться им? Вообще, это все на месяцы, годы или на десятилетия?

— Я думаю, что где-то до весны следующего года вплотную станет вопрос о способности Российской Федерации в ее нынешнем виде поддерживать технологическую войну. Уже не хватает боевой техники, это уже что-то среднее между армией и ополчением. Призвать они могут еще семь миллионов, но это же не победа в войне. Не заразиться — вполне возможно, у нас, пожалуй, есть даже некоторый иммунитет.

— Запад будет давить на Украину для компромисса «территории в обмен на мир»?

— Такие публичные голоса раздаются, причем не из последних людей — начальник штаба НАТО, потом советник Рейгана по нацбезопасности, доктрина Киссинджера опять же… Зеленский уже ответил блестяще: если хотите, мы готовы отдать Белгород.

Выход сил обороны Украины на границы 1991 года сегодня еще нереален: в нынешнем виде мы не можем выйти на границы, нам не хватит вооружения, военной техники, качества военной подготовки — нужно радикально изменить систему тыла в Украине или нарастить в разы поддержку Запада, чего тоже не видится пока. А вот, например, Крым мы взять можем, и пофиг нам на любую кнопку.

— Мне кажется, в случае проигрыша на выборах вы отлично смотрелись бы в качестве лидера оппозиции.

— Я всегда буду в той точке, которая наиболее эффективна для достижения моих целей. А будет ли это высшая должность государства, будет ли это там фракция в Верховной Раде, лидерство в оппозиции… Я свой пролог напишу в любом случае и на любом месте.

— Как вы себя поддерживаете в состоянии психического равновесия, когда весь мир жалуется на депрессию?

— Есть такая метафора хорошая: мы сели в машину и поехали в Одессу, а вдоль трассы стоят люди, которые плюются, кидаются банками, пытаются в нас стрелять, держат плакаты, на которых написано: «Не в Одессу, а в Николаев! Наше счастье в Николаеве! Все, кто едет в Одессу — негодяи и агенты ФСБ!». Повернем ли мы от этого в Николаев? Испортится ли у нас настроение? Лично у меня оно только поднимется. Я все это хаваю на завтрак.

— Как вы думаете, у Путина сейчас ощущение победы или провала?

— С одной стороны, он понимает, что провалился и построил совсем не ту государственную машину, которая способна решить его политические элементы исторических задач по восстановлению СССР. С другой стороны, глядя на Запад, который, прости Господи, откровенно спасал его во время марша Пригожина на Москву, он понимает, что этих лохов можно доить еще очень долго. И ширнармассы в России еще долго можно насиловать, и никто не будет возражать. Он-то лично не страдает, у него икры на бутерброде меньше не стало от всех этих санкций. То есть он потерпел поражение в своих генеральной цели изменить карту мира, историю мира навсегда, как он пытался. Но уж кампанию он надеется свести как минимум в ничью. Политические часы Путина еще тикают, но его историческая фигура больше не существует при любом исходе войны. Россия как мировая держава закончилась. Путин прикончил историческую Россию, она все еще остается, а вот история ее уже закончилась.

— Опять неизбежный вопрос: я считаю, что это не колониальная война.

— Антиколониальный дискурс — одна из ведущих глупостей, которые у нас старательно пытаются утвердить. Украина никогда не была колонией, более того, она была в значительной степени создательницей Российской империи, Советского Союза и держательницей ключей. Не было никакого колониализма и близко. Это же был такой симбиоз, проект Феофана Прокоповича. Ему нужно было найти православную государственность, он понимал, что в Украине никогда не будет никакой государственности, и нужно было сильное серьезное экономическое государство, которое способно оплатить им их привилегии, их способ жить — и одновременно защитить православие, потому что он был фанатичным борцом за православие против католицизма, даром что девять лет учился в Европе в лучших университетах. И он реализовал свой проект — он просто искал новую Византию и три года уговаривал Петра и его окружение провозгласить Москву центром православия. Они тоже были неглупые ребята и спрашивали: хорошо, ты говоришь — собирать православные земли. А какие основания династического права? К этому очень серьезно относились. И тогда он предложил переименоваться: православный император может собирать земли. И уговорил. Так какая нахрен колония? Мы создали это все, нам по праву принадлежат все заслуги и все недостатки. Когда мы это признаем, это будет следующий шаг взросления, это будет значить, что Украина выбралась из коротких штанишек, но пока нас пытаются зашить в эти штанишки, и даже таких людей как Тимати Снайдер освистывают, когда он говорит, что «все не так однозначно».

— Идет ли уже глобальный раскол человечества? По какому критерию?

— Глобальный раскол человечества идет давно. Все как в Меморандуме Бромберга: человечество поделено на две неравные части по неизвестному нам критерию. Я его как раз могу назвать: есть люди, которые за коммуникацию, кооперацию, есть люди, которые за войну всех против всех как естественное состояние, люди, которые хотят, чтобы цивилизация шла по пути страха и контроля, и его усиления цифровыми средствами. А есть люди, которые считают, что нужно идти по пути радости и любопытства и превратиться в группу свободного поиска. Это было особенно отчетливо видно во время ковида. Или Левиафан, страх и контроль — или доверие и радость. Это особенно наглядно на судьбе церкви. Христианство дало три основные идеи: идея спасения, преображения и сотворчества. Когда церковь сделала ставку на идею спасения — она проиграла светским властям: мир — это сплошной ужас-ужас и надо от него спасаться, потому что и сами мы ужас-ужас, и церковь вместо того, чтобы быть этическим контролером над светским государством, как она долгое время была, и давать другую перспективу — она проиграла и стала работать как общественный институт на самое худшее. Но у христианства есть еще две идеи: есть идея трансформации, Преображения — Бог стал человеком, чтобы человек стал Богом А есть еще идея сотворчества с Богом. И вот Полдень — это, грубо говоря, продолжение христианской идеи, где ставка сделана на приобретение человеком божественных качеств и на сотворчество с Богом со Вселенной.

— Во многих семьях жены за вас, а мужья против...

— Часто и наоборот...

— Ну как-то так получается, что в мире славянских культур человек, гладко говорящий, считается болтуном, а угрюмые молчаливые люди считаются надежными...

— Это не славянская история, это криминальная история. В стране, где отсидела треть мужиков, культура приобрела криминальный оттенок. Скажем, отношение к Зеленскому: артисты — это «клованы», это несерьезно... хотя, например, на западе актеры являются амбассадорами мира и вообще фигурами первого ряда. Как бы поделикатнее сказать: вся политика решается в Голливуде. Или презрение к официантам, хотя сфера обслуживания во всем мире давно хозяева жизни. А у нас надежными фигурами в обществе считают так называемых просоленных мужиков: желательно, чтобы у него была лысая голова, шея толщиной в бедро, конская — типа Суровикина. Еще и фамилия суровая. Они не замечают, что когда они молятся на эту на эту коллективную фигуру, они сажают себе на голову такую Джаббу из Звездных Войн. И думают, что это мужество. Но я всегда говорю: если кто-то хочет посоревноваться со мной мужественности, в том числе и самые просоленные лысые мужики, приходите, я всегда с удовольствием дам вам убедиться, насколько обманчива бывает внешность.

Интермедия

ПАСЬЯНСЫ. Книгу эту я пишу так: напишу две-три страницы, просматриваю новости, раскладываю пасьянс. Чаще всего «Паука», чтобы на подольше хватило. Раньше так не было, точнее, это возникало не так часто. Теперь после каждой порции новостей у меня возникает вопрос к мирозданию: имеет ли все это какой-то смысл вообще? Иногда — и чаще — пасьянс говорит «да», и тогда я продолжаю. Иногда — «нет», и тогда я продолжаю тем более, потому что приходится придавать мирозданию смысл без какой-либо реакции с его стороны.

Книгу эту мне никто не заказывал, я сам себе ее придумал — так сказать, для приятного препровождения вечности. (Автор этого выражения — мой сосед по Итаке, жил от меня через две улицы, и о нем я пишу другую биографическую книгу, тоже никому не нужную.) В то, что биография Зеленского пишется без заказа и даже без контракта, никто из моих русских бывших друзей не поверит, но меня давно уже мало беспокоит то, что думают обо мне покойные друзья. Все, что осталось в них живого, — это ненависть, в том числе и ко мне, а это не очень интересно. Иногда — когда мне по университетской работе при подготовке к лекциям случается пересмотреть кое-что из моих «Открытых уроков» или иных бесед со школьниками, я машинально задаю себе вопрос: ну и кому все это мешало? А вот им и мешало, моим бывшим друзьям, которые всего этого не умели. Теперь они совокупными усилиями построили для мира ситуацию, в которой ничто не имеет смысла, и для того, чтобы что-нибудь вообще делать, приходится раскладывать пасьянсы.

Мандельштам говорил жене: Сталин нас всех превратил в ожидальщиков. Это самый точный психологический — если не психиатрический — диагноз для людей, живущих в промежуточную эпоху. Было бы поверхностным сугубо социальное понимание этого диагноза: вот все ждут, пока за ними придут. Можно было бы сказать: пережидальщики, ибо эпоха террора — всегда время отсроченных вызовов и ответов. Террор выходит на первый план, заставляя бояться за себя — а бояться надо за человечество. Время при диктаторе — потерянное время, потому что это, во-первых, эпоха личного бессилия. Человек связан по рукам и ногам: с ним можно сделать все что угодно, а сам он не может сделать ничего. Это время, когда все, включая диктатора (он так же несвободен, как и все подданные), являются объектами истории, субъектов у нее попросту нет. Во-вторых, при диктаторе ничего нельзя сказать вслух, ничего не напишешь, кроме как в стол — или в тамиздат, где это не так нужно. Обсуждение ситуации откладывается до тех времен, пока она отдалится в прошлое — и станет гораздо менее удобна для анализа. Все, кто исследует террор, сводят счеты с прошлым либо обсуждают его сами с собой в одиночку, поскольку общественная дискуссия невозможна даже в кухонном формате. Россия ждет момента, когда снова соберется в единую аудиторию, а будет ли кому собираться — и главное, где? — остается неизвестным. В современной России все гадательно.

Украина — другая: во-первых, очевидно, что она будет существовать не только духовно, но и территориально. Как бы ни развивалась дальнейшая украинская ситуация, это будет страна, дружить с которой престижно, восстанавливать которую почетно, это будет страна, одержавшая духовную победу ровно в тот момент, когда ее президент отказался из нее бежать и остался в атакуемом Киеве. Победа Украины — вопрос времени, и это тоже создает неприятную ситуацию отсрочки: все ждут, когда очевидный факт можно будет констатировать. Украина уже победила — духовно, интеллектуально, да и по чисто военным показателям, потому что многократно превосходящий противник не только не может ее раздавить, но и отдает уже завоеванное. Все, что может предложить миру Россия, она уже продемонстрировала на Донбассе: бесконечно далекий от сусально-архаического идеала криминальный бардак с пытками «на подвале». Весь мир ждет, пока проигравшая страна признает свое поражение — но она не собирается ни признавать, ни замечать его. «Мата своему королю он не заметил», пророчески писал Аксенов. Россия старательно делает вид, что чем хуже, тем лучше, и в этом понимании действительно не может проиграть, поскольку нельзя настолько ухудшить ее положение, чтобы народ восстал и сменил конструкцию государства. У России только один путь — глубже вниз, до той стадии, пока кадровый голод и всеобщая деградация не разрушат экономику, транспорт и всю небогатую инфраструктуру. Сложные системы уязвимы, но российская система очень простая. На глазах у всего мира, деградируя и проваливаясь все глубже в совершенно дикарскую жестокость, Россия безнаказанно разрушает украинские города и убивает мирных жителей, а мало что есть на свете более угнетающего, чем зрелище абсолютного, сознающего себя, наглого зла, с которым ничего не сделается, пока оно не уничтожит само себя.

Пасьянс означает терпение. Толстой раскладывал пасьянсы, по свидетельству Софьи Андреевны, когда у него не шла работа — то есть когда с неодолимым препятствием сталкивалась мысль. Дальше, когда концепция вырисовывалась или нужный тон находился, ему хватало профессиональных навыков, чтобы это развить; но, когда мысль сталкивалась с препятствием или материал не находил адекватного стилистического оформления (грубо говоря, старый стиль казался фальшивым на новом материале), он пытался получить подсказку у мироздания. Пасьянс сходился, не сходился, переделывался, а мысль работала и вгрызалась в препятствие. Чувство такое, что Господь не находит решения или стиля — и потому раскладывает пасьянс. В конце концов, творческий кризис бывает не только у Толстого.

Мир лихорадочно нащупывает логику в хаосе. Но у Бога времени много, а Украине приходится действовать здесь и сейчас. И пока я раскладываю пасьянс, Зеленский говорит и действует, а Залужный выстраивает оборону, а ВСУ реализует план контрнаступления. Людям приходится жить, прежде чем они сформулируют для себя как и зачем.

Вообще эта книга — как всякая другая, но эта в особенности, — была своего рода аутотерапией: от 55 лет моей русской жизни не осталось практически ничего (кроме текстов — но тексты сами по себе ничего не значат). Эту жизнь я отрезал, а начинать новую — интегрироваться в американскую литературу, выстраивать американские связи — нельзя без очень сильной мотивировки. И для меня это было именно попыткой подзарядиться — никакой другой прагматики у этой книги нет, потому что ничего, кроме синяков и шишек, она мне гарантированно не принесет: человек, в жизни которого не осталось практически никакого смысла, заряжается от человека, жизнь которого, без всяких к тому предпосылок в прошлом, наполнена смыслом до краев. От него, а не от кого-либо еще на свете, зависит в ближайшее время само выживание человечества, мое в том числе. Ну так получилось. Молния такая в него ударила. Он ничего для этого не делал и ничем этого не заслужил. И думаю, он был бы счастлив, если бы эту чашу как-нибудь пронесли мимо него, но его не спросили. Подтверждать наличие у мира смысла и замысла выпало ему, и он справился. Справился уже, вне зависимости от финала, и скомпрометировать эту главную свою удачу он может многообразно — а все равно не до конца.

И эту книгу я пишу, не зная, как она закончится, а при худшем раскладе читать ее вообще будет некому. Утешает меня то, что жить свою жизнь тоже приходится до окончательного вывода о том, как ты жил и как надо было. Интермедия закончилась, душу отвели, спасибо за внимание, поехали дальше.

Часть вторая

ТРАГЕДИЯ

Новогодний «Вечерний квартал»-2022 получился удивительно несмешным, но вот парадоксальное чутье: в нем принял участие Зеленский. Два года он не приходил на новогоднее шоу к своей команде — не желая, видимо, ассоциироваться с прежним комическим имиджем — а тут пришел и, разумеется, с Ермаком. (На эту тему тоже пошутили: «С кем он? А, можно было и не смотреть».)

Все шутки оттуда звучат сегодня иначе: вот теща явилась в гости — молодая семья ее выпроваживает: «В Бучу? На такси? Это же тыщи три...» Песня Ильи Лагутенко — о том, что «Потерпи немножко, будет веселей» (старый седой Лагутенко — ах, Господи, какое вообще все старое, заношенное, как шутки про тещу...). Но все-таки он пришел к своим и героически изображает веселье — хотя мы уже знаем, что в это время британская и американская разведка забрасывают его донесениями о сгущении российских войск на границе... Пожалуй, только в одной шутке — тоже невеселой — есть доля истины, которая и придает юмору подлинность: «Как я вас любил! — говорит ему актер, изображающий недавнего фаната. — И в один день разлюбил». Пожалуй, эволюция народного отношения к Зеленскому изображена тут с небывалой достоверностью. Не зря в самом начале «Квартал» озвучивает мысли президента, точно имитируя его знаменитую хрипоту: «Давно я не видел так много людей... без плакатов».

Все-таки небывалой интуицией надо было обладать, чтобы прийти на съемки новогоднего «Квартала»: теперь уже ясно, что это было прощание. Потому что наступивший год тигра навсегда отделил Зеленского от его комического образа, а Украину — от русского контекста. Вероятно, это было последнее украинское новогоднее шоу на русском языке.

Главными символами спецоперации (как называли войну на путинском новоязе) стали две латинские буквы — V и Z. Они были намалеваны на бортах грузовиков, на броне танков и боевых машин, на фасадах театров, руководство которых поддерживало спецоперацию. Происхождения этих символов не знал никто.

Z называли полусвастикой — на полную не хватило откровенности. Припомнили рунический знак «Вольфсангель», что в переводе означает «волчий крюк» — он использовался в символике нескольких дивизий вермахта. Предполагалось также, что Z означает Za победу, но тогда проще было бы нарисовать русское З. Оно хоть и похоже на тройку, но как-то патриотичнее (и тройка тоже известный символ — от троицы до уваровской триады). Предлагались разные варианты расшифровки: Zадание Vыполнено, Zапад Vзят, — но тогда опять-таки было бы естественней использовать кириллицу. Как-никак Z — последняя буква латинского алфавита, как бы означающая, что дальше некуда. Мелькнула романтическая версия о знаке Зорро — испанский дворянин, защитник бедных, прославившийся в XX веке благодаря книгам Джонстона Маккали и фильмам с Дугласом Фербенксом, а впоследствии даже Антонио Бандерасом; Зорро чертил в воздухе или на стенах «знак Зорро» — роковой Зет, — но пик его популярности пришелся на 1975-й, когда его сыграл Ален Делон. Да и какое отношение имеет герой испанских легенд XVII века к русско-украинскому противостоянию? В конце концов, возобладала точка зрения, что V и Z проще всего рисовать — как в лифтах вырезают три буквы не потому, что постоянно думают о ХУ, а потому, что резать пластмассу проще всего именно крест-накрест. Вероятно, дизайн войны заказали какому-то имиджевому агентству (назывались имена политтехнологов Игоря Мангушева и Андрея Ильницкого, но без всяких доказательств), и оно, решив срубить бабла, остановилось на самом простом и при этом нестандартном решении. Вообще же искать что-либо рациональное в российской войне 2022 года — задача достаточно безнадежная: для нее не было причин, кроме тех, которые будут посильно изложены в третьей части нашей книги. Даже вечное удержание власти Владимиром Путиным было вполне реально без военных действий — ей ничто не угрожало, так бы и гнили еще хоть тридцать лет в полупридушенном состоянии, а ведь всякая эскалация — всегда ускорение исторического процесса, повивальная, как говорится, бабка истории.

На самом деле, как мне представляется, ключом к тайне может послужить украинское слово «божевільний», сумасшедший, то есть находящийся в Божьей воле. Когда человеку отказывает примитивный земной разум, он попадает в полную зависимость от Божьего промысла, и Божий промысел заключался в том, чтобы дать этой войне инициалы ее главного героя — Vladimir Zelensky, и его магического помощника Valery Zaluzhny.

Это настолько фантастично и нелепо — как все в этой дикой войне, резко отбрасывающей мир на век назад, — что выглядит достоверно. Конечно, это нереально и самоубийственно, но Бог шельму метит — иногда ее собственной рукой. Залог поражения России в этой войне — то, что символом победы она выбрала инициалы своего главного врага. Возможно, дизайнеры таким конспиративным образом готовились к Гааге — с тем, чтобы в случае дознания сказать: это мы подмигивали украинской стороне!

Как бы то ни было, инициалы Владимира Зеленского и Валерия Залужного украшают броню российских танков, гаубиц и БМП. С именем Зеленского идут на фронт российские солдаты и офицеры. С именем Зеленского поднимаются в воздух боевые самолеты. И все они, в лучших гайдаровских традициях, как бы кричат: «Салют мальчишу!»

Нет, такую войну агрессор выиграть не может. Начав эту войну, он выстрелил себе в ногу, а выбрав такие символы — в голову.

I. Подготовка

В феврале 2023 года портал «Politico» опубликовал расследование, согласно которому Россия начала подготовку к масштабному вторжению весной 2021 года. Джон Файнер (Jon Finer), заместитель советника президента США по вопросам национальной безопасности, говорит, что опасную концентрацию российских сил на украинской границе обнаружил в марте-апреле. Эврил Хейнс (Avril Haines), директор Национальной службы разведки, уже тогда заподозрила, что войска собираются там не для дипломатического давления: «Я недооценила только масштаб вторжения». В Женеве на июньском саммите 2021 года разговор за закрытыми дверями велся не о кибератаках, как предполагали аналитики, а именно об Украине. Тогда Путин всех успокоил, но уже 12 июля 2021 года выступил со статьей «Об историческом единстве русских и украинцев», размещенной на кремлевском сайте одновременно на русском и украинском языках.

Кто в действительности был автором этой статьи — пока неведомо, хотя украинский аналитик Александр Кочетков отчетливо увидел здесь тень Суркова, его возвращение в публичное пространство: «Там есть специфически сурковские фишки». Главной такой фишкой в Украине справедливо считали попытки фальсифицировать историю ради обоснования силовых действий — поиск в прошлом (перевранном, разумеется) поводов для сегодняшней агрессии. Доктор исторических наук Алексей Миллер — не путать с главой Газпрома — увидел в тезисах Путина об историческом единстве славян компиляцию-комбинацию из Уварова и Устрялова; сомнительно, что

Путин знаком со взглядами Уварова или работами евразийца Устрялова, но ему их наверняка пересказывали. Суть статьи Путина — в утверждении, что «именно советская национальная политика — вместо большой русской нации, триединого народа, состоявшего из великороссов, малороссов и белорусов, — закрепила на государственном уровне положение о трех отдельных славянских народах: русском, украинском и белорусском». Украинский язык — не язык, а «говор», нас всегда связывала языковая близость, а формирование Украины как таковой — большевистский проект: «Таким образом, современная Украина — целиком и полностью детище советской эпохи. Мы знаем и помним, что в значительной степени она создавалась за счет исторической России. Достаточно сравнить, какие земли воссоединились с Российским государством в XVII веке и с какими территориями УССР вышла из состава Советского Союза. Большевики относились к русскому народу как неисчерпаемому материалу для социальных экспериментов. Они грезили мировой революцией, которая, по их мнению, вообще отменит национальные государства. Поэтому произвольно нарезали границы, раздавали щедрые территориальные „подарки“».

Профессиональные историки разбивали путинские тезисы всю следующую неделю, а Зеленский отреагировал в духе «Квартала», тоже высказавшись на двух языках: «Приятно, что человек знает украинский язык (смеется). Думаю, если президент Российской Федерации начал писать на украинском, значит, мы все правильно делаем. У меня не было времени прочитать всю статью, но я увидел глубокую работу. Путин потратил действительно много времени. Остается только позавидовать, что президент такой большой страны может себе это позволить. На встречу со мной у Путина почему-то не хватает времени. Я не знал, на что он тратит время, а сейчас вижу результат. Хотя мы могли бы обсудить то, о чем он написал. Возможно, я бы предоставил ему материалы для новой статьи. Нас забывают, когда говорят про победу над фашизмом, но в других случаях вспоминают, что мы братский народ. Мне кажется, это не по-братски так поступать, больше похоже на Каина и Авеля».

Реплика насчет исторического единства Каина и Авеля оказалась пророческой. Британский посол в США Дейм Карин Пирс заметила: «Видно было, что все пошло как-то очень не так». Сентябрьские учения «Запад», по наблюдениям Пентагона, оказались намного масштабнее прошлогодних. В сентябре американское разведывательное сообщество пришло к однозначному выводу, что к вторжению готовятся всерьез.

Второго — третьего ноября в Москве провел переговоры директор ЦРУ Уильям Бернс — он прилетал по личному поручению Байдена с единственной (тщательно скрываемой) целью: дать понять высшим должностным лицам России, что Америка в курсе планов по Украине и не склонна считать их отвлекающим маневром. «Я говорил с Путиным по секретному телефону, — вспоминал Бернс в феврале 2023-го. — Он был тогда в Сочи, в самоизоляции на новой волне ковида. Разговор был странный, но очень прямой. Я изложил все, что поручил мне президент. Он ответил давно знакомыми обвинениями в адрес Украины и выразил твердую уверенность, что России удастся навязать ей свою волю. Круг его советников сильно сузился, так что некоторые из них были слегка удивлены моей информацией о его планах. Я уезжал в уверенности, что он принял решение. Окно возможностей для влияния на ситуацию закрывалось — по крайней мере, он так это видел; без возможности влиять на Украину он не мог считать себя сильным лидером. Он видел, что Меркель уходит, а Макрон отвлечен собственными выборами. На обратном пути я позвонил из самолета Зеленскому. Он выслушал меня очень внимательно и трезво». Впрочем, 2 ноября Зеленский встречался в Глазго (на конференции по климатическому контролю) с Томом Салливаном, заместителем руководителя Госдепа, и получил предупреждение о том, что Россия готовит широкомасштабное вторжение. Госсекретарь Блинкен вспоминал, что «Зеленский принял эту информацию стоически».

Третьего декабря в попытке остановить войну американская разведка отважилась на беспрецедентный шаг — слила в Washington Post подробную карту начала боевых действий, как они рисовались по совокупности данных; «в Вашингтоне было семь утра, в Москве — три часа пополудни, и приятно было думать, что в окружении Путина многие будут этой ночью плохо спать», — не без злорадства рассказывает Эмили Хорн, пресс-секретарь Совета национальной безопасности. Москва не отреагировала, и в Вашингтоне приступили к разработке санкций.

В середине января Зеленский был проинформирован, что вторжение неизбежно. Впрочем, как подчеркнул Бернс, украинская разведка тоже действовала отлично, и никаких иллюзий насчет возможности избежать столкновения у Зеленского не было; он предупредил американцев, что обращаться к нации с предупреждением пока не намерен, чтобы не создавать паники. Американцы предупредили о трех стадиях путинского плана: десантный бросок на Киев, захват аэропорта Гостомель, попытка захватить или выдавить из страны Зеленского и установить марионеточное правительство. Десятого февраля американское консульство в Киеве закрылось, большая часть союзников эвакуировалась, остальные переехали во Львов.

(За пять дней до этого мы с женой получили в Киеве американскую рабочую визу; 21 февраля я должен был начать работать в Корнелле. Документы на визу мы успели подать 5 января, месяц их рассматривали, наконец мы получили сообщение, что можем приехать за паспортами. Неделю мы провели в Киеве, навещая тамошних друзей. Большая часть киевлян уверяла, что вполне готова к войне, но не верит в нее. Тогда я убедился, что подготовиться к войне нельзя. То есть когда по тебе реально начинают стрелять ракетами, ты понимаешь, что никакая умозрительная готовность — хотя бы она базировалась на самых точных разведданных — не имеет ничего общего с реальной войной, с пониманием, что лично тебя собираются убивать. Две недели спустя, буквально накануне войны, мы звонили в Киев уже из Штатов. Там продолжали готовиться и не верить. Юлий Дубов, в девяностые правая рука Березовского, а ныне политэмигрант и писатель, живущий в Лондоне, — человек весьма информированный и обладающий с тех самых девяностых обостренным чувством опасности, — предупредил меня: в двадцатых числах в Шереметьеве будет давка, лучше улететь двадцатого.

Утром 24 февраля Маша Старожицкая и ее дочь позвонили мне из Киева. Они хохотали. Нормальная нервная реакция: мы созванивались ежедневно, и на следующий день никто уже не смеялся.)

II. Канун

Пятнадцатого декабря 2021 года Путин предъявил НАТО свой ультиматум: через голову Украины он обращался именно к Североатлантическому блоку, и прежде всего к Америке. Требования были резкие и заведомо невыполнимые: долгосрочные гарантии отказа НАТО от любого продвижения на Восток, отказ от решений Бухарестского саммита НАТО 2008 года о том, что Украина и Грузия станут членами НАТО, как противоречащих обязательству лидеров всех государств — участников ОБСЕ — «не укреплять свою безопасность за счет безопасности других»; официальный договор о неразмещении США и другими странами НАТО ударных систем вооружений, создающих угрозу России, на территории соседних с ней стран, как входящих, так и не входящих в альянс.

Двадцать шестого января Штаты передали в МИД РФ письменный ответ, который Путина предсказуемо не устроил: «Мы не увидели адекватного учета трех наших ключевых требований, касающихся недопущения расширения НАТО, отказа от размещения ударных систем вооружения вблизи российских границ, а также возврата военной инфраструктуры блока в Европе к состоянию 1997 года, когда был подписан основополагающий акт Россия — НАТО», — заявил он на пресс-конференции после встречи со своим единомышленником, венгерским премьером Орбаном. Семнадцатого февраля послу Америки в России Салливану вручили российский меморандум: «Констатируем, что американская сторона не дала конструктивного ответа на базовые элементы подготовленного российской стороной проекта договора с США о гарантиях безопасности. Проигнорирован пакетный характер российских предложений, из которых намеренно выбраны „удобные" темы, которые, в свою очередь, „перекручены" в сторону создания преимуществ для США и их союзников». Далее МИД — ровно за неделю до вторжения! — уверял: «Никакого „российского вторжения" на Украину, о чем с осени прошлого года заявляют на официальном уровне США и их союзники, нет и не планируется, поэтому утверждения об „ответственности России за эскалацию" нельзя расценить иначе, как попытку оказать давление и обесценить предложения России по гарантиям безопасности». Тут же приводились обычные для российской риторики аргументы: в Киеве произошел государственный переворот, в Крыму состоялся законный референдум, на Донбассе идет гражданская война.

Все было понятно — по крайней мере, тем, кто хотел понимать; обещания не вторгаться в Украину не стоили той бумаги, на которой были растиражированы. Это понимали в Штатах. Это знал Зеленский. С середины февраля в Киеве и его окрестностях началась масштабная эвакуация — увы, не столь масштабная, как следовало. Вопрос о том, в какой степени Зеленский сознавал неотвратимость российского нападения, обсуждается до сих пор: скорее всего, как всякий нормальный человек, — понимал, но не верил.

Во всяком случае, его обращение к украинцам от 19 января 2022 года стоило ему впоследствии новой волны критики — оно и по горячим следам вызвало недоумение, а уж в конце февраля эта попытка успокоить население за месяц до агрессии выглядела и вовсе странной. Он, как мы видели, был полностью информирован не просто о вероятности, но о неизбежности российского вторжения уже к ноябрю 2021 года. И тем не менее, в конце января он вдруг говорит:

Сейчас все новости и информационное пространство заполнены похожими сообщениями. Про войну с Россией, про то, что вторжение может начаться прямо завтра, в любой момент и это «уже точно». И оно отличается от того «точно», которое было месяц назад и «точно», которое было в прошлом году. А еще точно то, что мы якобы не готовы. Но якобы нас не оставят самих. <...> А в чем, собственно, новость? Разве это не реальность уже восемь лет? Разве вторжение началось не в 2014 году? Разве угроза масштабной войны появилась только сейчас? Эти опасности есть не один день. И они не стали больше. Больше стал ажиотаж вокруг них. И сейчас активно нападают не на нашу землю, а на ваши нервы. Чтобы у вас было постоянное чувство тревоги. Всем нашим гражданам, особенно пожилым, нужно это понять. Выдохнуть и успокоиться. Не бежать за гречкой и спичками. Что вам делать? Только одно: сохранять спокойствие, холодную голову, уверенность в своих силах, в своей армии, в нашей Украине. Каждое мое утро начинается с информации про реальную ситуацию на Донбассе и рядом с нашими границами. Мы знаем про все возможные угрозы и понимаем все возможные наши действия в ответ. И это не новость. Мы рассчитываем прежде всего только сами на себя. Не потому что у нас нет поддержки — она есть. А потому что у нас есть достоинство и гордость. Именно поэтому у нас есть партнеры. И уровень их поддержки и международной коалиции высокий, как никогда. И это не новость.

Мы про все знаем и ко всему готовы. Но делаем все, чтобы в итоге нам это не понадобилось. Делаем все для решения дипломатическим путем. Делаем все для наступления мира в Украине. Что делать вам? Только одно. Сохранять спокойствие, холодную голову, уверенность в своих силах, в своей армии, в нашей Украине. Не накручивайте сами себя. На все реагируйте мудро, а не эмоционально. Головой, а не сердцем. Не кричать «Все пропало», а знать, что все под контролем и все идет по плану. Не думать тревожно и постоянно «Что будет завтра? Что будет в будущем?» А знать.

Рассказываю: 22 января мы с вами отпразднуем День Соборности Украины. Мы откроем запорожский мост, за год построим самую большую трассу в Украине от Ужгорода до Луганска. Будем строить дороги, мосты, школы, стадионы, вагоны, самолеты, танки. Вакцинируем большую часть населения. В апреле отметим Пасху, в мае — солнце, шашлыки, выходные, День победы. А дальше лето, мы будем сдавать ВНО. Поступать в университеты, планировать отпуск, копать огороды, жениться, гулять на свадьбе. А дальше осень, где, надеюсь, мы будем болеть за нашу сборную на чемпионате мира по футболу в Катаре. А дальше зима — и будем готовиться к новогодним праздникам.

Как всегда, как и в этом году, 31 декабря всей семьей соберемся за столом, и я уверен, что в новогоднем обращении я скажу: «Дорогие украинцы, я же говорил — мы молодцы!» Мы не паниковали. Не подвергались провокациям. Мы были спокойны, сильны и встречаем следующий Новый год. Без паники. Без ужаса. Надеюсь — без вирусов. И искренне верю — без войны.

Ох, сколько раз ему потом — и в России, и в Украине — припомнили эти шашлыки. С шашлыками Зеленскому вообще не везет — и все из-за проклятой креативности: 21 июня 2021 года, в день украинской прессы, он решил пригласить ведущих журналистов страны в свою резиденцию «Залесье» на шашлыки, лично их жарил, — оппозиция дружно закричала, что Зеленский из своих рук прикармливает прессу; вообще-то право президента устраивать барбекю с теми, кто ему симпатичен лично, никем не оспаривается, но у каждого был свой список тех, кого Зеленский попросту обязан был пригласить! (Он позвал главным образом телевизионщиков, что при его профессии понятно: Дмитрия Гордона с женой Олесей Бацман, Савика Шустера, Алексея Газубея, Наталью Влащенко, Сергея Щербину, Александра Мартыненко, Юрия Богуцкого и Наталью Мосейчук.) Влащенко мне рассказывала, что, хотя все разговоры принципиально шли «off the records», ничего принципиального произнесено не было, но шашлыки были хороши; пили мало — Зеленский этого не любит, иногда выпивает бокал сухого красного. («Бутылку водки выпить могу» — признавался он в интервью Дмитрию Гордону сразу после избрания, но как-то его ни разу за этим не засекли; в одном из номеров «Квартала» он учил пить водку Пьера Ришара — но как человек, проведший однажды с Ришаром два дня в 1992 году, я думаю, что Ришар сам может многому поучить его.) Диана Панченко (ведущая «Першего незалежнего», которую не позвали) написала у себя в блоге: «В этом вся украинская журналистика — жевать мясо из рук президента, радуясь, что закрыли не тебя». Нормальная реакция. Прокол с шашлыками в предвоенной, как выяснилось, речи оказался более серьезным. Понятно, что Зеленскому надо было сбить панику, понятно, что он не сумел этого сделать — как и заявление ТАСС от 13 июня 1941 года с почти дословно совпадающими формулировками насчет слухов о грядущей войне только укрепило всех в уверенности, что война на пороге; в вину Зеленскому чаще всего ставят именно то, что в попытках успокоить Украину он не предпринял должных мер, не эвакуировал пригороды Киева, в которых российская армия оказалась уже через неделю после начала войны, и вообще ослабил бдительность граждан.

В защиту Зеленского можно сказать лишь, что эвакуация за неделю до начала войны уже шла, хотя и недостаточными темпами; насчет ослабления бдительности — я был в Киеве в начале февраля, о войне уверенно говорили все мои друзья, и вообще тезисам власти в Украине традиционно доверяют меньше, чем слухам. Что до его мотивов — рискну высказать предположение, основанное опять-таки на понимании специфики его профессии. Я уже цитировал здесь разговор Николая Гумилева с Честертоном в 1917 году, когда Гумилев обосновывал необходимость рекрутировать в президенты или премьеры представителей творческих профессий. Представителям той самой творческой интеллигенции, ничего не поделаешь, свойственно перформативное мышление. Это, в терминологии британского мыслителя Джона Лэнгшо Остина («Слово как действие»), модус высказывания, которое не описывает, а моделирует действительность; иными словами, в буквальном смысле приказывает дождю идти, ветру дуть, народам маршировать... Такие перформативы — характерная черта не столько волевых лидеров, сколько художников, наделенных творческим воображением; без веры в силу слова ни поэт, ни актер ничего не добьются. «Я так сказал — и так стало» — нормальная позиция для гуманитария и тем более для сценариста. Лев Толстой искренне полагал, что история войны 1812 года останется в памяти народной именно так, как он ее написал. Объективная реальность, в конце концов, оксюморон: мир остается таким, каким мы его сняли, нарисовали, описали. Думаю — поскольку я вообще способен поставить себя на место другого художника, — что Зеленский пытался заклясть реальность и что художник, который не пытается этого добиться — плохой художник. Не его вина, что на этот раз реальность оказалась упрямее, и в новогоднюю ночь на 2023 год Зеленский произнес совсем другие слова:

> Этот год ранил нас в сердце. Мы выплакали все слезы. Прокричали все молитвы. 311 дней. О каждой минуте нам есть что сказать. Но большинство слов — лишние. Они не нужны. Не нужны пояснения, украшения. Нужна тишина. Чтобы услышать. Нужны паузы. Чтобы понять.

Утро 24 февраля. Белая Церковь. Буча. Ирпень. Бородянка. Харьков. «Мрия». Краматорск. Вокзал. Игрушка. Чернигов. Мариуполь. Драмтеатр. Надпись «Дети». Еленовка. Одесса. Многоэтажка. Девочка. Три месяца. Вольнянск. Родильный. Младенец. Два дня.

«Азовсталь».

Это невозможно забыть. И невозможно простить. Но можно победить.

Мы выстояли на ногах, потому что было то, что нас держало. Наш дух.

Оборона Киева. Харьков. Николаев. Белая Церковь. Остров Змеиный.

HIMARS.

Антоновский мост.

«Хлопок».

Крымский мост.

«Нептун».

Крейсер «Москва».

Русский военный корабль.

Изюм, Балаклея и Купянск.

Херсон.

И молимся, что будет Кременная и Сватово, Мелитополь, весь Донбасс, Крым.

Мы сражаемся и будем сражаться дальше. Ради главного слова: победа.

Она точно будет. Мы идем к ней 311 дней.

Отдали много сил. Но в мгновение, когда кажется, что ты уже не можешь идти дальше, вспомните, что мы уже с вами прошли. Я хочу сказать всем вам: украинцы, вы невероятны! Посмотрите, что мы сделали и что мы делаем! Как наши воины с первых дней разносят эту «вторую армию мира». Как наши люди останавливали колонны их техники. Как дед останавливал руками танк. Как женщина сбила дрон банкой помидоров. Как в оккупации крали вражеские танки, БТРы, вертолет, снаряды. Как собирали за часы на «Ловцов Шахедов», морские дроны, броневики, скорые и «байрактары». Как выдержали все угрозы, обстрелы, кассетные бомбы, крылатые ракеты, темноту и холод. Как поддерживали друг друга и государство.

На войне важен каждый.

Кто держит в руках оружие, руль автомобиля, штурвал судна или самолета, скальпель или указку.

Каждый, кто за ноутбуком, кто управляет комбайном, поездом.

Кто на блокпосту и на электростанции.

Журналисты и дипломаты, коммунальщики и спасатели.

Все. Кто работает. Учится в университете или школе. И даже те, кто только учится ходить.

Все это — ради них. Наши дети. Наши люди. Наша страна.

Вот это обращение вся Украина немедленно назвала историческим — оно в самом деле было очень сильным, как, впрочем, почти все военные выступления Зеленского. Стоит сравнить с его словами 19 января 2022 — чтобы увидеть, как радикально поменялась стилистика. Никуда не делась только вера в перформативные конструкции — Зеленский по-прежнему верит в то, что сказанное слово обладает материальной силой. Он предсказывает, что 2023 год будет годом победы Украины и восстановления ее в границах 1991 года, годом возвращения беженцев и территорий. Даже если сам он думает иначе, говорить надо именно это: мы уже убедились, что актер, способный убедить себя, магнетически воздействует и на зрителя.

А насчет участия сборной Украины в катарском чемпионате мира он, к сожалению, тоже ошибся. Первого июня в отборочном матче украинцы победили шотландцев (3:1), но 5 июня в чрезвычайно драматичном матче проиграли Уэльсу. Многие уверяли, что Украине в отборочных матчах будут подсуживать, но сначала ей не засчитали гол Александра Зинченко (якобы он пробил до свистка), а потом — после того, как от головы Ярмоленко мяч отлетел в ворота украинцев, — в конце первого тайма не назначили пенальти, хотя ситуация с падением все того же Ярмоленко была неоднозначная. Так что на чемпионате в Катаре украинцев не было. Мир болел за них в гораздо более жестоких обстоятельствах, и спортивная хроника, пожалуй, только смазала бы впечатление.

В январе 2022-го западные посольства (прежде всего, американское) начали эвакуацию своих сотрудников и не рекомендовали гражданам посещать Украину. Зеленский (в разговоре с Блинкеном) назвал эту меру избыточной. Тринадцатого февраля Байден позвонил Зеленскому и предупредил, что вторжение начнется в течение недели (американская разведка называла 16 февраля, российские пропагандисты громко потешались в ответ — «Россия на войну не явилась»).

Двадцать первого февраля Владимир Путин после обращения депутатов Госдумы (по инициативе КПРФ) подписал указ о признании ДНР и ЛНР, то есть осуществил то, о чем горячо просили на протяжении семи лет все официальные патриоты. Маргарита Симоньян на форуме «Русский Донбасс» в Донецке 28 января заходилась в неприличном визге — думаю, санкционированном, ибо российские пропагандисты без санкции рта не открывают: «Люди Донбасса хотят жить у себя дома и хотят быть частью своей огромной, великой, нашей щедрой Родины. И мы обязаны нам это обеспечить. Россия, матушка, забери Донбасс домой».

Матушка отреагировала. Признав ЛДНР, Россия отрезала себе путь к отступлению (которое, впрочем, и так исключала): российские войска вошли в непризнанные республики.

Двадцать первого февраля Владимир Путин в телеобращении денонсировал минские соглашения. Тогда же он назвал свои условия мира с Украиной: признание референдума в Крыму, отказ от вступления в НАТО, полная политическая нейтральность (и демилитаризация). Было очевидно, что никто на эти условия не пойдет. Вслух об этом сказал тогдашний премьер Украины Денис Шмыгаль.

III. 24 февраля

Двадцать первого февраля 2022 года Владимир Путин обратился к гражданам России (цитирую избирательно):

> Современная Украина целиком и полностью была создана Россией, точнее большевистской, коммунистической Россией. Этот процесс начался практически сразу после революции 1917 года, причем Ленин и его соратники делали это весьма грубым по отношению к самой России способом — за счет отделения, отторжения от нее части ее собственных исторических территорий. У миллионов людей, которые там проживали, конечно, никто ни о чем не спрашивал.
>
> Затем накануне и после Великой Отечественной войны уже Сталин присоединил к СССР и передал Украине некоторые земли, ранее принадлежавшие Польше, Румынии и Венгрии. При этом в качестве своего рода компенсации Сталин наделил Польшу частью исконных германских территорий, а в 1954 году Хрущев зачем-то отобрал у России Крым и тоже подарил его Украине. Собственно, так и сформировалась территория советской Украины.
>
> С точки зрения исторических судеб России и ее народов ленинские принципы государственного строительства оказались не просто ошибкой, это было, как говорится, гораздо хуже, чем ошибка. После развала СССР в 1991 году это стало абсолютно очевидным.
>
> Собственно, как уже сказал, в результате большевистской политики и возникла советская Украина, которую и в наши дни можно с полным основанием назвать «Украина имени Владимира Ильича Ленина». Он ее автор и архитектор. Это целиком и полностью подтверждается архивными документами, включая жесткие ленинские директивы по Донбассу, который буквально втиснули в состав Украины. А сейчас «благодарные потомки» поносили на Украине памятники Ленину. Это у них декоммунизацией называется.
>
> Вы хотите декоммунизацию? Ну что же, нас это вполне устраивает. Но не нужно, что называется, останавливаться на полпути.

Мы готовы показать вам, что значит для Украины настоящая декоммунизация.

Несмотря на известные проблемы, Россия всегда сотрудничала с Украиной открыто, честно и, повторю, с уважением к ее интересам, наши связи в самых разных областях развивались. Вместе с тем бросалось в глаза, что украинские власти предпочитали действовать так, чтобы в отношениях с Россией иметь все права и преимущества, но не нести при этом никаких обязательств. Вместо партнерства стало превалировать иждивенчество, которое со стороны киевских официальных властей подчас приобретало абсолютно бесцеремонный характер. Достаточно вспомнить перманентный шантаж в сфере энергетического транзита и банальное воровство газа. Добавлю, что в Киеве пытались использовать диалог с Россией как предлог для торга с Западом, шантажировали его сближением с Москвой, выбивая для себя преференции: мол, в противном случае будет расти российское влияние на Украину.

При этом украинские власти изначально, хочу это подчеркнуть, именно с первых шагов стали строить свою государственность на отрицании всего, что нас объединяет, стремились исковеркать сознание, историческую память миллионов людей, целых поколений, живущих на Украине. Неудивительно, что украинское общество столкнулось с ростом крайнего национализма, который быстро приобрел форму агрессивной русофобии и неонацизма. Отсюда и участие украинских националистов и неонацистов в бандах террористов на Северном Кавказе, все громче звучащие территориальные претензии к России.

Важно понимать и то, что Украина, по сути, никогда не имела устойчивой традиции своей подлинной государственности. И начиная с 1991 года пошла по пути механического копирования чужих моделей, оторванных как от истории, так и от украинских реалий. Политические государственные институты постоянно перекраивались в угоду быстро сформировавшихся кланов с их собственными корыстными интересами, не имеющими ничего общего с интересами народа Украины. (А у российских олигархов и их кланов много было общего с интересами народа России? Но это в скобках, тут пришлось бы каждое слово комментировать, где взять дотошность? — Д. Б.)

Весь смысл так называемого прозападного цивилизационного выбора украинской олигархической власти заключался и заключается не в том, чтобы создать лучшие условия для благополучия народа, а в том, чтобы, подобострастно оказывая услуги геополитическим соперникам России, сохранить миллиарды долларов, украденные у украинцев и спрятанные олигархами на счетах в западных банках.

Устойчивой государственности на Украине так и не сложилось, а политические, выборные процедуры служат лишь прикрытием, ширмой для передела власти и собственности между различными олигархическими кланами. (Да ведь и любые выборы всего лишь прикрывают передел собственности, да? И вся эта их демократия? Кто ее когда видел? — Д. Б.)

Майдан не приблизил Украину к демократии и прогрессу. Совершив государственный переворот, националисты и те политические силы, которые их поддерживали, окончательно завели ситуацию в тупик, столкнули Украину в бездну гражданской войны. Спустя восемь лет после тех событий страна расколота. Украина переживает острый социально-экономический кризис. (И сейчас Россия братски поможет его преодолеть — Д. Б.).

На деле все свелось к тому, что развал украинской экономики сопровождается откровенным грабежом граждан страны, а саму Украину просто загнали под внешнее управление. Оно осуществляется не только по указке из западных столиц, но и, что называется, непосредственно на месте — через целую сеть зарубежных советников, НКО и других институтов, развернутую на Украине. Независимого суда на Украине попросту нет. По требованию Запада киевские власти отдали представителям международных организаций преимущественное право отбора членов высших судебных органов — Совета правосудия и Квалификационной комиссии судей. (Кто это говорит про независимый суд? Россия, где выносится 99,9% обвинительных приговоров, всегда совпадающих с госзаказом? — Д. Б.)

Вступление Украины в НАТО — это прямая угроза безопасности России. Дело не в нашем политическом режиме, не в чем-то другом, просто им не нужна такая большая самостоятельная страна, как Россия. В этом ответ на все вопросы. Это и есть источник традиционной американской политики на российском направлении. Отсюда и отношение ко всем нашим предложениям в сфере безопасности.

Россия сделала все для сохранения территориальной целостности Украины (в Крыму особенно — Д.Б.). В этой связи считаю необходимым принять уже давно назревшее решение — незамедлительно признать независимость и суверенитет Донецкой Народной Республики и Луганской Народной Республики. А от тех, кто захватил и удерживает власть в Киеве, мы требуем незамедлительно прекратить боевые действия. В противном случае вся ответственность за возможное продолжение кровопролития будет целиком и полностью на совести правящего на территории Украины режима».

Комментарий читателя. Около десяти лет назад мне пришлось в одном исследовательском проекте столкнуться с темой индустриализации Украины в конце XIX века. Одной из косвенных причин был вопрос известного швейцарского инженера, знакомо ли мне имя Стивена (Степана) Тимошенко. Не знакомо, — призналась тогда я. Как же так? — удивился инженер. — Украинец, автор «Теории упругости», более тридцати лет профессор Стэнфорда. А почему швейцарец Майяр строил в Харькове, ты тоже не знаешь?

И я начала собирать информацию про промышленность в Украине. Между 1888 и 1900 были построены четырнадцать главных сталелитейных заводов Украины, и все, кроме завода в Брянске, имели «западных» родителей. Все передовые технологии стекались на территории, которые в книгах и архивных отчетах называются Южным регионом. Основу для этого заложила политика привлечения иностранного капитала Витте. Что пишет по этому поводу Ленин, нетрудно узнать из цитируемой работы по статистике промышленности в дореволюционной России 1955-го года издания, ведь даже самая качественная и скрупулезная работа не обходилась без цитат Ленина: «Южный район горной промышленности представляет из себя во многих отношениях диаметральную противоположность Уралу. Чисто капиталистическая промышленность, выросшая здесь в последние десятилетия, не знает ни традиций, ни сословности, ни национальности, ни замкнутости определенного населения. В Южную Россию целыми массами переселялись и переселяются иностранные капиталы, инженеры и рабочие, а в современную эпоху горячки (1898) туда перевозятся из Америки целые заводы.

Модерн и архаика, правда?

Так что Украина была во многом создана иностранным капиталом. А не Россией, не русскими и не Лениным.

Зеленский понимал, что на это обращение надо отвечать немедленно, ибо оставить его без внимания — значило бы согласиться с тем, что Украина не имеет права на собственную государственность. Зеленский ответил ранним утром 22 февраля:

Дорогие граждане Украины! Великие народы великой страны!
У нас и нашего государства нет времени на долгие лекции по истории.
Я не буду говорить о прошлом. Скажу о реалиях и будущем. За мной — Украина. В ее международно признанных границах. И они останутся такими. Несмотря на любые заявления и действия РФ.
Так же как и мы остаемся спокойными и уверенными в себе.
За это я хочу поблагодарить всех наших граждан.
Вы в который раз доказываете: украинцы умная и мудрая нация. И несмотря ни на что, сохраняете холодную голову, реагируете спокойно, взвешенно, по-взрослому. Мы давно и ко всему готовы. Но причин для вашей бессонной ночи нет.
Сегодня вечером мы провели заседание Совета национальной безопасности и обороны Украины. Украина однозначно квалифицирует последние действия Российской Федерации как

нарушение суверенитета и территориальной целостности нашего государства. Вся ответственность за последствия в связи с упомянутыми решениями возлагается на политическое руководство России.

Признание независимости оккупированных районов Донецкой и Луганской областей может означать односторонний выход России из минских договоренностей и игнорирование решений в рамках Нормандии. Это подрывает мирные усилия и разрушает имеющиеся переговорные форматы.

Сегодняшним и завтрашними возможными решениями Россия легализует свои войска, которые фактически находились в оккупированных районах Донбасса с 2014 года.

Страна, которая восемь лет поддерживает войну, не может поддерживать мир, как она это заявляет. Я обсудил ситуацию с президентом Франции Эммануэлем Макроном, канцлером Германии Олафом Шольцем, президентом США Джозефом Байденом, премьер-министром Британии Борисом Джонсоном, президентом Европейского Совета Шарлем Мишелем. Также планирую говорить с президентом Турции Реджепом Эрдоганом.

Что будет происходить дальше? Мы хотим мира, и мы последовательны в своих действиях. Сегодня МИД Украины направил государствам-членам Совета Безопасности ООН запрос на основе Будапештского меморандума с требованием немедленно провести консультации. Я инициировал созыв заседания Совета Безопасности ООН, проведение специального заседания ОБСЕ. Мы настаиваем на полноценной работе СММ ОБСЕ для предотвращения провокаций и дальнейшей эскалации. Инициирован экстренный созыв саммита «нормандской четверки». От наших партнеров мы ожидаем четких и действенных шагов поддержки. Очень важно увидеть сейчас, кто наш настоящий друг и партнер, а кто продолжит пугать РФ словами. Мы преданы политико-дипломатическому урегулированию и не поддаемся на провокации. Наши границы надежно защищены, создана система территориальной обороны.

Наши партнеры нас поддерживают. В соответствии со ст. 51 Устава ООН Украина оставляет за собой право на индивидуальную и коллективную самооборону.

Мы хорошо различаем провокации и наступление войск агрессора. За нами правда. И правду мы никогда не будем скрывать от вас. Как только мы увидим изменение ситуации, как только мы увидим рост рисков — вы будете обо всем этом знать. Сейчас нет никаких причин для хаотических действий. Сделаем все, чтобы так было и впредь. Мы преданы мирному и дипломатическому пути. И будем идти им и только им.

Но.

Мы на своей земле.

Мы ничего и никого не боимся.

Мы ничего и никому не должны.

И мы ничего и никому не отдадим.

И мы в этом уверены.

Потому что сейчас не февраль 2014-го, а февраль 2022-го. Другая страна. Другая армия. Одна цель.

Это мир.

Мир в Украине!

Слава Украине!

Это заявление и сильное, и слабое одновременно: как пишут в шахматной нотации — «?!». Сильное — потому что короткое, без истерики и паники, без попытки представить себя жертвой, какой себя все время представляет Россия. Она вообще действует из позиции бедной и обиженной: нас не спросили, нас не выслушали, нас обманули... Слабое — потому что на риторику подворотни, на все эти «мы вам покажем» дается цивилизованный ответ, без тени обычного издевательского юмора, в дипломатических границах. Так это не работает. «It wouldn't pay with SSman», как говорил Саул Репнин. Да у Зеленского и не было надежды, что это кого-то остановит. Он хотел предотвратить панику (ее и не было), а кроме того, оставить это заявление вовсе без ответа было не по-мужски. И он ответил — не выходя за рамки самых общих слов.

Между тем 22 февраля даже у оптимистов не было сомнений в том, что Россия с минуты на минуту начнет боевые действия. Вечером Зеленский созвал на Банковую лидеров парламентских фракций. Это была первая встреча всех парламентских лидеров со дня инаугурации. На встрече присутствовали Залужный, глава СБУ Баканов и начальник военной разведки Буданов. Юлия Тимошенко настаивала на немедленной мобилизации. Министр обороны Резников допускал обострение ситуации на Донбассе, но не полномасштабный конфликт. Наиболее радикальным было выступление Буданова, предупредившего как раз о скором начале войны, но было чувство, говорят участники встречи, что президент не верит ему. После встречи Зеленский выступил с новым телеобращением: «На сегодняшний день нет необходимости в общей мобилизации. Нам необходимо оперативно доукомплектовать украинскую армию и другие военные формирования. Мною как верховным главнокомандующим Вооруженных сил Украины издан указ о призыве резервистов в особый период». Он также сообщил о полном единении всех политических сил Украины: «Сейчас все партии одного цвета — желто-синего».

Украинская пресса многократно реконструировала последний мирный и первый военный дни Зеленского: 22 февраля (в Киеве было необычно тепло, +10) секретарь СНБО Алексей Данилов за рулем личной «Ауди» около 20.00 приехал на Банковую и доложил Зеленскому, что «существует высокая опасность его физического уничтожения» (цитирую по «Украинской правде»). Зеленский внимательно выслушал доклад и пошел на следующую встречу.

В распоряжении украинской разведки оказались трофейные карты псковских десантников. На них было написано «Выдать 20 февраля», но «20» было перечеркнуто и написано «22». Обычно карты выдаются за два дня до наступления. Что его отсрочило? Только ли предупреждение американской разведки, которую решили таким образом уличить во лжи? Утром 23 февраля, желая подчеркнуть особую напряженность ситуации, Байден лично принял в Овальном кабинете Белого дома министра иностранных дел Украины Дмитрия Кулебу и посла Украины в США Оксану Маркарову. «Украинская правда», вспоминая ту встречу год спустя, писала: «Несмотря на обещание поддержки, это больше напоминало не подбадривание союзника, а встречу с онкобольным ребенком. В лице Кулебы Байден прощался со всей Украиной». Даже если так, прощаться с Украиной было рано. Совбез Украины меж тем перешел на круглосуточный режим работы. К 10 вечера 23 февраля Верховная Рада проголосовала за введение чрезвычайного положения. ВСУ в это время уже расконсервировало военные склады и готовило аэродромы.

В пять часов вечера 23 февраля состоялась встреча Зеленского с крупным бизнесом. Явились все богатейшие люди Украины: Геннадий Корбан, Борис Колесников, Ринат Ахметов (прилетевший из-за границы), Сергей Тигипко, Александр Фельдман, Владислава Молчанова, Максим Темченко. Олигархи, попросившие их не называть, делились впечатлениями с «Украинской правдой» и порталом «Олигарх». Основных впечатлений было три:

— Зеленский накануне вторжения верил, что ему удастся разрулить ситуацию;

— прямого контакта с Путиным не было, все попытки его установить ничего не дали, администрация президента просила о любом возможном посредничестве;

— Зеленский не просил ни о каких экстренных пожертвованиях (в отличие от времен первой волны ковида), но призвал олигархов не покидать страну и уберечь национальную валюту от резкого падения. Все в один голос поддержали его. Отмечено было, что он нервничал, но держался; лицо было нездоровое, как от долгой бессонницы. Информаторы сказали, что настроение у бизнеса тревожное: они оценивали ситуацию реальней, чем руководство, и не допускали мысли о компромиссе с Россией. Видимо, понимали, что России компромисс не нужен и даже опасен. «Почему-то они не верят, что будет что-то полномасштабное», — сказал один источник. Дело в том, что нормальному человеку до последнего было свойственно верить, что до войны не дойдет, — но нормальные люди в бизнес давно не идут, а идут готовые ко всему. Залужный, кстати, предупредил, что армия приведена в полную боевую готовность и достойно встретит любое развитие событий. Братья Суркисы — Игорь и Григорий, футбольные магнаты, сидевшие прямо напротив Зеленского, — шепотом сообщали соседям, что все начнется в четвертом часу утра, но вслух этого не сказали. Многие потом задним числом упрекали Буданова, что он не сказал о войне открытым текстом — «Мы б не разговоры разговаривали, а семьи вывозили». Буданов отвечал на эти упреки: прямо он ничего сказать не мог, но все дал понять недвусмысленно.

В девять вечера Зеленский удалился в кабинет, пригласив туда своего спичрайтера Юрия Костюка, Андрея Ермака и пресс-секретаря офиса президента Дарью Зари́вную. С ними он два часа готовил обращение к гражданам России на русском языке и в 11 вечера записал его:

Сегодня я инициировал телефонный разговор с президентом Российской Федерации. Результат — тишина. Хотя тишина должна быть на Донбассе. Поэтому сегодня я хочу обратиться ко всем гражданам России — не как президент, я обращаюсь к российским гражданам как гражданин Украины. Нас с вами разделяет более двух тысяч километров общей границы. Вдоль нее сегодня стоят ваши войска. Почти 200 тысяч солдат, тысячи боевых машин. Ваше руководство одобрило их шаг вперед — на территорию другой страны. И этот шаг может стать началом большой войны на европейском континенте. О том, что может произойти со дня на день, говорит весь мир. Причина может возникнуть в любой момент. Любая провокация, любая вспышка, которая может сжечь все. Вам говорят, что это пламя принесет освобождение народу Украины. Но украинский народ — свободный. Он помнит свое прошлое и сам строит свое будущее. Строит, а не разрушает.

Украина в ваших новостях и Украина в реальной жизни — это две совершено разные страны. Главное их отличие в том, что наша — настоящая.

Это наша земля, это наша история. За что вы будете воевать и с кем?! Народ Украины хочет мира! Власть Украины хочет мира. Хочет и делает. Делает все, что может. Мы не одни. Это правда. Украину в этом поддерживает множество стран. Почему? Да потому что речь не о мире любой ценой. Речь о мире и о принципах, о справедливости, о международном праве, о праве на самоопределение, о праве самим определять свое будущее, праве каждого общества на безопасность и праве каждого человека на жизнь без угроз. Это все важно для нас, это все важно для мира. Это тоже важно и для вас.

Нам не нужна война. Ни холодная, ни горячая, ни гибридная. Но если на нас будут наступать войска, если у нас попытаются отнять нашу страну, нашу свободу, наши жизни, жизни наших детей, мы будем защищаться. Не наступать — защищаться! Наступая, вы будете видеть наши лица, не наши спины, — наши лица.

Война — это большая беда. У этой беды большая цена — во всех смыслах этого слова.

Я знаю, что это мое обращение не покажут по российскому телевидению. Но граждане России должны его увидеть, они должны знать правду. А правда в том, что нужно остановиться. Пока не поздно. И если руководство России не хочет ради мира садиться за стол переговоров с нами. Возможно, оно сядет за стол с вами.

Хотят ли русские войны? Ответ зависит только от вас — граждан Российской Федерации».

Я застал времена, когда эту песню — «Хотят ли русские войны», Колмановский на стихи Евтушенко, — учили в школах. На нее сочиняли пародии — «Котятки русские больны». Евтушенко, когда ее писал, мог быть совершенно уверен: русские войны не хотят: осень 1961 года, вторая оттепель (после первой — 1956–58), он только что вернулся из первой поездки по Америке, где все ему задавали этот вопрос. И Бернес, когда ее записывал весной 1962-го, верил: не хотят. И те, кто раздавал эту пластинку — еще на 78 оборотов — делегатам Всемирного московского конгресса за мир и разоружение 9 июля 1962 года, тоже верили. И все мы верили, что кремлевские старцы могут хотеть войны, но русские в целом — никогда.

Но ветераны постепенно уходили. И те, кто помнил войну, старели. И поводов для единения оставалось все меньше. И способность критически относиться к пропаганде ушла вместе с девяностыми, а по большому счету еще с восьмидесятыми. И те, кто делал свободное (на самом деле всецело зависящее от собственника) телевидение девяностых, захотели оставаться в профессии и занялись военной пропагандой. И к 24 февраля 2022 года примерно треть русских войны хотела, а за год эта цифра выросла процентов до 75. Может, они и не хотели войны как таковой. Но считали, что раз уж начали, надо заканчивать. А как же Россия может закончить войну, если не победой?

Им очень хотелось величия. Они ничего не имели против Украины, даже считали ее милой, трогательной. Галушки им нравились, горилка, песни народные. Но они отвыкли возражать, а многие — и думать. Те же, кто пытался думать, уверяли себя: это моя страна, и другой у меня нет. Наверное, наверху видней и мы не все знаем. Вдруг Украина действительно готовит нападение на Донбасс и мы чудом успели? Сюжет «Мы чудом успели» отрабатывался и в Праге в 1968-м, и в Афганистане в 1980-м, и в Приштине в 1999-м, и в Украине в 2022-м — судороги империи со все увеличивающимися интервалами. (Что-то будет в 2048-м? Или уже ничего не будет?)

В четыре утра 24 февраля Путин обратился к подданным, объявив о начале «спецоперации» (слово «война» не только не произносилось, но оказалось в России под запретом).

Мы видим, что те силы, которые в 2014 году совершили на Украине госпереворот, захватили власть и удерживают ее с помощью, по сути, декоративных выборных процедур, окончательно от-

274

казались от мирного урегулирования конфликта. Восемь лет, бесконечно долгих восемь лет мы делали все возможное, чтобы ситуация была разрешена мирными, политическими средствами. Все напрасно.

Что считаю важным дополнительно подчеркнуть. Ведущие страны НАТО для достижения своих собственных целей во всем поддерживают на Украине крайних националистов и неонацистов, которые, в свою очередь, никогда не простят крымчанам и севастопольцам их свободный выбор — воссоединение с Россией.

Они, конечно же, полезут и в Крым, причем так же, как и на Донбасс, с войной, с тем чтобы убивать, как убивали беззащитных людей каратели из банд украинских националистов, пособников Гитлера во время Великой Отечественной войны. Откровенно заявляют они и о том, что претендуют на целый ряд других российских территорий.

Весь ход развития событий и анализ поступающей информации показывает, что столкновение России с этими силами неизбежно. Это только вопрос времени: они готовятся, они ждут удобного часа. Теперь претендуют еще и на обладание ядерным оружием. Мы не позволим этого сделать.

При этом в наши планы не входит оккупация украинских территорий. Мы никому и ничего не собираемся навязывать силой.

Вместе с тем мы слышим, что в последнее время на Западе все чаще звучат слова о том, что подписанные советским тоталитарным режимом документы, закрепляющие итоги Второй мировой войны, не следует уже и выполнять. Ну что же, что ответить на это?

Напомню, что ни при создании СССР, ни после Второй мировой войны людей, проживавших на тех или иных территориях, входящих в современную Украину, никто никогда не спрашивал о том, как они сами хотят обустроить свою жизнь. В основе нашей политики — свобода, свобода выбора для всех самостоятельно определять свое будущее и будущее своих детей. И мы считаем важным, чтобы этим правом — правом выбора — могли воспользоваться все народы, проживающие на территории сегодняшней Украины, все, кто этого захочет.

(То есть они заходят спросить, вы поняли? Спросить украинцев, где они хотят жить. Для этого немного побомбить, а то никто прежде не спрашивал. — Д.Б.)

В этой связи обращаюсь и к гражданам Украины. В 2014 году Россия была обязана защитить жителей Крыма и Севастополя от тех, кого вы сами называете «нациками». Крымчане и севастопольцы сделали свой выбор — быть со своей исторической Родиной, с Россией, и мы это поддержали. Повторю, просто не могли поступить иначе. (В третий раз повторяет, а с учетом предыдущего обращения — в шестой. — Д.Б.)

Должен обратиться и к военнослужащим вооруженных сил Украины.

Уважаемые товарищи! Ваши отцы, деды, прадеды не для того сражались с нацистами, защищая нашу общую Родину, чтобы сегодняшние неонацисты захватили власть на Украине. Вы давали присягу на верность украинскому народу, а не антинародной хунте, которая грабит Украину и издевается над этим самым народом. Не исполняйте ее преступных приказов. Призываю вас немедленно сложить оружие и идти домой. Поясню: все военнослужащие украинской армии, которые выполнят это требование, смогут беспрепятственно покинуть зону боевых действий и вернуться к своим семьям.

Еще раз настойчиво подчеркну: вся ответственность за возможное кровопролитие будет целиком и полностью на совести правящего на территории Украины режима.

Теперь несколько важных, очень важных слов для тех, у кого может возникнуть соблазн со стороны вмешаться в происходящие события. Кто бы ни пытался помешать нам, а тем более создавать угрозы для нашей страны, для нашего народа, должны знать, что ответ России будет незамедлительным и приведет вас к таким последствиям, с которыми вы в своей истории еще никогда не сталкивались. Мы готовы к любому развитию событий. Все необходимые в этой связи решения приняты. Надеюсь, что я буду услышан.

Это сравнение появилось тогда во всей мировой прессе, но как не процитировать еще раз — ведь феноменально в смысле наглядности:

В течение долгого времени мы страдали от ужасной проблемы, проблемы созданной Версальским диктатом, которая усугублялась, пока не стала невыносимой для нас. Данциг был — и есть германский город. Коридор был — и есть германский. Обе эти территории по их культурному развитию принадлежат исключительно германскому народу.

Как всегда, я пытался мирным путем добиться пересмотра, изменения этого невыносимого положения. Это — ложь, когда либеральный мир говорит, что мы хотим добиться перемен силой. По свой собственной инициативе я неоднократно предлагал пересмотреть эти невыносимые условия. Все эти предложения, как вы знаете, были отклонены — предложения об ограничении вооружений и, если необходимо, разоружении, предложения об ограничении военного производства, предложения о запрещении некоторых видов современного вооружения. Вы знаете о предложениях, которые я делал для восстановления германского суверенитета над немецкими территориями. Вы знаете о моих бесконечных попытках, которые я предпринимал для мирного урегулирования... Все они оказались напрасны.

Это речь в рейхстаге 1 сентября 1939 года. Ох, не зря его фуражка украшает главный храм Минобороны.

Мы старались. Мы пытались миром. Нас все обманывали, грубо говоря — кидали.

У нас не осталось другого выхода, и сейчас мы всех убьем. Ответственность лежит на тех, кого убивают.

IV. Первый день

В половине пятого утра ракетные удары обрушились на Киев.

РФ наступала по четырем направлениям: с территории Крыма — на Одессу и Херсон, с севера — на Киев, с северо-востока — на Харьков, с юго-востока — на украинскую часть Донбасса.

Алексей Данилов обзванивал членов СНБО по мобильным телефонам. Спикера парламента Руслана Стефанчука он предупредил о необходимости вводить в стране военное положение.

Зеленский немедленно прибыл в офис. Первый звонок — по своему мобильному — он сделал Борису Джонсону и известил его, что Украина не собирается сдаваться. Первый разговор по специальному защищенному каналу состоялся с Байденом. Заседание Рады открылось в восемь утра, к девяти приняли законы о всеобщей мобилизации и военном положении. Депутаты просили о встрече с президентом, Арахамия ответил, что это маловероятно, но написал Зеленскому СМС. Тот ответил, что ждет глав фракций у себя. Около девяти главы фракций собрались на Банковой. На первом этаже ожидали журналисты, к ним вышли Михаил Подоляк и Алексей Арестович. На четвертом Зеленский предлагал спикеру Рады переехать на запад страны, против выступили Порошенко и бывший спикер Разумков: «Россияне скажут, что власть разбежалась». Решено было Стефанчука оставить в Киеве, а вице-спикера Корниенко отправить в одну из соседних областей. В этот момент вошли офицеры службы безопасности президента и сообщили, что в Печерском районе уже орудуют ДРГ (диверсионно-разведывательные группы) русских. Зеленского отвели в бункер.

Роман Акравец и Роман Романюк («Украинская правда») писали тогда, что решение президента не покидать Киев базировалось на двух предпосылках. Во-первых, Зеленский поверил докладам своей службы безопасности, а не паническим докладам западных разведок. Ему обещали, что русские не смогут взять Киев (и, как мы уже знаем, не смогли). Во-вторых, бункер был построен во времена СССР и рассчитан на прямое попадание ядерного снаряда. Зеленский справедливо рассудил, что он защитит его надежней, чем любая из европейских столиц. В бункере с ним постоянно находился костяк команды: Ермак, его первый заместитель Кирилл Тимошенко, часто бывали министр инфраструктуры Александр Кубраков (называемый «теневым премьером») и глава фракции «Слуга народа» Давид Арахамия.

Кабинет министров решено было эвакуировать. В Киеве остались министры внутренних дел, здравоохранения, инфраструктуры, энергетики и обороны. «Украинская правда» писала тогда, что нет лучшей метафоры Украины, чем этот поезд, увозящий министров неизвестно куда, с единственным охранником, вооруженным единственным пистолетом. Я бы сказал, что это метафора не только Украины, а всего мира по состоянию на полдень 24 февраля, и этот единственный охранник — именно Украина. Но она справилась.

...Первым журналистом, который посетил и подробно заснял бункер, был 38-летний тогда Дмитрий Комаров. Смешно тут то, что Комарова я знал подростком, только начинавшим репортерскую работу, и горячо одобрял его идею блога о путешествиях автостопом. Комаров таким образом почти без денег объехал весь мир, включая самые экзотические уголки, и сделал сначала один из лучших блогов в Украине, а потом стал едва ли не самым известным (ну, может, наряду с Гордоном и Влащенко, но для аудитории помоложе) телевизионным журналистом. На сегодняшний день он почти магнат, а я как был, по выражению Окуджавы, «кустарь-одиночка», так и остался. Перед Комаровым я несколько робею, он меня и не узна́ет, я думаю. Это все потому, что в России не бывает вертикальной мобильности, если, конечно, ты не влез в тот карьерный лифт, входить в который полагается на карачках. Но ничего, я не в обиде. Соблазнов меньше.

Комаров снял телевизионный фильм «Год» — о годе работы Зеленского в условиях войны. Ему показали спальню, рабочий стол с фотографией семьи и бюстом Черчилля, гардероб, где висит парадный костюм — в ожидании мирного времени:

до этого Зеленский будет носить камуфляж, как и подобает Верховному Главнокомандующему.

Это мощный фильм, лучшее, наверное, что снято пока о войне — двухчасовой репортаж из главных точек. Комаров первым из журналистов на танке въехал в Бучу, еще не зная, что увидит там, и первым со своей группой снимал трупы на улицах. Камера зафиксировала необратимые изменения его лица, голоса, интонации — ему первому открывалось все это. Комаров первым снял массовое захоронение в Изюме. Он первым спросил украинских военных, что было бы, если бы русские вошли в Киев. Ему ответили: украинцы взорвали бы все мосты, включая прославленный мост Патона. Уже был заминирован весь аэропорт Борисполь и залита маслом посадочная полоса, чтобы ни один самолет противника не смог приземлиться.

Комаров спрашивает Зеленского: а как вы простились с женой 24 февраля?

— Слушай, я сам умею снимать кино, — говорит Зеленский. — Не было никаких взглядов в глаза и долгих прощаний. Я знал, что мы можем больше не увидеться, она тоже знала. Я вообще люблю семью, если ты не в курсе. Но я знал, что должен делать свое дело и все остальное сейчас на втором месте.

Этот эпизод с легкой руки Washington Post вошел в анналы и упоминается во множестве источников, в том числе в интервью Елены Зеленской: она просыпается от того, что рядом с ней в постели никого нет, и видит мужа, который надевает черный костюм. На ее немой вопрос он отвечает: «Началось». На самом деле Зеленский в эту ночь если и прилег, то на час, не более. О том, что российские обстрелы вот-вот начнутся, точно знали уже и в Вашингтоне, и в Киеве.

— А когда была сказана знаменитая фраза про такси и боеприпасы?

— Утром 24 февраля. Первый звонок Байдену. Я ему еще сказал, что, если президент уехал, — это не держава.

В состояние героя проще всего шагнуть из двух положений (собственно, только из этих двух и можно). Либо за твоей спиной стоит монолитная людская стена, и ты воплощаешь ее главные качества. Либо эта людская стена стоит перед тобой, и ты один против нее. В России гораздо чаще встречается второй вариант героизма — первый ей практически незнаком. Потому что, когда ты стоишь позади толпы и гонишь ее не убой — вперед, орлы, а я за вами, я грудью постою за вашими спина́ми! — это совершенно ни фига не героизм.

В этот ключевой момент войны, когда Зеленский сказал: «Мне нужны боеприпасы, а не такси» (второй самой известной фразой войны стал ответ украинских пограничников: «Русский военный корабль, иди на хуй!»), — решилась ее судьба и судьба мира, потому что системный политик на месте Зеленского мог прикинуть свои шансы и уехать. Сопротивление Украины от этого не стало бы менее отчаянным, но отчаяния в нем бы прибавилось. Зеленский выбрал не компромисс и не бегство. Зеленский выбрал военное противостояние, позицию Давида против Голиафа, и вряд ли даже сам понимал в то время, сколь масштабный выбор совершает.

Кстати, чисто психологически объяснить этот выбор нетрудно — именно потому, что Зеленский в этот день ни секунды не был один: с ним все время были люди, зависевшие от него, в диапазоне от помощников до охраны, от депутатов до министров. Вся предыдущая жизнь Зеленского была командной игрой, он был душой класса, капитаном команды, мотором и менеджером «Квартала», продюсером фильмов, он собирал команду и на президентском посту — а ведьмы уже цитировали «квартальцев»: в «Квартал» трудно войти, но еще трудней выйти. Это коллектив спаянный, цельный и надежный. Зеленский не мог уехать от своей команды. Для него нормально и естественно было отправить на запад страны жену и детей (которые вернулись сразу после отхода русских войск от Киева), но сам он публично проявить слабость не мог — актер жив, пока на него смотрят. Разумеется, это было поведение не актерское, а уже в чистом виде героическое, но актеру проще стать героем — он может его сыграть.

И он произнес главную фразу этой войны: «The fight is here; I need ammunition, not a ride».

Сказал ли он ее лично Байдену или высокопоставленному офицеру американской разведки, предлагавшему немедленную эвакуацию, — никто из американских журналистов подтвердить не мог, но первым ее растиражировало украинское посольство в Британии, а за ним The New York Times написала, что эта фраза Зеленского войдет в историю Украины вне зависимости от того, уцелеет она в этой войне или нет.

Наверняка найдутся люди, которые скажут, что Зеленский этого не говорил, потому что никто, кроме Байдена, не слышал. Наверняка предположат, что все это выдумали пиарщики или украинские дипломаты в Лондоне. Но что он говорил — не так уж важно: словесное оформление победы придет, была бы победа. Важно, что он ни на секунду не покинул Киева. Двадцать пятого февраля он выложил ночную съемку с Банковой: «Лидер фракции тут, премьер тут, глава офиса тут, Подоляк тут, президент тут. Гражданское общество тут, мы все защищаем Украину. Слава нашим защитникам и защитницам! Слава Украине!». Этот ролик надо пересматривать в минуты упадка духа: какие у них всех там лица, какой кураж! И ведь это, понимаете, еще время полной неопределенности, Киев берут в клещи, по городу шныряют ДРГ врага — а они тут стоят в центре Киева. Ну ведь первая мысль всякого нормального человека будет: если они смогли, то и я могу?! В мировой истории последнего десятилетия я не знаю ничего более мотивирующего, чем этот кустарный ролик из ночного Киева, снятый на телефон пресс-секретарем Зеленского Сергеем Никифоровым.

— С Путиным вы пытались поговорить?

— Мне все время отвечали, что он не готов. Я использовал любых посредников, пытался назначить разговор через всех международных партнеров — не готов. А теперь уже я не готов с ним говорить.

Когда Зеленский вспоминал те дни в августе, в интервью Washington Post он говорил: «В эти первые дни день начинался в 5 утра и заканчивался глубокой ночью. Спали пару часов в одежде, потому что, честно говоря, надо было всегда быть наготове. Не потому, что это что-то героическое — это было психологическое состояние. Вы просто не можете позволить себе расслабиться. А когда вы не расслабляетесь, ваш мозг работает и может быстро принимать решения. Вот военные, вот гражданские, вот территориальная оборона, а еще нужно планировать то и это... Это был постоянный поток проблем и решений — бам, бам, бам. Вдруг атомную электростанцию захватили, вдруг стреляют, надо срочно это выпустить в эфир. Мы сделали все, в том числе и информационную политику. Это называется кризис-менеджмент.

Его спрашивают: когда вы поняли, что им не удастся взять Киев?

— Сразу. Я это просто знал. Это было логично. Если мы сплотимся и объединимся, если люди поверят мне как президенту, если военные объединятся с народом, то логично, что они не смогут взять многомиллионный город. У них не хватит сил, они не смогут его взять. Потому что, если один миллион человек выйдет с коктейлем Молотова в руках, это уже не остановить. Я понял, что такой город, как Киев, просто взять невозможно. Как? Это очень трудно, очень трудно, если они придут в центр города. Все понимают, что как только они выйдут в середину, выйдут в центр города на Майдан и начнут войну в правительственном квартале — с этого момента мы их сожжем. Потому что бой внутри города — это очень сложно. Так что у них был шанс либо нас расстрелять, как это сделали в Мариуполе, где они просто все уничтожили, либо прийти в город — но сил для этого потребуются тонны. Или они могут избавиться от меня.

Россия в это время наступала на Киев с двух сторон. Потом Владимир Путин будет говорить о том, что его попросили отвести войска от Киева для обеспечения переговоров, в качестве жеста доброй воли. Кто мог об этом попросить и кого послушался бы в этой ситуации президент России — загадка. Наступление на Киев захлебнулось, и это было первым успехом ВСУ: после этого Запад поверил, что Украине удастся успешно противостоять захватчикам.

Предполагалось войти в Киев через три дня после начала войны. Его прикрывала только 72-я бригада (большая часть украинских войск была занята на Донбассе). Двадцать четвертого февраля 2022 года высадился десант на Гостомельском аэродроме. Одновременно из Беларуси предполагалось войти через Чернобыль, но председатель украинской погранслужбы Сергей Дайнеко отдал приказ взорвать все мосты на границе. Российский военный эксперт Литовкин высокомерно объяснял это так: «Чтобы туда не побежало население».

ВВС опубликовало подробную хронику этого наступления на Киев: «По данным генштаба, наступление на Киев через Чернобыльскую зону утром 24 февраля начали девять батальонных тактических групп (БТГ) российской армии. Еще 10 БТГ оставались в резерве в Гомельской области у белорусско-украинской границы» (одна БТГ — от 600 до 800 бойцов, однако накануне вторжения группы были усилены до 1000).

New York Times получила от Главного управления разведки Минобороны Украины график продвижения российских войск к Киеву: исходный рубеж — Гомельская область, затем переправа через Припять, село Белая Сорока (на границе с Украиной), а в конце Стоянка (село у Ирпеня в пяти километрах от границы Киева). Весь этот 200-километровый маршрут должен был занять 13 часов.

Генштаб Украины комментировал: «Столкнувшись с сопротивлением, противник был вынужден разворачиваться в боевые порядки и с боями продвигаться в направлении столицы. В течение трех суток, до конца дня 27 февраля, наступавшие с Чернобыльского направления передовые подразделения ВС РФ вышли и закрепились на рубеже населенных пунктов Стоянка — Гостомель – Демидов», — говорится в сообщении Генштаба. Десант в Гостомеле был уничтожен в ночь на 25 февраля, но россияне подбросили подкрепление. Колонна российской техники, продвигавшаяся на Киев, достигала к 1 марта 56-го километра и состояла из четырех батальонных групп, которые россияне ввели в действие 28 февраля. «Таким образом, огромная колонна, которая должна была захватить украинскую столицу, состояла из 10 резервных БТГ, подогнанных с белорусской территории. По ориентировочным оценкам, она насчитывала до 10 тысяч бойцов, около 100 танков и 400 БМП и БМД», — подсчитывает ВВС.

Бой за село Мощун (три километра от Киева) привел к тому, что село разрушили до основания, но там россияне впервые были остановлены и отброшены. Еще одну БТГ уничтожили в Раковке (несколько севернее Мощуна). До 19 марта россияне наступали, потом были остановлены и стали окапываться, а 2 апреля покинули Ирпень и Бучу.

V. Март

Пресс-конференцию Зеленского 3 марта 2022 года было, честно говоря, страшно смотреть. Российская пресса не упустила случая поиздеваться над ним. Сколько бы его ни обзывали пьяным, было видно, что он не пьян, а просто смертельно устал: при внятной и быстрой речи, четких формулировках и безупречном самоконтроле он с трудом удерживался от того, чтобы не заснуть во время слишком многословных вопросов (и несколько раз в паузах попросту отрубался). Любой, кому приходилось бороться со сном, видит: перед нами человек, не сомкнувший глаз несколько суток. Эмоциональный выпад он позволил себе единственный раз — и больше, кажется, с тех пор никогда не обращался к Путину лично, вообще не позволял себе человеческой интонации в разговоре с ним. В конце марта 2022 года случилась Буча, и Зеленский надломился всерьез — или, если угодно, окаменел в ненависти. Русские перестали быть для него людьми, перестали быть даже врагами — они были теперь чем-то вроде инопланетных захватчиков, от которых не ждешь человеческих реакций.

Но 3 марта Зеленский будто еще верил, что все возможно остановить и отыграть назад: «Владимир Путин, уйди с нашей земли. Не хочешь сейчас уйти — сядь со мной за стол переговоров, я свободен. Сядь со мной, только не на тридцать метров, как с Эммануэлем Макроном, Шольцем — я ж сосед, меня не надо на тридцать метров держать! Я не кусаюсь. Я нормальный мужик, сядь со мной, поговори, чего ты боишься.

Я открытый человек, я знаю все вопросы, которые поднимает президент Путин, его окружение, министр иностранных дел. Надо говорить без обид, без условий — просто поговорить как люди и как мужчины. Я готов обсудить все вопросы. Об Украине, о проблематике русского языка, о Донбассе оккупированном, или не оккупированном. О статусе Донбасса, о „ДНР“, „ЛНР“ — обо всем, что происходит».

Сама возможность говорить, как мужик с мужиком, само упоминание о разговоре по-соседски — свидетельство не то что бесконечной наивности президента Зеленского, но доказательство шока, который он пережил вместе со всей Украиной. В России этот шок был далеко не так велик — там пропаганда подготовила население к войне, причем именно к российской агрессии, до которой нас якобы довели. Но градус пропаганды в Украине при Зеленском снизился, и в войну предпочитали не верить до последнего момента. Зеленский с искренним удивлением говорит, что Украину хотят не просто поставить на колени — ее хотят уничтожить, сделать так, чтобы ее просто не было. В предельном недоумении он спрашивает: чего вообще ты хочешь? Что мы должны сделать, чтобы вы перестали убивать наших детей? Скоро он поймет: нет таких жертв, на которые должна пойти Украина, нет таких уступок. Перед ним та же надвигающаяся железная стена, которая давила мир в тридцать девятом: единственное требование России — это чтобы никого больше не осталось.

«Но не можем же мы уйти со своей территории! Не можем же мы сказать, что мы — часть России, что нет никакой Украины?» — повторяет Зеленский, в душе, вероятно, уже понимая, что условия именно таковы: их, украинцев, просто не должно быть. Единственный способ для Путина сохраняться у власти вечно — война. Единственный возможный исход войны — не компромисс, а полная и безоговорочная капитуляция всего остального мира. Не сразу, постепенно, но — всего. На этой планете отсидеться нельзя. И у этого нового рейха есть ядерное оружие, которое он готов применить: терять нечего. Некоторые еще верили в то, что Путин запугивает. Скоро Зеленскому предстояло понять, что Путин действительно загнан в угол, и сила, которая его туда загнала, гораздо серьезней, чем НАТО. Эта сила — время. Противостоять современности, остановить будущее, навеки зафиксироваться на троне можно единственным способом — навязав миру войну и бросая в топку новые и новые поколения. Зеленский еще не понимает, что его единственная вина — принадлежность к этому будущему, отказ от архаики, нежелание жить в мире вечных противостояний, расстрелов и доносов. «Ну чего он хочет? Мы же не террористы, мы же не грабим банки», — повторяет Зеленский, нисколько не пытаясь в эту минуту выглядеть грозным и решительным: он задает детские вопросы, как школьник, которого преследуют уличные бандиты. Он шел себе домой, никого не трогал, а эта шпана его ловит по пути. У него даже отнять нечего, им не нужны его деньги на завтрак. Просто глумление и насилие — их способ жизни, они не умеют ничего другого. Хорошо помню, как мой сын, на которого напала такая шайка, спрашивал у меня в искренней растерянности: что я им сделал? Но что тут можно объяснить? Ты не сделал им ничего, и вместе с тем ты сделал все: твое существование на свете их отменяет, и они это чувствуют. Они не умеют, не хотят учиться и никогда не научатся тому, что умеешь ты. Их невозможно научить высокими эмоциям и открыть им сложные удовольствия. Великий советский сказочник Александр Шаров в повести «Старые рукописи» вывел молодого ученого, научившегося подслушивать мысли щуки. Молодая щучка думает одну мысль: «Я хочу съесть карася. Я хочу съесть карася». Тогда он стал слушать старую, трехсотлетнюю щуку — в надежде, что она набралась ума, навидалась событий, стала, наконец, задумываться о чем-то... Но услышал только повторяемое со страшной скоростью, с безумной интенсивностью, несущееся по кругу в ее рыбьем мозгу «Яхочу съестькарасяяхочусъестькарасяЯ-ХОЧУСЪЕСТЬКАРАСЯ!!!» — и ничего более. Наивно со стороны карася спрашивать, в чем он виноват. Наивно ждать, что в стране-агрессоре найдутся честные журналисты, которые сочувственно выслушают лидера Украины. Вот как отреагировал на эту жуткую пресс-конференцию информационный сайт российского Первого канала: «Вопрос про употребление разного рода препаратов — в числе самых часто задаваемых журналистами бывшему главе офиса президента Украины, Андрею Богдану.

„Пока я был рядом, проблемы не было. То, что сейчас происходит... Надо проводить исследование. Это же медицинский показатель, это же невозможно скрыть. Я вижу: он физиологически поменялся, у него лицо другое. Это разговор другой, слова другие, мимика другая, он вообще не тот. Он слова ищет, он слова вспоминает", — отметил Богдан».

И естественно, мнение экспертов — на этот раз наркологов. Даже они признают, что речь Зеленского вполне адекватна. Но он с трудом концентрирует внимание и временами отключается. «Наверное, опять скажут, что не спал несколько ночей». И разумеется, кто же в это поверит? Комментарии пользователей — допускаю, что им, в отличие от экспертов, не платят ни копейки — единодушны: он под веществами, это не президент, сравните с нашим...

Очень скоро это «сравнение с нашим» перестало устраивать даже комментаторов с государственных сайтов. Потому что, в отличие от Зеленского, говорившего с трудом, но честно и внятно, Путину нечего было сказать, кроме регулярно повторяемой и давно разоблаченной лжи. А скоро он и говорить перестал — оправдать явный военный крах было нечем. С апреля Зеленский начал выигрывать этот бой — сначала по очкам, а затем и нокдаунами.

Переломной точкой оказались события в Буче — киевском пригороде, куда 15 марта вошли и откуда 2 апреля вышли российские войска.

VI. Буча

Я был в Буче в конце июня 2022 года, и над городом все еще стояла аура беды: есть места, в которых происходило нечто действительно страшное, и скопившийся там ужас не выветривается. Таким же я запомнил Спитак, где случилось 7 декабря 1988 года, во время армяно-азербайджанской войны, самое разрушительное в истории Армении девятибалльное землетрясение. В Буче летом шла невероятно бурная жизнь: постоянно привозили журналистов со всего мира, рядом отец Андрей, уцелевший в те десять дней, показывал двор церкви, построенной перед самой войной и еще не расписанной, и в этой церкви вместо икон стояли фотографии бучанских жертв — эксгумация, осмотр, перезахоронение; еще был перекопан церковный двор, но тут же, в церкви, тот же отец Андрей венчал новые пары и крестил новых детей. К июню в Бучу уже вернулись больше трехсот беженцев. Мэр Анатолий Федорук, который во время оккупации прятался у соседей (многие знали, и никто не выдал), показывал, что осталось от его дома. От самого дома, уточним, осталось очень мало, поскольку, уходя, российские войска расстреляли его из гранатометов; тут же стояла изуродованная «мазда», которую не смогли открыть, чтобы покататься, и решили поувечить, чтобы отвести душу. Но рядом с остовом полусгоревшего дома стояли невредимые гипсовые зайцы и грибы, а в уцелевшей беседке Федорук угощал журналистов коньяком и черешней. «Отстроимся», — говорил он бодро, но в глазах его бодрости не было. И чем больше Буча, со своими свадьбами и крестинами, старалась показать, что все не так страшно и жить еще можно, тем виднее было, что все это попытка спрятать непоправимое: большая часть жителей не только не оправилась от травмы, но не успела толком ее осознать.

Мертвые были похоронены, дома восстанавливались, беженцы возвращались — и тем не менее с необычайной остротой чувствовалось, что совсем недавно здесь было очень плохо, я знаю этот запах беды по Шуше и Беслану, и это запах не столько гари, сколько ужаса. Ужас висел в воздухе, это тяжелая материя, вроде ртути, и она долго еще никуда отсюда не денется. Это запах абсолютной беспомощности, крайней растерянности, чувство, что никто не спасет. При этом Буча была богатым пригородом, престижным районом, дома тут были хорошие и земля дорогая, и люди возвращались сюда в уверенности, что больше никто их отсюда не вышибет. И не вышиб, действительно, россиян сюда больше никто не впустил, их отшвырнули от Киева. Но наивен был тот, кто допустил возвращение. Можно похоронить мертвых и отмыть дома, но нельзя вернуться.

Все это было похоже на экскурсии в Освенцим, только во время войны. Вообще в современной войне все делается гораздо быстрей: враг еще наступает, а экскурсии уже возят. К нынешнему времени в Буче поработали, думаю, не меньше тысячи иностранных журналистов, и все, что там происходило, тщательно документировано. Многим — из психологического самосохранения — хотелось бы думать, что это пропаганда; но это не пропаганда.

Население Бучи составляло перед войной примерно 40 тысяч, убежать успело большинство — в городе оставалось порядка 5000. Жители Бучи уезжали на своих машинах под российским обстрелом. Российский спецназ появился в пригороде уже 25 февраля. Буча рассматривалась русскими как база для нападения на Ирпень. Дважды украинцы отбивали пригород, 3 марта он был сдан. Цитирую «Холод», подготовивший обзор мировых СМИ: «Всего в Буче было найдено 461 погибший. Из них 73 тела эксгумированы из самой крупной братской могилы у церкви Андрея Первозванного в присутствии европейских высокопоставленных чиновников Жозепа Борреля, Урсулы фон дер Ляйен и премьер-министра Украины Дениса Шмыгаля. Сорок похороненных были опознаны как мирные жители, на многих телах обнаружены следы огнестрельных ранений... 4 апреля газета The New York Times опубликовала спутниковые снимки Бучи, сделанные компанией Maxar Technologies в середине марта. Снимки фиксируют, что в период с 9 по 11 марта, когда город оставался под контролем российских сил, на Яблонской улице в Буче появились как минимум 11 темных объектов размером с человеческие тела, которые с тех пор не меняли расположения. На видео, снятых 2 апреля, когда город вновь вернулся под контроль украинской армии, тела мирных жителей лежат в тех же местах, что и объекты на спутниковых снимках, сделанных в конце марта. Еще два тела — одно из которых лежит рядом с велосипедом, второе — возле брошенной машины, — согласно спутниковым снимкам, появились на Яблонской улице между 20 и 21 марта».

Опубликованы перехваченные переговоры российских солдат. Они откровенно признаются, что «перевалили много гражданских» и что есть приказ расстреливать всех — «гражданские, не гражданские»... Все это изучено сотнями журналистов и проверено сотнями экспертов. Полагаю, никто из европейцев не был заинтересован в подтасовке этих данных — после них уже невозможно было отделываться «возмущением» и «обеспокоенностью». Журналистские расследования из Бучи появились во всех крупных мировых СМИ, и во всем мире они вызвали уже не беспокойство или возмущение, а шок. Шок этот не прошел по сию пору.

Пока Россия представлялась всему миру — и отчасти российской оппозиции — государством тотальной коррупции, чиновной безнаказанности, олигархических роскошеств, она тихо превращалась в заповедник нового фашизма, в архаическое государство тотального людоедства и фанатической озлобленности на всех. Об этом можно было догадаться после разговора Елены Костюченко с бурятским танкистом Доржи Батомункуевым в 2015 году, но тогда некоторые надеялись, что это все единичные случаи, не могут же все — уже тогда — так легко и без сомнений убивать. Бурят-то, казалось, не испытывал ненависти: «Подсознанием ты все рано понимаешь, что там такой же человек, как и ты, в таком же танке. Ну или пехота, или на любой технике. Он все равно... такой же человек. Из крови и плоти. А с другой стороны, понимаешь, что это враг тебе. Убивал ни в чем невинных людей. Мирных граждан. Детей убивали. Как эта сволочь сидит, весь трясется, молится, чтобы его не убили. Начинает прощения просить. Да бог тебе судья. Нескольких взяли. Так все жить хотят, когда уже прищучит. Такой же человек. У него мама...»

Семь лет спустя такие мысли уже никому не приходили — или в них не признавались.

ББС опубликовала материалы «домовых чатов» из Бучи — это в Украине распространенное явление. Хотя в городе постоянно возникали проблемы с интернетом, в этой соседской переписке зафиксированы десятки убийств. Отход из Бучи был представлен российской стороной как акт доброй воли для создания обстановки взаимного доверия на переговорах в Стамбуле.

Никто в Буче, никто в мире не понимал, что это такое: в чем источник этой патологической злобы и бессмысленных расправ с мирным населением. То ли в каждом украинце, независимо от пола и возраста, видели врага, то ли злились на чистоту и богатство местного жилья: уровень жизни в Буче высок и по украинским меркам, а по российским способен серьезно пошатнуть хрупкую солдатскую психику. Нелюди — слово, встречающееся в домовых чатах и репортажах украинских журналистов чаще других. К такому не был готов никто — даже те, кто следил за российской пропагандой: как ни расчеловечивала она украинцев, но до прямых призывов убивать всех подряд не доходила. «Не жалейте их, мой президент!» — писал российский фантаст Сергей Лукьяненко, но кто же реально прислушивался к Сергею Лукьяненко? Нет в России ни писателей, ни пропагандистов с таким авторитетом; не в пропаганде тут было дело, и не в веществах, которыми якобы накачивали солдат перед боями. Ведь и боев не было: армия неподвижно стояла в городе. Вот она так развлекалась.

Людей, которые зверствовали в Буче, установили. Позвонили домой их родственникам. Многие звонили с мобильников, отобранных у жителей Бучи, так что установить собеседников было нетрудно. Мать одного из псковских десантников ответила корреспонденту «Важных новостей», который обратился к ней в WhatsApp:

Мне кажется, что про эту бучу только ленивый не написал)))

Уже все по ней разобрались

И смотря какая версия вас интересует, Зеленский все по этому поводу придумал уже что да как там произошло

А если у человека есть голова на плечах и здравый смысл то врят ли в эту жуть про российских солдат можно верить, они даже над пленными не издеваются не говоря уже о мирных жителях)))

Вот лучьше бы вы разобрались кто глотки на дороге нашим пленным режет и расстреливает их и донесли бы эту информацию до красного креста и как они там содержатся тех кого укрофашисты не убили)))

Вот вы бы как журналист сделали бы хорошее дело.

Многие мировые СМИ обошла история Ивана Скибы, которого расстреливали, да не добили. Цитирую «Важные истории»: «Нас всех раздели, искали татуировки. Орали: „Вы бандеровцы!“» Тогда же военные забрали у всех телефоны. Мужчин заставили выстроиться друг за другом, взяться за куртку впереди стоящего, и под дулами сопровождающих привели к дому 144 по той же Яблонской улице — четырехэтажному офисному зданию, где устроили свой штаб российские оккупанты. Там мужчин заставили снять ботинки и куртки. Поставили на колени, некоторым завязали руки. Одного из задержанных, 28-летнего Виталия Карпенко, застрелили сразу — Иван Скиба видел это. Скибу и еще одного мужчину, Андрея Вербового, завели в здание, Ивану надели ведро на голову, начали стучать по нему прикладом и кирпичом. Что стало с Вербовым, Скиба догадывается: больше он не слышал его голоса; скорее всего, его убили.

«После этого меня снова вывели, поставили на колени, — вспоминает Скиба, которого вернули к задержанным. — Военные решали между собой, что с нами делать, один сказал: „Ебашь их, только отведи, чтобы тут не валялись“». Одного из пленников отпустили, потому что, как говорит Скиба, тот «смалодушничал» и признался, что состоял в тероброне. Сейчас он находится под следствием, украинские власти обвиняют его в госизмене. Остальных мужчин повели за угол дома; Скиба вспоминает, что военных было двое, они выглядели очень молодо. Далее мужчин поставили лицом к стене, и началась стрельба. Скиба помнит слова одного военного: «Все, пиздец вам, блядь, бандеровцы!» Пуля прошла по касательной, задев бок Ивана, он рухнул на землю. «Достреливали, добивали тех, кто подавал какие-то признаки жизни». Скиба упал рядом с мертвым мужчиной, который уже лежал на земле до их прихода: «Я старался не дышать, только пар шел изо рта… Я был без обуви, поэтому снял ботинки с убитого хлопца, который лежал там еще до нас».

Скиба побежал с места расстрела — перелез через три забора и оказался в частном доме, в котором уже побывали оккупанты. В доме все было перевернуто вверх дном. Он нашел куртку, шапку и спирт — смог обработать раны.

На 10–20 минут Иван прилег на диван, пытаясь согреться, но этому помешали военные, которые вновь ворвались в дом. «Я сказал, что я хозяин дома, семья эвакуировалась. Лицо у меня было в крови, сказал: что-то прилетело».

Военные снова отвели Ивана в штаб в 144-м доме, где ему оказали медицинскую помощь, а после привели в бункер, где прятались от обстрелов около двухсот мирных жителей.

Седьмого марта российские военные вывели всех наружу. Сначала отпустили женщин и детей. Потом мужчин. «Нам сказали: „Мы пришли вас освобождать!“ Что-то типа: мы классные ребята, не берите в руки оружие, мы вас отпускаем. Я думаю, бункер понадобился им самим, чтобы прятаться от обстрелов».

Таких публикаций десятки. Общее количество убитых в Буче оценивается украинской стороной (летом 2023 года) в 422 человека, но цифры эти не окончательные и пересматриваются в сторону увеличения. Находят новые братские могилы, записывают показания, ищут конкретных виновников из числа российских военных. Арестович опубликовал список одиннадцати воинских подразделений, непосредственно причастных к массовым убийствам мирных жителей.

Неуклюжая и бездарная ложь российской пропаганды о том, что убитые в Буче были жертвами украинской теробороны, многократно и подробно разобрана «Медиазоной», «Медузой», «Инсайдером». Все эти утверждения как всегда бессистемны: убитые погибли в результате украинских обстрелов; убитых не было; убитые появились после ухода российской армии (хотя их видно на спутниковых снимках середины марта); все это украинцы сделали сами ради санкционного давления на Россию... Всех, всех убили сами ради санкционного давления! После убийств бесстыдство пропагандистов уже не должно никого удивлять — удивляет идиотизм; может быть, это надежда на снисхождение в будущем трибунале? Но сомнительно, что это будет смягчающим обстоятельством. С российской пропагандой я знаком неплохо, но не припомню, чтобы Россия так бездарно врала — ни в советское, ни в постсоветское время.

День посещения Бучи Зеленский назвал самым страшным днем в своей жизни — возможно, еще и потому, что сам себя упрекал в промедлении с эвакуацией. И после этого дня перемен в интонациях и облике Зеленского нельзя было не заметить: Украина и мир увидели нового человека — скорбного, словно присыпанного пеплом, но и куда более твердого, исполненного самурайской готовности к мести.

Его обращение 3 апреля — вероятно, самое трагическое из всех. Я его цитирую почти без сокращений, потому что, как сказал он сам, важно каждое слово.

Сегодня это обращение будет без приветствия. Не хочется ни одного лишнего слова.
Президенты обычно не записывают таких обращений, как это. Но сегодня я должен сказать именно так. Сказать после открывшегося в Буче и других наших городах, откуда выгнали оккупантов. Сотни убитых людей. Замученных, расстрелянных мирных

людей. Тела на улицах. Заминированная территория. Заминированы даже тела убитых!

Повсеместные последствия мародерства. На нашей земле побывало концентрированное зло. Убийцы. Палачи. Насильники. Мародеры. Которые называют себя армией. И которые заслуживают только смерти после того, что они сделали.

Я хочу, чтобы каждая мать каждого российского солдата увидела тела убитых людей в Буче, в Ирпене, в Гостомеле. Что они сделали? Зачем их убили? Что сделал мужчина, который ехал по улице на велосипеде? Зачем пытали до смерти обычных мирных людей в обычном мирном городе? Зачем душили женщин после того, как вырывали у них из ушей серьги? Как можно было насиловать женщин и убивать их на глазах у детей? Издеваться над их телами даже после смерти? Зачем давили танками тела людей? Что сделал вашей России украинский город Буча? Как это все стало возможным?

Российские матери! Даже если вы растили мародеров, то как они стали еще и палачами? Вы не могли не знать, что внутри у ваших детей. Вы не могли не заметить, что они лишены всего человеческого. Нет души. Нет сердца. Они убивали сознательно и с удовольствием.

Я хочу, чтобы все руководители Российской Федерации увидели, как выполняются их приказы. Вот такие приказы. Вот такое исполнение. И солидарная ответственность. За эти убийства, за эти пытки, за эти оторванные взрывами руки, которые лежат на улицах. За выстрелы в затылок связанным людям.

Вот так теперь будет восприниматься российское государство. Это ваш образ.

Ваша культура и человеческий облик погибли вместе с украинцами и украинками, к которым вы пришли.

Я принял решение о создании специального механизма правосудия в Украине для расследования и судебного рассмотрения каждого преступления оккупантов на территории нашего государства. Суть этого механизма — совместная работа национальных и международных специалистов: следователей, прокуроров и судей. Этот механизм поможет Украине и миру привлечь к конкретной ответственности лиц, которые развязали или каким-либо образом участвовали в этой страшной войне против украинского народа и в преступлениях против наших людей. Каждый виновный в таких преступлениях будет внесен в специальную Книгу палачей, найден и наказан.

Украинцы! Украинки!

Хочу, чтобы вы это осознавали. Мы выгнали неприятеля с территории нескольких областей. Но под контролем российских войск еще остаются оккупированные районы других областей. И после изгнания оккупантов оттуда могут открыться еще более страшные вещи. Еще больше смертей и издевательств. Потому что такова природа российских военных, пришедших на нашу землю. Это уроды, которые не умеют иначе. И такие у них были приказы.

...Хочу, чтобы меня поняли правильно. Мы не обвиняем Запад. Мы не обвиняем никого, кроме конкретных российских военных, совершивших это против наших людей. Кроме еще тех, кто отдавал им приказы. Но мы имеем право говорить о нерешительности. О том, каким был путь к такой Буче, к такому Гостомелю, к такому Харькову, к такому Мариуполю. У нас нет нерешительности. В каком бы блоке или вне блока мы ни были, мы понимаем одно: мы должны быть сильными.

Четырнадцать лет назад руководитель России в Бухаресте сказал западным лидерам, что нет такой страны, как Украина. А мы доказываем, что есть такая страна. Была и будет.

Мы не будем прятаться за сильными мира сего. Мы не будем никого уговаривать.

По-хорошему, мы не должны были и просить о помощи оружием, чтобы защититься от этого зла, которое пришло на нашу землю. Все необходимое оружие нам и так должны были предоставить — без просьб. Потому что и сами прекрасно осознавали, какое зло пришло и что именно оно принесло с собой.

И есть стандарты украинских людей. И есть стандарты российских оккупантов. Это добро и зло. Это Европа и черная дыра, которая хочет все это разорвать и поглотить.

Мы победим в этой войне. Даже если отдельные политики так и не смогут победить нерешительность, которую они передают преемникам вместе с должностями».

Нет, это был совсем не тот Зеленский, которого выбрала Украина в 2019 году. Но и Украина была не та, и мир не тот. Двадцать четвертого февраля 2022 года он этого еще не понял, а 3 апреля сомнений у него не осталось.

VII. Дерьмо

Глава о дерьме должна тут быть обязательно, каким бы диссонансом она не выглядела. Буча была не только запытана и расстреляна. Буча была загажена — так, чтобы дальнейшая жизнь тут стала возможна только для людей, преодолевших омерзение и брезгливость.

Философ Александр Филоненко мне рассказывал о факте, поразившем его едва ли не более всех бучанских зверств: в домах, занятых российскими военными, загажено было все, кроме собственно уборных. Вероятно, пояснил Филоненко, эти уборные казались российским военным слишком чистыми, сияющими, — чтобы вот так запросто отправлять там естественные надобности.

Обычно на войне очень много дерьма, об этом точнее других написал Оруэлл: «Иногда вы, сами того не желая, вдруг понимали, что чувствуют бывшие владельцы этих усадеб — фашисты — при виде того, как здесь хозяйничают бойцы ополчения. В Ла Гранхе все пустующие комнаты были превращены в уборные — кошмарное месиво из обломков мебели и экскрементов. В примыкавшей к дому маленькой церкви, стены которой были изрешечены пулями, кал лежал сплошным толстым слоем. Тошнотворная свалка ржавых консервных банок, грязи, лошадиного навоза и разложившейся пищи украшала большой внутренний двор, где повара раздавали еду… Здесь никогда не знали, что такое уборная или канализация какого-либо рода; в результате теперь не оставалось ни одного клочка земли, по которому можно было бы пройти, не глядя с опаской под ноги. Церковь уже давно использовали в качестве уборной, загадили и поля на сотни метров вокруг. Первые два месяца войны навсегда связаны в моей памяти с холодными сжатыми полями, покрытыми по краям коркой человеческих испражнений».

О сакральном, без преувеличения, отношении русских к дерьму тоже написано достаточно. Вот Андрей Синявский («Река и песня», 1984) — один из величайших знатоков русской литературы и русского характера: «Где только не испражняется русский человек! На улице, в подворотне, в сквере, в телефонной будке, в подъезде. Есть какая-то запятая в причудливой нашей натуре, толкающая пренебрегать удобствами цивилизации и непринужденно, весело справлять свои нужды, невзирая на страх быть застигнутым с поличным — в парке, в бане, в кинотеатре, на подножке трамвая... Однако ничто у нас на Руси так не загажено, как „памятники народного зодчества“, охраняемые властями от церковного беззакония — до особых распоряжений. Пустынное место, что ли, располагает к интимности? Что же еще делать в пустоте одинокому человеку? Скинет штаны, почувствует себя на минуту Вольтером и — бежать. И не просто дурь или дикость. Напротив. Чувствуется упорная воля в борьбе с врагом и наша страсть к доказательствам на практике, что материя первична, а человеческий разум — бесстрашен. Любит, ох и любит же риск русская удалая душа. И сколько тут смелой выдумки, неистощимой изобретательности! В соборе XIII столетия мне посчастливилось обнаружить кокетливый след одного правдоискателя, оставившего аккуратную кучку под самым куполом, на головокружительной балке, перекинутой с угла на угол: ведь костей не соберешь... Какую идею фикс и решимость нужно держать за поясом, чтобы туда забраться, балансируя, рискуя жизнью?..»

Но еще раньше Синявского — правда, не так талантливо — на эту тему высказался советский классик Горький, ни много ни мало в очерке о Ленине:

> Мне отвратительно памятен такой факт: в 19-м году, в Петербурге, был съезд «деревенской бедноты». Из северных губерний России явилось несколько тысяч крестьян, и сотни их были помещены в Зимнем дворце Романовых. Когда съезд кончился и эти люди уехали, то оказалось, что они не только все ванны дворца, но и огромное количество ценнейших севрских, саксонских и восточных ваз загадили, употребляя их в качестве ночных горшков. Это было сделано не по силе нужды, — уборные дворца оказались в порядке, водопровод действовал. Нет, это хулиганство было выражением желания испортить, опорочить красивые вещи. За время двух революций и войны я сотни раз наблюдал это темное, мстительное стремление людей ломать, искажать, осмеивать, порочить прекрасное.

То есть в сортирах, видимо, они не гадили — слишком было красиво, стыдно срать в такой роскоши, да еще и не на корточках.

Станислав Лем в письме к своему переводчику (опубликовано в сборнике «Сопротивление материи», 2002) тоже подмечал эту особенность русского сознания — на примере воинов-освободителей: «Никакие животные не демонстрируют подобной, так сказать, ФЕКАЛЬНОЙ ФИКСАЦИИ, которую демонстрировали россияне, забивая и наполняя своими экскрементами разгромленные салоны, госпитальные палаты, биде, клозеты, гадя на книги, ковры, алтари; это было обсирание всего мира, который они теперь МОГЛИ, какая же это радость (!), сравнять с землей, стереть в порошок, обосрать, а ко всему еще и изнасиловать и убить (они насиловали женщин после родов, женщин после тяжелых операций, насиловали женщин, которые лежали в лужах крови, насиловали и срали). А кроме того, они ДОЛЖНЫ БЫЛИ воровать наручные часы, и какой-то их ничтожный замухрышка-солдафон не имел уже на это шансов среди немцев в госпитале, потому что его предшественники забрали все, что можно было забрать, он расплакался от обиды и в то же время кричал, что если немедленно не достанет НАРУЧНЫХ ЧАСОВ, то застрелит трех первых встречных». Лем объяснял эту особенность — как и все поведение русских в целом — тем, что это люди «с отсеченными ценностями». «Измена ближнему, выдача на муки друзей, ложь на каждом шагу, жизнь в фальши от колыбели до могилы, попрание традиционных ценностей культуры и бетонирование определенных формальных аспектов этой культуры; ведь ясно, что это изнасилование, мордование и обсирание является одной стороной монеты, а другая ее сторона — это советское пуританство, викторианство, „отечественность“, „патриотизм“, „коммунистическая нравственность“ и т. д.» В 2002 году все это называлось русофобией, сегодня же выглядит как весьма деликатная констатация очевидного.

Буча была загажена вся, прицельно, с наслаждением. Оккупантов не смущало то, что они гадят рядом с собственными спальными помещениями. В том, чтобы засрать Бучу, был принципиальный, отмеченный Синявским вызов: это был сакральный акт — ворваться и загадить все, кроме тех мест, которые к этому предназначены. Когда я заканчивал эту книгу, пришло сообщение из освобожденного от российских оккупантов поселка Богородичное в Донецкой области (от Изюма оно примерно в сорока километрах): «Убегали так, что оставили даже недоваренные макароны на плите. И говно. Горы говна. Они гадили повсюду — в школе, где жили, в домах и даже в церкви местного монастыря. Здесь они устроили туалет прямо за алтарем». Об этом 11 сентября сообщил в своем фейсбуке украинский военный журналист Алексей Кашпоровский (Олексій Кашпоровський).

Гадить за алтарем — это не обычная небрежность и даже не кощунство. Это служение новой, небывалой религии, стремление предъявить Богу и людям не то чтобы лучшее, но скорее единственное, что есть. Это единственная безотказная статья русского экспорта. Буча — как и вся эта война в целом — именно дерьмо, щедро хлестнувшее за российские границы; экспорт, экспансия дерьма. Собственно, ничего, кроме этого, Россия давно не экспортирует: нефть — экскременты дьявола, сформулировал испанский эссеист и романист Кармен Ригальт. Впрочем, в 2016 году в американской Тихоокеанской лаборатории научились гидротермальным сжижением перегонять экскременты в бензин, так что их единая химическая природа перестала быть для кого-либо тайной.

В российском социуме наличествуют две противоположные тенденции. С одной стороны, дерьмо сакрализуется, его значение преувеличивается. Загадить — значит пометить, приобщить, сделать собственностью. С другой стороны — при явной анальной фиксации, характерной для инфантильных сообществ и таких же индивидов, сам процесс дефекации предельно некомфортен, грязен, и делать уборную чистой — как-то кощунственно. Ишь чего захотели, срать в чистоте! Нет, процесс изготовления дерьма должен быть зловонен, постыден, не приукрашен никакой цивилизацией; поскольку цивилизация — в противовес культуре, как отмечал Шпенглер, — понятие, ненавистное консерваторам, хранителям традиции. Цивилизация все норовит сделать переносимым, подкрасить, подчистить, — а жизнь должна быть невыносимой, такой, какова она в своих хтонических глубинах! Суть жизни — невыносимость. Политика, гигиена, конкуренция, пресса, независимые суды, элементарная чистоплотность — все это именно попытка обставить стыдный процесс жизни (такой же позорный, как дефекация) всякими рюшечками-бантиками-сувенирчиками. Нельзя, стыдно гадить в чистом месте! Жизнь должна быть грязна, жизнь должна сводиться к дерьму; отсюда сакральность — но отсюда же и крайнее неудобство. Русское служение культу, кстати, вообще обставлено массой осложнений — отсюда и стойкое сопротивление Церкви любой попытке перевести богослужебные тексты на русский язык, сделать их хоть сколько-то понятными. А не должно быть понятно! И сидеть во время службы не положено, и скамеек в храме не должно быть! Непонятность и неудобство должны подавлять, и так в России во время отправления любых культов, вплоть до собеседования с начальником, вплоть до покупки пищи: продавец священнодействует, через него подается пища, о чем православные просят в молитвах — но именно поэтому продавец и охрана должны хамить: все сакральное осуществляется с максимумом грубости, неудобства и унижения.

Это сильно противоречит европейской, и в частности украинской, ментальности. На вокзале в Перемышле, где встречали, кормили и распределяли по квартирам беженцев, — я разговорился с женщиной из Мариуполя, моложавой и явно заботящейся о чистоте и опрятности даже в условиях жаркого беженского лета.

— Больше всего, — сказала она, — я боялась выходить из подвала в уборную. Ходить в этом подвале на ведро я не могла, стыдно. Я поднималась к себе в квартиру на первый этаж. И больше всего боялась, что меня убьют в уборной: умирать без трусов — ну немыслимо!

Вот эта неспособность публично испражняться и страх перед гибелью в сортире — явление прямо противоположной природы. Лучше не испражняться, чем испражняться где и как попало; терпеть до последнего, чтобы избежать публичного испражнения. И неслучайно русская военная операция называлась у Путина «денацификацией», о чем немедленно появился анекдот: Путин, натужившись, мрачно говорит журналистам: «Дефекация завершена».

— Владимир Владимирович, может быть, денацификация? — робко переспрашивают они.

— Нет.

Дефекация еще не завершена, но сомнений относительно ее природы не осталось уже ни у кого.

VIII. Переговоры

Буча положила конец переговорному процессу, который, по нескольким свидетельствам, к концу марта подошел к решительной точке: делегации все подготовили для встречи глав государств. Но Зеленский сказал: нет.

Эти переговоры, проходившие в стамбульском Belek Regnum Carya Hotel, с самого начала не вызывали особого оптимизма ни у украинских, ни у российских комментаторов: с российской стороны в них участвовали фигуры второго, если не третьего ряда: бывший министр культуры, ныне советник президента историк Владимир Мединский, бывший спикер Госдумы Борис Грызлов (вошедший — вляпавшийся — в историю исключительно фразой «парламент не место для дискуссий»), заместитель министра обороны Фомин, заместитель министра иностранных дел Руденко и тогдашний председатель комитета Госдумы по международным делам Слуцкий, известный главным образом харрасментом и фирменным обращением к женщинам «зайчутка». Ах, опять я пристрастен! Ведь наверняка он и еще чем-то известен, раз ему доверили возглавить ЛДПР после смерти Жириновского? Но нет, ничем. Все эти люди в самом деле ничего не решали, им, по свидетельствам украинской стороны, приходилось беспрерывно согласовывать каждую позицию. Между тем Мединский совсем не зверь, я хорошо его знал, он одновременно со мной преподавал в МГИМО (я — историю русской литературы, он — историю русской дипломатии), и студенты его любили, и неоднократно мы вместе ходили курить. Он абсолютный циник, но не зверь, в другое время в нем никто и не заподозрил бы зверя — ужасны времена, проявившие всех, не оставившие иллюзий! С украинской стороны средний возраст участников был меньше на десять лет, украинцев представляли руководитель фракции «Слуга народа» Давид Арахамия, министр обороны Алексей Резников, заместитель министра иностранных дел Николай Точинский и советник офиса президента Михаил Подоляк, в дальнейшем один из главных публичных спикеров украинской стороны. В переговорах участвовали (хоть это и не афишировалось) банкир, олигарх, один из путинских кошельков Роман Абрамович с российской стороны — и Алексей Арестович с украинской.

Именно со слов Арестовича, сказанных в апреле 2023 года (в программе Василия Голованова), мы знаем, что стартовые требования России были фактически невыполнимы: внеблоковый статус Украины, признание аннексии Крыма, сокращение армии до 50 тысяч человек, отказ от тяжелых вооружений — короче, добровольный паралич. Но постепенно, когда Украина проявила волю к сопротивлению, а НАТО — удивительную солидарность, требования российской стороны начали смягчаться, и вскоре (после встречи в Гомеле и двух — в Бресте) был назначен прямой диалог министров внутренних дел. Почти уже договорились о внеблоковом статусе, вопрос о Крыме был заморожен и отложен — но тут Зеленский принял второе решение, изменившее ход войны. Первым был его отказ эвакуироваться, вторым — радикальный выход из любых переговоров с Россией после входа украинских войск в Бучу.

К началу апреля (к выходу из Бучи) позиции сторон сблизились — и это было максимальное сближение за все время войны. Требования России в окончательной формулировке звучали так: «Украина отказывается от стремления вернуть Крым и Донбасс военным путем; гарантии безопасности, которые получит Украина (от западных союзников), не распространяются на территорию Крыма и Донбасса; Украина провозглашается постоянно нейтральным государством, защищенным международно-правовыми гарантиями; Украина хотела бы, чтобы Россия не возражала против вступления страны в ЕС». Украинская формулировка: «Обсуждать вопросы Крыма и Донбасса отдельно и зафиксировать в договоре позиции Украины и России по Крыму, в течение 15 лет провести двусторонние переговоры о статусе Крыма и Севастополя. Проблема Донбасса должна решаться на уровне президентов России и Украины. Указать в договоре, что в течение этих 15 лет страны не будут использовать вооруженные силы для решения проблемы Крыма (Киев при этом по-прежнему не признает суверенитета России над Крымом). Украина готова согласиться на внеблоковый и неядерный статус при наличии четких гарантий от ряда стран. Она обязуется не вступать в военно-политические союзы. Международные военные учения на территории Украины могут проводиться только при согласии стран-гарантов. Решение по договору о гарантиях должно быть принято на всеукраинском референдуме: гарантами могли бы стать Великобритания, Китай, США, Турция, Франция, Канада, Италия, Польша и Израиль. Некоторые страны уже дали на это предварительное согласие.

По словам члена украинской делегации Давида Арахамии, в соответствии с Венской конвенцией договор, заключенный под давлением, не считался бы действительным, поэтому его нужно заключать после отвода войск».

Цитирую по обзору «Новой газеты», давно запрещенной в России, но продолжающей выходить в количестве 999 экземпляров: Александр Минеев. «Конец СВО обсуждают всем миром». Официально Зеленский прекратил и запретил всякие переговоры с Москвой только после аннексии четырех украинских областей (30 сентября Россия утвердила вхождение в свою территорию Донецкой, Луганской, Запорожской и Херсонской областей — последнюю Россия никогда не контролировала и вскоре потеряла окончательно). Тогда Зеленский заявил, что с президентом Путиным не будет договариваться ни о чем и никогда. Но уже Буча поставила Россию вне переговорного процесса, вне европейского контекста, вне человеческих критериев. И после этого мир увидел нового Зеленского — думаю, перелом был реальным, то есть он его не сыграл. Это был человек, заглянувший в ад, и с собой прежним он имел весьма мало общего.

Комаров спрашивает его (в президентском поезде, где им приносят вафли «Артек», и Зеленский говорит: «Артек» скоро опять будет наш):

— Что в вас изменилось?

— Я понял, что могу убить, — сказал Зеленский. — И что я хочу их убивать.

IX. Ход войны

Война в принципе дело довольно скучное; то есть я не представляю, как можно интересно написать о войне. Единственный военный бестселлер, в котором мирное время отсутствует даже в виде флешбеков, — «На западном фронте без перемен», но и там все больше окопные разговоры, жратва, одно посещение борделя и довольно много кровавых внутренностей. Вероятно, это было первое столь натуралистическое изображение войны — не боев, во время которых у человека, как правило, отключается рефлексия и память, но окопного быта. Сколько военных книг ни возьми — сатирических, как «Уловка-22», или умеренно-патетических, как «Прощай, оружие», или реалистических, как «В окопах Сталинграда», — там нет главного: собственно боевых действий. Они присутствуют либо в сводках, то есть на уровне штабном и директивном, либо в разрозненных картинках, как вспышки стробоскопа в ночи. Человек в это время не соображает.

«Скука войн», сказано у Новеллы Матвеевой; главная эмоция всех военных эпей — страх и скука, скука между приступами страха. Война — бесконечный дискомфорт и бесконечное однообразие. Война скучнее любого производственного романа, потому что в нем что-то все-таки созидается. На войне солдат лишен личной воли, поскольку скован распоряжениями начальства, а генерал ненамного свободнее. Любить войну как источник кровавых сцен и извращенных удовольствий, связанных с расчленением противника, способен только маньяк, обычно гордо называющий себя «псом войны»: несколько таких маньяков увековечены Лимоновым в очерке, который так и называется — «Псы войны». Но и Лимонов брезгует этими декорациями: «ВОЙНА — ВОНЯЕТ. Воняют казармы, носки солдат, их обувь и их униформа. Так как солдат не может принимать душ дважды в день, как это делают непахнущие, стерильные жители европейских столиц. Ингредиенты духов войны: запах остывших сожженных домов, запах трупов, запах мочи. Ноябрь 1991 года возле Вуковара. Оцепленный проволокой „Центр опознания трупов“. Едва я открываю дверцу нашей БГ-167-170, мои ноздри заполняет сладкий, сальный запах трупов. Несмотря на крепкую минусовую температуру и намеренно сжигаемую в кострах солярку, запах трупов побеждает».

Но эта война состоит не только из вони, убийств, вранья, хитростей и геополитических расчетов. Эта война завершает семь веков российской истории, окончательно компрометируя такой способ государственного управления и территориального прирастания. Эта война — огромный лопнувший нарыв, подтверждение всего, о чем догадывались чуткие; окончательное торжество справедливости, независимо от ее финала. Она математически доказывает необходимость краха той системы, которая ставит родину выше истины, а нацию выше человечества. Она подтверждает опасения диссидентов, догадки изгоев, страхи невротиков — всех, кому положено чувствовать чуть больше, чем обывателю. Судьба этой войны решается не на фронтах, и в самом деле о том, что на ней происходит, толком никому не известно. Вероятно, так бывало во время всех войн: пока твой город не захватят, ты ничего не знаешь; отсюда великая путаница во время всех крупных столкновений, вспомнить хоть московский ад 16 октября 1941 года. Объективную — и то не всегда — картину дают только американские либо европейские корреспонденты, занимающие не то чтобы нейтральную, но хотя бы не тотально ангажированную позицию (и как раз объективный, прохладный тон этих журналистов, пребывающих над схваткой, раздражает обе стороны: не может сегодня быть нейтралитета!). Российским журналистам, хотя бы и самым либеральным, в Украину хода нет, украинские видят один героизм украинцев и бесконечную кровожадность россиян, а главное — никакая военная победа территориально и численно превосходящей России не будет означать порабощения Украины. Украина для себя решила, что существует как бы в посмертном пространстве, действует по-самурайски — война идет в метафизической области: одна нация смерти уже не боится, потому что внутренне на нее решилась, а другая еще не родилась.

Эта война имеет единственный смысл: показывает, что Россия в своем нынешнем состоянии без нее не обойдется. Эта война, как ни кощунственно это звучит, радует две категории людей. Первые — маньяки, те самые «псы», которым без большой мясорубки было скучно и не хватало величия. Вторые — алармисты, которые под всей российской стабильностью начала нулевых чувствовали зыбкую трясину, подземные толчки, ароматы распада и разложения. Алармисты вроде меня с самого начала говорили, что путинская Россия хуже брежневской в разы, а нам возражали: как же, ведь границы открыты! Ведь оппозиционные СМИ вещают! Ведь частная собственность существует! (Как будто прикрыть любые СМИ, закупорить границы и отнять всю частную собственность не является делом двух минут.)

Эта война не имеет ни геополитического (вообще псевдонаучный термин), ни экономического смысла, и конспирологи, вещающие о происках всего мира против России, сами не верят ни одному своему слову. Это не война за новую колонизацию Украины (которая невозможна по определению — пришлось бы уничтожить нацию до последнего украинца). Это не война за деколонизацию России, как утверждают иные сторонники ее нормализации и рутинизации (Россия никогда никем не колонизировалась, ибо уже колонизирована чекистской изуверской сектой, у нее налицо все приметы «внутренней колонизации» по Александру Эткинду, а Штаты никогда не претендовали на захват и освоение этого далекого и принципиально неуправляемого пространства). Эта война — единственный способ существования насквозь аморального государства, утратившего любые способы развития, кроме репрессий и мобилизации. Эта война — подтверждение худших и наиболее радикальных прозрений Чаадаева. Она по-новому высвечивает все предыдущие российские войны и развенчивает все исторические мифы, и от самого устойчивого российского культа — от Родины, которая всегда с большой буквы, всегда права и все списывает — тоже не оставляет ничего: во время этой войны Россия столько врет и так подавляет собственных граждан, что ее военные преступления — от которых она бездарно открещивается — можно даже не обсуждать. По плодам их узнаете их, а плоды эти предельно наглядны. Это вообще самая наглядная война за последние семьдесят лет. Можно спорить (если уж очень хочется спорить) о том, разрушены ли криворожские дома и одесские храмы российскими ракетами — или на них упали обломки ракет украинской ПВО: есть вещи бесспорные. Это тотальное расчеловечивание сторонников войны, астрономические тюремные сроки российских оппозиционеров, дутые дела, людоедская риторика и предельное бесстыдство российской пропаганды. На этом фоне — что у России в обычае — любые украинские перехлесты, героизация Бандеры и националистическая риторика перестает иметь значение, как растворились все ошибки Дубчека и его единомышленников на фоне русских танков в Праге. Никогда еще строки Одена 1968 году не получали таких увесистых доказательств:

> The Ogre does what ogres can,
> Deeds quite impossible for Man,
> But one prize is beyond his reach:
> The Ogre cannot master speech.
> About a subjugated plain,
> Among its desperate and slain,
> The Ogre stalks with hands on hips,
> While drivel gushes from his lips.

Это стихотворение столько раз переводили, что от него не убудет от еще одной попытки:

> Что огры делают давно —
> То человеку не дано:
> Огр может бить, рубить и жечь,
> Но ограм недоступна речь.
> В долине, скомканной тоской,
> Средь скорбной падали людской,
> Самодоволен и сердит,
> Орлом сидит и ртом пердит.

Смысл этой войны в одном: независимо от любых отступлений и контрнаступлений, независимо от исхода любых боев и переговоров — она демонстрирует тупик особого пути и несовместимость этого пути с существованием остального мира. Это война против человеческого существования как такового. И, возглавив сопротивление этому античеловеческому проекту, Зеленский защищает не только Украину — кажется, все наблюдатели уже сходятся на том, что ставки гораздо серьезнее. Он защищает сам проект «Человек», никогда еще не подвергавшийся такой опасности.

Так что это не скучная война, нет. Где Зеленский — там вообще не бывает скучно.

X. Вместо блицкрига

О российско-украинской войне будут написаны (уже пишутся) тома, я не военный аналитик, и ход войны здесь анализируется лишь в той степени, в какой позволяет проследить эволюцию Зеленского в 2022–2023 годах.

В разговоре с Арестовичем журналист литовского портала Nra.lv Павел Лещинский говорил: «Войны всегда сопровождали человечество, но мне трудно припомнить другую войну, настолько этически ясную. Есть жертва, есть агрессор. Есть защита своего дома и есть попытка его захватить». Арестович отвечает, что Украина наделала глупостей и ясность войны несколько замутилась, но в целом, особенно с учетом колоссального непрофессионализма и грубости российской пропаганды, приходится признать исключительную наглядность разделения ролей в этой войне. На протяжении 2022 года Россия упорно и быстро пробивала дно — как в плане военного искусства, так и в плане избыточной, необъяснимой жестокости, впервые проявленной в Буче и с тех пор усугублявшейся неудачами. Было бы неверно говорить, что воевать учится только Украина — Россия тоже научилась кое-чему и предельно осложнила для ВСУ прорыв своей обороны, но не смогла сформулировать цели войны и хотя бы приблизительно обозначить точку ее завершения. Удары по мирному населению и гражданской инфраструктуре не стали реже. Риторика относительно Украины, ее армии, ее первых лиц и поддерживающих ее стран становится только непристойнее. Мы сосредоточимся на пяти аспектах темы:

— главные сражения войны, успехи сторон;

313

— количество жертв среди военных и среди мирного населения;

— характер и масштабы западной помощи;

— эволюция украинского и российского общества;

— перемены в характере и поведении лидеров двух стран.

Двадцать четвертого марта 2022 года Зеленский дистанционно выступил на саммите НАТО в Мадриде.

Сильная была речь.

Приветствую вас!

Приветствую вас из Киева, нашей столицы, которая сражается уже месяц. Как и наша страна.

Да, мы не в Альянсе. Не в самом мощном союзе мира. Мы не одно из тридцати государств под защитным зонтом. Под защитой пятой статьи.

Да, мы в серой зоне. Между Западом — и Россией. Но мы светлые люди! И мы защищаемся уже месяц!

Месяц героического сопротивления. Месяц ужаснейших страданий. Месяц безнаказанного разрушения мирной страны, а вместе с ней — всей архитектуры глобальной системы безопасности.

Все это — у всего мира на виду.

За десятки лет Россия накопила немалые ресурсы. Военные ресурсы. Живая сила и техника. Авиабомбы и ракеты. Они вкладывали сумасшедшие деньги в смерть, пока мир инвестировал в жизнь. Но Украина держится! Ценой тысяч жизней. Ценой разрушенных городов. Ценой около десяти миллионов переселенцев. Три с половиной миллиона из них — уже на вашей территории. На территории стран НАТО.

Благодарен за поддержку этих людей.

И люди продолжают покидать свои дома. Спасаются от террора, который оккупанты принесли с собой. Первые часы вторжения принесли с собой жестокие ракетные удары. За месяц войны Россия выпустила против наших городов более тысячи различных ракет. Совершила сотни авианалетов. Еще 24 февраля я обратился к вам с совершенно понятной, логической просьбой. Помочь закрыть наше небо. Обезопасить наших людей от российских бомб и ракет.

Мы не услышали четкого ответа.

У Украины нет мощного противоракетного оружия. У нас гораздо меньше авиации, чем у России. Поэтому их преимущество в небе — это применение оружия массового уничтожения. И вы видите последствия — сколько людей убито, сколько мирных городов разрушено. Украинская армия противостоит агрессору уже месяц в неравных условиях! И я уже месяц повторяю вам об одном.

Чтобы спасать людей и наши города, Украине нужна военная помощь без ограничений. Поскольку так же без ограничений Россия применяет против нас весь свой арсенал. Разрушает все живое. Любые объекты — от жилых домов до церквей, от складов с едой до университетов, от мостов до больниц. Украина обращалась к вам за помощью в виде самолетов. Чтобы избежать большого количества жертв. У вас тысячи боевых самолетов! Но вы не дали нам ни одного.

Мы обращались за танками. Чтобы мы могли разблокировать наши города. Мариуполь, Бердянск, Мелитополь... Города, где Россия держит в заложниках сотни тысяч людей, искусственно создает голод. У вас есть не менее 20 тысяч танков! Украина просила процент. Один процент всех ваших танков! Отдать или продать.

Но четкого ответа не последовало...

Это самое страшное во время войны — не иметь ясных ответов на запросы о помощи.

Украина никогда не хотела этой войны.

И не хочет воевать годами.

Мы просто хотим спасти наших людей. Хотим выжить!

Как и любой народ, мы имеем на это право. Право на жизнь. Право на этот процент.

Я не виню НАТО. Вы не обязаны. Это не ваши ракеты и бомбы разрушают наши города. Сегодня были фосфорные бомбы. Убиты и взрослые, и дети. Я просто хочу, чтобы вы знали: Альянс ЕЩЕ МОЖЕТ предотвратить смерть украинцев от российских ударов. Предоставив нам все то оружие, в котором мы нуждаемся.

Да, мы не в Альянсе. И я не предъявляю претензии.

Но украинцы никогда не думали, что Альянс и государства Альянса — это разные понятия.

Что в вопросах жизни и смерти вы по отдельности можете быть силой, а вот вместе — нет. Что и НАТО может бояться... Бояться действий России.

Уверен, вы понимаете, что Россия не думает останавливаться на Украине. Она хочет пойти дальше. Против восточных членов НАТО. Стран Балтии, Польши и остальных. Перестанет ли тогда НАТО сомневаться? Кто может быть уверен в этом? И есть ли у вас уверенность в том, что пятая статья сработает?

Для нас уже не сработал «Будапешт». Наш Будапештский меморандум. Не сработал в отношении мира в Украине.

И я скажу вам честно: и сегодня Будапешт не работает на мире в Украине.

Да, мы получаем поддержку от отдельных членов Североатлантического союза. И украинцы искренне благодарны за это. Каждому из вас, кто дает то, чем владеет, поддерживая Украину.

Но что же Альянс?

Вопрос о пятой статье остается очень острым.

Я просто хочу, чтобы вы знали, что мы думаем об этом.

И я искренне желаю вам, чтобы мы ошибались. В своих оценках. В своих сомнениях.

И чтобы это так и было — что у вас действительно очень крепкий Альянс.

Если мы ошибаемся, то мир в безопасности.

Но если мы не ошибаемся хотя бы на один процент, я прошу пересмотреть ваше отношение к происходящему. Ваши собственные оценки.

И на деле позаботиться о безопасности.

О безопасности в Европе, а значит, и в мире.

Вы можете предоставить нам один процент от всех ваших самолетов. Один процент всех ваших танков.

Один процент!

Мы не можем это купить. Эта поставка напрямую зависит от вас. От политических решений! Системы залпового огня MLRS. Противокорабельное оружие. Средства противовоздушной обороны. Разве можно выстоять в такой войне без этого?

Итак, когда это все наконец у нас будет, это даст нам так же, как и ВАМ, сто процентов безопасности.

А единственное, что я у вас прошу...

Прошу ради наших военных... После тяжелого месяца войны... Войны против России...

Больше никогда, прошу вас, никогда не говорите нам, что наша армия не отвечает стандартам НАТО. Мы показали, на что способны наши стандарты. И как много мы можем дать для общей безопасности в Европе и мире. Как много мы можем сделать для защиты от агрессии против всего, что мы ценим. Что вы цените.

Но НАТО еще предстоит показать, что может сделать Альянс. Для спасения людей.

Показать, что это действительно мощное оборонное объединение в мире.

Мир ждет.

Украина ждет.

Предложения — на столе. Наши просьбы — на столе. Мир — нужен нам сейчас.

Ответы — только за вами.

Спасибо тем, кто помогает.

Благодарю вас.

Слава Украине!»

Это очень эмоциональная речь, почти как верлибр, но, в отличие от поэзии, она предполагает немедленное прямое действие. Горячее всех Зеленского поддержал Борис Джонсон:

Об окончательном решении о присутствии Украины в архитектуре безопасности и безопасности Европы: мне понятно, что со временем это должно произойти. Если НАТО не готово предоставить Украине гарантию по статье устава НАТО, то страны НАТО должны предложить Украине достаточную вооруженную помощь, чтобы она могла сдерживать агрессию России.

Усиленный пакет такой вооруженной помощи был утвержден, и Украина получила многолетнюю программу поддержки. Общая военная помощь Киеву, полученная от стран НАТО, оценивается в 65 миллиардов долларов. Но Зеленскому нужно было хотя бы приглашение, хотя бы дорожная карта, хотя бы четко обозначенные условия для вступления. Этого не случилось ни в Мадриде, ни — спустя год и три месяца — в Вильнюсе. Примерно до конца лета 2022 года, то есть до фактического уничтожения Мариуполя, некоторые лидеры НАТО надеялись сохранить каналы взаимодействия с Россией. Перелом произошел осенью, когда Украина начала мстить.

После того как провалился блицкриг с планом захвата Киева за три дня и Украины за десять, после того как физическое устранение Зеленского не удалось, а формирование марионеточного пророссийского правительства перестало быть актуальным, российская стратегия изменилась. Бог весть что заставило Владимира Путина поверить, что Украина будет его встречать с цветами: вероятно, каждый руководитель, избалованный долгой несменяемостью, теряет доступ к объективной информации и становится заложником собственного окружения. Так или иначе после незначительных кадровых перестановок и невидимых миру разносов Россия перешла к плану «В», то есть медленному изматыванию противника в надежде, что у Запада лопнет терпение и военная помощь прекратится, а собственное население Украины опрокинет власть или вынудит ее капитулировать. (Был ли риск прекращения западной помощи? Зеленский прямо говорит журналисту Комарову, что без первых значимых побед ВСУ никто бы в эту помощь серьезно вкладываться не стал.)

Михаил Подоляк заявил о десяти покушениях на Зеленского в первые недели войны, The Times писал о трех. В первую неделю войны россияне захватили Купянск и Бердянск, оккупировали Херсон, в их руках оказалась Запорожская АЭС и Херсон, где российские танки были встречены протестными демонстрациями мирных жителей (их жестоко разгоняли, в том числе слезоточивым газом, но они выходили снова и снова с криками «Херсон — це Украина!». В городе установился полноценный полицейский террор. Россия утверждала, что вернулась навсегда, но не пользовалась ни малейшей поддержкой местного населения. В начале марта был полностью разрушен город Волноваха на юго-западе Донецкой области, вскоре та же судьба ожидала блокированный в первые дни войны Мариуполь.

Черноморский остров Змеиный в Очаковском районе Одесской области весьма невелик (0,2 квадратных километра), но контролирует подходы к трем портам. Двадцать четвертого февраля состоялся следующий диалог между русским крейсером «Москва» и украинскими пограничниками:

— Остров Змеиный, я — русский военный корабль. Во избежание кровопролития предлагаю сложить оружие и сдаться. В противном случае по вам будет нанесен удар. Как слышите, Змеиный? Прием.

— Русский военный корабль, иди на хуй! — отвечал пограничник Роман Грибов, запатентовавший потом эту фразу. Она украшает множество украинских значков, футболок и билбордов.

Остров Змеиный был захвачен Россией (13 пограничников, по словам Зеленского, погибли, 82 были взяты в плен, 19 обменены). Тринадцатого апреля русский военный корабль — крейсер «Москва» — пошел в указанном направлении после удара украинской ракетой «Нептун», а 30 июня был полностью освобожден и сам остров Змеиный.

Полностью захватить Донецкую область не удалось, с трудом и жертвами российские войска вышли на границы Луганской. В апреле 2022 года в городе Рубежном происходили непрерывные обстрелы, и в этом аду нацгвардейцы Украины подобрали на улице двух мальчиков, братьев пяти и девяти лет. Взрослых с ними не было. Они сказали, что отец уехал работать в Полтаву, а мать ушла за продуктами и не вернулась, и вот они ищут ее. Их отвезли в больницу в Северодонецке. Эти дети попали в фильм Комарова «Рік» — «Год». Пятилетний мальчик, которого все называли Петрович, стал любимцем больницы, а когда его 24 февраля 2023 года показали по телевизору — и всей Украины. Ну он в самом деле совершенно очаровательный мальчик и так говорит прекрасно. Рассказывал, что около дома упала ракета, «и от дома остались только маленькие кусочки». Это вообще невозможно было смотреть, особенно когда он просил отвезти его к отцу. Но он не плакал, прекрасно держался. Мать его потом нашлась: когда она пыталась достать еду, ее схватили русские прямо на улице, отвезли в одно из захваченных административных зданий, заподозрили в том, что она шпионит на украинцев. Потом отпустили, слава богу, — она пришла домой, а дом разворочен и детей нет. Но благодаря фильму они нашлись и воссоединились. Этот эпизод с Петровичем, который рассказывает про маленькие кусочки, следовало бы показать всем, кто говорит о судьбах детей Донбасса и Луганска, детей, которых русские пришли защищать и вот так защитили. Сильно я сомневаюсь, что этот Петрович когда-нибудь забудет и тем более простит, хотя для него все закончилось благополучно. По крайней мере, пока. А зет-поэты интересуются, почему их никто не любит, как любили Симонова. А потому, что Симонов когда-то написал: «Майор привез мальчишку на лафете, погибла мать, сын не простился с ней, за десять лет на том и этом свете ему зачтутся эти десять дней... Я должен видеть теми же глазами, которыми я плакал там, в пыли, как тот мальчишка возвратится с нами и поцелует горсть своей земли». А зет-поэты пишут для современных детей: «Селу сегодня повезло. Бойцы зачистили село. Другому так же повезет, в него бойцы зайдут вот-вот. Потом военная метла зачистку третьего села начнет, и будет чисто на свете без фашиста». Называется «Детское», и почувствуйте разницу. Автор — 49-летний режиссер и выпускник Литинститута говорит, что счастье почувствовал только на этой войне, нужным себя почувствовал. Гордится собой ужасно.

Мне могут сказать: а детей Донбасса не жалко? Тех, которые гибли с 2014-м? Да, страшно жалко, невыносимо жалко. Только кто начал на Донбассе? Не Стрелков разве рассказывал гордо и витиевато, в своей реставраторской манере, как он нажал на спусковой крючок войны? Разве не он писал, как местные не хотели воевать, и приходилось буквально гнать их под пули? Разве там, куда не пришли русские ихтамнеты, кто-нибудь поднимал восстание против новой власти? Разве Майдан довел Донбасс до того состояния, в котором он пребывает сейчас, и разве украинская власть проводит там сейчас мобилизацию, не разбирая ни возраста, ни состояния здоровья? Донбассом попользовались, а теперь уничтожают окончательно. Почитайте вайбер-чаты из Рубежного, в интернете они широко представлены: «Когда в наш квартал зашли так называемые освободители, первым делом побежали по квартирам переодеваться, а свои отрепья побросали прямо под подъездами. Слава богу, свидетелей было много»; «В моей квартире жили вояки ЛНР, каждый день что-нибудь выносили, то телефон, то мультиварку». На сайте rubezhnoe. com, не украинском, русскоязычном, этой информации выше крыши. Это родина Петровича. А сколько сообщений о мародерстве, и каком! О пресловутых стиральных машинах, холодильниках и унитазах, которые фурами вывозили в Россию, рассказывали и «Медуза», и «Важные истории», и «Сигнал» — все это с фотографиями, снятыми опять же на украденные телефоны. Это очень документированная война, да никто и не стеснялся особо.

Едва ли не самой трагической оказалась судьба Мариуполя. Со 2 марта город был блокирован. Не сдавалась «Азовсталь» — металлургический комбинат, где были сосредоточены около двух тысяч украинских военных. Канал «Россия» показал документальный фильм российского журналиста-пропагандиста Андрея Медведева о Мариуполе, где постоянно упоминал о зверствах украинцев относительно мирного населения. (Украинцы сняли свой фильм — «20 дней в Мариуполе», его поставил Мстислав Чернов; фильм был приглашен на фестиваль «Sundance».) До войны в Мариуполе жили 450 тысяч человек, 350 тысяч бежали из города в начале боев. И вот тут я сталкиваюсь с проблемой, которая и заставила меня в конце концов взяться за жизнеописание героя, а не за роман о последних событиях.

Режиссер и оператор Чернов, фотограф Евгений Малолетка, продюсер Василиса Степанова — последние журналисты, которые остались в окруженном Мариуполе. Через двадцать дней они вырвались, а еще через 86 дней город был... нет, не взят, а до основания уничтожен Россией. С землей сровняли. Теперь со страшной помпой восстанавливают, возят туда Евгения Миронова выступать, он пообещал взять шефство над восстановленным театром, фоткался там с уцелевшими... Да что Миронов — кто-то из Путиных туда ездил и с жителями общался, даже не соблюдая дистанции! Поехал, правда, ночью, чтобы люди, не дай бог, не увидели и не сказали лишнего, и то кто-то умудрился крикнуть, что, мол, уничтожили город...

Мариупольских детей таскали на концерт в Лужниках к годовщине своей спецоперации, в результате которой у людей спецампутировали все человеческое. Так вот проблема (я фильм Чернова смотрел, есть у меня в Штатах такая возможность): никакое свидетельство, никакая хроника не передают мариупольского ужаса. Я думаю, Мариуполь — вообще самое страшное, что случилось на этой войне, потому что сконцентрировано все. Сами смотрите: в городе три больницы разрушены полностью и четыре частично, то есть уцелела одна. Жилой фонд разрушен на девять десятых. Количество убитых и умерших от ран оценивается в 75 тысяч, это приблизительно, а точных цифр не знаем. Человечество уже решало вопрос, как о таких вещах рассказывать: прозой — не получается, вымысел оскорбителен. Алесь Адамович тогда предположил: нужна не проза, а сверхпроза, не писательские «домысел-вымысел-сгущение-типизация», а голоса выживших свидетелей, их документальная запись, больше не сработает ничто. Но вот страшный парадокс: безыскусные эти свидетельские рассказы тоже не работают именно в силу своей голой простоты. Человек, переживший ужас, как бы парализован, заморожен, он фиксирует, не осмысливая, и получается отчет, а не пересказ. Ужаснуть он может, но не заставляет все это вообразить и пережить. Видимо, единственный способ рассказать о войне — это не быть на войне: она отшибает способность переживать и сопереживать. Привыкаешь, заветриваешься. Не то никто бы не пережил.

Российское телевидение, когда первые репортажи Чернова попали в «АР» (не больше получаса, потому что в городе почти сразу исчез интернет), назвало все это «постановкой со статистами». Когда Чернов показал картину полностью — 95 минут — всем стало ясно, что это не постановка и не монтаж. Вот так Россия освобождает город и не стреляет по мирному населению. Самое жуткое, что там есть — роды под бомбами. Девятого марта Россия нанесла удар по роддому, одну роженицу ранили, она погибла вместе с ребенком. На детей смотреть всего невыносимей, но вот именно мариупольских детей, лишившихся родителей, российские власти вытащили на концерт в Лужниках, и эти дети там благодарили российского солдата с позывным «Ангел» — за то, что он вот так их спас. Этот Ангел — в прошлом, как выяснилось, бизнесмен и сотрудник ФСБ (на некоторых фотографиях из соцсетей он в форме) Юрий Гагарин; девочка, которая благодарила его со сцены в Лужниках, — подросток из проблемной семьи, 13-летняя Анна Науменко, мать которой была смертельно ранена, когда вылезла из подвала в надежде добыть сигарет;

отчим сбежал в первые дни оккупации, а судьба брата и сестры (от других отцов) неизвестна. Все это — и биографию Ангела, и историю девочки, — раскопали потом российские и украинские журналисты, и даже в новостях Донбасса вышел об Ангеле разоблачительный сюжет; бомбы грянули в самую гущу русской — и донецкой — жизни и выворотили такое, что Господь не приведи. Одна жизнь этой девочки, с раннего детства привыкшей выживать без всякой материнской заботы и потому приспособившейся к блокаде быстрей других, могла бы стать тем еще романом, но с какой мерой цинизма пришлось бы писать этот роман! Тут ведь в чем дело: погибшие не были святыми, нападавшие не стопроцентно были орками, хотя многие из них получали наслаждение от безнаказанных зверств; война выявила только поляризацию — предельное расчеловечивание одних и фантастическую выдержку других, но кроме этого, она выявила еще и непредставимую живучесть тех, кто и прежде с трудом выживал. Среди воюющих именно такие люди составляли большинство — остальные сумели сбежать либо от оккупации, либо от мобилизации. Это каким финалом такого романа могла быть сцена в Лужниках, когда Аня Науменко, сбиваясь, говорит: «Дядя Ангел спас в Мариуполе сотни тысяч детей… ой, дальше я забыла!» — а потом ведущая ей говорит, пытаясь спасти уже не сотни тысяч детей, а положение: ну, обними же дядю Ангела! Не стесняйся! Да какое тут стеснение, давно никто ничего не стесняется; и Аня Науменко неловко прижимается к дяде Ангелу, объявленному в свое время в розыск за незаконное предпринимательство, и даже ему несколько неловко.

Многих мариупольских детей вывезли в российские детдома с их пыточными условиями, все это под предлогом спасения — а между тем украинские власти никогда не давали разрешения на вывоз своих граждан и занимаются сейчас их интенсивными розысками. Дарья Герасимчук, советница Зеленского по правам ребенка, сообщила, что в Россию вывезли 16 226 детей — это только те, чьи имена известны. В одном Крыму 43 лагеря, где детей из Украины подвергают психологической обработке. Именно за похищенных детей Владимира Путина вместе с уполномоченной по правам детей Марией Львовой-Беловой объявили в международный розыск и выдали ордер на его арест — это сделал Международный уголовный суд в Гааге и лично судья Томоко Аканэ, которую тут же, в свою очередь, объявили в розыск в России. Но мало шансов, что она сюда приедет, — больше шансов, что Путину рано или поздно придется выехать на территорию, признающую МУС. Пока ему даже в саммите БРИКС приходится участвовать дистанционно — кто его знает, что им там в ЮАР взбредет в голову.

Но это все отвлечения, чтобы не говорить про Мариуполь. Шестнадцатого марта Россия нанесла удар по мариупольскому драматическому театру, где в это время укрывались тысячи людей, документально подтверждена гибель 1348 жителей Мариуполя, из них 70 детей. В городе не было воды, продуктов, электричества. На «Азовстали» под защитой батальона «Азов» находилось больше пятисот мирных жителей, Зеленский договаривался с ООН об организации их эвакуации. Только 19 мая защитники «Азовстали» начали сдаваться — их было около двух тысяч человек (Шойгу назвал цифру в 1908), в России должностные лица соревновались в зверстве, требуя их казнить — пресс-секретарь Путина Песков обещал, что военнопленным будет гарантировано гуманное обращение. Макрон пытался уговорить Путина прекратить обстрелы города — Путин ответил, что обстрелы прекратятся после капитуляции Украины. Часть бойцов «Азова» (около трехсот человек) были переданы Украине по обмену, больше пятидесяти погибли при взрыве колонии в Еленовке Донецкой области (в ДНР утверждали, что это Украина обстреляла колонию, а Украина заявила, что россияне ее подорвали, чтобы скрыть следы жестокого обращения с пленными; эксперты установили, что, судя по разрушениям, заряд был размещен внутри здания). Еще над двадцатью четырьмя (из них девять женщин) в Ростове идет суд, хотя Женевской конвенцией публичные процессы над пленными запрещены.

Что пережили люди в голоде и холоде, в блокированном городе, под непрерывными обстрелами, среди таких же непрерывных фильтраций, выявлявших украинских военнослужащих, — это человек с воображением может только представить, а человеку без воображения мы такого опыта пожелать не можем, он сравним разве что с ленинградскими хрониками сорок первого года. И все это Россия называла освобождением, все документы — фейками и постановками, все свидетельства — бандеровской пропагандой. Зеленский все время отчаянно искал посредников для переговоров о гуманитарных коридорах и о гарантиях сдавшимся. Он развил в это время небывалую международную активность, подчеркивая во всех выступлениях: есть два пути спасения жителей Мариуполя и украинских военных — путь боевой и путь дипломатический, для военного пути не хватает оружия, приходится прибегать к дипломатии. Выступая перед парламентом Южной Кореи (выступления перед парламентами стали тогда едва ли не ежедневными), он говорил: «Худшая ситуация в Мариуполе. Мариуполь разрушен. Там десятки тысяч погибших. Но, даже несмотря на это, россияне не останавливают наступательную операцию. Они хотят сделать так, чтобы Мариуполь был показательно уничтоженным городом. Посредством ракетных и авиационных ударов Россия уже уничтожила сотни инфраструктурных объектов, отвечающих за экономическую и социальную жизнь в Украине. Среди них нефтебазы, аэропорты, склады с продуктами и различные предприятия. Уничтожено 938 образовательных учреждений и 300 больниц».

Зеленскому было весьма трудно в это время сочетать поиск выхода из ситуации, личное достоинство и постоянные попытки донести до мира правду о катастрофической ситуации. Он не мог жаловаться и не должен был давить на жалость. Ему приходилось выступать в роли трагической, а не сентиментальной, он должен был стать эмблемой героического сопротивления и подчеркивать готовность сопротивляться, несмотря ни на что, — задача, с которой ни один политик не справился бы. Зеленский справлялся, став лицом отчаянно борющейся страны. Казалось невозможным представить, что этот человек три года назад мог заставить хохотать любой зал и развлекал Украину комическими стендапами. Это было преображение немыслимое, гротескное, небывалое в истории. Вспоминается мне, пожалуй, только один аналог — Георгий Васильев, один из авторов «Норд-Оста», оставшийся с заложниками в зале, переполненном взрывчаткой; он должен был утешать заложников, переговариваться с боевиками и добиваться гарантий, на свою жизнь он, по собственному признанию, махнул рукой. Но Васильев отвечал за тысячу человек, а Зеленский — за сорок миллионов. И он сумел представить миру сдачу Мариуполя — тяжелое, деморализующее поражение — как демонстрацию невероятной стойкости, как моральную победу, потому что среди самых тупых и мрачных режимов, существующих на Земле, не нашлось ни одного, кто поддержал бы Путина в систематическом трехмесячном уничтожении города и глумлении над героизмом его защитников. Раньше у батальона «Азов» была в глазах мира двусмысленная репутация — как-никак националисты, крайне правые, да еще и не часть регулярной армии, а такая себе вольница; теперь «Азов» для всего мира был синонимом мужества, а цитадель «Азовстали» — чем-то вроде Брестской крепости. «Азов», созданный в 2014 году, в самой Украине воспринимался тогда неоднозначно — а в 2023-м, когда Зеленский привез из Турции обменненных азовчан, их встречали как святых. Маргарита Симоньян, глава холдинга «Россия сегодня», писала тогда в твиттере относительно Эрдогана, вернувшего «Азов» Украине: «Матушка, и это проглотим?» (Это она к России обращается.)

Зеленский должен был в это время сочетать роли спасителя, защитника, просителя, он должен был напоминать миру, с чем этот мир столкнется, если сейчас не поможет остановить самого опасного агрессора в истории — он давно перестал шутить и каламбурить, его речь стала сухой и отрывистой, и он больше не стеснялся ненависти. Когда в пасхальные дни 2022 года Россия обстреляла Одессу и погибли мать с дочкой, а отец вышел в магазин и потому выжил, и вся Украина, весь мир смотрел на одессита Юрия Глодана, потерявшего жену и трехмесячную дочь, — Зеленский кричал в камеру: «Вот такие у нас пасхальные дни, потрясающе! Семь ракет сегодня прилетело в Одессу, семь ракет. Две мы сбили. В многоэтажный дом попала ракета. Восемь людей — на сейчас, вот прямо в этот момент — восемь людей скончались, 18 или 20 раненых. Ребенка убили трехмесячного. Война началась, когда этому ребенку месяц был. Вы представляете? Что это вообще происходит? Подонки вонючие. Как их еще назвать? Других нет слов. Просто подонки. И в эти же дни! То есть вообще на все наплевать. От какого они от бога? Про что они говорят? Про какие ценности? Какой их мир? Русский мир, какой христианский мир? Средневековье. Просто сил нет. Просто семь ракет на Одессу. Их любимую Одессу. Как они говорят, «Одесса-мама» их любимая, куда они так любили приезжать».

Это не был нервный срыв. Это не был бессильный гнев. Это было невыносимое страдание, и его не надо было имитировать — Зеленский умеет понимать и представлять чужую трагедию, это его профессия. Профессиональный политик нашел бы другие слова. А он нашел эти — «подонки вонючие», самое сильное, что можно было сказать, оставаясь в рамках каких-никаких приличий. На глазах у всего мира он терял надежду сохранить с русскими, хоть с какими-то русскими, взаимопонимание и добрососедство. Это был отказ от всей России и навсегда, потому что творилось это от имени всей России, без разделения на хороших и плохих. И в Украине не было в тот момент никаких идеологических разделений. Никто и догадываться не мог, какой ценой покупалось единство.

Происходил в это время и еще один важный процесс — тоже запущенный Россией, и он был особенно мрачен в смысле перспектив. Главное из ухудшений — упрощение, уплощение: война не оставляет оттенков и заставляет выбирать из двух. Та самая этическая наглядность привела не только к тому, что одна сторона окончательно окрасилась в черный, а другая в белый: привела она и к тому, что Зеленский — человек сложный, неоднозначный и внутренне богатый — вынужден был мыслить в плоских координатах. Осталось то, что выгодно для Украины, и то, что хорошо для России: исчезло не только пространство компромисса, но и пространство неоднозначности. И для него, который под знаком этой самой неоднозначности победил, который должен был выйти из черно-белых координат, никакой другой системы ценностей не осталось.

Сергей Бережной, когда-то петербургский фантаст и критик, а теперь киевский журналист, предупреждал меня еще в 2019 году, что Зеленскому придется править в расколотом обществе, и он сам, КТО сделал все возможное для того, чтобы этот раскол на сторонников старого Порошенко и нового Зеленского углублялся и радикализировался. Зеленский, однако, сразу после победы призвал к объединению, и вроде у него даже что-то получалось на фоне ковида — но тут уже Россия не оставила никакого выбора. Надо было самому обретать авторитарные черты, которые у Зеленского были в зачатке еще в продюсерские времена — но теперь оказались востребованы и насущны.

XI. Июльский скандал

Самая масштабная перестановка в украинских силовых структурах за время войны — отставка Ивана Баканова и Ирины Венедиктовой, подписанная Зеленским 17 июля 2022 года. Баканов — глава Службы безопасности Украины, Венедиктова — генеральный прокурор.

Баканов считался близким другом Зеленского. Он сделал стремительную карьеру, как многие его однокашники по школе и «Кварталу»: с 2017 по 2019-й — председатель партии «Слуга народа», впоследствии первый замруководителя СБУ (шеф управления по борьбе с коррупцией), с 27 мая 2019-го — и.о. руководителя СБУ (вместо Василя Грицака, который демонстративно не поприветствовал Зеленского во время инаугурации; он как раз считался ястребом, настаивал на визовом режиме с Россией). О большом количестве предателей в СБУ Зеленский заговорил в апреле 2022 года: тогда же он лишил званий генерала Андрея Наумова (уволенного из СБУ девятью месяцами раньше) и бывшего начальника управления СБУ в Херсонской области Сергея Криворучко. В тот же день стало известно о задержании Олега Кулинича — руководителя крымского отдела СБУ, временно переехавшего в Херсон.

В очередном телеобращении Зеленский объяснил отставки:

По состоянию на сейчас зарегистрировано 651 уголовное производство относительно государственной измены и коллаборационистской деятельности сотрудников органов прокуратуры, органов досудебного расследования, других правоохранительных органов. В 198 уголовных производствах соответствующим лицам сообщено о подозрении. Более шестидесяти сотрудников органов прокуратуры и СБУ остались на оккупированной территории и работают против нашего государства. Такой массив преступлений против основ национальной безопасности государства и связи, которые зафиксированы между сотрудниками силовых структур Украины и спецслужбами России, ставят очень серьезные вопросы к соответствующим руководителям. Каждый из этих вопросов получит надлежащий ответ.

Забегая вперед, скажем, что никаких репрессий против Баканова Украина не увидела, дело против него не возбуждено, он пребывает в Украине (в России поспешили сообщить, что он под следствием и сбежал). Многими оппонентами Зеленского, требующими радикальных чисток, это воспринимается как поощрение государственной измены. Вообще наивно было бы думать, что одна воюющая сторона может быть во всем лучше другой: репрессии, подозрительность да и коллаборационизм — дело заразное.

Кулинич был советником Баканова. Многие украинские СМИ повторили вброс о том, что он входил в одну преступную группировку с бывшим заместителем секретаря Совета безопасности и обороны Владимиром Сивковичем, который в 2014 году переехал в Россию. Вербовкой украинских чиновников занималась пятая служба ФСБ, ее курировал лично начальник 9-го управления департамента оперативной информации 5-й службы ФСБ РФ Игорь Чумаков. О том, что украинские силовые ведомства нашпигованы российской агентурой, много говорили и в Украине, и в России. Государственное бюро расследований пришло к выводу, что многие кадровые решения — например, увольнение заместителя главы СБУ Руслана Баранецкого в июле 2021 года без объяснения причин — осуществлялись в прямом контакте с руководством ФСБ. Обнародованный ГБР текст подозрения, предъявленного Сивковичу, напрямую увязывает его деятельность с российскими спецслужбами: например, Кулинич с подачи Сивковича лоббировал назначение в СБУ генерала Наумова вместо Баранецкого. Наумова, напомним, Зеленский уволил в том же июле 2021 года.

СМИ, занимающие взвешенную позицию, остерегаются обвинять Баканова в предательстве и ставят ему в вину только неопытность. Не надо назначать друзей детства на главные оперативные должности — не придется потом искоренять измену. Но хватает и тех — они особенно активизировались в апреле 2023 года, — кто обвиняет Зеленского в попустительстве шпионам и ставят ему в вину то, что он не нашел времени открыто высказаться о связях Баканова с ФСБ. «Содержание и защита Ермака, Татарова, Демченко, Баканова, Кулинича, Наумова, Гетманцева возле президента, спасение Сивковича от уголовных дел — красноречивый ответ. Зеленский боится, что если сдать всех негодяев, они не замолчат, а предадут его сами», — пишет украинский журналист, учредитель и глава «Всеукраинского фонда защиты национальной безопасности» Юрий Бутусов. Влияние Бутусова на украинское общество не слишком велико, но он в своих обвинениях не одинок: Украина только вступила в стадию охоты на ведьм, но без нее не обойдется. Все неудачи будут объясняться русским шпионажем — и если Зеленский не станет сдавать своих, начнутся удары по нему. В сущности, он заложник ситуации: либо ему придется кого-то скармливать агрессивной толпе, либо стать ее пищей самому. Он не склонен сдавать своих, и какую стратегию он выберет относительно неизбежной радикализации патриотов — вопрос.

А радикализация эта к середине 2023 года дошла до того, что ненависть к русским стала тотальной: не в силах пока расправиться с Путиным и его командой, украинское общество набрасывается на русских либералов. Это, впрочем, предсказуемо, но показательно.

XII. Корбан

Одну из главных внутренних проблем Зеленского летом 2022 года звали Геннадий Корбан. Опубликованный (точнее, слитый в прессу) неподписанный приказ о лишении гражданства нескольких украинских олигархов так и не был верифицирован, если не считать того факта, что Корбана действительно не пустили на территорию Украины после посещения семьи и отобрали у него украинский паспорт. Двадцать восьмого июля 2022 года Владимир Зеленский официально подтвердил, что Корбан лишен гражданства «на основании действующего законодательства» (не уточнив при этом, какой из пунктов этого законодательства он нарушил; в соответствии с Конституцией Украины — документом прямого действия — никто не может быть лишен украинского гражданства). На момент написания этой главы он находился в Польше, хотя точных сведений насчет его местопребывания нет. Он сообщил, что против него и ряда его сотрудников возбуждено уголовное дело. При этом он продолжает оставаться главой штаба теробороны Днепра. В его Телеграме спустя год после лишения гражданства принимаются любые жалобы на городские проблемы типа забитой канализации или перегоревшего освещения — и по мере сил эти городские проблемы решаются.

Ситуация с Корбаном — причины которой остаются «под ковром» — первое доказательство той широко обсуждаемой версии, что Зеленский начинает зачищать пространство Украины и вместо инициативы на местах, благодаря которой Украина, собственно, и выстояла, — начинает поощрять строительство вертикали. Именно эту версию высказал мэр Днепра Борис Филатов в письме в защиту Корбана: подписало его больше сотни днепровских бизнесменов и лидеров общественного мнения.

На примере Корбана, пожалуй, проще всего показать коренные отличия украинского олигархата от российского — а заодно и причины, по которым российские способы «деолигархизации» в Украине едва ли сработают.

Геннадий Корбан принимал меня 27 июня в своем офисе на Староказацкой, 58, где на первом этаже расположено

«Дніпро TV» — главный городской телеканал, им контролируемый. Он сразу сказал, что у него немало претензий к Зеленскому (в первую очередь то, что, будучи предупрежден о точном времени начала боевых действий, он отказывался верить в эту информацию и ничего не предпринимал — это и привело к трагедиям Ирпеня и Бучи). Но излагать эти претензии он готов только после войны, сейчас же Верховный главнокомандующий находится вне критики. Или, по крайней мере, эта критика должна высказываться в кулуарах.

Тогда присутствовавший при встрече мэр Днепра Борис Филатов (единственный кандидат юридических наук среди украинских мэров, мотоциклист, дайвер с тремя сотнями погружений, главный в Украине коллекционер нэцке) сказал мне: ты не совсем понимаешь, как устроена украинская политика. Президент тут решает далеко не все, а в сущности — ничего не решает. Все определяют громады, слово, непереводимое на русский: собрания граждан, низовая инициатива. Зеленский, кажется, тоже понял это не сразу. И, поняв это, не захотел мириться с тем, что решения на местах принимают сильные лидеры. Он сам — а в его окружении в первую очередь глава администрации Ермак — ставит перед собой задачу, объясняемую пока законами военного времени: выстроить вертикаль единовластия. Вопрос в том, насколько он в этом преуспеет и приведет ли это к превращению Украины в Россию, к постепенному заражению главными ее болезнями. К сожалению, воюя с агрессивным и тоталитарным противником, находясь с ним в регулярном и тесном контакте, даже самая свободная страна вынуждена перенимать его грехи и пороки. Так Россия заразилась от Германии идеей национальной исключительности — и уже в 1947 году, в эпоху борьбы с космополитизмом, российские идеологи во главе с Леонидом Леоновым вовсю утверждали: Европа породила фашизм, Европа не устояла перед ним, только мы с нашим опытом формирования нового человека смогли победить самое страшное зло в истории! Отсюда был один шаг до идеи расовой чистоты, а стало быть, государственного антисемитизма — и шаг этот был сделан. Вы скажете: а как же Британия не заразилась? Да ведь на территорию Британии за все шесть лет Второй мировой войны не ступила нога немецкого солдата. Это была война в небесах и на море, и на чужих территориях. А Россия нахваталась микробов так, что нескоро оправилась: «Правда» образца 1951 года недалеко ушла от Völkischer Beobachter. А идея национальной исключительности, немыслимая в многонациональном государстве времен Большого террора, после сталинского тоста за русский народ уже никого не удивляла.

«Мы воюем с Россией не за то, чтобы стать Россией» — сформулировал видный днепровский фантаст и публицист Ян Валетов. Услышат ли его — вопрос открытый.

XIII. Операция «Интервью»

Еще одним громким скандалом августа 2022 года стало интервью Владимира Зеленского, данное газете Washington Post и опубликованное 16 августа.

Интервью было огромное, взяла его Изабелла Куршудян, и оно содержало сразу несколько сенсаций. Во-первых, Зеленский впервые мотивировал свое желание избираться: «Второй по влиянию в Украине была партия, полностью подконтрольная Российской Федерации. Если бы я не стал баллотироваться, она была бы первой». (Имеется в виду партия «Оппозиционная платформа — За жизнь», возглавляемая кумом Путина Виктором Медведчуком.)

Во-вторых, Зеленский впервые прямо начал не только благодарить Запад за помощь, но резко его критиковать за недостаточность этой помощи:

И конечно, мы ничего не получили с точки зрения гарантий безопасности. Гарантии безопасности дает не только членство Украины в НАТО. Дело не только в безопасности, хотя я считаю, что [план действий по членству] в НАТО был бы [одной из] тех самых превентивных санкций, о которых я постоянно говорил на всех встречах. Превентивные санкции означают, что нужно сделать что-то, чтобы заставить русских бояться нападения — потому что они нападут, поэтому сделайте что-нибудь с этим. Но этого не произошло, к сожалению.

Я не жалуюсь. В нашей жизни мы уже прошли этап жалоб. В этом нет необходимости. Сейчас мы сильнее, чем были до вторжения. Партнеры могут только помочь нам деоккупировать территории, но только народ Украины может выстоять и выстоять. Я благодарен партнерам за оружие, которое мы сейчас получаем, но, если вы не член НАТО, вы не сможете его получить. Будем честны. Вы можете сказать миллион раз: «Послушайте, возможно вторжение». Ладно, может быть вторжение — вы дадите нам самолеты? Вы дадите нам ПВО? — Ну, ты не член НАТО. Ой, ладно, тогда о чем мы говорим?

Сейчас я очень благодарен многим партнерам, которые, несмотря на то что мы не являемся членами НАТО, поняли, что происходит, и что Украина — это первый шаг на кровавом пути России, и что просто так это не закончится. То, что нам дают это оружие, будем честными, это не только для нас, это и для них. Ведь они уже поняли, что российские войска не остановятся, они пойдут дальше. Поэтому здесь, на нашей территории, Европа и Запад тоже защищаются. План действий по членству в НАТО, эти программы НАТО, вступление Украины в НАТО — все это позволило бы нам модернизироваться.

Далее Зеленский впервые высказался о том, что Запад к началу агрессии был вполне готов закрыть на нее глаза, как закрыл он глаза на Крым. Если бы Украина не продемонстрировала способность защищаться — никакого сплочения Запада вокруг нее не было бы:

Из всех, кто мне звонил, не было ни одного, кто верил, что мы выживем. Не потому, что не верили в Украину, а из-за этой демо-

336

низации лидера РФ — его власти, его философии, того, как он рекламировал мощь российской армии. И вот [подумали они] при всем уважении к украинцам: не принесут, их добьют за два-три дня, может, за пять, и тогда все закончится». Почему даже некоторые европейские лидеры сказали «три дня»? Потому что некоторые европейцы не планировали объединяться вокруг Украины. Все хотели просто умыть руки. Мол, ладно, это проблема Украины. Давайте просто закроем на это глаза на несколько дней. Через несколько дней россияне, какими бы они ни были, оккупируют Украину. А потом как-нибудь с ними договоримся. Я уверен, что такие мысли возникли, потому что эта война в Европе, в ее центре, никому не выгодна.

Для РФ мы были как аппендикс, который нужно было удалить. Они думали, что мы — аппендикс, а мы оказались сердцем Европы. И мы заставили это сердце биться. Эти страны объединились вокруг нас — благодаря не только нам, но и потому, что общество в этих странах не было готово отказаться от концепции свободы просто потому, что на Западе боятся и демонизируют Путина. Сам Запад его демонизировал, нарисовал таким уж страшным, с ядерным оружием в руках. Помните эти плакаты с Саддамом Хусейном? Иногда мы тоже боимся, но Украина показала, что дьявол не так страшен, как его изображают.

На вопрос, почему Зеленский не предупредил людей о готовящемся вторжении, а напротив, пытался их успокоить, он ответил резко:

Если бы мы сообщили об этом — а этого хотели некоторые люди, которых я не буду называть, — то я бы терял семь миллиардов долларов в месяц начиная с октября прошлого года, и в тот момент, когда русские действительно атаковали, они бы взяли нас в плен за три дня. Если мы перед вторжением посеем хаос среди людей, русские нас сожрут. Потому что во время хаоса люди бегут из страны».

«Но вы верили, что они нападут?»

Слушайте, как можно было в это поверить? Что они будут пытать людей и что это их цель? Никто не верил, что так будет. И никто этого не знал. А сейчас все говорят, что мы вас предупреждали, а вы предупреждали общими фразами. Когда мы просили дать нам конкретику: откуда они придут, сколько людей и так далее ,— у них у всех было столько же информации, сколько и у нас. И когда я сказал: «Хорошо, если они идут отсюда и здесь будут тяжелые бои, можем ли мы получить оружие, чтобы остановить их?» Мы этого не поняли. Зачем мне все эти предупреждения? Зачем мне сводить наше общество с ума? С февраля, даже с января, поскольку в СМИ много говорилось, украинцы вывели за границу больше денег, чем мы получали помощи за рубежом.

Итак, как вы, наверное, помните, с момента начала полномасштабного вторжения и до сих пор все, что я прошу, это закрыть небо, потому что, если бы небо было закрыто, у нас не было бы всех этих смертей. У меня нет претензий. Но когда кто-то утверждает, что они посылали нам какие-то сигналы, я говорю им: «Пришлите нам оружие». Я был абсолютно прав и уверен в этом даже сейчас. Все хотят, чтобы Украина победила, но никто не хочет воевать с Россией. Вот и все. Это точка. И именно поэтому нам пришлось решать, как оставаться сильными. Если никто не хочет с ними воевать, все боятся с ними воевать — извините, тогда мы будем решать, как это сделать, правильно это или неправильно. Но война пойдет дальше, вглубь Европы, поэтому, пожалуйста, пришлите нам оружие, потому что мы тоже вас защищаем. И они начали его отправлять.

Сенсационным был прежде всего тон, которым Зеленский заговорил с Западом. Это уже никак не тон просителя. Многие попрекали его потом черной неблагодарностью: мол, мы вам все даем, хотя не обязаны, а вы требуете еще и при этом недовольны! Да, недовольны, потому что Украина защищает именно Запад, и, если не защитит, Россия станет уже его опасным соседом. План вступления в НАТО — хорошо, но это бумага. Если вы так хорошо все знали и упрекаете нас в том, что мы не услышали ваших предупреждений, — что ж вы сами ничего не сделали? И Зеленский имел теперь право на такой тон, потому что в августе 2022 года было уже понятно, в какой стилистике ведется эта война.

Но до Запада кое-что доходило: Украина стала получать оружие, и уже не только «байрактары», но и HIMARS. Это был личный дипломатический успех Зеленского, прямой результат его требований. С первых чисел осени начался период триумфальных украинских контрнаступлений. Первым был стремительный 70-километровый марш под Харьковом, когда за неделю были освобождены 30 населенных пунктов на юго-востоке области, включая Изюм.

XIV. Сентябрьское наступление

Это крупнейшее поражение России со времен Киевского отступления, которое в свою очередь было крупнейшим военным поражением со времен Второй мировой. Это было бегство, которое уж никак нельзя оправдать внезапностью или вероломством, ибо все происходило посреди войны, развязанной нашими же. Это началось 29 августа и продолжалось до 11 ноября, когда ВСУ без боя вошли в Херсон. Тот самый Херсон, о котором говорилось, что Россия здесь навсегда. Она была здесь ровно с 3 марта по 10 ноября, то есть новое русское всегда продолжается семь месяцев и неделю. Россия успела включить Херсон в свою территорию и вписать в Конституцию, после чего эту свою территорию бомбила и обстреливала еще два месяца, да и теперь не забывает.

«Может, это звучит не так, как кто-то сейчас ожидает, может, не так, как в новостях. Но нужно понимать: никто ниоткуда просто так не уходит, если не чувствует силы, — сказал Зеленский в вечернем телеобращении 11 ноября. — Враг не делает нам подарков, не делает „жестов доброй воли". Мы за все это боремся. А когда борешься, надо понимать, что каждый шаг — это всегда сопротивление врагу, это всегда потеря жизней наших героев. Поэтому мы двигаемся очень аккуратно, без эмоций, без лишнего риска.

Еще 10 июля Ирина Верещук (министр оккупированных территорий, упрямая женщина, которая не хотела эвакуироваться из Киева 24 февраля) призвала всех жителей южных областей, занятых врагом, уезжать любыми путями: начинаются боевые действия, деоккупация. Чтобы отрезать российские силы в Херсоне от остальных территорий, украинская артиллерия обстреляла и сделала непригодным к эксплуатации (с 27 июля) Антоновский мост. К этому времени относится один из самых прелестных украинских демотиваторов — поистине каждый этап войны сопровождался новыми мемами, иногда циничными, почти всегда остроумными. Голая парочка; девушка стонет: «Милый, только не в меня!» — «А куда?» — «В Антоновский мост!!!» Издатель книги считает, что это не очень остроумный мем. А мне ужасно нравится, прямо стыдно.

Контрнаступление одновременно развивалось в направлении Херсона и в Харьковской области, где оно началось с возвращения Купянска, почти полностью разрушенной Балаклеи и Изюма. Следом были освобождены Святогорск и Лиман. К середине октября Украина контролировала большую часть Херсонской области. Сравнение кадров протестных демонстраций, какими россиян встречали в Херсоне, и объятий, какими приветствовали украинцев, весьма красноречиво, но эти кадры по российскому телевидению не показывали. Известно, что, когда советские войска входили в освобожденные города во время Великой Отечественной и стихало первое ликование, начиналось выявление коллаборационистов. Пребывание на оккупированных территориях в СССР выявлялось во всех анкетах и препятствовало карьерному росту вплоть до конца советской власти. Об этом не принято было писать в военной прозе: это могли себе позволить литературные генералы вроде Симонова в рассказе «Жена приехала».

Немцы были здесь месяц — это же ведь не деревня, где есть хотя бы спрятанные, закопанные запасы продовольствия, здесь все-таки город. Хлеб тут пекли в пекарнях, получали в булочных, продукты давали по карточкам, воду брали из колонок, свет получали с электростанции... Ведь нельзя же себе представить, что вот сегодня пришли немцы, а завтра людям уже не нужно ни воды, ни хлеба, ни света — ничего!

— Насчет света ерунда! — прервал Лопатина председатель. — Электростанция — военный объект, посидели бы и на лучине! А монтер просто шкура! Имел шанс взорвать — и струсил!

— А вы бы взорвали?

— Безусловно.

Председатель сказал это так просто, что Лопатин поверил ему.

— У меня есть указание выявить всех до одного пособников фашистских оккупантов, и я его выполню, будьте покойны. У меня совесть есть! Жрать не буду, спать не буду, а выполню!

Эту опасность Зеленский оговорил специально, и это еще одно, определяющее отличие от советских руководителей. Проблеме работы СБУ на освобожденных территориях он посвятил выступление от 3 октября 2022 года:

Возобновляется работа транспорта, почты, полиции, нормальная поставка воды, газа, электричества — настолько, насколько это возможно. После оккупантов осталось много заминированных участков, много растяжек, почти вся инфраструктура разрушена. Ущерб колоссальный. Но жизнь возвращается — возвращается повсюду, где выгнали оккупантов. Осуществляем и социальные выплаты — пенсии, зарплаты. В том числе и учителям, которые были верны Украине и не перешли на программу оккупантов.

Это действительно очень важно. Российские пропагандисты запугивают людей в районах, которые пока контролируют оккупанты, что Украина якобы будет считать коллаборантами едва ли не всех, кто остался на оккупированной территории. Абсолютный бред.

Наш подход всегда был и остается четким и справедливым. Если человек не служил оккупантам и не предал Украину, то нет оснований считать такого человека коллаборантом. Это простые вещи. Если учитель остался украинским учителем и не врал

детям о том, кто враг... Или если человек остался украинским работником украинской коммунальной службы и, например, помогал сохранить энергоснабжение для людей, то нельзя в чем-то такого человека винить.
Сотни тысяч людей пребывали на временно оккупированной территории. Многие помогали нашим военным и спецслужбам. Многие просто пытались выжить и ждали, когда вернется украинский флаг.
Конечно, были и те, кто предал Украину. Но такие случаи достаточно быстро устанавливаются Службой безопасности Украины и не являются массовыми. Россия не встретила массовой поддержки в Украине, и это факт.

То, что он сказал эти слова и нашел их особенно важными на фоне победных реляций, и делает его лидером нового типа. И конечно, никакой дискриминации пленных — только уважение, радость встречи, помощь в психологической реабилитации, возвращение в семьи и на фронт, если есть силы и желание. Желание было у всех, доверие ко всем — тоже. Именно сценой встречи пленных заканчивается фильм Комарова «Год», а предпоследний там эпизод — возвращение украинской армии в Херсон. Женщины рассказывают, как страшно было. Плачут. Потом сами себя одергивают: да что ж мы об этом, ведь радоваться надо! Смеются. Никогда в Украине столько не смеялись и не плакали, как в эту триумфальную осень.

На деоккупированных территориях находили бесчисленные свидетельства зверств российской стороны: массовые захоронения, расстрелянных со связанными руками и следами пыток. В Изюме обнаружили кладбище — 445 могил граждан-ских лиц и братская могила ВСУ. Уполномоченный Верховной Рады по правам человека Дмитрий Лубенец заявил, что многие украинские военнослужащие были расстреляны после пыток. Сразу после освобождения Изюма и Балаклеи Зеленский приехал туда. Он обратился к иностранным журналистам, которые съехались в город в огромном количестве —

больше сотни: «Вы видели Бучу. Вы видели Мариуполь. Вы видите это, — сказал он. — Сколько еще таких злодейств должна совершить Россия, чтобы мир остановил ее?» Кажется, никогда еще этот призыв не выглядел так реалистично.

Двадцать девятого сентября Зеленский обратился к народам Кавказа (прежде всего, к чеченцам, поскольку именно их Рамзан Кадыров усерднее всего мобилизовал на войну с Украиной; низовым энтузиазмом это не поддержано, в Дагестане случились массовые беспорядки, и Зеленский решил сыграть именно на нежелании кавказцев становиться пушечным мясом). Думаю, одной из особенностей его президентского поведения является именно стремление обращаться к тем, кто менее всего способен его услышать; бросать камень в самую гущу оппонентов — в надежде спровоцировать самый сильный ответ. Это в нем тоже актерское.

Он записал обращение в Крепостном переулке, где на месте усадьбы офицерской вдовы Масаловой (ее дом давно снесен, там стоит новый) стараниями Дагестанского землячества установлена мемориальная доска имаму Шамилю. Шамиль гостил в Киеве по пути в Мекку: на хадж его после семилетних уговоров отпустил Александр II. Шамиль, чье примирение с императором должно было сломить сопротивление горцев, получил дворянство и пожизненное содержание. Кратчайший путь в Мекку лежал через Киев. Там Шамиль пробыл с декабря 1867 до мая 1869 года. «Мы умеем хранить память героев», — сказал Зеленский.

Обращение его было воспринято на Кавказе вполне одобрительно, но блогер сайта «Кавказский узел» под псевдонимом «Чечня инсайд» заметил, что выступление Зеленского могло быть эмоциональнее: мы на Кавказе, пишет он, хорошо помним русские снаряды и кассетные бомбы. Думаю, упоминание Шамиля — сильный культурный ход — на нынешнем Кавказе не сработает именно потому, что усилиями кадыровцев и других новых властей память о духовном наследии Кавказа в значительной степени вытоптана. Зеленский обращается к тем, кто понять его не может: для одних имя Шамиля враждебно, потому что он сдался России, для других чуждо, потому что они его просто не слышали.

В этом проблема большинства обращений Зеленского к россиянам: он старается учитывать культурный контекст там, где культурного контекста давно нет. Есть нечто иное — озлобленность, душевная болезнь, принципиальная оторванность от любых корней, ибо наше время отменило всю предыдущую историю России: парадоксальным образом для Зеленского и его команды она живей, чем для россиян. Подлинная cancel culture правит бал в России, а не в Европе. Здесь не сбрасывают пушкинских памятников — здесь просто обнулили пушкинское наследие. Для оболваненных россиян оно действительно ничего не значит, и к ним обращаться бессмысленно; те же, кто его помнит, понимают все и так. Идея переговоров бессмысленна уже потому, что переговоры предполагают понимание речи — а с этим в России 2022 года обстоит плохо. Прав блогер — сегодня бы эмоций побольше.

Ответом на украинское наступление со стороны России стало варварство — это вообще сильный ответ, впечатляющий. Россия стала прицельно разрушать украинскую инфраструктуру, обеспечивая Украине подлинно блокадную зиму.

В речи ко Дню независимости Украины 24 августа 2023 года Зеленский нашел особенно благодарные слова для украинских энергетиков, электриков и ремонтников:

Прошлой зимой мы пережили массированные ракетные атаки, опасность блэкаута. Разные были моменты. Когда города стояли в темноте. Когда был холод. Была и несокрушимость. И когда наши люди работали и возвращали свет, тогда было и громкое «Слава Украине!», «Слава украинским электрикам!», поднимали стаканы за ПВО и наших энергетиков. И это абсолютная правда.

Наши энергетики работали круглые сутки. Во время воздушных тревог. Иногда — под обстрелами. Всегда — в опасности. Всегда зная, как света ждут в больницах, на оборонных предприятиях. И как света и тепла ждет каждая семья...

Это действительно был подвиг, сравнимый с фронтовым. Министр энергетики Украины Герман Галущенко по образованию юрист, и каким чудом он не допустил полного обесточивания Украины — загадка. Россия выпустила по Украине с начала войны десятки тысяч ракет, было 16 000 массированных обстрелов, и направлены эти ракеты были в девяти случаях из десяти по гражданским объектам, прежде всего по электрическим подстанциям. Десятого октября 2022 года Россия провела крупнейший с начала войны ракетный обстрел всей украинской территории — 84 ракеты, половина из которых была перехвачена. Но оставшихся хватило, чтобы обесточить 11 областей, включая Киевскую. Всю мировую прессу обошел спутниковый снимок темного ночного Киева. К утру электроснабжение было восстановлено примерно в тысяче населенных пунктов.

Двадцать второго октября следующий ракетный обстрел — меньший по масштабу, но зато с использованием широко распиаренных «Сарматов» — оставил без электричества полтора миллиона домов. Сорок процентов энергосистемы Украины получили критические повреждения. После обстрела 15 ноября 2022 года без света осталась четверть украинского населения. Двадцать третьего ноября Россия была признана в Европарламенте страной-террористом (спонсором терроризма), потому что главными ее жертвами были теперь мирные граждане. Но это ведь была мера морального воздействия, никаких фатальных для России последствий из этого проистечь не могло. Ну, страна-террорист, дальше что?

Самое поразительное, что Зеленский в это время находил слова. Даже России, кажется, стало скучно раз за разом проявлять демоническую природу своего режима. Зеленский ни на сутки не прекращал своей телевизионной общенациональной терапии. И оставался разнообразен, и ни разу не попал в диссонанс с аудиторией.

Десятое октября:

Утро тяжелое. Имеем дело с террористами. Десятки ракет, иранские «Шахеды». У них две мишени: энергообъекты — по всей стране. Киевщина и Хмельнитчина, Львов и Днепр, Винница, Франковщина, Запорожье, Сумщина, Харьковщина, Житомирщина, Кировоградщина, Юг. Они стремятся к панике и хаосу, хотят уничтожить нашу энергосистему. Они безнадежны.

Вторая мишень — люди. Специально выбрали такое время и такие цели, чтобы нанести больше вреда.

Сегодня будьте в укрытиях. Всегда соблюдайте правила безопасности. И всегда помните, что Украина была до того, как появился этот враг, Украина будет и после него.

Двадцать второе октября:

Продолжаем ликвидацию последствий ударов террористов по нашей инфраструктуре. География этого очередного массированного удара очень широка: Волынь, Одесская, Хмельницкая, Кировоградская, Днепропетровская, Ровненская, Николаевская, Запорожская области и другие.

Основная мишень террористов — энергетика. Поэтому сейчас, пожалуйста, еще внимательнее, чем раньше, относитесь к необходимости сознательно потреблять электричество. От каждого города и района Украины зависит стабильность работы энергетики всего нашего государства.

Пожалуйста, ограничивайте работу техники, потребляющей много электричества. И особенно в часы пикового потребления утром и вечером.

На части территории нашего государства, где электричество было отключено в результате сегодняшнего удара, уже удалось возобновить энергоснабжение. Частично в Одесской области, частично в Хмельницкой электричество уже вернули, Ровненская область — большинству восстановили, есть положительные отчеты также из других областей. Но во многих городах, во многих районах восстановительные работы еще продолжаются. Стараемся как можно быстрее вернуть людям свет.

Я хочу поблагодарить всех, кто задействован в этой работе: энергетиков, работников коммунальных служб и местного самоуправления, чиновников и бизнес, который также помогает. Все вместе мы сейчас показываем, что украинскую жизнь невозможно сломать. Даже если враг может оставить нас временно без света, ему все равно никогда не удастся оставить нас без стремления исправить все, починить и вернуть в норму.

И даже сейчас — частично в темноте — жизнь в нашем государстве, в нашей Украине, все равно цивилизованная. В отличие от России, несущей нам этот террор. У них там и с электричеством все равно дикость, как в древнейшие времена. Только дикари могут нести такое зло миру.

Российские пропагандисты врут, когда говорят, что этот террор против нашей инфраструктуры и людей может как-то затормозить активные действия наших военных или создать какие-то трудности нашей обороне. Украинцы едины и точно знают, что у России нет шансов выиграть в этой войне.

И феноменально это его умение в темной, на четверть обесточенной стране отвлечь внимание слушателя на совершенно неожиданные, посторонние, казалось бы, вещи:

Очень хорошо Украина была представлена на этой неделе во Франкфурте на крупнейшей в Европе и одной из крупнейших в мире книжной ярмарке. Это не просто событие для издательского бизнеса и писателей. Это одна из ключевых европейских дискуссионных площадок и резонансное информационное событие. Первая леди Украины представила там свои проекты поддержки образования и культурной сферы. В частности, инициатива «Книги без границ» — это обеспечение детей наших вынужденных переселенцев книгами на украинском языке. А также проект «Украинская книжная полка», представленный уже в 20 странах мира.

И никого не раздражал этот разговор про книжки и про культурные проекты первой леди. Все понимали, что, если постоянно думать только о ракетных обстрелах и о жертвах, — с ума сойдешь. Они варвары, а мы культурные. Мы истекаем кровью, а все-таки присутствуем на Франкфуртской книжной ярмарке. Дядя Пушкина, умирая, сказал: «Как скучны статьи Катенина!» Пушкин считал это непростительной мелочностью, а я считаю героизмом. Это великолепное презрение к смерти, которой не удастся отвлечь культурных людей от их культурной работы.

Пятнадцатого ноября Зеленский выступил по видеосвязи во время форума G20 на Бали. Там он впервые представил свои «десять пунктов» — условия мира в Украине, которые российский министр иностранных дел Лавров немедленно назвал нереалистичными; Россия в это время не прочь была и отползти, закрепившись на уже захваченных территориях, — но Зеленский продолжал наотрез отказываться от любых переговоров с Путиным и путинскими. Условия его были:

— радиационная и ядерная сохранность;
— продовольственная безопасность;
— энергетическая сохранность;
— освобождение всех пленных и депортированных;
— выполнение Устава ООН и восстановление территориальной целостности и мирового порядка;
— вывод русских войск и прекращение боевых действий;
— возвращение справедливости (под этим понимался суд над военными преступниками);
— противодействие экоциду;
— недопущение эскалации;
— фиксация окончания боевых действий.

Радиационная безопасность была вопросом номер один — Россия захватила Запорожскую АЭС. Путин продолжал пугать ядерным оружием, которое будет применено, если Россия окажется под угрозой; что она считает угрозой — утрату ли Крыма, вторжение ли на свою территорию — не уточнялось, но миру предлагалось замереть.

Зима 2022/23 годов оказалась в Украине — и в Европе в целом — сравнительно теплой: среднеевропейская температура оказалась на 1,2 градуса теплее климатической нормы. Ни заморозить Украину, ни добиться массовых протестов не удалось. Зимой и весной Россия тщетно пыталась взять Бахмут (главным образом силами частной военной компании Евгения Пригожина «Вагнер» под командованием Дмитрия Уткина). Бахмут был не столько взят, сколько полностью разрушен к концу мая 2023 года, Авдеевку взяли в полукольцо, но так и не захватили (из 35 тысяч жителей в городе осталось полторы, жилой фонд разрушен на 90 процентов).

О том, что Россия сменила тактику, заговорили многие военные эксперты. К весне 2023 года Россия контролировала 18 процентов украинской территории (против 27 — в марте 2022). Отказавшись от взятия новых территорий, еле удерживая захваченные, Россия стала непрерывно наращивать ракетные обстрелы: в Киеве количество воздушных тревог достигало десятка за ночь. Шестого июня произошло событие, которое, кажется, окончательно убедило симпатизантов России, что красных линий для нее не осталось: была разрушена Каховская ГЭС, и сорок тысяч человек на обоих берегах Днепра (14 городов и поселков) оказались в зоне затопления. Непосредственно перед взрывом — 30 мая 2023 года — Россия приняла постановление «временно не проводить на оккупированных территориях Украины техническое расследование аварий гидротехнических сооружений, произошедших вследствие военных действий, диверсий и террористических актов. Заодно было отменено применение части пунктов ФЗ «О безопасности гидротехнических сооружений». После этого можно сколько угодно утверждать, что плотину Каховской ГЭС разрушили украинские обстрелы — даже если бы все международные эксперты не сошлись на том, что ГЭС была подорвана, даже если бы ночной взрыв в 2.50 утра не был зафиксирован европейскими наблюдателями, это постановление само по себе указывает на виновников; дискуссии по этому вопросу среди специалистов не было. Немедленно Зеленский созвал экстренное совещание. К трем часам дня были эвакуированы с затопленных территорий — исключительно силами украинской армии — 1500 человек.

Обращение Владимира Зеленского в этот день было коротким и чрезвычайно мрачным — он вообще, несмотря на огромные бедствия, обрушившиеся на Украину, не утратил способности к сопереживанию и не выработал профессионального психологического барьера:

Этот день, который начался со срочного заседания СНБО, продолжился заседанием Ставки. Ждем заседания Совета Безопасности ООН.

Созданная российскими террористами катастрофа на Каховской ГЭС не остановит Украину и украинцев. Мы все равно освободим всю нашу землю. И каждый российский теракт увеличивает только сумму репараций, которые Россия выплатит за совершенные преступления, а не шансы оккупантов остаться на нашей земле.

Первое: я благодарен всем нашим спасателям, военным, представителям местных общин, каждому нашему региону, которые помогают сейчас людям из наших южных районов, затопленных в результате российского теракта.

Второе: власть на всех уровнях делает все, чтобы спасти людей и обеспечить питьевой водой тех, кто получал ее из Каховского водохранилища. Кривой Рог и вся Днепропетровщина, города и села Херсонщины, Николаевщины, Запорожья — как бы ни было тяжело, должны помочь людям.

Третье: я благодарен всем, кто сейчас проводит и помогает с эвакуацией людей из городов и сел, которые затопило водой из Каховского водохранилища. Очень важно сейчас — заботиться друг о друге и по максимуму помогать.

Четвертое: весь мир будет знать об этом российском преступлении войны, преступлении экоцида. Такое сознательное уничтожение российскими оккупантами дамбы и других сооружений ГЭС является экологической бомбой массового поражения. Ради собственной безопасности миру стоит сейчас показать, что России не сойдет с рук такой террор. И я благодарен всем лидерам и государствам, всем народам и международным организациям, которые поддержали Украину и готовы помочь нашим людям, нашим деоккупационным шагам. Генеральный прокурор уже обратился к Офису прокурора Международного уголовного суда, чтобы привлечь международное правосудие к расследованию подрыва дамбы.

Пятое: только полное освобождение украинской земли от российских оккупантов будет гарантировать, что таких терактов больше не будет. Россия использует все что угодно для террора — любые объекты. Государство-террорист должно проиграть.

Еще несколько вещей хочу сказать отдельно. Относительно нашего юга и Крыма. Мы найдем способ восстановить нормальную жизнь на нашей земле после изгнания рашистов. Это касается как воды, так и всего прочего. Это касается всех наших регионов — от Херсонщины до Днепровщины, от Николаевщины и до Крыма.

Тот факт, что Россия сознательно уничтожила Каховское водохранилище, критически важное, в частности, для обеспечения водой Крыма, свидетельствует о том, что российские оккупанты уже осознали, что и из Крыма им придется сбежать.

Что ж, Украина вернет все свое. И заставит Россию заплатить за содеянное.

Слава всем нашим людям, которые воюют и работают ради нашего государства и нашего народа!

Отдельно, как и вчера, хочу отметить сегодня наших героев на Бахмутском направлении... Молодцы, воины! 3-я отдельная штурмовая бригада и 57-я отдельная мотопехотная бригада — спасибо! Спасибо за движение вперед! Слава Украине!

Тут следует сделать небольшое отступление: когда я читал подряд много репортажей, скажем Анны Политковской, меня смущало некоторое однообразие: чеченцы всегда были рыцарственные, солидарные, благородные, а федералы плохие. Мне бы не хотелось впадать в пропагандистскую однобокость и утверждать, что украинцы всегда вели себя безупречно, — хотя обезопасить себя от упреков в проплаченности, заказе, бандеровщине и т.д. мне никак не удастся: в России сейчас не то настроение, чтобы там могли объективно оценивать книгу про Зеленского. Да я и не претендую на объективность: в конце концов, Зеленский во главе Украины защищает мои ценности, мои представления о творческой интеллигенции, честь нашей корпорации — а это предполагает некую пристрастность с моей стороны. Никто не спорит, украинцы сами расследовали действия добробата «Торнадо», за пытки все они были приговорены к реальным срокам, украинские должностные лица многажды повторяли, что случаи издевательств над пленными или бессудных расстрелов будут расследованы — нет оснований в этом сомневаться, поскольку Украина в своем международном имидже заинтересована кровно. Но у России есть удивительное свойство переключать любую ситуацию в черно-белый регистр: она творит такое, что на этом фоне Украина начинает в глазах мира выглядеть святой, даже если прежде у кого-то оставались сомнения. Ситуация с Каховской ГЭС, когда украинские добровольцы спасали пострадавших, а русские регулярными обстрелами им мешали — как раз из таких, предельно однозначных.

Пожалуй, экологическая катастрофа в Олешках, спровоцированная Россией (и не только взрывом, но и самим вторжением, поставившим ГЭС под удар), — повод сформулировать наконец главную особенность России, ее, так сказать, специалитет: ее назначение — провоцировать крайне двусмысленные ситуации во внутренней политике, зато во внешней доводить все, к чему она прикасается, до полной этической однозначности.

Внутри России господствует этическая установка на абсолютный географический детерминизм: родину не выбирают, родина у нас одна, родина нам как мать (хотя и ведет себя как самая жестокая мачеха); ради родины можно преступить закон, не говоря уж о личном благополучии; родина выше истины. Родина на каждом шагу нарушает законы Божеские и человеческие, но она противостоит фашизму и оправдывает этим любые свои художества на протяжении предыдущих двухсот и последующих ста лет. Государство даже выше, чем родина (как писал один из рецензентов новейшего российского учебника истории работы того самого переговорщика Мединского сотоварищи, цель изучения истории — внушить молодежи, что у нее нет родины, кроме Государства Российского; ну, флаг в руки,). Российское государство плохо, но это единственная форма государства (учитывая нашу огромную территорию, промежуточное географическое положение и суровый климат), которая гарантирует нам наличие родины и ее функционирование; мы можем только так и никак иначе, любые изменения подрывают наш суверенитет, то есть право делать все, что мы хотим. Таким образом, любое действие, направленное на улучшение родины, автоматически приводит к ее погибели, и в силу этого Россия всегда скорбит по своим лучшим людям — и с фанатическим упорством уничтожает их, чтобы окончательно присвоить посмертно. В этом и заключается главная двусмысленность: любой освободитель есть по определению губитель, любой закрепоститель по определению благодетель, и потому Россия до сих пор не в силах сформулировать свое отношение к декабризму и Ленину, а также распроститься со Сталиным.

Во внешней политике Россия, напротив, демонстрирует великолепную способность обелять и облагораживать все, к чему прикасается. Афганские моджахеды были куда как неприятными ребятами, но на фоне российского вторжения стали выглядеть идейными борцами. Националисты вроде Джохара Дудаева едва ли несли Чечне благополучие, но на фоне русского ставленника Рамзана Кадырова Дудаев и Закаев почти ангелы, а Басаев народный герой. Виктор Ющенко был плохим президентом, в чем не сомневаются даже инициаторы Майдана-2004, но на фоне Януковича он благородный идеалист; даже Виктор Янукович, отказавшийся в 2014 году от силового подавления Майдана, на фоне Владимира Путина выглядит гуманистом, и именно поэтому Владимир Путин счел его слабаком и демонстративно устранился от всякого общения с ростовским беженцем. Поведение России на территориях, прилегающих к Каховской ГЭС, — захватить, чтобы затопить, — своего рода идеальная модель поведения России в этой войне, да и не только в этой: куда бы Россия ни приносила свой «русский мир», на захваченных ею территориях утверждаются «пытки на подвале», разорение и деградация. Так поступила она с Донецком, с Луганском, так уничтожила она Мариуполь, так захватила она часть Херсонской области. Последствия катастрофы могли быть куда значительнее — затоплены могли быть не 14 поселков, а сотни, хотя и сейчас последствия неочевидны — сколько рыбы погибло, сколько зверья, хотя на фоне гибели пяти десятков жителей, главным образом стариков, об этом и не думается. Но именно после этого затопления и привычно наглой лжи — дескать, все это хаймарсы, мы ни при чем, хотя гидрологи всего мира подробно обосновали невозможность уничтожить плотину любыми ракетными обстрелами, — в действиях России стал все отчетливее проступать не просто злодейский, а демонический план.

XV. Бахмут. Пригожин

Я не собираюсь здесь подробно рассказывать о Евгении Пригожине и о его так называемом мятеже — в конце концов, это книга не о нем и не о русско-украинской войне, а об одном переломе в украинской истории и о человеке, который стал лицом этого важнейшего этапа. Но Пригожин — как раз лицо России в этой войне, самый яркий ее персонаж (не тянущий, конечно, на героя): мы должны увидеть, кто от лица России тут воюет. Он погиб (если действительно погиб, что вроде как официально подтверждено, но кто же верит российскому официозу) ровно в момент окончательного редактирования этой главы — я обычно обращаю внимание на такие совпадения.

Опять-таки не будем вдаваться в подробности пригожинской биографии: о нем и так написано незаслуженно много. Остановимся на деятельности его частной военной компании на украинской территории, причем только с октября 2022 по июнь 2023 года, после чего «Вагнер» и «вагнеровцы» исчезли из Украины, вероятно, навсегда.

Гениальная догадка Ильфа и Петрова заключается в том, что Бендеру симметричен Корейко — великий комбинатор новой эпохи, не знающий ни сантиментов, ни самоиронии. Юмор ему не чужд, но это юмор бультерьера; рефлексии ноль — или, вернее, эта рефлексия заключается в чувстве мистического превосходства над всем прочим миром, чувства хищника даже не к травоядному, а к траве, к цветам — непонятно, на хрена вообще все это выросло. В зарабатывании денег и обману лохов Корейко если не талантливее, то уж точно успешнее Бендера — у него семь миллионов, а у Бендера в итоге один, да и тот отнимают; но есть нечто роднящее их: они оба авантюристы, только разных эпох. Бендера интересует красота комбинации — Корейко заточен на результат. Но любопытно, что оба рисковые ребята: нельзя сказать, что Корейко наслаждается риском, он вообще предпочитает жизнь тихую, — но комбинация, лучше бы со смертельным для противника результатом, доставляет ему некий адреналин. Это то немногое, что его еще забавляет и трогает: нельзя же вовсе без развлечений, Берлагой станешь.

Вот таким бультерьером с русской стороны был Пригожин. Определенная симметрия есть в двух капитанах, КВН и КГБ, мы уже об этом говорили; Залужный с уважением отзывается о Герасимове — и, наверное, хотя у Герасимова с моральной рефлексией и чувством правоты все обстоит довольно дурно, но он, по крайней мере, профессионал, и от его недооценки Залужный предостерегает серьезно. В этой партии двойником Арестовича — единственной фигурой, столь же преуспевшей в пиаре и обладающей неким авантюризмом, — выглядит Пригожин. Разумеется, Арестович — легкий игрок, интеллектуал, а Пригожин — убийца с психологией уголовника, то есть воплощение всего, что Арестович ненавидит; но они и есть антиподы, и отношения у них должны быть антагонистические. По крайней мере, Пригожин — единственная яркая фигура с русской стороны. Затмить его как в смысле мерзости, так и в смысле наглости не удавалось никому. Он единственный результат самоорганизации со стороны России, и да, у России вот такая самоорганизация.

Частная военная компания «Вагнер» была создана в 2015 году, она называлась сначала «Славянский корпус», но затем была переименована по позывному ее командира Дмитрия Уткина — «Вагнер». Мы уже упоминали о ней в главе «Вагнергейт». Собственник ЧВК Евгений Пригожин (1961–2023) — приближенный к Путину, которого использовали для наиболее грязных дел — от участия в войнах до ликвидации неугодных (одним из которых в конце концов оказался он сам). После гибели Пригожина, так и не подтвержденной, его часто называли самым талантливым представителем путинской элиты. Говорить о таланте в его случае сложно — даже как пиарщик и создатель фабрики троллей он действовал исключительно грубо и, так сказать, в лоб; но на фоне остальных, вообще не умеющих связать двух слов и чрезвычайно трусливых, он, по крайней мере, нагл, то есть демонстрирует определенные блатные добродетели. Роль Пригожина при Путине — я заговорил об этом задолго до 2022 года, сейчас это стало общим местом — больше всего похожа на роль Распутина, и тут тоже нет никакой мистики; мы уже упоминали, что, когда история становится чересчур наглядной, это говорит лишь о глупости наблюдателей, до которых иначе не достучишься. Российская история по своим циклическим повторениям и бросающимся в глаза совпадениям наглядна до такой степени, что Господь, ее главный автор, выглядит окончательно разочаровавшимся в аналитических способностях зрителей. Фигура Пригожина нам важна для того, чтобы представлять себе, отребью какого уровня вынужден противостоять Зеленский.

Аналогия с Распутиным основана на том, что в критические моменты отечественной истории, когда никакие представители народа по определению не могут проникнуть во власть, при дворе появляется нечто вроде официального представителя массы. Сам концепт «глубинный народ» введен в обиход Владиславом Сурковым и толком им не разъяснен, приходится расшифровывать нам. Глубинный он именно потому, что никак не представлен — ни в политике, ни в общественной жизни, разве что описан в культуре, потому что именно он и составляет лицо России, каким его видят соседи. Глубинность означает также темноту, зверство, глубокое падение etc. При Николае II таким глубинным народом были сектанты, выражавшие стремление масс к неформальной, неофициальной духовности; в постсоветской России таким народом стали зэки как самая активная и притом озверевшая часть населения. Зэками в путинской России становятся все, кто проявил экономическую инициативу, высказался против власти политически или попросту совершил преступление, но не экономическое или военное, а обычное преступление не в интересах власти, а по пьяни или по зверству. Тюремной психологией пропитано и пронизано все русское общество — отчасти потому, что все значительные люди сидели при Сталине, отчасти же потому, что вся структура российского социума, всегда закрытого и основанного на непрерывном насилии, ничем не отличается от сектантской или тюремной; в сущности, в России две формы самоорганизации — мафия или секта. В ЧВК «Вагнер» налицо все признаки тоталитарной секты. Пригожин получил полномочия на вербовку зэков в порядке мобилизации населения: убьют — хорошо, родине легче, а не убьют — можно выпускать, чтобы любимые дела — грабежи, изнасилования, реже убийства — можно было продолжать на свободе. Для решения внутренних проблем, то есть потенциального подавления любых мятежей, существуют подразделения Рамзана Кадырова либо выпущенные зэки Пригожина.

Проблема состоит в том, что Владимир Путин привык опираться на худших, а кадыровцы и пригожинцы, равно как их вожди, весьма ненадежные союзники. Идейных оснований воевать у них нет, о патриотизме в их случае говорить невозможно (тем более, что Кадыров является патриотом исключительно своего анклава), а значит, в случае любого личного риска они выберут свои, а не государственные интересы. По идейным мотивам в России служит либо интеллигенция, либо фанатики вроде Гиркина-Стрелкова; интеллигенты родине не нужны — от них она благополучно избавилась, ликвидировала, можно сказать, как класс; с фанатиками расправляется ничуть не лучше — Гиркин-Стрелков давно ходил под дамокловым мечом, в результате был обвинен в экстремистских призывах и посажен. Он, правда, не теряет надежды побороться за президентский пост, и при известных условиях у него есть шансы, ибо Россия находится в негативном тренде и вряд ли сможет его переломить.

Пригожин вербовал заключенных не для войны, конечно. Он мечтал о личной армии, как всякий олигарх, и зэки были для него таким же расходным материалом, как для Путина — поверхностный народ (антоним глубинного, то есть народ официальный). Претендовал ли он на захват власти? Возможно, но и вообще в эпоху смуты полезно иметь под рукой личный вооруженный отряд: для охраны, для подавления недовольных, для борьбы с соседями, если Россия вдруг все-таки распадется... Армия Пригожина прошла обкатку в Сирии, где Путин пытался набрать геополитический вес, и в Украине, где продемонстрировала полное, как и ожидалось, отсутствие мотивации. Вообще парадокс войны в том, что одного зверства недостаточно: нужна обучаемость, хитрость, солидарность. Пригожина же в его войсках, вопреки его легенде, отнюдь не боготворили. Наивная попытка создать миф о народном любимце была рассчитана на пугливых недобитков, называющих себя интеллигентами. В Украине же отношение к пригожинской армии было изначально презрительным.

Пригожинские воевали главным образом под Бахмутом, 70-тысячном в мирное время шахтерским городом в 80 километрах от Донецка. «На войне некая, подчас далеко не самая стратегически важная точка становится местом приложения максимальных усилий сторон и ареной легендарных битв, — говорил израильский военный аналитик Давид Шарп в беседе с „Новой газетой. Европа“. — Так было в Вердене в Первую мировую войну или в Сталинграде во Вторую мировую. Если бы немцы сумели пройти остававшиеся до Волги сотни метров, это бы ничего не изменило». Морально, положим, изменило бы, но класть столько жизней в Сталинграде — «За Волгой для нас земли нет» — было в самом деле не военной, а идеологической необходимостью: город Сталина, Царицын, ни шагу назад! Бахмут такого идеологического значения не имел — тут Пригожин уперся из-за собственных понтов; город брали обычным русским способом, особенно характерным для этой войны, то есть разрушая до основания. Зеленский посетил город 20 декабря 2022 года, вручив награды его защитникам — видимо, не потому, что Бахмут имел стратегическое значение, а потому, что ему захотелось бросить вызов русским, регулярно заявляющим о его взятии (таких заявлений было с октября по март не меньше десятка).

Зеленский вообще часто выезжает на фронт: только за лето 2023 года побывал на линии Угледар — Марьинка, где поздравлял военнослужащих с днем морской пехоты, в Бахмуте в день специальных операций, был под Донецком в 700 метрах от противника, на мелитопольском направлении, где награждал бойцов Третьей бригады оперативного назначения… Он посещает передовую не реже двух раз в месяц; в российской зет-прессе (а она находится в преобладающем большинстве) это регулярно осмеивается как пиар, а если б он не ездил — значит, трусливо отсиживался бы в тылу. На эти взвизги давно не реагируют даже в России, потому что бункерная война Путина давно осмеивается даже наиболее рьяными пропагандистами; разумеется, поездки Зеленского на фронт решают главным образом моральную, а не военную задачу (впрочем, грань между ними тонка). Король-нарратор обязан создавать нарратив и говорить своим бойцам, как он ими горд. Наверное, в разговорах Зеленского с бойцами за это время сильно убавилось юмора и прибавилось пафоса — потому что на втором году войны он вообще не шутит, «легкость ушла», как говорит Олена Зеленская.

Пригожин все это время повторял, что задача «Вагнера» не взятие Бахмута (который брали пять месяцев и уничтожили), а перемалывание украинской армии. Свою перемалывать не жалко — еще навербуют. По одним только заниженным официальным данным в Бахмуте с конца февраля до конца марта погибло 2504 человека, а всего с мая 2022 по февраль 2023-го в Бахмуте убиты и ранены больше 70 тысяч россиян, по данным «Медиазоны». Пригожин — то ли фрондируя, то ли создавая себе имидж достойного солдата, с уважением отзывающегося о противнике, — говорил, что сопротивление украинцев не имеет аналога в последнем столетии; то есть Сталинградская битва уступала бахмутской. «Пригожин-Бахмутский!» — одышливо восторгался престарелый бард российского генштаба Александр Проханов. К маю Пригожин в очередной раз заявил, что Бахмут полностью под контролем вагнеровцев и что они могут уйти, уступив место регулярным частям. О том, каков был реальный вклад вагнеровцев в разрушение и взятие Бахмута, мы, вероятно, никогда уже ничего не узнаем, но количественно они составлял не более четверти воевавших там россиян; правда, три четверти были только что мобилизованные, рядовые-необученные.

Во время бахмутских боев Пригожин регулярно шантажировал и оскорблял армейское начальство. Знаменитая фраза «Шойгу, Герасимов, где снаряды?!» была сказана именно тогда. Пригожин кричал в своих роликах, что, если ему немедленно не дадут оружия в требуемом количестве, он уведет своих людей и оголит фронт. Видимо, именно тогда Путин задумался о ликвидации ЧВК (вдобавок не прописанных в российском законодательстве и официально не существующих). Армейское подразделение, которое не подчиняется командованию и оголяет фронт, когда сочтет нужным, добавляет изрядную толику абсурда в ход и без того не слишком осмысленной войны. Начальству захотелось единоначалия.

Любопытно, что Зеленский ни разу не удостоил вагнеровцев прицельного высказывания. Для него это подразделение, громче прочих рассказывавшее о своих зверствах, упоминания попросту не стоило, даже во дни вагнеровского мятежа, показавшего всему миру полную неготовность армии защищать Путина. Зеленский, конечно, не чистоплюй и воспитывался не в элитной школе — квартал-95 Кривого Рога был местом беспокойным, где выковываются довольно крепкие характеры; и все-таки, если уж говорить о психологическом портрете Зеленского, есть вещи, от которых он отдергивается. Одно дело — полукриминальные нравы криворожского двора, и совсем другое — штрафбаты, восставшие из ада (а российская зона и есть ад, и в такой же ад она превращает все, к чему прикасается). Всякий раз, когда Зеленскому приходилось высказываться о «Вагнере» или отвечать на вопросы о нем, видно было, как его передергивает, как он злится и брезгует, как все в нем отрицает этот мерзкий тип блатного патриотизма и беспредел на всех уровнях. Впрочем, он не делал принципиальных различий между хозяином ЧВК и России — российская власть для него так же нелигитимна, как и частная военная компания. Если говорить, как Зеленский менялся во время войны, приходится заметить три стадии, через которые он прошел: недоверие — ненависть — брезгливость. И, следуя за своим королем-нарратором, эти же стадии проходила Украина.

У Зеленского с Пригожиным своя история отношений. Во-первых, осенью 2019 года случился Вагнергейт, то есть операция «Авеню», уже здесь упоминавшаяся. Это история мутная, как мутно все, что связано с Пригожиным. Во-вторых, еще более мутный случай — убийство кувалдой вагнеровца Евгения Нужина, но в этой ситуации уже буквально каждое утверждение следует ставить под вопрос. Неудивительно, поскольку сама гибель Евгения Пригожина никем надежно не подтверждена, похороны засекречены, а ролики с воскрешением плодятся с грибной скоростью. Первоначальная версия такова: в ночь на 13 ноября 2022 года в Сеть сливается видео, на котором человека, назвавшегося Евгением Нужиным, убивают кувалдой. Перед этим Нужин говорит на камеру, что отправился на фронт с целью перейти на сторону Украины и воевать с русскими. На улице Киева он был похищен и доставлен в подвал, где над ним будет учинен самосуд. После чего его бьют кувалдой по голове — неясно, убийство это или постановка.

Установлено, что Нужин родился в Казахстане в 1967 году, служил во внутренних войсках, получил 24 года за убийство (и нанесение телесных повреждений еще одной жертве), сменил несколько тюрем и колоний, в тюрьме пользовался телефоном и выходил в соцсети. В июле 2022 года в рязанской колонии был завербован Пригожиным, но почти сразу сдался в плен, сказав в интервью украинским журналистам, что осуждал вторжение. (При этом аннексию Крыма он в соцсетях поддерживал и регулярно постил российскую патриотическую символику, а после вторжения одобрил и его.) В интервью он рассказал, что вагнеровцев используют как пушечное мясо, что в группе господствуют зверские нравы и предателей без суда «обнуляют», то есть расстреливают. Как он попал обратно к вагнеровцам — неизвестно, некие источники рассказывали журналистам, что вагнеровцы его выкрали прямо из Киева, но главная версия была — что его выдали России по обмену. Эта версия была направлена явно против Зеленского, поскольку он многократно, лично и публично давал российским пленным гарантии безопасности. Для оправдания такого его поступка распустили слух (мне его пересказывал добрый десяток коллег), будто вагнеровцы предлагали за одного Нужина пятьдесят украинских пленных, которых в случае несогласия грозили расстрелять. То есть Нужин был им очень нужен — созвучие явно неслучайное, если всю эту историю, включая службу Нужина у вагнеровцев и попадание его в плен, считать вымыслом.

Если Зеленский якобы согласился отдать Нужина за пятьдесят или сколько их там было украинских пленных, спасая их жизни, вопросов к нему не возникает, но вся история отдавала дурной литературщиной, пригожинской графоманией (как большинство зет-патриотов, он страдал ею в тяжелой форме — курировал сценарий агитационного фильма «Солнцепек», уделял особое внимание функционированию собственных СМИ, даже опубликовал детскую книгу «Индрагузик» — «Индрагузик», Карл! Ничего нет страшней несостоявшихся творческих людей, и лютой ненавистью ненавидят они состоявшихся... Журналисты направили Зеленскому запрос: действительно ли он выдает русских пленных против их воли? Ответа не было, и подозреваю, что Зеленский был вовсе не в курсе этой истории, и сам факт существования Нужина стал ему известен лишь из этого запроса. Дмитрий Песков на просьбу о комментарии сказал: это не наше дело. О том, что вагнеровцы и их патрон получили право на расправу и власть утратила монополию на насилие, заговорили решительно все. Тело Нужина не было выдано родным — якобы, как объясняли они сами, потому, что выдавший автоматически признается в убийстве. Было ли убийство, выкрадывали ли Нужина, собирался ли он с самого начала перебегать к украинцам или вся легенда запущена с целью скомпрометировать Зеленского — никто теперь не скажет. Но беспределом ведь и называется та ситуация, где нет фактических и логических пределов, где возможно буквально все! Как говорит Марья Васильевна Розанова, у кремлевских старцев, по крайней мере, были берега, и они не находили особого наслаждения в том, чтобы быть плохими, нарочито плохими, хуже всех... Теперь, когда нет уже и самого Пригожина (опять-таки ставим знак вопроса), иначе воспринимаются слова Зеленского о его авиакатастрофе: «Это не наше дело».

Ровно так же отозвался Зеленский на пресловутый мятеж Пригожина 24 июня 2023 года — главное событие на российском человеческом и историческом безрыбье. Был ли это мятеж — вообще неясно: сам Пригожин заявлял, что «психанул». Он обиделся, что заслуги его группы в Бахмуте недооценивают, что заставляют его анархистов присягать Шойгу, что собственный его статус непонятен, ну и якобы пошел на столицу «маршем справедливости», причем дошел почти до Тулы, но там почему-то развернулся. Была версия, что он шел свергать Путина. Была — что шел смещать с должности Шойгу. Была — что это был его способ удрать с фронта перед успешным контрнаступлением, которое проводит Сырский. Все эти версии равноправны, ни одна не убедительна, а главным символом несостоявшегося мятежа стал танк, застрявший в воротах ростовского цирка. Зеленский сделал по этому поводу краткое русскоязычное заявление:

Каждый, кто выбирает путь зла, разрушает сам себя. Посылает колонны военных уничтожать жизнь другой страны — и не может удержать их от бегства и предательства, когда жизнь сопротивляется. Терроризирует ракетами, а когда их сбивают — унижается, чтобы дали «Шахеды». Унижает людей и бросает на войну сотни тысяч, чтобы наконец забаррикадироваться в Московской области от тех, кого сам вооружил. Россия долго маскировала пропагандой свои слабости и глупости своего правления, а теперь хаоса уже столько, что ни одной ложью его не утаишь. Все это — один человек, который снова и снова пугает 1917-м годом, хотя вообще ни к чему другому привести не способен. Слабость России очевидна. Полномасштабная слабость. И чем дольше Россия будет держать свои войска и наемников на нашей земле, тем больше хаоса, боли и проблем для себя потом получит.

Реакция Зеленского на Пригожина — полное, беспримесное отчуждение. Он не понимает и не хочет понимать, что это такое. Это какая-то другая форма жизни. И он бы век о ней не знал, если бы эта форма жизни не перехлестнулась за пределы своей лабораторной емкости и не пошла захватывать живое человеческое пространство. Трудно представить себе что-то более типичное для нынешней России, чем Пригожин, и что-то более наглядное, чем его способы ведения войны. Все это следствие чудовищного упадка нравов в путинской России.

И самое ужасное, что кто-то должен со всем этим что-то делать.

И что этим кем-то должен быть Зеленский.

Правильно сказал о нем Пригожин своей пресс-службе в ноябре 2022 года: «Хотя в данный момент он является президентом страны, враждебной России, Зеленский — сильный, уверенный, прагматичный и приятный парень».

И то сказать, другой давно бы с вами такими с ума сошел.

XVI. Контрнаступление

О том, что контрнаступление Украины начнется в конце весны или в первую неделю лета, говорили все: и в России, и в Украине, и на Западе. Оно выглядело неизбежным, его поторапливали все, и это больше всего напоминало постоянные требования к Кутузову — пора дать генеральное сражение, сколько можно! Он вынужден был дать это сражение и все равно оставить Москву, но принято считать, что в Бородино на французов «была наложена рука сильнейшего духом противника». Контрнаступление необходимо было для доказательства боеспособности ВСУ и качества поставленного оружия, для поднятия морального духа и попросту по законам драматургии, которая в этой войне — так получилось — значит больше, чем военная теория. И это контрнаступление по определению не могло быть триумфальным, потому что Украина получила гораздо меньше оружия, чем просила, и оружие это было не тем, о котором она просила.

14 июля Washington Post опубликовал изложение разговора своих корреспондентов Константина Хлудова, Сергея Моргунова и Карины Храбчук с Валерием Залужным: «Проведение контрнаступления с целью вернуть эту территорию, победить Россию и минимизировать потери Украины требует ресурсов, которых все еще не хватает. Западные чиновники заявили, что у Украины достаточно средств для успеха, но Залужный резко критиковал своих коллег, которые утверждали, что Киеву не нужны F-16. Их собственные военные никогда бы не стали так сражаться. А западные союзники, ссылаясь на опасения эскалации войны с Россией, поставили условие в отношении ракет большей дальности и другой техники, которую они до сих пор предоставили: они не могут быть использованы для нанесения ударов по российской земле. Поэтому, по словам Залужного, он использует оружие

украинского производства для частых ударов через границу, которую Киев официально никогда не признает своей».

За две недели до этого Залужный говорил Изабель Хуршудян:

Чтобы спасти свой народ, почему я должен спрашивать у кого-то разрешения, что делать на вражеской территории? Почему-то мне приходится думать, что мне там нельзя ничего делать. Почему? Потому что Путин применит ядерное оружие? Умирающим детям все равно. Это наша проблема, и нам решать, как убить этого врага. Убивать на своей территории в войне можно и нужно. Если наши партнеры боятся применять свое оружие, мы будем убивать своим. Но ровно столько, сколько необходимо.

20 августа Зеленский сообщил, что Украина получит от Нидерландов 42 F-16. Он сфотографировался на фоне этих истребителей с нидерландским премьером Марком Рютте. Как положено королю-нарратору, в Дании Зеленский позировал в кабине истребителя вместе с женой. Это вызвало в России предсказуемую истерику: недемократичные власти Дании почти никому, кроме датских журналистов, не дали задать вопросы! Премьер Дании Метте Фредериксен вошла в кабину истребителя босиком! Половина переданных Украине истребителей никуда не годится! Все это сопровождалось рефреном: украинский клоун позирует перед фотографами! (А русский клоун в это время забывает, на какой руке у него часы).

Но несмотря на передачу истребителей и обещание передать дальнобойную артиллерию, контрнаступление, как и предупреждал Залужный, идет медленно и будет не последним. Украине приходится прогрызать три линии российской обороны. И хотя Залужный утверждает, что продвигается вперед ежедневно, пусть иногда на пятьсот метров — темпы этого наступления не устраивают ни его самого, ни Запад. 25 августа Залужный участвует во встрече с НАТОвским генералитетом на польской границе. Регулярно собирается Rammstein — международная группа помощи Украине, получившая название не по коллективу Тилля Линдеманна, но по авиабазе, где 26 апреля 2022 года эта команда собралась впервые. Она съезжается ежемесячно, разочарования не испытывает и постоянно подчеркивает готовность поддерживать Украину до конца военных действий.

XVII. ВЗ-2

Залужный. Сырский. Подоляк

1.

Для многих в Украине и за ее пределами ВЗ означает сегодня прежде всего не Владимир Зеленский, а Валерий Залужный — еще одно символическое совпадение в истории этой войны.

Трое самых известных и влиятельных деятеля украинской обороны — министр Алексей Резников (в отставке с 5 сентября 2023), главнокомандующий Валерий Залужный и спикер Минобороны Михаил Подоляк. О причинах отставки 53-летнего Резникова писали много, в качестве главного мотива называли коррупционные скандалы, но думаю, что здесь, как и в большинстве решений Зеленского, первичны стилистические соображения. Резников — адвокат, человек гражданский, подчеркнуто интеллигентный, сменивший его крымский татарин, финансист и жесткий переговорщик Рустем Умеров на 16 лет младше и значительно брутальнее. Резников с почетом отправлен послом в Британию (контакты с которой для Украины сейчас исключительно важны).

Естественно, что в ходе войны на первый план выходят представители ВСУ, к которым в Украине относятся сейчас молитвенно, как в Израиле к своей армии. Это естественный ход вещей, иначе быть не могло, и хорошо, что амбиции украинских военных не простираются слишком далеко — они легко могли бы стать главными соперниками президента в борьбе за власть, если бы сейчас в Украине была актуальна политическая борьба. К счастью, на нее сейчас никто не отвлекается.

Роль Зеленского в руководстве армией в разных источниках оценивается по-разному, но своим военным он доверяет и в управление войсками не вмешивается. Здесь, как и в экономике, он предпочитает опираться на профессионалов. Залужный словно нарочно выдвинут на главную роль в руководстве украинской армией для контраста с российскими коллегами. 8 июля 2023 года он отметил 50-летие. Он родился в Новограде-Волынском, в семье офицера. Окончил Одесское высшее объединенное командное училище (1997) и Национальный университет обороны Украины (2014). 27 июля 2021 года назначен Главнокомандующим ВСУ.

Как положено главнокомандующему боевой армии, Залужный — человек скрытный. Потому особенно ценны его немногочисленные интервью (прежде всего американским СМИ). Портрет, который из них вырисовывается, привлекателен и одновременно пугающ. Но самое привлекательное, что в нем есть, — абсолютная прямота. Применительно к Залужному чаще всего употребляется слово «хитрый». Но ничего особенно хитрого в этой войне нет: Украине требуется в ней как можно больше оружия, а распорядиться им она сумеет. Ее задача — прогрызть российскую оборону и вернуть себе захваченные территории. Это невозможно сделать без дальнобойной артиллерии и авиации. Я не военный эксперт, это их дело — писать учебники на материале последней войны, объяснять значение рейдов на территории противника (о рейдах Залужного написаны десятки статей, его тактика борьбы с превосходящим противником подробно разобрана). Меня интересует личность человека, в котором Украина видит сегодня главную свою надежду.

«Самый главный опыт, который у нас был и тот, который мы исповедовали почти как религию, заключается в том, что русских и любых других врагов надо убивать, просто убивать, а главное, не бояться это делать. И это то, что мы делаем».

«Я доверяю своим генералам. С начала войны я уволил десять из них, потому что им было не до этого. Еще один застрелился».

«Русская мобилизация сработала. Неправда, что их проблемы настолько ужасны, что эти люди не будут бороться. Они будут. Царь велел им идти на войну, и они идут. Я изучал историю двух чеченских войн — там было то же самое. Они могут быть не так хорошо оснащены, но все равно представляют для нас проблему. Русские готовят около 200000 свежих солдат. Я не сомневаюсь, что у них будет еще одна попытка в Киеве».

Мне представляется, что и Залужный, и Зеленский сделали для себя главный вывод: отступать некуда, компромисса нет и быть не может. В то время как весь мир ненавязчиво пытается внушить Зеленскому, что все войны заканчиваются переговорами, он упорно стоит на своем. В то время как весь мир ненавязчиво объясняет Залужному, что ему дали все оружие, какое могли, и больше у НАТО попросту нет, он продолжает повторять: мне нужны 100 самолетов и 6000 «Хаймарсов», и мы выйдем на границы 1991 года.

Залужного называют в Украине «наш Наполеон» (а Зеленского, как мы помним, «наш маленький Черчилль», сейчас уже и без маленького). На 50-летие главкома 93-я отдельная механизированная бригада «Холодный яр» посвятила ему песню и записала клип. Надо признать, это сильное зрелище — ничего похожего ни на российский официоз, ни на российский блатняк. «Нам чужого поля не треба, за своє ми б'ємось до кінця. Наступ наш ніхто не зупинить. Крізь вогонь ідемо до мети. Звільнимо свою Україну. Ворогам зломаємо хребти». И припев: «Даст наказ Залужний — будемо у Москви». (А что, свободная вещь, как говорил Андрей Платонов: в интервью программе «Рандеву», которую вела Янина Соколова, Залужный признался, что есть у него мечта проехать на танке по Арбату. «Но осторожно. Все же памятник»). Поет это все, аккомпанируя себе на гитарах, ударных и духовых, весьма пестрый состав в возрастном диапазоне от 20 до 50, с преобладанием сорокалетних. Средний возраст украинской армии — 38, молодых стараются в бой не пускать. Ни малейшей истерики — спокойная уверенность и полная готовность ко всему: сумела-таки Россия вырастить грандиозную армию, только не свою. «Уси ми хлопци дружны — вин, и ти, и я. Батько наш Залужный, ЗСУ — семья». Референс понятен: «Батько наш — Бандера, Україна — мати, ми за Україну підем воювати!».

Украинцы особенно гордятся тем, что Залужный «полностью наш»: это генерал без советского опыта вообще, в армии СССР не служил, военное образование получил исключительно в Украине. Его жена Алена до войны была финансистом в Укргазбанке, в браке они 20 лет, у Залужного две дочери. Лучший друг — начальник Генштаба Сергей Шептала. Своими кумирами Залужный называет генералов Монтгомери, Бредли, Адамса и Паттона. Подобно им, он побывал на обложке Time — первым и пока единственным украинским военным. «Железным генералом» Залужного впервые назвали не украинцы, а американское издание Politico — когда в апреле 2022 года русские отступили от Киева. Тогда же впервые был подчеркнут отказ Залужного от авторитарного советского стиля.

В интервью Дмитрию Комарову Залужный признался: «О своих слабостях главнокомандующему рассказывать не полагается. Но могу признаться, что один раз за время войны плакал — когда мать искала своего сына, пилота вертолета. А он погиб над Мариуполем. И я ей должен был об этом сказать».

В 2023 году выплыла военная тайна (украинцы строго дозируют такие сенсации, так что тайна, понятное дело, раскрыта преднамеренно): в марте 2022 года обсуждался вопрос о подрыве киевских мостов на случай успеха российского наступления на столицу. Залужному позвонил Иван Баканов (тогда глава службы безопасности, отстраненный Зеленским 17 июля 2022 года. Теперь на него можно валить любые непопулярные решения). Он предложил взорвать мосты — Залужный ответил: ни в коем случае. Это будет предательством всех, кто остался на левом берегу.

Во время летнего контрнаступления 2023 года Залужному регулярно приходилось объяснять Западу, украинским гражданам и российским тайным доброжелателям, почему оно продвигается так медленно. Российские линии обороны, сооружаемые в течение полугода после отступления из Херсона, называются «линиями Суровикина», хотя линия генерала армии Суровикина среди них только одна — на левом берегу Днепра, и состоит она из четырех рубежей обороны. Существует также «линия Вагнера» (полтора километра в районе Бахмута из задуманных 217 от Луганска до Светлодарска), «засечная линия» белгородского губернатора Гладкова и противотанковые надолбы в Крыму. Как рассказал Британский институт оборонных исследований, российские линии обороны — одно из крупнейших фортификационных сооружений в истории. По информации Royal United Services Institute, российская оборона стоит из трех рубежей. Первый расположен вдоль линии соприкосновения, на нем находятся боевые позиции пехоты с окопами в виде «лисьих нор». Затем идут несколько полос заграждений, состоящих из противотанковых рвов глубиной четыре и шириной шесть метров; затем бетонные доты и врытые в землю орудия. Глубина обороны — около 30 км. «Линии обороны перемежаются минными полями, подобно сыру и мясу в лазанье. Как утверждает z-военкор Дмитрий Стешин, там «заминировано все», — с аппетитом пишет корреспондент «News.ru» Павел Воробьев. Тут поневоле вспоминается Маршак 1945 года: «Мы все минируем, от хлева до овина... Вот немка к нам идет. Как ваше имя? — Минна!» Российские, украинские и западные эксперты едины в том, что преодолеть рубежи российской обороны, выстроенные с октября-22 по февраль-23, будет крайне сложно. О прорыве линии Суровикина в районе Запорожья стали сообщать лишь 30 августа, Залужный ввел в действие едва ли не последний резерв — прорыв осуществляла 82-я десантно-штурмовая бригада ВСУ численностью две тысячи человек, укомплектованная британскими танками Challenger, БМП Marder и Stryker. Если в ближайшее время завершится окружение Токмака, следующей задачей станет освобождение Мариуполя. В любом случае прогрызть российскую оборону удалось, хотя и огромной ценой; Залужный избегает победных рапортов, утверждая, что впереди еще не одно наступление и выйти на границы 1991 года едва ли удастся в течение весны-24 (Арестович считает, что к этому времени реально выбить россиян только из Крыма, а вернуться к прежним границам не удастся без кратного увеличения поставок дальнобойной артиллерии). Если осенью удастся взять Мариуполь и показать миру, что там творилось во время и после его захвата, миру предстоит пережить серьезный шок; велик был бы соблазн дождаться итогов контрнаступления, но книга наша не о контрнаступлении, которое еще войдет в учебники. Залужный стал самым популярным человеком в Украине и мог бы легко выиграть президентские выборы, если бы хотел этого, но составлять конкуренцию Зеленскому он не намерен.

А вот после окончания войны, вне зависимости от темпов освобождения украинских территорий, Залужный может оказаться одним из самых популярных генералов в мире. Как он распорядится этим капиталом и захочет ли вкладывать его в политику — неизвестно. Известно лишь, что имя его стало символом надежды. Пафоса не хочется, потому что пафос ему не особо свойствен. Дай Бог ему здоровья, остальное он сделает.

2. Подоляк

Один из главных спикеров этой войны, советник Ермака. У него третье место по версии «Фокуса» в рейтинге наиболее влиятельных украинцев. Объясняется это тем, что в современной Украине — подозреваю, что и в остальном мире — нет ничего дороже свежих и достоверных фронтовых сводок. Время, когда Украина нуждалась в утешителе, прошло. Сегодня она нуждается в эксперте (кстати, Арестович это четко почувствовал и весной 2023 года из утешителя превратился в яростного критика).

Биография у Подоляка бурная. Родился 16 февраля 1972 года. По образованию медик, выпускник Минского мединститута. С начала девяностых работал журналистом в Беларуси, отчаянно критиковал Лукашенко. Последнему уже за то спасибо, что он с середины девяностых выстраивал на своем полигоне тот мир, в котором скоро предстояло оказаться и путинской России, и януковичевской Украине (даром что Янукович на фоне двух последних диктаторов Европы даже мил). Из Беларуси Подоляка выслали — без суда и следствия, просто пришли к нему домой и сказали за полчаса собраться. Он был депортирован в Украину без права пять лет посещать Беларусь. Подоляк неоднократно замечал, что благодарен Лукашенко за депортацию: стало проще называть вещи своими именами. Думаю, именно такой инвариант биографии имел в виду обозреватель «Новой газеты» Ян Шенкман, скандально написав в середине 2023 года о журналистах нашего поколения, что все мы бенефициары этой войны. Это сказано провокативно, но по сути верно: нашему поколению эта война дала того самого пинка, без которого многие не могли уехать или определиться. Мы все пережидали: сначала демократов первой волны, потом номенклатуру, потом гебню... а потом вся эта публика довела дело до того, что надо было спасать себя и, если получится, человечество. Наше «дальше действовать будем мы» наступило только потому, что никого больше не осталось. Кстати, в Украине сегодня рулят большинством процессов главным образом люди 1970–1975 годов рождения.

В Украине, где тогда отлично обстояло дело с вертикальной мобильностью, Подоляк не пропал и возглавил «Украинскую газету». В оппозиции он оказался и здесь, резко выступив против Виктора Ющенко. Тут он нарвался на допрос СБУ, требовавшей раскрыть источники его расследования о ющенковском отравлении (якобы оно было организовано его же соратниками). Потом он создал сайт «Обозреватель» и компанию, занимавшуюся «репутационным менеджментом». Я примерно представляю, что это такое: это заказные политические кампании (или борьба с ними). Но среди журналистов девяностых — в Украине они начались в нулевые — практически не было человека, кто не участвовал бы в таких кампаниях. Это была такая профессиональная школа, хотя и чрезвычайно циничная.

Про Подоляка говорят разное. Говорят, что он работал на криминальных авторитетов, в том числе донбасских. Считалось, что он в качестве политтехнолога обслуживал Порошенко (он это опровергает). В 2020 году Ермак пригласил Подоляка стать своим советником, чем еще раз подтвердил свой крайний прагматизм, чтобы не сказать цинизм: ему нужен был человек эффективный, пусть с неоднозначной репутацией, и Подоляк стал курировать работу Офиса с прессой.

Подоляк участвовал в безуспешных февральско-мартовских переговорах и освещал их ход. Он регулярно дает интервью ФБК, Юлии Латыниной, встречается с российскими журналистами и вызывает патологическую ненависть у пропагандистов. Они его называют не иначе как Подляк. У него репутация человека, легко переобувающегося — самого Ермака он еще за год до перехода к нему на работу называл темным демоном, но думаю, что не в деньгах дело: в конце концов Подоляк занят сегодня смертельно опасной работой, и будь он чистым прагматиком, жизнь была бы ему дороже денег. Мне кажется, Подоляк в качестве образцового пиарщика обладает чутьем на будущее, и это чутье подсказало ему, что Зеленский представляет самую перспективную и притом последовательную силу в украинском обществе. Он пришел работать к Ермаку далеко не в самое легкое время — антирейтинг Зеленского, как мы помним, рос стремительно; он туда пришел потому, что ему стало интересно. Он любит профессиональные вызовы, а в том, чтобы противостоять сегодня валу хотя бы и тупой, но очень громкой российской пропаганды, вызов безусловно есть.

Вот Подоляк, к вопросу о хитрости, работает хитро: он предпочитает говорить слушателям и собеседникам вещи неприятные. Будучи профессиональным пиарщиком, причем выбрав эту профессию по зову души и отлично разбираясь в людях, он берет именно объективностью, и можно сказать, что главную мораль этой войны первым сформулировал именно он: ее итог и память о ней будет определяться не военным противостоянием, а моральным. У России всего очень много, у нее будут тактические успехи, она не раз еще будет наступать (хорошо помню панические настроения лета 2022 года, когда Россия после отката от Киева перешла в наступление на Донбассе). Она может победить, но эта победа будет означать поражение и капитуляцию всего мира: «Более того, договоренность с Путиным — это, по сути, подталкивание его к тому, чтобы шантажными методами добиваться других целей. Вот он зашел, показал абсолютно варварский способ ведения войны, разрушил тысячу маленьких и средних городов, включая Мариуполь. Многочисленные тысячи убитых, в том числе детей. Если после этого вы все равно делаете вид, что с Путиным можно заключать те или иные юридические договоренности, то это говорит о том, что Россия может и дальше использовать технологию максимально прямолинейного давления на любые рынки, на любые страны. Европа, если она пойдет по этому пути, будет вынуждена шаг за шагом уступать в чем-то, и не только в территориях других стран, но и в чем-то другом, более существенном. Россия будет считать себя победителем в локальной европейской войне и будет претендовать на более весомую роль лидера на европейском континенте», — говорил он «Медузе», и это было услышано. Собственно, это носилось в воздухе. Раз за разом Подоляк повторяет: если сопротивляться не будем мы, сопротивляться придется вам. Сейчас уже и не установишь, кто первым сказал это европейцам, он или Зеленский, но частью риторики Зеленского это стало.

Может ли Украина проиграть эту войну? В военном смысле — запросто: полный захват территории (едва ли полный контроль, скорее массовое уничтожение населения), в крайнем случае ядерный взрыв. Все это не проблема. Победить Украину в смысле чисто военном вполне реально, стоит прекратить военную помощь Запада. Но это тот самый случай, когда примириться с победой России означает отнять у себя будущее и покрыть себя вечным позором. Случай из речи Черчилля: «Тот, кто при выборе между войной и позором выбирает позор, получает и позор, и войну». Подоляк в своей вечной маске спокойного, рассудительного, несколько даже витиеватого теоретика говорит миру от лица Украины слова из «Синей птицы»: «Те, кто пойдут с детьми, умрут. Те, кто не пойдут, умрут на несколько секунд позже».

«Все, что сейчас делает руководство Российской Федерации — это доведение до абсурда своей стратегии. Я так понимаю, что это какая-то попытка фантастического самоубийства страны», — это тоже формула Подоляка, которая прижилась. У России нет картинки будущего, у Украины есть — и это единственный залог победы. На протяжении всей своей карьеры Подоляк не боялся проигрышей. Он любит рисковать. Боится он только унижения и скуки — нормальная черта авантюриста, наделенного чутьем.

Пожалуй, лично я не хотел бы иметь Подоляка ни во врагах, ни в друзьях. Но в союзниках — хотел бы бесспорно. Это означало бы, что будущее за мной.

3. Сырский

Александр Сырский родился 26 июля 1965 года в России, во Владимирской области. Выпускник московского общевойскового командного училища. Служил в Украине и здесь же в 1996 году окончил академию ВСУ. Его 72 механизированная бригада ВСУ получила знак отличия «Черные запорожцы». Звучит это смешно (помните анекдот про гламурный черный «запорожец» с ксероксом и ванной?), а между тем «черные запорожцы» — конный дивизион времен Украинской республики, то есть 1918 года, одетый в экспериментальную черную форму. Они успешно гоняли большевиков и 31 августа 1919 года брали Киев. Все они носили кокарду в виде черепа с костями и чубы. Я вот сейчас подумал, что череп с чубом был бы очень эффектной нашивкой. В этом же нет имперства, панове читачи?

В 2014 году Сырский стал первым заместителем начальника Главного командного центра ВСУ. Вскоре возглавил объединенный штаб ВСУ. Он был командиром группы, прикрывавшей выход украинцев из дебальцевского котла. В части российских публикаций о Сырском ему приписывают командование группой БАРС: не знаю, сознательная ли это путаница, но БАРС — группа российских добровольцев, активно освещаемая z-прессой. А у Сырского просто был такой позывной — не исключено, что российские добровольцы присвоили его себе по причине эффектности, да и Сырский воевал успешно. Россияне расшифровывают БАРС как Боевой Армейский Резерв Специальный. Сырский своего позывного никак не расшифровывает, он просто старается ему соответствовать. За работу в Дебальцеве он получил орден Богдана Хмельницкого III степени. Сырский — единственный генерал-полковник в украинской армии: это звание присвоено ему 23 августа 2020 года, а потом его присваивать перестали. В феврале 2022 года именно Сырский отвечал за оборону Киева и Киевской области. После этого Зеленский назначил его командующим сухопутными войсками.

В 2013 году Сырский стажировался в Брюсселе и вынес оттуда пристрастие к децентрализованному командованию, mission command, каковую стратегию начал разрабатывать в 1813 году Гнейзенау, а довел до совершенства Мольтке в 1866 и 1870 годах. На практике это выглядит так: до командира подразделения доводится задача. Как ее выполнять, он планирует лично. Военные аналитики США, Британии, Нидерландов подробно доказали эффективность этого метода, но используют его не всегда, потому что инерция армейского единоначалия весьма сильна. Если каждый командир среднего звена будет решать, как ему выполнять боевую задачу, и получит расширенные полномочия, то что это будет? Барррдак, по-веллеровски рыча! А внедрять это начали шведы, когда шведско-датско-норвежский батальон Nordbat 2 был в составе сил ООН привлечен к стабилизации на территории бывшей Югославии. Швеция, как известно, не воевала двести лет и успела за это время сильно демократизировать свою армию. Командование миссии дало своим офицерам право лично интерпретировать приказы и регулировать собственные полномочия. Там надо было реагировать слишком быстро, решать на месте, жесткая структура не справилась бы с тотальным регулированием, поскольку речь шла о защите чрезвычайно воинственного и пылкого населения. Nordbat 2 показал эффективность, и в штабе НАТО стали поговаривать о том, что естественное развитие свободы и демократии в мире приведет к поощрению низовой инициативы в армии, которая, казалось бы, демократии враждебна по определению. А вот поди ж ты. Появились теоретические работы, специальные исследования, сформулировалась доктрина — так называемые пять пунктов децентрализации: взаимное доверие, сознательная дисциплина, доведение до подчиненных четкой картины, компетентность, готовность к риску.

В декабре 2022 года Сырский дал одно из крайне редких своих интервью The Economist. Наиболее известная фраза оттуда — «Недооценивать Россию — обречь себя на поражение». Ключевой темой, однако, было требование Сырского к командирам находить нетривиальные решения. Он констатировал, что Киев был на волосок от окружения, и признался, что вынужден был экстренно формировать батальоны из курсантов военных училищ. Война, с его точки зрения, будет долгой, но сомнений в победе Украины у него нет. «Мы изучили противника. На каждый яд у нас есть противоядие».

У Сырского репутация аскета и фанатика спортзала. Впрочем, Зеленский тоже считает, что спортзал успокаивает лучше всего. Сырский сыграл ключевую роль в освобождении Изюма и удостоился публичных похвал Зеленского. Он же действует сейчас под Бахмутом и уверен, что переломит ситуацию. Именно Сырский поднял украинский флаг над Балаклеей. Главной чертой Сырского называют прекрасную тактическую подготовку, способность стремительно оценивать обстановку и дикую амбициозность. Все это бесценные качества во время войны и предпосылки для плохого характера в мирное время. Характер у Сырского трудный, но воюет он образцово — в американской прессе его уже называют гением.

Залужного и Сырского объявили в РФ в розыск, это такой пиар-ход, к которому российские власти прибегают довольно часто, вон уж и судью международного уголовного суда, объявившую в розыск Путина, объявили в свою очередь в розыск по всему миру. Подоляк это прокомментировал лаконично: «День открытых дверей в больницах».

И добавил: не надо их разыскивать, они сами к вам придут и ответят на все вопросы.

Из этого беглого очерка мы видим, что на Зеленского работают две категории людей: отличники и авантюристы.

Впрочем, слова «на Зеленского» можно и убрать. Работают только две эти категории людей, остальные, если честно, имитируют бурную деятельность.

XVIII. Зе, мля!

Рассказывать об этой войне можно тремя способами. Можно говорить о страданиях мирного населения, о героических волонтерах, о безупречной солидарности, сплотившей население; конечно, нашлись бы факты, дезавуирующие эту версию. Рассказали бы и о хищничестве, и об эгоизме, и о непобедимой коррупции, которую я демагогически оправдываю, а между тем, пишет мне постоянный читатель, именно из-за коррупции и разворовывания лекарств в Украине невозможно зуб починить под наркозом! На каждый тезис о сплоченности и вдохновении украинского населения находится антитезис о хищничестве и о том, как война испортила нравы; на каждый рассказ о том, как дети плетут сети, найдется история о бородатых мускулистых парнях, сбежавших от мобилизации и наводнивших Европу. Но можно по крайней мере на многих страницах повествовать о разрушенных домах, о разделенных семьях, о жертвах войны в первую очередь — потому что армия России бьет по мирным городам чаще, чем по военным объектам. Многие такие истории здесь упомянуты, а всего в Украине документировано около четырехсот тысяч военных преступлений широчайшего спектра, от убийств или изнасилований мирных граждан до мародерства. Современная война подробно фиксируется. Один из лидеров своего поколения режиссер Илья Хржановский — создатель грандиозного проекта ДАУ, а впоследствии художественный руководитель музея Бабьего Яра — говорил мне, водя по огромному зеркалу главной инсталляции этого музея, о проекте полной объемной хроники Второй Мировой войны: «Сейчас у нас есть новые способы реконструкции, так сказать, всего массива данных — всего события в абсолютной полноте. Есть показания всех свидетелей, с помощью компьютера можно до миллиметра установить все точки, где происходили расстрелы, по положениям теней на фото — время до секунды... Практически все события XX века исчерпывающе документированы. Так что мы вступаем во время установления полной правды о том, как все было; правды абсолютно объективной, не интерпретированной историками. Нас ждет откровение невероятной силы, то есть мы, например, действительно узнаем всю правду о войне. Для многих она будет шоком. Форензика — она же компьютерная криминалистика — сегодня главный инструмент в раскрытии преступлений; пришло время применять ее к преступлениям военным. У нас воедино сведены миллионы документов, которые будут храниться и анализироваться здесь, в главном корпусе музея в виде огромного кургана, в куполе площадью девять тысяч квадратных метров. И вот когда будет написана такая история войны — потребность в идеологических интерпретациях отпадет вообще».

Кроме того, как справедливо замечает Олена Зеленская, украинцы — и лично она — не хотят видеть себя жертвами, никому не жалуются. Перед ними стоит исключительно сложная задача — так просить Запад о помощи, точней, провоцировать его на эту помощь, чтобы не унижаться. Это положение невыносимое, и надо быть Зеленским, чтобы из него выпутываться, не попадая в положение просителя и одновременно избегая упреков в неблагодарности.

Рассказ об этой войне для Украины — не рассказ о страданиях, хотя память о жертвах будет священна всегда; это рассказ о том, как стремительно восстанавливали после разрушений энергосеть и боевую технику, как выкручивались из безвыходных положений в условиях почти полного отсутствия средств и вооружений, как учились превосходить врага решимостью и хитростью, как поколение менеджеров и постиндустриалов вынужденно привыкало партизанить и стрелять, и как у них, якобы изнеженных и ленивых, получилось все это. Оказалось, что изнежены и ленивы они там, где не надо работать, а в Украине, реально строившей новое общество — надо было; эти люди оказались и на войне довольно крепкими профи. О своем боевом опыте напишут они сами. Это те, о ком Зеленский сказал: «Молодые, красивые, сильные — свободные люди, выросшие в свободной стране; та Украина, в которую я верю». Можно было сосредоточиться на зверствах оккупантов, на хаосе и беззаконии, которые приносит с собой «русский мир». Тогда Украина Зеленского стала бы видна по контрасту, потому что здесь тоже неисчерпаемые запасы жутких и гротескных историй.

Кстати, «Вечерний квартал» продолжает выходить, и они там грубо, яростно острят насчет этого русского мира. Дивный есть эпизод, когда над российским окопом зависает дрон — и Боклан, изображающий российского мобика, говорит:

— Пора молиться!

— А ты молитвы знаешь? — спрашивает Казанин.

— Знаю! Мы русские, е... твою мать, б...дь, с нами Бог!

Это очень точное изображение русского религиозного мировоззрения, записанное с помощью самых сакральных формул современного русского языка. Таких диалогов, из которых состоит великий и ужасный фильм Сергея Лозницы «Донбасс» — художественное кино по мотивам документальных историй, выложенных в сеть сторонниками «русского мира» — можно было бы набрать не на один том, и это тоже найдется кому сделать.

Меня интересовали люди, на которых поставил и опирается Зеленский; люди его поколения и, пожалуй, его склада. Зе-люди, в отличие от z-людей, которых в изобилии породила путинская эпоха.

Тут у нас на полях диалог с издателем: «Разве их раньше не было?». Это вопрос интересный, потому что я хорошо помню семидесятые и дикое засилье чрезвычайно жестокой гопоты. Семидесятые (да и шестидесятые) не были идиллическим временем, контраст и конфликт народа и интеллигенции проникал во все лучшие тексты, от аксеновской «Победы» до рязанцевских «Чужих писем». Но эта тень, эта изнанка социума знала свое место. Гопота путинской эпохи — это гопота в своем праве, считающая себя и, пожалуй, ставшая элитой. Да, таких раньше не было, и с ними придется разбираться очень долго и очень грубо.

Z-люди убивают своих и чужих от отчаяния, потому что у них опять ничего не вышло — ни в мировом масштабе, ни даже в масштабах страны, где их боятся, но презирают, потому что будущее они ненавидят и переселяться в него не хотят, потому что блистать, да и то гнилостным светом, способны они только во мраке путинского времени, и единственным способом избежать разоблачения для них становится бесконечное продление этой жалкой эпохи.

Напротив, Зе-люди — поколение тридцати-сорокалетних, главным для которых является незаломность — термин, весьма приблизительно переводимый как несгибаемость. Незаломность даже важнее незалежности. Зе-поколение — это люди, для которых понт дороже денег, чтобы не употреблять патетической формулы «Честь дороже жизни». Они будут жить свободно, открыто, весело и непринужденно в истинном смысле слова: никто их ни к чему принуждать не будет. Все лучшие и худшие черты национального характера развиты в них гармонично, и ни Востоку, ни Западу они кланяться не будут. Они его главный резерв, его золотой фонд, первый отряд его обновления. Они очень многое умеют, очень твердо стоят на ногах, профессиональны в своей сфере и не лезут в чужую. Они стремительно обучаемы. Они никогда ничего не прощают и умеют помнить добро. Они серьезны.

Рассказывать о Зеленском — значит рассказывать о них.

Из них, как из всего на свете, может ничего не получиться, они могут раствориться в новых вялых поколениях или не найти себя в мирной жизни, сойти с ума от посттравматического синдрома, уехать в Европу и потеряться там. Но со всяким военным поколением так уже бывало: далеко не все ветераны могли вписаться в новый мир, который они защитили, а построить и обустроить его уже не хватило сил. Они уже сделали самое важное — оправдали свою генерацию, которой выпал величайший слом века. Они не вымерли во время пандемии, не сломались во время войны и не расслабились после ее окончания. Это про них, а не про всех, увы, сказано: то, что меня не убивает, делает меня сильнее.

Гомеостазис швыряет в топку войны каждое поколение подлинного, состоявшегося модерна, лишь бы будущее не наступило. Это поколение украинцев подлинно не горело в огне, не тонуло в наводнениях, а медные трубы ему совершенно безразличны. Они первые модернисты, у которых появился шанс выжить и установить-таки новые правила — построить мир, в котором познание интересней грабежа, а солидарность выше доминирования. Это то, что роднит Зеленского и его героя Голобородько. Это люди, чьим президентом Зеленский в конце концов оказался, потому что быть президентом прежней Украины ему стало неинтересно.

XIX. Обращения

Наблюдения над риторикой

У слова «обращение» два смысла — речь для конкретного адресата и превращение, оборотничество. Речи Зеленского — цепочка превращений. Он сам редактирует их, а иногда пишет с начала до конца. При этом спичрайтеры у него качественные со времен «Квартала». Рассмотрим его риторику и ее динамику.

Зеленский говорит много, обращается к украинцам и мировому сообществу почти ежедневно, честно отрабатывая главную функцию короля-нарратора — рассказывать, как и что. Перечислим его основные риторические приемы на материале обращений последнего года, сделаем это максимально нейтрально, поскольку ораторские приемы могут и должны быть спекулятивны: у Зеленского есть конкретная задача — привлечь на свою сторону как можно больше лидеров, денег и рядовых сочувствующих, а заодно поддержать в украинцах дух готовности ко всему и на все. В любви и на войне, сказал Джон Лилли и повторяют все, кому не лень, бесчестных приемов не бывает; в каком-то смысле все они спекулятивны, но деваться некуда.

1. Зеленский любит подчеркивать, что Украина решает проблемы всего мира, что российская агрессия — не только украинская беда, что Украина защищает от непредсказуемого агрессора, вооруженного ядерными ракетами, всех жен и мужей, детей и стариков. Россия, напротив, настаивает на локализации дискурса, тоже прием очень старый (и довольно грязный): оставьте, это спор славян между собою и т.д. «Выпивайте и закусывайте, папаша, пусть вас не волнует этих глупостей». Зеленский и его команда преуспели в популяризации главного нарратива: это никак не спор славян, это передний край борьбы мировой архаики с мировым же модерном. «Любая война — это всеобщий мировой вызов, это угроза миру, а не страдание только того, против кого эта агрессия» (Обращение к ассоциации американских государств 22 июня 2023).

Больше того: Зеленский умудряется представить будущее восстановление Украины — как опять-таки глобальную задачу. В этом будет финансово участвовать вся Европа. («И, конечно, я благодарю Швейцарию, Германию, Францию, Италию — каждую страну, где мы согласовывали ключевые принципы по восстановлению»). Украина обещает превратиться в общеевропейскую, а то и всемирную стройку, поработать на которой — из соображения материальной выгоды, интереса, престижа — поедет молодежь всей планеты. Украина имеет шанс впервые в мире, опять-таки при интеллектуальном и финансовом участии всего мира, построить коллективную утопию, идеальное государство. России было трудней — ей пришлось себя разрушить «до основанья, а затем» (и разрушила она, как всегда, далеко не все — все самое отвратительное, и прежде всего тайная полиция, осталось в неприкосновенности). Зеленский не устает прельщать украинского и всемирного слушателя этими картинами европейской утопии, потому что разрушительную часть работы сделала Россия. Украина — хотя бы и против собственной воли — многое обречена начинать с нуля, но ведь в мире очень сильна усталость от неразрешимых конфликтов и кризисов. Разрушенная Украина — идеальная строительная площадка. Все мы помним фразу Эмерсона «Каждая стена — дверь». Из риторики Зеленского (вынужденной — но как еще примириться со зрелищем разрушенной страны?) мы можем усвоить: каждая руина — стройплощадка. «Ключевой украинский принцип — простой и справедливый, а именно: ни одной руины в Украине не останется. Все отстроим, все восстановим, и уже точно знаем, какие шаги, в каком тайминге и какими силами нужно предпринять».

Зеленский не устает напоминать миру, что всем нам предстоит строить коллективную утопию, к созиданию которой будут допущены решительно все, даже русские, доказавшие свою антивоенную позицию. С чем бы в литературе это сравнить? Это будет — а так и будет! — что-то вроде коллективной стройки аквалидного завода в повести Шефнера «Девушка у обрыва»:

18-й корреспондент. Меня удивило, что на острове применяются столь примитивные орудия труда. Можно подумать, что мы вернулись в первую половину XX века. Из какого музея извлекли вы эти лопаты, кирки, ломы?

Андрей. Я их ниоткуда не извлекал. Это они сами заказывали их по старинным чертежам какому-то ленинградскому заводу, сами привезли их на остров.

18-й корреспондент. Кто «они»?

Андрей. Добровольцы. Они съехались со всех концов света.

20-й корреспондент. Но ведь на острове есть Врачи охраны труда. Слово Врача — закон.

Андрей. Врачей они не слушаются. И потом, добровольцев так много, что они работают не более часа. Так что здоровью это не вредит.

21-й корреспондент. Есть ли на острове травмы в результате применения несовершенных орудий труда?

Андрей. Крупных травм нет. Но есть ушибы, мозоли. Вчера один чилиец повредил лопатой палец на ноге.

21-й корреспондент. Надеюсь, его немедленно эвакуировали в больницу на материк?

Андрей. Не сразу. За почетное ранение друзья разрешили ему поработать еще час вне очереди.

Россия всегда обеспечивала мир великими утопиями. Но кто бы мог подумать, что в XXI веке это будет вот так?!

2. Эту мысль Зеленский повторяет в каждой речи, адресованной мировому сообществу, и в каждой третьей речи, адресованной украинцам: «Украина точно сможет защитить Европу от любых российских сил, и неважно, кто ими командует. Мы защитим. Безопасность восточного фланга Европы держится только на нашей обороне» (24 июня 2023, день пригожинского мятежа). Без нас рухнет мир — эту мысль Зеленский успешно и с полным основанием внедряет в умы сограждан и союзников. Украина — не просто часть Европы, она ее лидер и витрина: «Именно здесь, в Украине, мир будет видеть, на что способна Европа. Здесь, у нас, в Украине, будет максимум Европы в Европе, максимум возможного из того, на что способны европейские ценности, на что способно европейское и глобаль-

ное сотрудничество». Вот уж подлинно — Зеленский сумел превратить войну в мощный толчок для европеизации Украины: единственный шанс представить катастрофу как глобальную встряску и стимул для Европы. Из потенциального слабого звена в семье Европы Украина превратилась — по крайней мере в изображении Зеленского — в главный символ европейских ценностей. «Что значит быть проукраинским? Это быть проевропейским. Вы сегодня в Европе, вы являетесь неотъемлемой частью Европы — спокойной, цивилизованной».

3. Перенос центра тяжести на личность Путина. Это прием, казалось бы, спорный, поскольку даже в России, с ее несколько ублюдочным культом личности (какова личность, таков и культ), догадываются: дело не в Путине. Но задача всякого лидера — представить задачу разрешимой. Можно ли перевоспитать российское население или переформатировать российскую империю — пока непонятно, а вот убрать Путина — задача вполне решаемая, и даже если с ней не сладят украинская армия или российская оппозиция, рано или поздно она решится ходом вещей. «Чем дольше будет этот человек в Кремле, тем больше будет катастроф». (Это верно, но если убрать этого человека из Кремля? Хуже точно не будет, но быстрых улучшений тоже ждать не приходится: ядерное дикое поле ничем не предпочтительнее ядерной державы

Замечание издателя: Поставить это под контроль не так сложно, но Путину выгоден миф о диком поле после него.
Автор: согласен, но миф этот крайне убедителен: кинодраматурги Луцик и Саморядов, главные пророки конца девяностых, изображали именно такой мир. После разрушения всех институтов и отказа всех тормозов, внешних и внутренних, мне видится он. Лучше ли он, чем диктатура? Подозреваю, они несравнимы, как злодей и труп злодея.

4. Создание новых инфоповодов, насыщенной позитивной повестки. Президент воюющей страны в принципе

не может пожаловаться на скуку, но есть однообразие катастрофы — эпидемии, чумы, войны; великая скука конца света. В такое время находить радостные или хотя бы обнадеживающие новости — отдельная задача, с которой спичрайтеры Зеленского справляются профессионально. Это может быть выпуск офицеров из шести военных вузов (23 июня 2023), новые масштабные поставки вооружений, новые обещания насчет сближения с НАТО — Зеленский, как правило, начинает обращение с того, что день был большим и трудным, но тут же переходит к утешительным новостям: мы продвинулись на нескольких направлениях, России пообещали новые санкции, Украина добилась новых успехов в организации Глобального форума... Этот Глобальный форум, на котором мировое сообщество должно решить судьбу России и определить блоковый статус Украины, стал таким же общенациональным проектом, как контрнаступление. Само упоминание Глобального форума ласкает слух, ибо он воспринимается почти как Нюрнбергский трибунал. Он окончательно подтвердит, что повестку для мирового сообщества формулирует сегодня не ООН, а Украина. И это так, нравится это остальным или нет; Глобальный форум, если он состоится, всего лишь зафиксирует этот статус.

5. Постоянное — и очень актерское — подчеркивание глобальности, масштабности зрелища, которое разворачивается перед нашими глазами. Отсюда повторяемое Зеленским буквально с первого дня президентства: «Глаза мира устремлены на нас», «Весь мир смотрит на нас», «На глазах всего мира разворачивается глобальная драма» и т.д. Возразить тут нечего: единственный позитивный момент происходящего — значительность трагической эпохи.

Реплика издателя: эпоха всегда значительна.
Автор: вот уж нет. Хоть ты тресни, но нулевые не были значительны. Они были во всех отношениях нулевыми.

Ну и зрелищность ее, как ни ужасно это звучит. Мы участники мировой мистерии, а не обыватели. Нас призвали всеблагие, как собеседников, на пир. Не только Украина — весь мир участвует в очередной (и, возможно, финальной) битве добра со злом. Это опасно. Но нам очень интересно.

6. Конкретика. Практически в каждом обращении по внутренней повестке и во многих выступлениях для международного зрителя Зеленский называет имена конкретных офицеров, и не высшего командного состава, а лейтенантов, старших матросов, рядовых — участников войны, которых он не упускает случая наградить лично. Это не пропаганда героического сопротивления и тем более не типичный для России призыв сейчас, немедленно, отдать жизнь за Родину. Некрофилии российской пропаганды в Украине нет и близко, это российские пропагандисты предпочитают рассказывать о героических смертях, поскольку идеальный гражданин — мертвый гражданин, его и кормить не надо. Зеленский в каждом ежедневном обращении предпочитает прославить хоть одного живого. И такое упоминание — стимул более надежный и сильный, чем любая боевая награда, не говоря уж о деньгах.

«Почти каждый вечер в таких обращениях я благодарю наших воинов — конкретные подразделения, конкретные бригады, которые отличились больше всего на передовой или в защите нашего неба за сутки или за неделю.

А сегодня — более персональная благодарность, конкретным воинам.

Должны помнить все, что наша оборона, наши активные действия и независимость Украины — это не что-то абстрактное. Это очень конкретные люди, конкретные действия конкретных героев, благодаря которым Украина есть и Украина будет. Тысячи и тысячи самых крепких, самых храбрых, самых метких наших людей…

Таких, как солдат Ярослав Кан, наш воин-десантник. Воевал в самых горячих точках фронта. Белогоровка, оборона Лисичанска, оборона Соледара. Бои за Сватово, Кременную, Бахмут... Четыре ранения! Сейчас проходит лечение, восстанавливается. И готов снова возвращаться на фронт. Это чрезвычайная сила человека! Спасибо, Ярослав!» (3 июня 2023).

7. Ритм. В полном соответствии с обстоятельствами, в которых произносится и о которых рассказывает речь Зеленского, меняется синтаксис. После разрушения плотины Каховской ГЭС, когда под водой оказались больше сотни городов и поселков, речь Зеленского стала отрывистой, рубленой: «Ситуация с питьевой водой в наших городах и общинах. Решения есть, ресурсы есть, деньги есть. Сделаем все, чтобы обеспечить людей питьевой водой, несмотря на эту катастрофу. Может быть дискомфорт, но мы все сделаем. Кривой Рог, Марганец, Никополь, Покров и другие общины — говорили об этом. Ситуация с инфраструктурой, природным ущербом. Ущерб от российского теракта очень значительный, это всем понятно. Но должно быть понятно и то, что нет альтернатив, кроме максимального восстановления. Возможно, Россия останется опустошенной после Путина, но не Украина. И еще одно. Обязательно. Безопасность. Постоянно в коммуникации с нашими военными. Командующие — «Хортица», «Таврия», все, кто задействован на наиболее горячих направлениях. Донетчина — очень жесткие бои. Но есть результат, и я благодарен всем, кто обеспечивает этот результат! Бахмут — молодцы. Шаг за шагом. Спасибо каждому нашему воину! Но озвучивать — не сегодня».

8. Формирование для Украины положительного контекста, сугубо позитивных ассоциаций. Украина — зерно, продовольственная безопасность для всего мира; Украина — солидарность; Украина — забота о детях. Первые ассоциации с Украиной в мировом сознании — участие в зерновой про-

грамме, спаянность нации, готовность защищать мир и превратиться в буфер между Россией и Западом. Надо заметить, что при могучей помощи России Зеленскому удалось наконец разрушить наиболее устойчивую в мировом сознании ассоциацию с Украиной: коррупция. Но Украина предельно открыта для внешнего мониторинга, и есть вещи посерьезней кумовства и воровства. Героизм защитников Украины и остроумие ее президента, любимца журналистов и дипломатов всего мира, совершенно вытеснили из мирового сознания украинскую олигархию, украинскую вульгарность и украинский национализм, который далеко не всем нравится, например, в Израиле и Польше. Зеленский вообще всегда настаивал на том, что коррупция — проблема всемирная, никакого эксклюзивного украинского воровства не существует. Теперь — вне зависимости от его действительного размаха — оно так же не упоминается в приличном обществе, как врожденный физический недостаток. То есть это присутствует, но тыкать этим в нос...

9. Личные детали, приметы собственной биографии, дозированные, но регулярные упоминания о быте собственной семьи. «Иногда здесь, в моем кабинете, бывает мой сын (Кирилл, 10 лет — Д. Б.). Иногда, тем не менее... И больше всего его здесь интересуют вот эти шевроны. Их мне передают военные, волонтеры, родные наших воинов. На фронте и в Киеве, в госпиталях, во время церемоний награждения героев в Мариинском дворце. Эта доска для шевронов заполняется, но очень медленно, потому что каждый раз Кирилл забирает. И я счастлив, что его интересует именно это. Наши герои, наша оборона, украинские шевроны. Уже давно я хотел сделать специальную серию публикаций в моих соцсетях об этих шевронах. О том, откуда они. Кто их передал. Какие это подразделения. И именно сегодня мы приступим к таким публикациям».

Что это за шевроны? Это коллекция подарков, их передают Зеленскому из разных частей, иногда присылают родственники погибших и живых: за каждым шевроном — судьба. На момент написания этого текста стену кабинета Зеленского украшают 53 шеврона: спецподразделение Kraken, 110-я отдельная механизированная бригада, 36-я отдельная бригада морской пехоты, 38-я отдельная бригада морской пехоты (две волчьих головы на черном фоне и надпись Victoria amat fidelis — «Победа любит верных»). Здесь же — шеврон 10-й отдельной горно-штурмовой бригады «Эдельвейс», прославившейся при обороне Соледара. И здесь же — значок благотворительной организации из Херсона «Котики-патриотики».

Вот эти котики в сочетании с волками — и есть сегодняшний срез украинского национального характера, и не зря Зеленский дарит лучшие экземпляры этой коллекции своему сыну. Тему семьи, как я заметил, он поднимает не чаще раза в квартал — отлично понимая, насколько патетично и вместе с тем интимно это звучит. Эта тема не должна превращаться в разменную монету.

10. Юмор. Это, казалось бы, само собой — и вместе с тем в обращениях Зеленского удивительно мало его фирменного юмора, хотя бы и черного. Иногда промелькнет мрачный каламбур насчет закрытых укрытий, куда не смогли попасть люди; иногда прозвучит знакомая, почти КВНовская интонация в ответе на вопрос о пророссийских настроениях в Европе. «Что значит пророссийские? Поддерживающие терроризм? Я что-то не вижу американцев, которые бы переезжали жить в Россию, что-то не вижу и самих русских, что пересаживались бы на автомобили советского образца...»

Но тут мы должны высказать мысль парадоксальную и, пожалуй, циничную: нечто трагикомическое по определению есть в самой ситуации, когда лидер нации обязан выступать с ежедневными обращениями. Такого ведь нигде не было. Попробуйте представить себе Сталина, вынужденного во время войны ежедневно обращаться к нации: он спекся бы через неделю, весь его имидж — о чем можно написать отдельную работу — держался на поэтике умолчаний, на том, что «не должен царский глас на воздухе теряться по-пустому». Больше того — в критические минуты он таких обращений избегал, потому что сам был до смерти перепуган. 22 июня 1941 года к стране обращался Молотов, а 15–16 октября того же года, в дни знаменитой московской паники, вообще никто не обращался! Есть воспоминания сталинского охранника Рыбина — утром 16 октября Сталин, мол, проезжал по улицам, увидел чудовищную картину мародерства, велел остановить машину и вышел к народу поговорить. (О чем? Он собирался остановить мародерство среди населения, брошенного начальством на произвол судьбы? Как хотите, но идиотом он не был). Его спросили, когда погоним врага. «Будет время — погоним», ответил он, поехал в Кремль и раздумал уезжать из Москвы. Каким-то удивительным образом собравшаяся вокруг Сталина толпа не оставила ни единого свидетельства об этом потрясающем жесте, и ни одного мемуара, кроме свидетельства охранника, мы на эту тему не имеем. И, зная Сталина, вечно подозревавшего народ в желании его скинуть, мы эту историю никак не можем принять на веру, хотя под действием стресса чего не отчебучишь. Мы прекрасно знаем и то, что Путин в критических обстоятельствах — будь то Беслан или марш Пригожина на Москву — прячется от прессы и не делает публичных заявлений. Во время войны он обращался к нации с программными речами считаные разы и повторяет в этих речах одно и то же: мы не начинаем войны, мы их заканчиваем, нас обложили, нам не оставили выбора… Твердить это ежедневно было бы уже просто фарсом. Да что Путин! Черчилль, с которым Зеленского одобрительно или иронически сравнивают чаще всего, эксплуатировал свой знаменитый ораторский дар не чаще раза в неделю. Я действительно не знаю ни одного мирового лидера, включая говорливейших

Кастро и Лукашенко, кто выдержал бы режим ежедневных телеобращений. Арестович — и тот сорвался, став перед этим объектом бесчисленных шуток про «две-три недели», отделяющих страну от победы. Правда, его эфиры продолжались по часу, а обращения Зеленского максимум десятиминутны. Но все равно — это беспрецедентный стендап.

Каждый день он отвечает на самые болезненные вопросы, будь то паника по случаю возможного подрыва Запорожской АЭС или русские попытки контрнаступления. Он понимает свою президентскую миссию — к вопросу о короле-нарраторе — именно как нарративную и отчасти психотерапевтическую. Ситуация, когда президент вынужден — и считает долгом — ежедневно обращаться к стране, конечно, не просто ненормальна — она исключительна. Зеленский работает не только украинским Черчиллем, но еще и украинским Левитаном. И это — особенно в том иррациональном, часто безумном состоянии, в котором пребывает Украина — не столько пафосно, сколько еще и смешно, в том гротескном и высоком понимании смешного, о котором мы говорили применительно к «Слуге народа»: ведь в основе «Слуги народа» и его нынешнего продолжения, которое весь мир с восторгом и ужасом наблюдает — стартовый посыл: «Громадяне! Усим нам зараз дуже погано». Мы в кризисе — как сформулировал диакон Андрей Кураев, кризисом называется нормальное состояние мыслящего христианина. Нам трудно. Нам будет еще труднее. Наш случай беспрецедентен. Мы все про себя понимаем. И тем не менее отступать нам некуда.

И вот эта интонация обреченных на победу — поскольку поражение приведет к уничтожению Украины, а возможно, и гибели Европы в целом — создает ни с чем не сравнимый гротеск, мешает Украине скатиться в скучный пафос, делает Зеленского гораздо более человечным, чем все прочие мировые лидеры. Происходит это потому, внимание, что ситуация человека и есть ситуация обреченного триумфатора. Он царь природы и победитель стихий, он смертен и бессмертен, он смешон и страшен. Необходимость каждый день из этой позиции говорить с Украиной, которая тоже находится в двойственном положении и становится в глазах мира тем безупречней, чем жесточе испытания, выпавшие ей, заставляет Зеленского снова и снова напоминать о главном, фундаментальном противоречии человеческой природы. Это противоречие величественное. И смешное, ничего не поделаешь — я уверен, что в будущем байопике о Зеленском с этим неизбежным обращением будет связана масса гэгов. Зеленский, как Шахерезада, должен говорить, пока жив, и живет, пока говорит.

Наконец, последний пункт, тоже весьма существенный, но он касается уже не риторики, а позиции Зеленского в целом. Иосиф Бродский — довольно типичный поэт русского мира, при всей исключительности своего дарования — уважал силу. Поэтому сильным людям он давал сильные советы, а с большинством отделывался снисходительными банальностями; но к некоторым советам Бродского прислушиваться полезно. Выступая в 1988 году перед выпускниками Мичиганского университета, Бродский сказал:

> Всячески избегайте приписывать себе статус жертвы. Каким бы отвратительным ни было ваше положение, старайтесь не винить в этом внешние силы: историю, государство, начальство, расу, родителей, фазу луны, детство, несвоевременную высадку на горшок — меню обширное и скучное.

Со студентами, тем более выпускниками, Бродский обычно говорил серьезно, потому что они в сильной позиции — на их стороне будущее. Он хотел этому будущему понравиться или как минимум с ним договориться. С эмигрантами (которые находятся чаще всего в слабой позиции по отношению к туземцам) он говорил снисходительно и полусерьезно, и часто повторялся. Но выпускники Мичиганского университета — это те, кто будет решать судьбы Америки, а стало быть, отчасти и мира; Бродский учил их не жаловаться. «Учитесь уважать жизнь не только за ее радости, но и за ее трудности, и помните: через них жизнь говорит с вами на своем единственном языке».

Для президента страны, воюющей с огромным и вдобавок ядерным соседом, не было бы ничего проще построить хотя бы часть своих выступлений — пусть экспортных, рассчитанных не на украинскую, а на зарубежную аудиторию — как горькие жалобы: вот, смотрите, что с нами делают! Но никогда, даже во времена, когда открылась правда о Буче, Зеленский до этого не снизошел. Он с самого начала говорил не только с Россией, но и с миром — с позиций силы, а достичь этого можно только полной внутренней готовностью к смерти. Мы готовы к худшему, и потому запугать нас невозможно; у нас нет выбора, и потому мы герои. Не знаю, читал ли Зеленский знаменитую книгу Рубена Гальего «Белое на черном», но именно там — устами ребенка, выживающего в советском детдоме для инвалидов — сформулировал один из главных тезисов нашего времени: «Я — герой. Быть героем легко. Если у тебя нет рук или ног — ты герой или покойник. Если у тебя нет родителей — надейся на свои руки и ноги. И будь героем. Если у тебя нет ни рук, ни ног, а ты к тому же ухитрился появиться на свет сиротой — все. Ты обречен быть героем до конца своих дней. Или сдохнуть. Я герой. У меня просто нет другого выхода».

Зеленский никогда не использовал статуса жертвы. Его риторика, словарь, интонации принадлежат победителю. И это выглядит ослепительным контрастом на фоне России, которая все время причитает и жалуется: мы одни против всех... от нас все отвернулись... нас вынудили... у нас не было выхода... враждебное окружение... Россия — вечно причитающий убийца, жалующийся на трудное детство. Эта интонация сентиментального садиста отличает все ее блатные романсы, и вся ее патриотическая лирика выдержана в тех же слезливых интонациях блатного шансона. Z-поэты продолжают бесконечно жаловаться на то, что их не признают в мире и недооценивает российское начальство. Z-патриоты бесконечно стенают, не поднимаясь с диванов, оплакивая мертвых героев, ибо живые традиционно никому в России не нужны. Украина, сражающаяся с бесконечно жестоким и бесконечно превосходящим ее по численности противником, говорит о себе с интонациями бессмертного пирата, капитана Джека-воробья, наглого трикстера, которому не положено оплакивать себя. «Улыбайтесь — на вас смотрят враги», любил повторять Вознесенский. Кому действительно плохо — тот не жалуется.

Осталось выиграть войну, скажет скептик с противной улыбочкой.

Да знаете, как-то даже и не обязательно. Потому что уже.

Интермедия
Холодец

26 апреля 2022 года самодеятельная поэтесса Наталья Геут — у нее около пятисот стихотворений на сайте стихи.ру — разместила ставшее вирусным «Письмо в ЕС»: для экономии места цитирую в строчку.

Пока томится холодец, и в ванну шустро льет водица, пишу письмо я к вам в ЕС, чтоб новостями поделиться. У нас в России все путем, нет, мы совсем не голодаем. Шампанское из Крыма пьем, икрой Камчатской заедаем. Макдональдс ваш забыт давно, все разбежались постояльцы... Ведь нет вкуснее все равно картошки жареной, да с сальцем. Пылится «Мерин» в гараже, сейчас в ходу родная «Лада». Она нам ближе по душе, на дачу отвозить рассаду. Ваш доллар больше ни к чему, рубли у нас теперь в почете! За доллар даже шаурму в ларьке ближайшем не возьмете. Все ваши санкции совсем давно уже по барабану. Не запугать народ ничем американскому болвану. Мы Путина не предадим, мы вам не укры и не лохи. Все за Россию как один, а с нами шутки очень плохи. Раз в месяц мыться? Ну дела... Бензин совсем не по карману? И не хватает вам бабла уже на яйца и сметану? Так приезжайте в гости к нам, мы баньку русскую затопим, накроем стол, нальем сто грамм за вашу бедную Европу... С собой еще харчей дадим, из погреба вина достанем. Ведь наш народ непобедим, а ваш ЕС еще помянем. Держитесь...трудно будет вам. Зима придет, не за горами... Всегда Бог судит по делам, но Бог всегда с Россией...с нами!!!

Наталья Геут, вероятно, добрая женщина, автор пронзительного текста «Берегите детей от войны», вдохновляется она патриотизмом и национальной гордостью, и кабы не война, так бы и жила нормальной человеческой жизнью. Да что там, и Путин мог бы прожить средней жизнью среднего гебешника, идеального дачного соседа, который и косилку одолжит — только если ее чуть повредишь, убьет, а так-то душа-человек. Но меня восхищает именно этот холодец, подлинное лицо России. Россия на сегодняшний день и есть холодец, который она противопоставляет мерзнущей, редко моющейся, голодающей Европе. Героиня стихотворения принимает ванну, нежит в ней свои пяточки (такие люди всегда говорят «пяточки», ведь они этого достойны), а холодец не просто ждет — он именно томится. Он всегда томится.

Она счастлива, что у нее есть студень. Но счастье от студня будет неполным, если не представлять себе картины страдающей Европы. Нет у нее больше нашего газа, того болотного газа, который производит в неограниченных количествах наша болотная субстанция, зыбкая трясина почвенного студня, дрожащее застывшее болото русского бытия, в котором все органические останки сохраняются в похвальной неизменности. Не земля, не вода — болото, и оно так же исправно производит газы, как кишечник, переполненный тяжелой пищей. В студне сидим, студень едим, студнем думаем — и мысли наши зыбки, студенисты, как промежуточные состояния, переполняющие нашу лирику: смесь гордости и стыда, брезгливости и умиления, жажды сбежать и надежды остаться. Студень может вызывать восторг, только если представлять себе обнищавшую, подмерзшую Европу, которая просится к нам на поклон, скулит у дверей: пустите, я тоже хочу такого, как Путин, такого, как студень! Д'заходи, Гейропа, не жалко, накормим, напоим, жизни научим, с собой дадим! Со страшной ясностью вижу эту ванну, в которой она сидит — тоже своего рода студень, сверху вода, внизу мясо, и вода стынет, и вылезти жаль.

Лучшим из российских мультфильмов постсоветского периода я назвал бы десятиминутную ленту Натальи Березовой «Моя жизнь». Это монолог поросенка, его школьное сочинение. «Один дядя мне сказал, что, когда я вырасту, я должен стать молодцом. Или холодцом? Нет, все-таки молодцом». Да нет тут противоречия: молодец по российским понятиям и есть холодец. Пока ты не стал холодцом к столу своего начальства, ты еще не вполне молодец. Я так и слышу негодующие вопли: что за русофобия, в Украине едят никак не меньше холодца! Да конечно, кто спорит, существует даже специальный рецепт холодца по-украински, хотя в нем нет ничего специфически украинского. Но есть его — не значит становиться им, вот в чем ключевая разница. В России в эпоху увлечения здоровым образом жизни бытовал слоган-каламбур: человек есть то, что он ест. В некоторых сообществах человек действительно целиком определяется своим меню — его стоимостью, его престижностью... Между тем человек есть то, что он думает или делает. Вот когда он ничего не думает и не делает, потому что то и другое ему запрещено, да уже и навык пропадает — вот тогда он то, что он ест. Тогда он холодец, то есть пахнет и дрожит.

Честно говоря, вне зависимости от самого блюда, которое с детства вызывало у меня подозрения своей склизкостью, желеобразностью, промежуточностью между жидким и твердым, слово «холодец» крайне неприятно само по себе. Не будь оно названием любимого блюда, непременного участника скромных застолий во время зимних праздников, новогодья там или 7 ноября, оно звучало бы приговором, цивильным вариантом другого слова на -дец: слушайте, ну это полный холодец! Звучит как синоним смерти, да это и есть смерть — холодец, сгустившийся бульон из мертвой свиньи, из тех ее частей, головы, копыт и костей, которые сами по себе в пищу не годятся, только в виде холодца. России пришел холодец. Это еще прекрасно рифмуется с фамилией той ныне совершенно забытой вице-премьерши эпохи зрелого Путина, эталонной чиновницей Ольги Голодец, которая курировала проблемы образования и здравоохранения и говорила, что нам не нужно слишком много людей с высшим образованием. Голодец и холодец — два главных состояния страны, которая высшим счастьем считает картошку с сальцем, и не нужно ей никакого макдональдса, сыта будет с огорода, каждую весну возит на свои шесть соток рассаду, и гори все огнем, с нами Бог. Пока Россия ведет войну с ближайшим соседом, недавно чуть ли не любимой родней, пока она убивает мирное население и рушит инфраструктуру, разгоняет собственных молодых или гонит их на убой — у нас есть холодец, ну и ладушки. Отличительная особенность холодца — то, что он всегда трясется, об этом и анекдот был: открывает Путин холодильник, а там студень дрожит. «Да не бойся, я за сметаной!». Вся страна сегодня — один безграничный холодец, по которому хоть ножом проводи, хоть вилкой — он слипается обратно. Примерно как Россия после гражданской войны: хорошо мы вас тогда! — и мы вас! Ну, выпьем, батя. Слово «батя», особенно применительно к отцу-командиру, я ненавижу даже больше, чем холодец.

Мне вообще отвратителен этот культ застолья, с холодцом и винегретом, с одними и теми же песнями из советских фильмов, с советскими анекдотами, с объятьями и драками — с чем и с кем угодно, лишь бы не оставаться наедине с собой. Холодец — застывший хаш (с той разницей, что хаш чисто говяжий), застывшая жизнь, которая когда-то тут кипела, а теперь охладилась до состояния вечного желе. И в кулаке не сжать, и не выплеснуть. У великого моего друга Михаила Успенского был крошечный рассказ «Холодец» — о том, как выставили студень на балкон, а в него ударила молния, и в нем самозародилась белковая жизнь и пошел процесс эволюции. С Россией произошло нечто подобное: в русский холодец ударила молния войны, но зародились в нем и полезли из кастрюли такие сущности, что обитателям квартиры не поздоровилось. Так всегда бывает с промежуточными субстанциями, не жидкими и не твердыми, скользкими и липкими.

Кто они, эти миллионы поддерживающих войну? Они и есть холодец, и вся Россия покрыта сейчас мраморной коркой застывшего бульона. Это нельзя назвать полноценным льдом. Это скользкая поверхность холодца, трясущегося, единого и неделимого. И неважно, на поминки он сварен или на праздник победы. Холодец едят по любому поводу и сами превращаются в холодец. Едят и приговаривают — дай нам, Боже, и завтра то же. Вечная застывшая медуза, с той только разницей, что медуза эта давно уже Горгона, и горе тому, кто на нее взглянет в упор.

А больше всего они боятся, что при первой волне тепла этот холодец растает, как медуза на солнце, и протечет сквозь пальцы, и утечет навеки. Тогда у нас не будет даже и холодца, последней склизкой нашей радости, последнего, что нас склеивает. Скрепа наша, слипа. Студень, слизень. Пятое — считая плазму — агрегатное состояние. Последний месяц славянского года: березень, цветень, травень, вересень, поросень, студень.

Из него в принципе можно сбежать, выползти на твердый берег. Но если ты слишком долго в нем жил, ты и сам уже — он. И при первом вопросе, что выше — родина или истина, во рту у тебя появляется студенистый привкус, а в глазах — студенистый блеск.

ЧАСТЬ ТРЕТЬЯ
МИСТЕРИЯ

I. Два капитана.
Путин и Украина

1.

В американской биографической литературе любят вставлять в повествование всякие увлекательные истории — для оживления читательского внимания.

Так вот, эта война была предопределена в июле 1967 года, когда главный редактор консервативного и не слишком популярного журнала «Москва» советский прозаик и очеркист Евгений Поповкин обратился к Константину Симонову за советом. Симонов был советским литературным генералом, любимцем Сталина, после короткой опалы при Хрущеве (когда он сам себя сослал работать рядовым журналистом в Ташкент) быстро вошел в прежнюю славу и выглядел, по выражению Наума Коржавина, главным либералом среди черносотенцев: прославленный поэт военных времен, плодовитый драматург, советский Хемингуэй, он заканчивал в это время свою массивную (и довольно посредственную) военную трилогию.

У Поповкина падала подписка, в напряженной оттепельной полемике между либеральным «Новым миром» Твардовского и партийным «Октябрем» Кочетова он не сумел выбрать четкую позицию, и ему нужна была сенсация. В то время, как всегда в России во время оттепелей, обильно печатались тексты из писательских столов либо проза репрессированных, запрещенная в сталинскую эпоху.

— Сенсация у меня есть, — сказал Симонов, — да ты не напечатаешь.

— Напечатаю! — твердо сказал Поповкин, и Симонов, возглавлявший комиссию по литературному наследию Михаила Булгакова, сказал вдове Булгакова Елене Сергеевне, что напечатать «закатный роман», конечно, трудно, но иногда шанс приходит с неожиданной стороны. Елена Сергеевна уже сумела однажды, выполняя завещание мужа, через свою портниху передать роман Сталину (у этой же портнихи обшивалась жена сталинского секретаря Поскребышева), и роман, адресованный не столько массовому, сколько вполне конкретному читателю, подействовал: массовые писательские аресты прекратились, брали только писателей-евреев, членов антифашистского комитета. Ахматову, Зощенко, Пастернака шельмовали в газетах ежедневно, но не трогали. Теперь она отнесла роман Поповкину, а тот, прежде чем знакомиться с ним лично, вручил его авторитетному члену редколлегии — Юлиану Семенову. Семенов много печатался, был автором нескольких политических хроник, знаменитых репортажей из горячих точек (Испания, Куба, Вьетнам, Парагвай, Афганистан — туда он поехал сразу после ИСАА, будучи по первому образованию востоковедом). Но, что еще важнее, он был сыном видного советского издателя и литературоведа Семена Ляндреса — правой руки Бухарина; в конце тридцатых Ляндрес уцелел, но в 1952 его взяли и во время допросов сломали позвоночник; вышел он в 1954, в самом начале реабилитанса, и несмотря на инвалидность, многих репрессированных классиков напечатал, став одним из руководителей Госиздата. Кстати, в комиссию по наследству Булгакова он входил вместе с Симоновым.

Семенов развернул толстую папку с булгаковским романом и не оторвался до тех пор, пока не отложил последнюю страницу машинописи. Впечатление, производимое на советского человека этой книгой, если даже это был не рядовой читатель, девственный в религиозном отношении, а сын крупного издателя и филолога, сравнить не с чем. Представьте себе, что вы впервые в жизни пошли в кино, и показывают там не «Прибытие поезда» братьев Люмьер, а сразу «Изгоняющего дьявола».

Утром Семенов сказал Поповкину, что печатать это необходимо, но напечатать нельзя.

Поповкин заинтересовался. Дело в том, что в этой истории тоже замешан Крым — поистине главная точка российской истории: в нем фаворит Екатерины Потемкин удостоился титула Таврический, в нем бесславно закончилась эпоха Николая I, из него бежала в Константинополь белая гвардия, в нем произошла катастрофа Красной Армии 1942 года, его в 1954 году передали Украине, заложив одну из главных бомб в российской истории (тогда это было актом чисто формальным и вполне рациональным)... И вот Поповкин, представьте себе, был после войны секретарем Крымского отделения Союза писателей, депутатом Крымского облсовета. А председателем Крымского облисполкома, впоследствии первым секретарем крымского обкома, фактически хозяином Крыма, горячо поддержавшим идею его передачи Украине, был Дмитрий Полянский, который на этом эпизоде попер в гору и сделался сначала председателем Совмина РСФСР, а затем и первым вице-премьером СССР. Само собой, у главного коммуниста Крыма с главой крымских писателей были уважительные, товарищеские отношения. Поповкин прочел роман, и роман ему не просто понравился, а до глубины души его потряс. Он был хороший человек, Поповкин, хотя и абсолютно суконный советский писатель, автор романа «Семья Рубанюк» о борьбе с фашистами на крымском полуострове, захваченном немцами к лету 1942 года после восьмимесячных тяжелых боев. И он понял, что единственный способ напечатать этот роман — это пойти к Полянскому.

И он пошел — но не с романом, конечно, а с пачкой благожелательных отзывов, кратко излагавших сюжет книги, в том числе с внутренней рецензией Юлиана Семенова. У вице-премьера огромной страны вряд ли найдется время читать большой роман, хотя бы и самый интересный; но его остросатирическая направленность и верное направление, то есть оправдание жестокой и мудрой власти… Полянский отнес экстракт романа Суслову, главному идеологу ЦК, мрачному аскету, советскому Победоносцеву — но, однако, с зачатками вкуса (это он сказал Гроссману после ареста его романа «Жизнь и судьба»: мы понимаем, что вы не враг, но ваша книга объективно вредна и будет напечатана через триста лет; напечатали за рубежом через 20, в СССР через 30). Суслов Полянскому поверил и публикацию разрешил.

И в номере 11 за 1967 была напечатана первая часть романа (с купюрами, составлявшими примерно седьмую часть книги; Ляндрес настоял, чтобы для заграничных переводов использовался полный текст). Вторая часть, в интересах подписки, анонсирована была на первый номер 1968 года.

Тираж журнала вырос в полтора раза — со 160 до 250 тысяч экземпляров. На черном рынке переплетенный экземпляр романа стоил 25 пореформенных рублей — столько же, сколько «родные джинсы».

Но Евгений Поповкин порадоваться этой удаче не успел. Он скоропостижно скончался в феврале 1968 года, словно миссию выполнил или некую черту переступил — это уж кому как кажется — буквально накануне собственного 61 дня рождения. А был здоровяк, силач, человек крепкий, ничто не предвещало; правда, попивал, но кто же не?

А в 1968 году Юлиан Семенов написал первую редакцию романа «Семнадцать мгновений весны», о советском Воланде, основу самого известного советского сериала (1972, премьера 11 августа 1973, ровно 50 лет спустя я это пишу) и тот самый чертеж, по которому был выкроен миф Владимира Путина. Выпустил, так сказать, джинна и так же скоропостижно скончался после третьего инсульта в октябре 1993 года, за месяц до своего 62 дня рождения. А был здоровяк, боксер, учил Никиту Михалкова драться (был женат на его сестре). И ничто не предвещало.

В двух последних номерах «Москвы» за 1969 год, ровно через два года после «Мастера», Семенов напечатал самый знаменитый роман о Штирлице, основу фильма и бесчисленных анекдотов.

Он вообще писал очень быстро.

2.

Личное сопоставление Владимира Путина и Владимира Зеленского (они еще и тезками оказались для наглядности) — идея бесперспективная, хотя эффектная: Зеленский десять лет был капитаном КВН, Путин три года (1980–1983) — капитаном КГБ. Даже аббревиатуры похожи. Все остальное у этих капитанов разительно несходно.

Хотя почему так уж несходно? Оба знаменовали возвращение двух стран к национальной матрице. Когда победил Зеленский, многие заговорили о том, что в основе украинского характера — тотальная ирония. О том, что Путин обозначил возвращение к подлинной России, не писал после 2014 года только ленивый.

И что самое интересное — они по определению коллеги. Путина все в 1999 году характеризовали именно как исполнителя — расчетливого, памятливого, послушного.

Реплика издателя: это булшит, гон для незнающих. Уже в Питере он был за главного.
Автор: за что купил (у тогдашних ельцинских администраторов), за то и продаю.

Таким исполнителем он и остается, только патрон, начальник, с которым подписан договор, у него меняется. И Зеленский — профессиональный исполнитель, то есть актер. Отличие актера от менеджера в том, что актер должен верить в то, что делает. Иначе он плохо играет. Как сказал один политолог, актер в наше время — единственный профессионал, который верит в собственные слова. От этого напрямую зависит его успех.

Но при всей соблазнительности этого противопоставления остроумного артиста-продюсера и исполнительного гебешника, черноволосого и белобрысого, молодого и старого — Путин и Зеленский противостоят не лично. Точней, личность Зеленского, за которым стоит многомиллионный народ, противостоит куда более древней силе, чем любые народы; Владимир Путин всегда был внутренне пуст, что и делало его идеальным исполнителем, — и эту пустоту стало заполнять то, что всегда заполняет пустоты, как бурьян захватывает пустыри.

Об этом лучше всего сказано у Тынянова в главном его романе: «Были места, которые могли заниматься только людьми изуродованными — евнухами. Пятнадцать лет росли его богатства и росли пустоты его тела. Он был священною собственностью шахова государства, личной собственностью шаха. Жизнь его была благополучна».

3.

Для тех материалистов, которые все же решили прочитать эту книгу, мы должны вывесить нечто вроде дисклеймера. Все, о чем сказано выше, необязательно понимать буквально; излагая в нескольких программах и лекциях идеи будущего текста, автор уже сталкивался с замечанием типичного инженера, или, современнее говоря, айтишника — «Какой может быть Сатана в XXI веке!» В XXI веке, как видим, как раз и может, и вообще прав был идейный вдохновитель этой работы Лешек Колаковский, говоря, что главным успехом дьявола в эру просвещения было убедить большинство в своем несуществовании. Но если вам так невыносим — подлинно как черту ладан — серьезный разговор о серьезных вещах, никто не мешает вам расценивать все это как глобальную метафору и пребывать при своих представлениях об истории, согласно которым ее главным двигателем являются взятки, звонки олигархов или планы Бильдельбергского клуба (т.е. конспирология, т.е. религия низшего порядка).

Ошибкой было бы думать, что вселенский автор (а вдруг там, как в «Квартале», авторский коллектив?) готовил к мировой битве только Зеленского. Это, конечно, красиво выдумано — взять несистемного актера и заставить его противостоять абсолютному злу, проведя старательный кастинг. Но и на роль всемирного зла, точней, на роль привратника, впустившего его в мир, некий кастинг тоже проводился, хоть Россия будто бы не создана для выборов. То, что в радикальном противостоянии модерна и архаики, которое заставило определяться весь мир, с одной стороны участвовал комический актер, а с другой выпускник школы КГБ — символизм высшего порядка.

Путь Путина к этому противостоянию не менее любопытен и символичен, чем карьера Зеленского, и это тем более наглядно, что оба они, в сущности, собой не распоряжаются. Зеленский, в котором не было никаких исключительных человеческих качеств, кроме дружелюбия, умения ладить с командой и художественного таланта, оказался главным защитником Европы. Путин, в котором отродясь не было вообще никаких выраженных человеческих качеств кроме карьерной целеустремленности, и потому всем его биографам приходилось вымучивать интригующие или трогательные детали, долго и преднамеренно расчищал в себе ту абсолютную пустоту, которую всегда заполняет самая черная сила.

То, что во главе России оказался представитель секретной службы, — прихотливая игра истории: это получилось со второй попытки (после Андропова), но Андропов быстро умер, ничего не успев — разве что поставив мир на грань ядерной войны после инцидента с южнокорейским боингом. (Поразительны эти рифмы в истории — с ведома российской власти в 2014 году уничтожен малазийский боинг, и точно так же Россия беспомощно отпиралась; при Андропове она была то ли самоуверенней, то ли честней и признала все уже через две недели). Секретные службы всегда выполняют одну функцию — другой у них нет: они стоят именно на страже архаики, то есть того самого гомеостазиса, который во все времена нарушают творцы и ученые. Защита существующего положения вещей — их основная задача во все времена, любые нарушения этого порядка справедливо считаются антигосударственной и экстремистской деятельностью.

Генезис мифа о разведчике, который слился с лицом Владимира Путина и стал его маской, мы сейчас и разберем.

А если кому-то интересней про тайные связи Зеленского с олигархами, никто не мешает такому читателю написать собственную книгу. Как говорил Луначарскому митрополит Введенский, «давайте считать, что вы от обезьяны, а я от Бога».

На что Луначарский не без изящества отвечал: глядя на меня и обезьяну, каждый скажет: какой прогресс! А на вас и на Бога — какой регресс!

4.

Наша книга — не столько биографический очерк о Владимире Зеленском (все, что мы о нем знаем, можно пересказать за час), сколько интерпретация его судьбы, в том числе мифологическая: все в нашей жизни осуществляется лишь в той мере, в какой опирается на миф. Это единственное зеркало, в которое человечество смотрит на себя, единственное свидетельство о наиболее типичных и устойчивых для человека сюжетах. Рассмотрим для начала миф Владимира Путина, ибо Путин все-таки старше — и как сущность, и как ее очередное земное воплощение.

Тут начинается самое интересное, потому что эта война выпустила наружу тайные пружины истории. Давно — пожалуй, с конца тридцатых — не являлись они нашему взору в таком чистом виде. Здесь мы вправе рассчитывать на особенно пристальное читательское внимание, потому что дело вообще не в фактах: у нас появился повод рассмотреть вблизи то, что движет миром. Говорят, в окопах атеистов не бывает. Так вот, мы все оказались в окопах, и раз уж выпал нам на долю такой неприятный период, надо использовать его, чтобы вглядеться в часовой механизм истории.

Одним из первых интерпретаторов истории XX века в свете евангельского мифа стал крупнейший польский (впоследствии английский) мыслитель Лешек Колаковский, в чьей статье 1988 года «Политика и дьявол» предпринята первая радикальная попытка скрестить религию и политологию. Русская литература привыкла к тому, что вопросы истории либо политики рассматриваются сквозь призму религии, но одно дело, когда к таким методам прибегает писатель (Достоевский) или религиозный публицист крайне консервативного толка (Леонтьев). Совсем иное дело, когда о роли дьявола в мировой политике говорит строгий философ с марксистским прошлым: для многих коллег Колаковского его поздние статьи были серьезным шоком. Рассмотрев методологию дьявола в эпоху просвещения, когда он освободил ее от оков церковной власти и тем способствовал прогрессу, Колаковский переходит к проблематике собственно XX века (последними судорогами которого представляется нам российско-украинская война): «В нашем веке и на наших глазах дьявол решил вернуться к старой концепции политики, основанной уже не на соглашении или консенсусе. Мы видим идеологические государства, то есть государства, принцип легитимности которых основан на том, что они владеют истиной. Когда кто-то противостоит такому государству или его строю, он является врагом правды. Отец лжи использовал идею истины как свое мощное оружие. Истина по определению универсальна, не связана ни с одной нацией или государством. Нация, пытающаяся отстаивать свои интересы, защищаться, завоевывать новые территории, строить империю etc, — объявляется носителем универсальной истины, как во времена крестовых походов. Дьявол, говорили средневековые богословы, обезьяна Бога. Идеологические государства — карикатурная имитация теократии.

Это, конечно, изменило характер войны. Со времен Второй Мировой войны войны ведутся во имя всеобщей истины и, следовательно, становятся гражданскими. А в гражданской войне нет правил. Пленных часто режут или под угрозой смерти заставляют перейти на сторону противника. При этом всякий раз, когда власть хочет мобилизовать своих граждан, она апеллирует не к всеобщей истине, а к национальным или имперским чувствам. Им это до определенной степени удается, но сами их успехи показывают гротескную пропасть между реальностью и ее словесной маскировкой. (...) Дьявол пытается опираться на демократию. Он присваивает право большинства, предлагая привлекательную мысль о том, что большинство как таковое право и имеет право на все, включая отмену самого принципа большинства. Может ли демократическая конституция совершить самоубийство по своим правилам? (Может, еще как может: мы это видели в Германии 1933 года и в России 90 лет спустя — Д. Б.). Люди, несомненно, уязвимы для дьявольских искушений, но они также чувствуют необходимость сосуществовать, использовать собственную свободу в установлении порядка, испытывать недоверие к любой истине и порываться в неизведанные области духа.

Нет, борьба дьявола с Богом в истории — не из приятных зрелищ. Единственное утешение для нас — что мы не наблюдатели, а участники, и судьба наша решается на сцене, на которой мы играем. Это звучит тривиально, но некоторые трюизмы стоит повторить».

В этих выводах Колаковского не было бы ничего сенсационного (хотя догадка о тоталитарных государствах XX века как о пародии на теократию остроумна и точна). Сенсационно здесь само обращение к библейскому мифу для интерпретации современности — и, более того, возвращение к средневековой практике историософии, которую Просвещение всерьез потеснило. То, что Колаковский в той же статье называет политику «любимой сферой дьявола» (наряду с сексом — здесь поставим смайлик), могло бы восприниматься как мракобесие, но с тех пор как мы живем внутри подлинной религиозной мистерии с поразительно наглядным, материализовавшимся злом и добром, вынужденным достраивать себя до идеала, это уже не кажется ни преувеличением, ни бегством от реальности. Мы присутствуем при поединке между дьяволом и шутом.

Конечно, огромное количество людей желали бы оставаться не в черно-белом, а в уютном сером мире. Вот, например, Питер Хитченс пишет в Daily Mail, а черносотенный «Царьград» воинственного путинского олигарха Малофеева (именно его охранником был Гиркин-Стрелков) радостно цитирует: «Честно говоря, если бы эта война не изображалась в крайне примитивных сказочных терминах, как сверхпростая битва между абсолютным добром и абсолютным злом, мы могли бы достичь нынешней стадии гораздо раньше. Но лучше уж поздно, чем вообще никогда». (Это он о возможном отказе Запада о поддержке Украины — ветер, как ему кажется, дует в эту сторону).

«Царьград» переводит Хитченса довольно точно. Хитченс еще и продолжает: «Если мы действительно заботимся о народе Украины, то нам было бы гораздо лучше заняться продвижением прочного мира, чем разжиганием и оплатой продления войны, в которой настоящие украинцы умирают и страдают, не получая ничего особенного взамен». Как именно предполагает он добиться прочного мира — прямо не сказано, но ясно, что речь идет о популярной среди латентных путинистов формуле «Мир в обмен на территории»: «Возвращение земель, отданных России в 2022 году, выглядит все менее и менее вероятным по мере того, как дни сокращаются». Поскольку Хитченс в лучших путинских традициях обнуляет украинские мотивировки — мол, украинцы ничего не получают вследствие своего героизма, — для него и чувства Украины по поводу утраты своих территорий не принципиальны. Ну, подумаешь. Зато мир. (Назвать его прочным, конечно, либо беззастенчивая спекуляция, либо непростительная наивность, но многие настолько напуганы путинской риторикой, что согласны уже и на мирную передышку: возьми себе шубу, да не было б шуму!).

Российская пресса очень любит цитировать комментарии так называемых простых людей, рядовых читателей, когда они совпадают с ее пожеланиями; тогда они попадают даже в топ Яндекса. Комментарии простых британских читателей к этой колонке, сплошь насмешливые, «Царьград» не цитирует, а зря: он мог бы узнать, что «Питер никогда не подводит, всегда доносит до нас влажные мечты Путина!» Можно бы рассмотреть бэкграунд Хитченса, персонажа своеобразного, не зря называемого в комментариях Mr. Change. Начинал он как московский корреспондент The Mail on Sunday, поработал и в Вашингтоне, начинал как социалист и сторонник лейбористов, в девяностые законсервировался, он известный борец против однополых свадеб, называет себя христианским консерватором и британским голлистом. Понятное дело, он пылкий антипрививочник, хоть и обижается, когда его так называют. Мы подробно говорим о Хитченсе, потому что в его лице нам явлен предельно наглядный портрет путинских поклонников среди пресловутых англосаксов: это защитник старых добрых ценностей, искренне не понимающий, «в чем интерес Британии в ведении дорогостоящей и рискованной войны в Юго-Восточной Европе между двумя коррумпированными и плохо управляемыми обломками старой советской империи». Это нормальное такое уравнивание жертвы и агрессора — потому что «в Украине нельзя сделать вдох, не столкнувшись с коррупцией». Ну и в России тоже бардак. Обычный спор двух неупорядоченных славян между собою. В чем интерес Британии?

Интерес Британии, прагматик ты этакой, состоит в том, чтобы поддерживать в себе идеализм — единственное, что позволило ей выжить и сохранить влияние после распада империи, единственное, что позволило ей оказаться в числе победителей во время Второй Мировой. Хитченс не понимает, что на прицеле у Путина вся Европа и в перспективе весь мир (в терминологии гопников — Гейропа и англосаксы). Он думает, что раз Путин противник нетрадиционных браков, называющий себя христианином и консерватором, то он свой. Ему там пишут в комментариях: «Он никогда не упускает возможности подпустить необходимую пропаганду... По его любопытному мнению, для сверхдержавы вполне приемлемо убивать мирных жителей, особенно детей и стариков. Его единомышленники прицельно бомбят больницы и школы. Они специализировались на нападениях на убежища и жилые дома в своих трусливых ночных атаках». Но ведь в Украине коррупция, и многие украинцы действительно стараются сбежать от войны через румынскую границу... Насколько комфортнее жить в мире, в котором все не так однозначно и украинцы тоже, знаете, несовершенны... Ведь не бывает так, что одни грешники, а другие святые!

К сожалению, бывает, хотя эта ситуация в высшей степени disturbing. Но христианскому консерватору как раз полагалось бы знать, что в историю периодически вторгается метафизика, что этическую однозначность никто не отменял, что в главном христианском источнике (Матф., 5:37) прямо сказано: «Но да будет слово ваше: «да, да»; «нет, нет»; а что сверх этого, то от лукавого». От лукавого — разговоры об ошибках и несовершенствах Украины и о всенародной поддержке лидера России. От лукавого — прагматический подход типа «что мы забыли в Юго-Восточной Европе, где враждуют два обломка чужой империи». На ваших глазах самая большая в мире страна напала на соседа, чья территория и население несопоставимо меньше. На ваших глазах она убивает мирное население этого соседа, мотивируя убийство расширением НАТО на Восток. На ваших глазах она превращает цветущие города в дымящиеся руины, где бомбят убежища и пытают в подвалах. На ваших глазах она крадет украинских детей и заставляет их публично благодарить похитителей за спасение. И после всего этого вы утверждаете, что в мире не бывает чистого добра и чистого зла, потому что действительно очень сильно разбаловались в своем комфортном мире. Высшей ценностью в этом мире является порядок, и несколькими абзацами ниже, уже заговорив на другую тему, Хитченс уверяет: «Свержение тиранов может принести хорошие кассовые сборы, но, если вы замените их анархией, вы сделаете жизнь людей намного, намного хуже».

О том, что целью свержения тиранов являются вовсе не кассовые сборы, а элементарное спасение тысяч жизней и старых добрых ценностей, Хитченс не думает вовсе. И не надо думать, что он одинок. У него полно единомышленников среди истеблишмента любой европейской страны: ну что мы, право, опять об этой Украине? Не бывает чистого добра и чистого зла!

Вероятно, главной исторической заслугой Владимира Зеленского когда-нибудь объявят именно то, что он доказал: бывает. То есть вернул нас к ситуации пусть не сказочной (в этом слове есть оттенок пренебрежения), но мифологической. К однозначности оценок и чистоте критериев. То есть не побоялся сыграть роль чистого добра, когда на него полезно чистое зло. К чести нации, она поддержала его выбор — а может быть, и вынудила к нему. Если это объявят впоследствии заслугой Владимира Путина и дадут ему в аду некоторые послабления — пускай; говорил же его главный нынешний покровитель в упомянутой книге: «Ты произнес свои слова так, как будто ты не признаешь теней, а также и зла. Не будешь ли ты так добр подумать над вопросом: что бы делало твое добро, если бы не существовало зла, и как бы выглядела земля, если бы с нее исчезли тени? Ведь тени получаются от предметов и людей. Не хочешь ли ты ободрать весь земной шар, снеся с него прочь все деревья и все живое из-за твоей фантазии наслаждаться голым светом?»

— Я не буду с тобой спорить, старый софист, — что означает: тень, знай свое место.

5.

Для многих в России трансформация Владимира Путина из банального чиновника в клептократа была естественной, а вот прыжок из клептократов в фюреры оказался как-то внезапен и необъясним; либеральные мыслители, повторявшие мантру Бродского «Но ворюга мне милей, чем кровопийца», были шокированы самой стремительностью перехода из первой категории во вторую. Когда Бог посещает мир, он не заботится о комфорте принимающей стороны.

Не думаем, что ссылка на Колаковского гарантирует нам критическую неприкосновенность; скорей напротив, само его имя вызывает яростное неприятие у многих. Мы настаиваем лишь на том, что религиозная трактовка мировой политики легитимна; что в окончании эпохи Просвещения есть уже тот — возможно, единственный — плюс, что экономический и географический детерминизм в трактовке истории перестал быть безальтернативной стратегией, а стало быть, история перестала быть ареной действия исключительно производственных отношений, скучных, как краснокирпичное фабричное здание. На смену этому зданию воздвигся дом с привидениями, бродить по которому страшно, однако интересно.

Владимир Путин пришел к власти не потому, что продемонстрировал так называемой Семье свою лояльность, и не потому, что тогдашняя президентская администрация сочла его эффективным бюрократом. Вклад олигархов в его назначение, ошибки его противников, экономическая конъюнктура играли в его триумфе пренебрежимо малую роль. Владимир Путин стал президентом потому, что его личный миф лег на хорошо удобренную почву. Россия ждала Мефистофеля, сочетающего в себе функции разведчика, мстителя и покровителя искусств. Чтобы понять причины этого ожидания, мы должны вернуться примерно на тысячу лет назад.

На протяжении человеческой истории главных автоописательных мифов было не так много.

Самый древний из них — миф о падшем ангеле, бунтаре против Бога.

Некая сила, отпавшая от Бога в силу гордыни и низверженная за это с небес, вечно пытается вернуть себе прежнее положение. Для этого она пытается выслужиться, выполняя троякую функцию: карательную (разбираясь с теми, кем Господь брезгует), покровительственную (защищая профессионалов своего дела, художников или ученых) и разведывательную, докладывая на небеса о динамике земной жизни. В какой-то момент требования Сатаны, он же Люцифер, вернуть его на небеса становятся императивными: или ты возвращаешь меня в свой сонм (восьмерку, двадцатку, как бы это ни называлось), или я уничтожаю мир, который ты отдал мне в управление. Разрешение этого мифа происходит на наших глазах, но есть в нем ключевой момент: на Землю для исправления ситуации посылается Сын Божий, как бы усовершенствованный и благой вариант Денницы, своего рода Денница 2.0. Он освобождает Сатану и примиряет его с Господом, а о деталях этого процесса мы знаем очень мало. Нам известно лишь то, что первый восставший против верховного божества титан по имени Прометей был освобожден от наказания сыном Зевса Гераклом, после чего, как неясно указывает миф, примирился с богами. В христианстве намеки на такое развитие особенно темны, но на наших глазах украинский конфликт прольет наконец свет на Божий замысел относительно человеческой истории.

Наиболее известна фаустианская часть мифа, поскольку лишь она касается человечества непосредственно. Именно на эксплуатации этого мифа Владимир Путин стал президентом — он всегда позиционировал себя как разведчика, а миф о разведчике был в России наиболее популярен во второй половине XX века. Разберем эту историю подробнее, ибо генезис и стабильность путинской славы представляют особенный интерес: к разрешению этой загадки никто из политологов даже не приблизился, потому что ищут они не там. Просвещение оправдало Фауста, а значит, отчасти легализовало и Мефистофеля. Человечество не заслуживает того, чтобы им занимался Бог, и он отдал его на откуп наименее противному из духов ада, а именно Люциферу, носителю света, покровителю наук. Не станем идеализировать Люцифера и его античного двойника Прометея, тоже носителя света: очевидно, что он несет людям свет (или огонь) не для того, чтобы снабдить их горячей пищей. Он собирается сделать их своей армией и возглавить их поход против богов или единого Бога. Не случайно Прометей — любимый герой атеистов вроде Маркса, посвятившего ему юношескую драму в стихах. Самым популярным героем советской литературы — или написанной в советское время, но не входящей в советский канон — становится именно Воланд, полезное и приемлемое зло, ибо добра мир не заслуживает и не выдерживает (ведь все не так однозначно!). Воланд — образ власти, действующей применительно к изначальной человеческой порочности, к рабской человеческой природе. **Идея полезного, а потому приемлемого зла вообще была главной русской идеей XX века.** Фаустианская конструкция «Мастер под покровительством Сатаны» была ведущей не только в романе Томаса Манна, подводящем итоги немецкой истории, но и основной в главных советских текстах: «Каменный цветок» Бажова, упомянутый роман Булгакова, а в шестидесятые годы — в романе Стругацких «Трудно быть богом» и цикле исторических хроник Юлиана Семенова о Штирлице.

Штирлиц в его романах ведет подробные диалоги со священником и ученым — соответственно с Пастором и Плейшнером; этот урок почерпнут не только у Воланда, беседующего с Мастером и апостолом, но и у Руматы Эсторского, спасающего Будаха и отца Кабани. Воланд, Румата и Штирлиц — все трое с чертами Остапа Бендера, как доказала Майя Каганская в книге «Мастер Гамбс и Маргарита», — стали основой будущего имиджа Путина, который опирался именно на Штирлица, так же работал в Германии, активно общался со священниками и покровительствовал искусствам.

Люцифер — главный разведчик и покровитель разведчиков, падший ангел — воспринимался человечеством как раз в качестве носителя прогресса и отца ремесел, и Прометей тоже как будто наделил людей техникой. Беда в том, что это техника самоуничтожения, а не развития, и под маской прогресса Люцифер несет то самое, о чем предупреждал Достоевский: полное закрепощение под маской полного освобождения. Весь технический прогресс Люцифера нужен исключительно для того, чтобы ограничивать свободу; к творческому духу он отношения не имеет, а имеет — к комфорту.

Вообще попытки «отмазать» Люцифера предпринимались в истории неоднократно: краткий итог им подвел Томас Венцлова в фундаментальной статье (увы, мало замеченной) «К демонологии русского символизма». Можно было назвать ее шире — к демонологии XX века.

«Учение о двух разных аспектах, двух разных личинах демонизма наиболее основательно развил Вячеслав Иванов. Иванов ставит в них вопросы, относящиеся к судьбам российской и мировой общественности, а также пытается углубить теологическую концепцию злого духа (догматически, как известно, разработанную лишь в общих чертах). Согласно Иванову, должны быть выделены по крайней мере два «богоборствующих в мире начала»: это Люцифер и Ариман, «дух возмущения и дух растления». По учению Церкви, оба они могут расцениваться лишь как два лица единого дьявола.

Люцифер причастен к самоопределению человека, к самоутверждению — в том числе и творческому самоутверждению — личности. Его энергия есть подоснова исторически данной (не преображенной в соборное делание) культуры. В этом смысле люциферизм не губителен. Но если человек и культура застывают в устойчивых формах, если исчезает тяга к постоянному переходу на высшую ступень, Люцифер оборачивается Ариманом — духом косности, отчаяния и злобы. Ариман есть зло во всей его мелкости, во всем его ничтожестве; Люцифер — князь мира сего, Ариман — его палач.

Нетрудно заметить, что Иванов здесь описывает и подвергает критике важные тенденции современной ему цивилизации. Люциферизм соотносится с индивидуализмом и демократией традиционного образца. Царством Аримана оказывается националистическая, милитаристская, безлично-организованная Германия («Легион и соборность»), — но в не меньшей степени и Россия в ее исторической данности.

«Мы все, увы, хорошо знаем эту Ариманову Русь, — Русь тления, противоположную Руси воскресения, — Русь „мертвых душ“, не терпимого только, но и боготворимого самовластия, надругательства над святынею человеческого лика и человеческой совести, подчинения и небесных святынь державству сего мира; Русь самоуправства, насильничества и угнетательства; Русь зверства, распутства, пьянства, гнилой пошлости, нравственного отупения и одичания. Мы знаем на Руси Аримана нагайки и виселицы, палачества и предательства; ведом нам и Ариман нашего исконного народного нигилизма и неистовства, слепо и злорадно разрушительного.

Не будет преувеличением сказать, что Иванов в своих статьях 1916 года угадал черты тоталитаризма — хотя бы в той мере, в какой они вызревали в недрах российского и германского общества: Ариманово царство в его описании есть царство косного «сверхпорядка», оборачивающегося распадом человеческих связей, хаосом, торжеством энтропии.

В противопоставлении Люцифера Ариману существен и другой момент, хотя он и не выражен Ивановым столь же отчетливо. Люцифер, содействуя человеку в строительстве культуры, причастен к знаковости, к созданию форм и систем; Ариман есть обнаженная антикультура, деструкция знаковости, бесцельное разрушение живой системы и формы, тот, кто все пятнает и портит (в этом смысле он сходен с «неназываемым» Юлии Кристевой).

Люцифер (Денница) хорошо известен в христианской традиции; Ариман — прежде всего зороастрийская мифологема (Ака Мана, Ангро-Майнью), проникшая в манихейство, в демонологию иудаизма и др. Однако ивановское представление о двух лицах мирового зла, по-видимому, находит свой непосредственный прототип в демонологии Байрона (на что Иванов намекает и сам). Люцифер — дух гордыни и познания — выступает в байроновском «Каине»; Ариман — верховное божество зла, чудовищное, но по сути бессильное, — описан в «Манфреде».

6.

Подозреваю, что это противопоставление, которое многим задурило головы, по сути своей ничуть не лучше противопоставления Ленина и Сталина: Ленин был, конечно, умней, и целью его было разрушение империи, но до всякого Сталина отстроилась у него та же самая империя. Оба сводили мир к плоским материальным стимулам. Оба отличались глубоким неверием в человека и презрением к нему. Ленин и Сталин были одинаково бесчеловечны, хотя бесчеловечность Ленина азартней и по-человечески ярче; оба не лишены демонического обаяния, хотя обаяние это разное. Ленину не случилось дожить до старости — не то, думается, старость его могла быть ничем не лучше сталинской, омраченной манией величия, резонерством и паранойей.

Дьявол многих заморочил своим люциферическим, творческим, прогрессистским ликом. Однако носитель света — или носитель огня, в древнегреческом варианте — приходит к человеку не для того, чтобы сделать его жизнь комфортнее, а для того, чтобы набрать себе войско против Бога. Сущность всякого Люцифера, каким бы гордым богоборцем и в широком смысле прогрессором он ни являлся (слово «прогрессор» нам еще многократно понадобится) — ариманическая, то есть консервирующая; каждый прогрессор — представитель спецслужбы, тайной полиции, навязывающий массе свое представление о норме. Всякий Люцифер — разведчик и покровитель искусств.

Решительное развитие образ Воланда получил в шестидесятые годы. В это время появляются два ключевых текста, которые и подготовили путинский миф, определив его победу в девяностые. Первый — роман Аркадия и Бориса Стругацких «Трудно быть богом», где в средневековом Арканаре на отдаленной планете действует разведчик с земли, Антон, он же дон Румата Эсторский, прогрессор, аристократ, атлет, человек остроумный и высокомерный, глубоко презирающий местные власти и оказывающий покровительство немногочисленным профессионалам, в которых заинтересована Земля: это ученые отец Кабани и Будах, а также отдельные мыслители и поэты. В свободное время Румата ведет богословские диспуты с отцом Кабани и Будахом, а также разбойником Аратой Горбатым, арканарским Пригожиным, требующим дать ему земное сверхоружие. Второй роман, определивший последние двадцать лет советской власти благодаря культовой экранизации, — «Семнадцать мгновений весны» Юлиана Семенова.

Семенов и сам был негласным и нештатным сотрудником тайной полиции, поддерживал контакты непосредственно с шефом КГБ Юрием Андроповым и нередко выполнял его личные задания. Это дало ему возможность неограниченно пользоваться для своей работы засекреченными архивами, регулярно бывать за границей, интервьюировать бывших эсэсовцев, в частности, Скорцени, но и решать проблемы собратьев по перу, заступаться за них, а иногда и помогать им защищаться от власти. Эту роль двойного агента Семенов выбрал потому, что осознал: главной — а может быть, единственной силой — в России является тайная полиция, государственная служба, собирающая всю информацию и прицельно борющаяся с любыми попытками изменить положение в стране. Спецслужбы во всем мире — адепты и агенты прошлого. Вспомним, как скептически оценивает Воланд любые попытки изменить человечество, как иронически говорит Румата Эсторский о любых попытках революции в Арканаре, как мало верит Штирлиц в любые внутренние перемены в Германии (а после возвращения убеждается в том, что и русская революция переродилась). Удел двойного агента — защищать статус-кво: ведь пока ничего в стране не меняется, сохраняется и его идеальный статус. Воланд всемогущ только в том мире, где человек остается рабом: заурядным, как большинство, или привилегированным, как Фауст. Никакие перемены в этом мире невозможны — Румата Эсторский говорит об этом прямо. Оцените параллели в диалогах Руматы с Будахом, где он говорит о собственной неспособности помочь людям, и Штирлица с пастором. Исключительные возможности Воланда, Руматы и Штирлица — а также их сверхчеловеческий статус — возможны только в Арканаре, где царствуют серые или черные, в Берлине, где черные вот-вот уступят красным, или в Москве, где всем управляют пошляки и доносчики.

В числе важных параллелей — разговоры Руматы с его главным антагонистом доном Рэбой (первоначально его звали Рэбия, что прямо подчеркивало аналогии с Берией) и пикировки Штирлица с его главным антагонистом Мюллером. И Рэба, и Мюллер догадываются, что Штирлиц является агентом иной, могущественной цивилизации. Оба им втайне восхищаются и мечтают перетянуть его на свою сторону. Штирлиц и Румата отличаются от них тем, что не имеют корыстных мотивов и служат некоему идеалу, о котором, впрочем, за время работы в разведке давно забыли. Они бесконечно далеко от Родины, а на Родине в это время все пошло не так. (Это особо подчеркнуто в экранизации романа Стругацких работы Алексея Германа, возможно, величайшего позднесоветского режиссера). В постсоветской России в функции Рэбы и Мюллера выступали олигархи, пытавшиеся перетянуть Путина на свою сторону, но в итоге отправленные им в тюрьмы, за границу или на тот свет, подобно Борису Березовскому. В отличие от Штирлица, они корыстны и пытаются установить в России свои порядки. Штирлиц, Воланд, Румата приходят в страшный мир Берлина, Арканара и Москвы как возмездие. И Москва всякий раз понимает, что ей очень даже есть за что расплачиваться: сначала за художества революции и новой экономической политики, потом — за гримасы перестройки и дикого капитализма. Путин тоже явился как возмездие, которого все ждали. Инстанция, которая его прислала, не так уж важна — он приходит как возмездие самой истории, а история России такова, что мстить всегда есть за что. В этом сходство Путина, а также и Воланда, с другой демонической фигурой — Ревизором, которого Гоголь сделал персонажем символическим. Сам по себе он абсолютное ничтожество, но его величие предопределено масштабом всеобщей вины. Вся Россия живет в ожидании Ревизора, ибо не соблюдает ни одного закона. И тогда приходят Воланд, Штирлиц или Хлестаков — персонажи, надутые нашим коллективным страхом, зловонным воздухом многолетней несвободы.

Как и Штирлиц, Путин работал в Германии — но не в правительственных кругах, как Штирлиц, а на скромной должности директора Дома дружбы в Дрездене. Однако он владеет немецким, что тоже отражено в анекдотах (ср.: «Во время разговора с президентом Путиным канцлер ФРГ то поднимал руки, то предъявлял документы» — имеется в виду, что Путин знает немецкий в пределах стандартного партизанского набора «Хенде хох» и «Аусвайс»). Штирлиц страстно любит Родину, но предпочитает делать это издали. Путин тоже является посланником некоей идеальной России, сигналы от которой получает непосредственно в Кремле. Пока же он покровительствует профессионалам (чьи таланты могут пригодиться прежде всего в военной сфере) и ведет долгие богословские беседы со священниками, среди которых выделяется выпускник сценарного факультета ВГИКа Тихон Шевкунов — фигура весьма популярная в московских властных и церковных кругах.

Почему Мефистофель любит побеседовать со священнослужителями: Пилат — с Каифой, Воланд — с апостолом Матфеем, Румата — с Будахом и отцом Кабани, Штирлиц — с пастором Шлагом, который симпатизирует коммунистам, но не разделяет их атеизма? Это глубокий и важный инвариантный мотив всех трех романов: наиболее откровенен, конечно, Воланд, которого в романе прямо называют «старым софистом». Зло нуждается в философском обосновании, в коллективном признании его уместности: если угодно, в моральной санкции Бога. И Бог эту санкцию дает — в Гётевском «Прологе на небе», в разговоре Воланда с Матфеем, в разговоре Руматы с центром: с ними иначе нельзя. Ты часть силы, вечно желающей зла, но творящей добро поневоле. Штирлиц нимало не обольщается насчет советской власти, он сам участвовал в ее установлении и все про нее понимает. Но с фашизмом не сладит ничто, кроме советской власти. Румата Эсторский понимает все недостатки «базовой теории», под которой понимается марксизм, и не верит в прогресс, хотя официально называется прогрессором. Но все тексты Стругацких, посвященные прогрессорству, и прежде всего первый роман на эту тему «Попытка к бегству» доказывают, что ход истории изменить нельзя: эти отчаянные романтические попытки только вредят. Действовать можно лишь постепенно, медленно, осторожно, прежде всего спасая гениев и просветителей. Так Штирлиц спасает великих физиков и профессора Плейшнера, так Берия создал закрытый институт для гениев советской физики, где они пользовались относительной свободой, обслуживая советский ядерный проект. Увы, в закрытом обществе для гениев возможен лишь вариант так называемой «шарашки» — закрытого института, привилегированного театра, небольших анклавов свободы внутри огромного концлагеря. Попытки расширить эти анклавы кончаются лишь крушением всей теплицы. В закрытой системе возможны два варианта социума: либо десять процентов заняты творческим трудом, а девяносто копаются в навозе, либо в навозе копаются все сто, других структур эта система не предполагает.

Эта система благополучно работала в Германии, где герой Томаса Манна, композитор Адриан Леверкюн, поддался дьявольскому соблазну. Работала она и в путинской России, где миллионы единогласно присягали дьяволу, потому что он гарантировал им сохранение прежней, душной и уютной структуры социума, давал гарантии комфортного рабства и надежно охранял от перемен.

Относительно Запада риторика Путина дословно повторяет риторику Мефистофеля (или Демона) относительно рая. Демон, Мефистофель, Каин всегда упрекают Господа в высокомерии, в непонимании человеческой природы, в тоталитарном мышлении. Мефистофель очень желал бы пребывать в раю, но на правах лидера или по крайней мере его любимого наместника; оттуда его низвергли за гордыню. Путин очень желал бы пребывать в числе лидеров Запада, а может быть, и стать его единоличным лидером — отсюда его униженные и при этом снисходительные интонации: он страстно хотел бы обитать в этом консьюмеристском раю, но его оттуда низвергли, не проявили достаточного уважения, попросту выкинули из всех международных союзов. Теперь он извивается, скрежещет, проклинает — но все это проклятия отвергнутой любви. Нынешнее состояние Владимира Путина точнее всего описывает поэма Лермонтова «Демон»:

> Давно отверженный блуждал
> В пустыне мира без приюта:
> Вослед за веком век бежал,
> Как за минутою минута,
> Однообразной чередой.
> Ничтожной властвуя землей,
> Он сеял зло без наслажденья,
> Нигде искусству своему
> Он не встречал сопротивленья —
> И зло наскучило ему.

Комментарий Юлия Дубова: Я считаю, что представлять Путина Люцифером — ошибочно. Я понимаю твой ответ — что мир должен наконец-то осознать, с какой экзистенциальной угрозой в его лице он сталкивается. Но у меня — благодаря тому, что я читаю в англоязычной прессе, - есть стойкое ощущение, что мир это уже прекрасно понимает, так что в этом смысле ты пытаешься взломать открытые ворота. Это во-первых. Во-вторых. Он не Люцифер. Он Горлум, завладевший Кольцом и осознавший его мощь, вовсе не Саурон, до Саурона он не дотягивает ни по каким меркам. У меня ведь и кое-какой личный опыт есть по этой части, так что я знаю, о чем говорю. В-третьих. Ведь «Два капитана» — это не просто раздел из книги, это прицельный выстрел по хозяину Кремля. Этот выстрел мог бы быть максимально разрушительным, если бы сказано было, что стреляешь ты по дорвавшемуся до власти пигмею, заряд при этом вполне может быть рассчитан на Люцифера, но точное обозначение мишени, как мне кажется, было бы весьма полезно. Ты же знаешь, что опускание врага, демонстрация его без штанов, с отвисшим брюхом и слюной, вытекающей изо рта — это самый действенный, самый убийственный полемический прием, тем более, что это намного ближе к действительности, нежели изображение его в виде Поверженного Ангела. Да еще и сравнение с Воландом — самым притягательным персонажем у Булгакова. Да, надо понимать силу врага, надо понимать угрозу, которую он несет, но возвышать его...

Ответ автора. Спасибо, Юлий Анатольевич, я бы очень хотел так думать. Но я читал «Меньшее зло» и в известном смысле держал его в уме, когда все это писал. Оно не меньшее.

6.

Демоническая природа зла в этом случае маскируется, поскольку Булгаков писал свой роман для единственного читателя с единственным месседжем: мы даем тебе полную моральную санкцию поступать с этими мелкими людишками как тебе угодно, ничего другого они не заслуживают. Но береги художника, ибо вспомнят его — вспомнят и тебя, сына сапожника. Разумеется, Сталин покровительствовал тем искусствам, которые в меру своего понимания считал полезными, и наукам, которые способствовали обороне. Но это локальное покровительство не должно закрывать от нас главную цель Сатаны: он хочет абсолютной власти либо, в качестве альтернативы, уничтожения мира. Да, иногда он творит добро, желая зла, в полном соответствии с формулой Гёте; но главная цель его — именно причинение максимально возможного зла. Художнику он дает вдохновение — с неизбежным распадом в конце, что и показывает Манн на примере Леверкюна и немецкого искусства в целом; стране он дает процветание, но лишь на пути к конечной гибели и полному разорению. Достаточно вспомнить, в каком виде Румата оставляет Арканар, который он намеревался спасти, как Воланд прощается с Москвой и как выглядит Берлин, из которого исчезает Штирлиц. Россия после Путина будет выглядеть примерно так же, хотя на протяжении нулевых годов выглядела при нем необычайно богато и сыто, и даже либералы соглашались с тем, что так хорошо россияне не жили никогда. И в самом деле, так дорого их еще не покупали. Продажа души вообще дело прибыльное, особенно на стадии получения денег.

Воландовская функция покровителя искусств явлена нам не только в истории Мастера (Мастер — вообще одно из ключевых слов тридцатых годов), но прежде всего в истории бериевских шарашек. Тридцатые-сороковые — не зря такое мефистофельское время, время написания «Мастера и Маргариты», время покровительства Штирлица пастору и Плейшнеру, время работы Оппенгеймера на оборону (вот допишу эту главу и пойду смотреть фильм Нолана: все сошлось!). Контракт на работу находится в это время в руках государства, конкретно — у спецслужб; другой возможности для творческой реализации элементарно нет. Берия, покровитель шарашек, был Мефистофелем для Ландау, Сахарова и Тамма — Мефистофелем, не лишенным циничного юмора; формально они служили прогрессу (и искренне полагали, что сделают войну невозможной, самоуничтожительной для человечества); на деле они давали в руки России средство универсального шантажа. Все происходящее сейчас выковано в тех шарашках. Скажу больше: массовая поддержка Путина и его Z-войны работниками наук и искусств — следствие того же фаустианского искушения. Художники и мастера искренне уверены, что Люцифер даст им источник вдохновения и универсальную защиту. Шиш-то он им даст, а в конце непременно кинет, но самый момент падения традиционно сопряжен с экстазами, да какими! Не зря главные участники этой войны с обеих сторон — писатели, главным образом фантасты. В своей статье 2014 года «Война писателей» я подробно проанализировал роль фантастов с российской стороны (напомню, что и инициатор Донбасской войны Игорь Стрелков опубликовал два романа в жанре фэнтези, очень плохих). Владимир Зеленский сначала сыграл президента в фильме «Слуга народа», затем фильм продолжился в реальности, и наконец в эту же реальность властно вторглась давняя религиозная фабула: миф о том, как для исправления ситуации на Землю пришлось отправиться сыну Божьему. Несомненно, у Прометея уже есть черты Христа — сцена приковывания имеет все признаки распятия — но земная миссия Христа принципиально отличается от миссии Денницы. Приводим их диалог в трактовке Матфея:

1 Тогда Иисус был возведен Духом в пустыню для искушения от дьявола.

2 И проведя в посте сорок дней и сорок ночей, наконец ощутил голод,

3 И подойдя, искуситель сказал Ему: если Ты Сын Божий, скажи, чтобы камни эти сделались хлебами.

4 Он же ответил: написано: «Не хлебом одним жив будет человек, но всяким словом, исходящим из уст Божиих».

5 Тогда берет Его диавол в святой город и ставит Его на крыло храма,

6 и говорит Ему: если Ты Сын Божий, бросься вниз; написано, ведь: «Ангелам Своим заповедует Он о Тебе», и: «На руках понесут Тебя, чтобы Ты не преткнулся о камень ногою Твоею».

7 Сказал ему Иисус: написано также: «Не искушай Господа Бога твоего».

8 Снова берет Его диавол на гору весьма высокую и показывает Ему все царства мира и славу их,

9 и говорит Ему: все это дам Тебе, если, павши, поклонишься мне.

10 Тогда говорит ему Иисус: прочь, сатана; написано: «Господу Богу твоему поклоняйся и Ему одному служи».

11 Тогда оставляет Его диавол, — и вот ангелы приступили и служили Ему.

В каноническом церковнославянском переводе (1581) сказано не «Отойди от меня, Сатана», но — «Иди за мной, Сатана», что подчеркивает роль бродячего учителя, сына Божьего. Он приходит для того, пробы вернуть Люцифера под руку Господа. Мы еще не видели, как он это делает (а о том, как это сделал Геракл, миф умалчивает). Но сделать это должен именно он, потому что больше некому. Эти же слова он повторяет Петру (Матф. 16:23), когда тот пытается отговорить его от прихода в Иерусалим: «Ты мне соблазн».

(В некоторых толкованиях «иди за мной» объясняют как «следуй позади меня, не засти». Мне это представляется классическим случаем overinterpretation: иди за мной, потому что ты в моей власти.)

В чем ключевые отличия Денницы (Люцифера) от Христа? В трех вопросах-искушениях они зафиксированы с предельной ясностью: Люцифера интересует власть во всех ее проявлениях. Прогресс он понимает как возможность бесконечного получения новых материальных благ (Прометей у Эсхила гордится именно тем, что дал людям науки и материальную цивилизацию). Веру он трактует как рабское поклонение. Христос во всех трех случаях отвечает решительным «нет». Его вера стоит на иных основаниях. Здесь история следует мифу даже с избыточной наглядностью: ни для кого не секрет, что сегодняшний лидер России верит лишь в материальные приобретения и материальные атрибуты власти — количественные. Он искренне верит в то, что победа достигается силой оружия, численностью армии, величие страны определяется ее территорией и т.д. Высказывание Наполеона о том, что Бог на стороне больших батальонов, подтверждает как раз люциферическую природу Наполеона: Бог на стороне качественных батальонов, а величина тут дело последнее.

В иные эпохи люциферическое может рассчитывать на известную популярность, а богоборческое выглядит даже и гуманизмом: байроновские бунтари против Бога — прежде всего Каин — выглядят библейскими революционерами, а их восстание — порывом к свободе, к упразднению иерархий. Увы, цель их восстания — не переучреждение мира, а лишь перехват собственности или власти. Ни одна люциферианская революция еще не привела к изменению мира. Революции духа — иное дело, но их примеры в истории крайне немногочисленны. Истинным завершением Майдана стал приход к власти Зеленского, событие, рискну сказать, более революционное, чем изгнание Януковича.

Архетипический сюжет, на который написаны все мировые бестселлеры — плутовской роман, жанр, в котором снят и «Слуга народа». Плутом называется не примитивный обманщик, а бродячий волшебник, учитель, фокусник: одним словом, трикстер. Величайшим плутовским романом в истории является «Одиссея», еще более значимой книгой — Евангелие, вариациями на тот же сюжет являются «Гамлет», «Дон Кихот», приключения Шерлока Холмса, Остапа Бендера и Гарри Поттера.

Этому сюжету (как и «Слуге народа») присущи семь неизменных особенностей, широко освещенных в литературоведении. Во-первых, такой герой всегда умирает и воскресает — поскольку появляется в темные времена и призван стать напоминанием о прекрасном прошлом и обещанием светлого будущего. Так Евангелие появляется между античностью и Возрождением в темные времена упадка Рима, Гамлет и Дон Кихот — одновременно между Возрождением и Просвещением, Остап Бендер — между Серебряным веком и шестидесятыми годами, Гарри Поттер — между двумя мировыми войнами и поражением фашизма в них.

Во-вторых, рядом с таким героем не может быть женщины — она всегда ждет его где-то вдалеке, как Сольвейг ждет Пер Гюнта, Неле — Тиля Уленшпигеля, а Гюльджан — Ходжу Насреддина. Разделить с ним странствие она не может, поскольку ее дело — хранить очаг, а его дело — разрушать и перестраивать мир.

В-третьих, рядом с таким героем всегда глуповатый друг: Ламме Гудзак, Санчо Панса, Рон Уизли, доктор Ватсон или апостолы. Это пространство для читательской идентификации, мы смотрим на такого героя именно глазами наивного и преданного простака, не понимая логики его действий.

В-четвертых, у такого героя всегда проблемы с родственниками, в своей семье он чужак. Отец Христа — Бог, отец Гамлета — призрак, отец Бендера — таинственный турецко-подданный (евреи за взятки получали турецкое подданство, чтобы сбежать из черты оседлости), Шерлока Холмса никто в семье не хочет знать, кроме брата, а Гарри Поттер — сирота. Оно и понятно: генезис трикстера — всегда тайна, он как бы пришел ниоткуда.

В-пятых, врагом такого героя всегда является оборотень, двойной агент: Иуда, притворяющийся апостолом, рыбник, притворяющийся другом Клааса, Мориарти, притворяющийся математиком или пожиратель смерти Снейп, притворяющийся другом Дамблдора (и на деле являющийся им). С годами такой персонаж становится все более положительным героем — человечество как бы оправдывается за предательство бродячего волшебника, который никому не делал зла.

В-шестых, такое произведение всегда написано в жанре высокой пародии. Оно не высмеивает оригинал, но лишь перемещает его в другой смысловой ряд. Евангелие во многом буквально пародирует Ветхий Завет, переосмысляя слова пророков. Дон Кихот — пародия на рыцарские романы, Гамлет — весьма тонкое издевательство над хрониками Саксона Грамматика, Остап Бендер — тотальная пародия на литературу эпохи неоромантизма, Гарри Поттер — на истории о преуспевающих сиротках от Диккенса и сестер Бронте.

И наконец, по мотивам такого текста всегда возникает ролевая игра: на Бейкер-стрит появляется дом 221B, ролевая игра по мотивам «Гамлета» идет на всех мировых сценах, в Гарри Поттера играют все дети мира, по маршрутам Дон Кихота водят экскурсии, а ролевая игра по мотивам Евангелия продолжается во всех церквах мира, особенно красиво — в день его Рождества и Воскресения. (А «Слуга народа» увенчивается созданием партии «Слуга народа»; говорю же — наглядность стала главной чертой нашего времени).

Все семь структурных признаков, семь сюжетных узлов христологического мифа присутствуют в биографии и политической деятельности Зеленского. Жена не участвует в его деятельности, а ждет где-то вдали, как Неле или Сольвейг, иногда представляет свою книжную программу во Франкфурте или позирует вместе с ним в гостях у западных лидеров. У него есть друг-оруженосец типа Санчо Пансы (пока на эту роль лучше всего годится глава администрации Ермак), есть предполагаемый двойной агент (тут кандидатов много), в его деятельности силен элемент пародии, как и в Евангелии отчетлив момент пародии на Ветхий Завет или по крайней мере его иронического переосмысления; наконец, деятельность Зеленского — продолжение ролевой игры, сериала — как действие «Гамлета» становится продолжением пьесы «Мышеловка». Последним таким узлом обещает стать смерть и воскресение — в случае Зеленского, возможно, отставка в 2024 году и возвращение 5 лет спустя — и прямой контакт с главным демоническим оппонентом, но результаты этого контакта пока непредсказуемы. Зеленский любит говорить притчами, его главное оружие — ирония, а чудеса он творит регулярно — таким чудом уже назвали и отступление России от Киева в апреле, и освобождение Херсона в октябре. Попытки объяснить это чудо исключительно поставками оружия от североатлантического блока так же наивны, как попытки объяснить катастрофу немецкой армии российским морозом и расстояниями.

О том, как разрешается диалог Христа и Сатаны, мы сможем судить весьма скоро. Пока на все предложения о таком диалоге Зеленский отвечает одинаково: Путин для меня не существует, я не знаю, жив ли Путин, я не вижу смысла разговаривать с Россией, пока ее возглавляет Путин. Еще в августе 2021 года на мой прямой вопрос, способен ли он как актер сыграть Путина (уже после того, как сыграл Наполеона), Зеленский ответил: «Я давно не берусь за эпизодические роли». Все это очень напоминает ответ «Отойди от меня, Сатана». Но наше дело — прислушиваться к тем ответам, которые дает миф. А в мифе сын Зевса Геракл примиряет Прометея с богами. Таков сюжет «Прометея освобожденного», хотя пьеса не сохранилась. Мы знаем ее в цитатах и пересказах. «Иди за мной, Сатана» заставляет предположить совсем иной исход. Это может быть ошибкой перевода, а может — одним из откровений. В новой версии Евангелия, саге о Гарри Поттере, Волдеморт гибнет, но у него остается дочь, судьбу которой мы узнаем не раньше 2025 года, когда Джоан Роулинг обещала продолжение саги о взрослом Гарри Поттере. Но к этому времени украинская война может дать нам все ответы в реальности.

Признаться, я мало верю в то, что Зеленский приведет Путина к примирению с Западом и покаянию. Скорее он, подобно Гераклу, освободит Россию, хотя и здесь без усилий самой России никакого освобождения не произойдет. Будет ли прощен Люцифер или в последнем акте своей драмы окончательно сломает себе зубы? Понадобится ли Христу еще один раз пожертвовать собой, чтобы спасти мир и дать начало новой религии? Кто окажется Иудой на этот раз? (Пока на эту роль активно продвигают Арестовича). Вот какие вопросы стоят сегодня на карте, и при всем трагизме происходящего нам выпало по крайней мере быть не только зрителями, но и участниками самого масштабного события мировой истории — не исключено, что последнего.

Если же вспоминать «Прометея освобожденного», как не увидеть аналогии с массовой российской эмиграцией? Может быть, Россию решили наконец отковать от ее огромной территории, от которой она слишком зависит? Нация перешла бы в высшее состояние — состояние рассеяния; роль евреев в мировой истории с него и началась, и насколько благороднее идентификация по религии и культуре, нежели по крови и почве! Создать, что ли, партию «Рассеянная Россия»?

Если же все сказанное здесь покажется вам неуклюжей попыткой привлечь мифологию к интерпретации локальной войны, вспомните, что для историков вроде Иосифа Флавия Христос и христианство были всего лишь эпизодами «Иудейской войны». А сегодня сам Иосиф Флавий — эпизодический свидетель Евангельской истории, которого мы помним главным образом потому, что он стал еще одним подтверждением исторической подлинности Евангелия. Те же, кто отказывается рассматривать актера из Восточной Европы в качестве спасителя мира, напоминают тех, кто спрашивал: может ли быть что хорошее из Назарета?

Так, согласно Иоанну, Нафанаил сказал Филиппу. Филипп ответил кратко: пойди и посмотри.

7.

Само собой, Мефистофель вечно одинок, потому что с людьми ему скучно, а к ангелам его не пускают, да и Бог вызывает его главным образом для того, чтобы дать новое задание, а это бывает примерно раз в столетие, а то и реже. Это одиночество разведчика все время подчеркивается в главных текстах о нем, мы их сейчас коснемся, но не забудем и признание Владимира Путина: не с кем поговорить, кроме Махатмы Ганди. В самом деле, с этими людишками ему скучно, поскольку взгляд представителя спецслужб на человечество всегда высокомерен: он общается с людьми либо во время вербовки, то есть цинично покупая их, либо во время пытки, то есть ломая их. Ему неоткуда взять милосердия, поскольку для общения подданные не годятся — он для этого слишком всемогущ. Даже истреблять их скучно, поскольку поведение жертвы всегда однообразно. Единственным развлечением Мефистофеля остается общение с Фаустом, который, однако, тоже мельчает с годами.

Мы могли бы остановиться и на других персонажах фаустианского мифа — например, женщина Фауста. Понятно, что профессионал всегда окружен женщинами, поскольку, в отличие от трикстера, не разрушает, а упрочняет и как бы гарантирует определенный уровень жизни, а это для женщины в тревожные времена немаловажно. В отличие от трикстера, Фауст почти всегда окружен женской любовью, которая для женщины одновременно спасительна и губительна. Спасительна — потому что освобождает ее, выводит из темницы, как в повести Тургенева «Фауст», но эта свобода почти немедленно убивает ее. Так гибнут женщины во всех фаустианских сюжетах русской литературы — Аксинья, Маргарита, Лара, Лолита. От рассмотрения сегодняшней аналогии этого сюжета мы воздержимся.

Служение дьяволу — одно из сильных, хотя и краткосрочных наслаждений. У дьявола нет и не бывает никаких целей, кроме как умножать зло: сохраняя мир до последней возможности, оберегая его от роста, он в конечном итоге оказывается перед необходимостью его уничтожить. Смерть — единственное универсальное лекарство от развития. Мир вечно оказывается недостаточно плох для дьявола, что и приводит его к попытке уничтожить всю Вселенную, разрушить все Божьи замыслы. Так Гитлер приводит Германию к самоубийственной войне, так Румата Эсторский уничтожает большую часть Арканара, заканчивая свою миссию грандиозной резней. Так Владимир Путин бросает Россию в конфликт со всем остальным миром, пытаясь поджечь этот мир то с одного, то с другого конца и после ряда африканских и ближневосточных попыток выбирая для противостояния Украину. Война — неизбежное следствие развития таких режимов, ибо других способов остановить историю дьявол не знает. Война — пространство тотальной лжи и чудовищной жестокости, а дьявол ничего другого не желает. Поэтому человечество, подписавшее контракт с ним, обречено на самоуничтожение — и вероятно, у Господа не было другого способа показать все это людям, кроме как дать им попробовать и убедиться в этом на собственной шкуре. Теоретически объяснить вред демонических соблазнов невозможно. Замысел Господа состоял, как видим, не в том, чтобы отдать человечество на откуп аду, но в том, чтобы разоблачить попытку самонадеянно обходиться без рая.

И здесь нам опять понадобится Колаковский — вероятно, самое известное его эссе 1974 года «Может ли дьявол спастись?».

Главная его мысль состоит в том, что, допуская трансформацию зла, мы можем релятивизировать его. И примеров этому мы знаем немало: Колаковский приводит два, с его точки зрения, наиболее показательных — «Феноменология духа» Гегеля и «Феномен человека» Тейяра де Шардена. В конце концов, все Просвещение пыталось сделать из Мефистофеля если не соратника Господа (на каковую роль он всегда претендовал), то по крайней мере его периодически используемого союзника, тайного агента, скрытого единомышленника. Он нужен, чтобы будоражить человека, будить его — такой взгляд на вещи выражен у Гёте, а в СССР в конце сталинской эпохи Мариэтта Шагинян в своей книге о Гёте (1951) прямо дописалась до того, что Мефистофель — агент прогресса. По сравнению с «Прометеем» Маркса в этом нет ничего нового. Булгаков пошел по этому пути еще дальше, представив Воланда исполнителем воли Божией в отдельных случаях: когда надо спасать Мастера или расправляться со всякими Алоизиями Могарычами, лучшего исполнителя, чем Воланд, не найти. И до какого-то момента он в самом деле надежный союзник — ровно до тех пор, пока не заходит речь о расплате; тут он неумолим и из разбитого весельчака-студента мгновенно превращается в дряхлого старика, чуть ли не более древнего, чем сам мир.

Сама идея, что этот хищник может послужить добру, для исторических и культурных спекуляций весьма плодотворна, но в еще большей степени опасна. Если античный миф предполагал примирение Прометея с богами, христианский миф такого допущения не содержит. Именно релятивизация зла, по Колаковскому, служит самым опасным гипнозом нашего времени. В своей книги «Религия» (в польском издании она называлась «Если Бога нет»), Колаковский делает простой и убедительный вывод: сколь бы ни были абсурдны чудеса, таинства и вера, мир без них еще более абсурден. Продолжая эту мысль, мы вправе сказать, что мир, в котором дьявол может быть спасен, еще более абсурден и эстетически неприемлем, чем мир атеистов, в котором нет ни Бога, ни дьявола.

И каков бы ни был промежуточный итог войны (которая вполне может закончиться временной уступкой со стороны Украины, что будет только отсрочкой финала), окончательным ее итогом будет победа мира над российским режимом и освобождение России. Разумеется, Люцифер не оставит своих попыток, но с каждым новым поражением его шансы становятся призрачнее. Если же попытаться искать утешения — хотя сама мысль об утешениях и компенсациях кощунственна, — нам остаются мужественные слова Колаковского: пусть утешит нас хотя бы то, что в этом мировом спектакле, где решаются наши судьбы, мы не зрители, а участники.

8.

Нам остается упомянуть последний парадокс российской истории, над объяснением которого человечество особенно много думает в эпоху русско-украинской войны: чем объясняется абсолютное и неколебимое всевластие тайной полиции на всем протяжении последних семи веков.

Ведь это, если вдуматься, единственная незыблемая вещь в России XVI–XXI веков. Стоит крикнуть «Государево слово и дело!», как тебе обеспечено всеобщее внимание и полная безнаказанность. Только работа в тайной полиции гарантирует неприкосновенность при всех режимах; конечно, и там случается ротация, и у Ежова или Абакумова есть свои риски, но упразднить институт тайной полиции невозможно, как бы он ни назывался: опричнина, тайная канцелярия, Третье отделение, Охранка, ЧК, КГБ, ФСБ. Владимир Путин лишь вывел эту службу на поверхность, но главной силой, переставляющей всех рукой она была изначально. С ней связан еще один вопрос, который неизбежно встает перед любым историком: почему эта спецслужба так упорно пытает своих жертв — как во времена большого террора, так и сегодня, — хотя признательные показания этих жертв ей совершенно не нужны, приговор не зависит от вины, а вписать в показания можно что угодно? Почему надо любой ценой добиться, чтобы жертва оговорила себя?

Долгое изучение российской истории — особенно специальных пособий, таких, как книга историка Евгения Анисимова «Дыба и кнут» — приводит к мысли о том, что главной задачей тайной полиции (а, следовательно, и всей российской власти) является не раскрытие антироссийских заговоров, большей частью вымышленных самой тайной полицией или жертвами под действием пыток, а именно сам процесс изощренной и мучительной пытки. Иными словами, Россией на протяжении пятисот лет управляет садомазохистская сатанинская секта, у которой нет никаких целей, кроме как изобретательно терзать население страны. Все это население с увлечением играет с властью в эту действительно захватывающую игру, поскольку именно садомазохизм является государственной идеей России, и никакие созидательные задачи не могут перебить эту обсессию. Именно поэтому каждый государственный режим в России соскальзывает в репрессии, а сами эти репрессии разворачиваются по любому поводу; именно поэтому главной государственной скрепой России является тюрьма, она же ГУЛАГ. Именно поэтому первое, что делает Россия на любых захваченных территориях — учреждение так называемого «подвала», в котором начинают пытать подозреваемых, не говоря им, в чем, собственно, их подозревают. Это они должны придумать сами.

Так было в Донецке, Луганске, так было в Буче, Мариуполе, Изюме. Русский мир первым делом приносит с собой пытку. Высказываясь однажды о «Дне опричника» Владимира Сорокина, Артемий Троицкий упомянул о садомазохизме русского патриотизма как о чем-то общепризнанном. Генезис этого садо-мазо занимает меня давно и никем, кажется, как следует не описан. Нет слов, в том, чтобы слишком пылко отдаваться родине и желать насилия с ее стороны, в самом деле есть нечто эротическое и притом болезненное, но это, конечно, не только русское явление. Штука, однако, в том, что именно в России у него есть любопытные особенности и слишком устойчивая садическая окраска. Вспоминаю газетный очерк 1979, кажется, года, там «Комсомолка» рассказывала о подвале, в котором старшеклассники играли в гестапо. Подчеркиваю — старшеклассники, а не какие-нибудь пионеры; «гестаповцы», насмотревшись «Семнадцати мгновений» и много еще чего, устраивали сексуальные оргии, имитации повешений, расстрелов, допросов — и все это с участием девушек, которые не только не возражали, но здорово вошли во вкус. Все это было описано хоть и с пылким пафосом отвращения, но весьма откровенно по тем временам: чувствовалось, что и авторы относятся к происходящему с живым интересом. В финале следовал неизбежный гражданственный монолог: вот, к услугам этой молодежи были кинотеатры, библиотеки, кружок мягкой игрушки, но их неумолимо тянуло в подвал. Что же это такое?!

Кажется, все наши разговоры о путях России отчасти напоминают эту беспомощную руладу. Вот же, к нашим услугам созидание, всякие национальные проекты, здравоохранение и образование и строительство настоящей демократии, но всех почему-то неумолимо тянет в подвал родного подсознания, в разделение на истребляющих и истребляемых, в общенациональную оргию, которую неустанно пытаются спровоцировать то одни, то другие. А почему? А потому, что это интереснее.

Ясно же, что садомазохистские игры значительно интереснее кружка мягкой игрушки. А мы сами себе мягкая игрушка, и при первой возможности сбиваемся в этот кружок — предлог может быть любым, вплоть до разведения помидоров. Можно выбросить в России самый невинный ботанический лозунг, и население по отношению к нему немедленно поделится на западников (растлителей) и почвенников (запретителей), после чего польется отнюдь не томатный сок. Нынешняя стабильность чревата все тем же подвалом — эту изумительную особенность русского эроса и русской власти наглядно демонстрируют садомазохистские сайты Интернета.

Это искаженное, но чрезвычайно интересное пространство впервые открылось мне, когда я в 2000 году собирал материалы для «Оправдания». Там описана секта самомучителей, непрерывно подвергающих друг друга изощренному насилию, и для достоверности мне понадобился сайт, посвященный истории пыток в России. Как ни странно, о самих пытках там было не так уж много, зато весь прозаический отдел сайта был битком набит рассказами бесчисленных анонимных авторов, чьи творения по изобретательности далеко превосходили позднего Пазолини. Почти во всех этих рассказах — частью фантастических, частью исторических — представители власти изобретательно насиловали и казнили представителей народа. Власть бывала разная — иногда фашистская, иногда комиссарская, но одинаково неумолимая. Также во всех рассказах и фантазиях, наводняющих сайт, было заметно знакомство с книжной серией «Пионеры-герои», отлично памятной мне по детству. Эти сборники были истинной усладой садомазохиста: там подробно, со смаком излагались истории из цикла «Мужчины мучили детей», причем описание подвигов несчастных пионеров занимало едва треть очерка и было выполнено, прямо скажем, без волнения, с холодным носом. Зато едва дело доходило до пыток и расправ, повешений и расстрелов, допросов и издевательств —

авторы щедро демонстрировали весь наличный талант. Впрочем, ведь и в «Поднятой целине» комсомолец агитирует казаков сдавать зерно путем подробного и смачного рассказа о пытках, которым подвергли зарубежного комсомольца:

> ...Так вот, вели они агитацию за свержение капитализма и за устройство в Румынии Советской власти. Но их поймали лютые жандармы, одного забили до смерти, а другого начали пытать. Выкололи ему глаза, повыдергивали на голове все волосы. А потом разожгли докрасна тонкую железяку и начали ее заправлять под ногти. (...) Жандармы тогда стали резать ему шашками уши, нос отрезали. «Скажешь?» — «Нет, — говорит, — умру от вашей кровавой руки, а не скажу! Да здравствует коммунизм!» Тогда они за руки подвесили его под потолок, внизу развели огонь...
> — Вот, будь ты проклят, какие живодеры есть! Ить это беда! — вознегодовал Аким Младший.

То, что многие популярные сетевые ресурсы, посвященные садомазохизму, делаются именно в России, сам по себе факт весьма показательный. Но куда интереснее, что на любом snuff-форуме или BDSM-сайте иностранного происхождения исключительно высоко ценятся русские фотографии, а российские посетители составляют добрую половину садомазохистского интернационала. Они же поставляют на эти сайты львиную долю публикуемых там историй о допросах и пытках отважной комсомолки в 1943 году или о наказании нерадивой секретарши олигарха полвека спустя.

> Я сижу в офисе, рабочий день близится к концу. В мой кабинет входит секретарша. Рената. Я никогда не назначаю секретарш сам, это делает менеджер по кадрам. Но ему достоверно известен тип девушек, которых мне нравится видеть в должности секретарши. Стройные длинные ноги, овальное лицо, серые глаза и длинные темные волосы, заплетенные в косу. На секунду я представляю, как схвачу Ренату за косу, и она выгнется, глядя на меня своими большими глазами.

Нетрудно догадаться, что и как он сейчас сделает с Ренатой: бизнесмен он, НКВДшник или комиссар, в данном случае совершенно не принципиально. Впрочем, как и в русской жизни двадцатых или сороковых.

Это вам не какая-нибудь давно известная связь эроса и танатоса, описанная фрейдистами, тут танатос приобретает четко выраженные государственные, властные формы. Жертва - всегда женщина, которую либо бьют, либо насилуют, либо подвешивают на ближайшем дереве; палач — почти всегда мужчина, облеченный властью. В этом смысле чрезвычайно интересны рассказы анонимного автора, специализирующегося в библиотеке «Пыток и наказаний» на описаниях школьных репрессий — удавливании нерадивых учениц и т. д. Особенно занятно, что все эти казни проходят со строжайшим соблюдением бюрократической процедуры: казнимому приходится долго дожидаться в приемной, заполнять бесчисленные формуляры, причем тетки в белых халатах беспрерывно ворчат, сетуют на нерасторопность жертв и проклинают свою горькую участь. Этот элемент бюрократии, прокрадывающейся и в самые темные и тайные грезы поклонников BDSM, наглядно иллюстрирует одну из главных особенностей советского сознания: чтобы вынести невыносимое, наши люди научились воспринимать его эротически. Это тот соус, под которым можно съесть что угодно. В результате сидение в бесконечной очереди к врачу или жэковскому чиновнику приобретает аппетитные садомазохистские обертоны. Ведь именно в России частного человека мучают жесточе и изобретательней всего — как правило, без всякой внятной цели: только здесь получение ничтожной справки способно растянуться на месяцы, и все это без малейшей государственной необходимости. Все это проникает в сознание — и причудливо преображается в истории о том, как казнь целой семьи (рассказ «Казнь семьи Чуприниных») сопровождается десятками бессмысленных, но живописных дополнительных мучительств и сопрягается с хамством казнящего персонала. Аналогичным хамством сопровождается «Казнь Оли Вьюрковой» — впрочем, перечислять эти рассказы бессмысленно, их несколько десятков, и различаются они разве что авторскими стилистиками. Рассказ «Межшкольный центр» поражает не столько подробным описанием удушения двоечницы на гарроте, сколько столь же детальным изложением предшествующей процедуры.

Весьма эротичен сам по себе феномен русского запретительства — разумеется, не более осмысленного, чем бюрократия. Меня всегда интересовало: чем в действительности руководствуются депутаты Госдумы и иные радетели о духовности, призывая запретить то или иное шоу или репрессировать подростковый журнал? Разумеется, это и пиар, но пиариться можно по-разному, почему же столь предпочтителен репрессивный? Ответ прост: наибольшей популярностью в России пользуются именно те меры, из которых можно вывести репрессии. Бороться с порнографией — или с бескультурными шоу, или с либеральной идеологией — можно двумя путями: либо запрещать, либо развивать альтернативу. Но предложение развивать альтернативу выглядит так же наивно, как попытка отправить садомазохиста в школьный кружок. Именно поэтому в переломные для Отечества минуты государственная дума так любит рассматривать вопросы о «Симпсонах» или «Доме-2».

Во всем этом, наверное, нет ничего дурного — у всякого свои фантазии, и лучше реализовывать их на бумаге или на сетевом форуме, чем в повседневной бытовой практике. Занятно другое — обилие русской тематики и русских авторов в этом жанре. Проще всего — и глупей всего — было бы сказать, что русский характер особенно склонен к самомучительству, что такова особенность и нашей сексуальности, но это было бы непростительной примитивизацией. В действительности перед нами не причина, а следствие нашей истории. Люди, которых слишком долго и бессмысленно мучили, привыкли обыгрывать эту тематику в эротическом ключе, что придает ей не только переносимость, но даже известную пикантность. Секс — та смазка, с помощью которой традиционное русское государственное садо-мазо (за отсутствием любых других практик вроде полюбовной гармонии) переносится несколько легче. В конце концов рассказы пишутся не столько потенциальными палачами, у которых на такие дела не хватает душевной тонкости, сколько потенциальными жертвами, пытающимися хоть таким соусом приправить свою незавидную участь.

Мне возразят, что BDSM-искусство широко распространено во всем мире, что автор наиболее популярных садомазохистских комиксов Дольчетт (Dolcett) — канадец, а знаменитый изготовитель фотоманипуляций Footie Froog — скандинав (правда, сведения, которые сообщают о себе эти персонажи, вряд ли достоверны). Наконец, в Японии существует огромная и славная традиция садомазохистских мультиков и манга, так что упрекать русских в эксклюзивной любви к самомучительству, вероятно, не стоит. Согласен, мы тут не одиноки, но японцы, по крайней мере, давно сделали свою тягу к самоуничтожению объектом пристального внимания, харакири там — давно отрефлексированная составляющая самурайской культуры, а среди чиновничества и менеджмента господствует настоящий культ самоубийства (увы, совершенно неизвестный их российским коллегам: кто тут повесится после обвинения в коррупции?). Вероятно, пора и россиянам задуматься, откуда в них эта тяга к репрессивному сексу и желание предаться запретительству на любом поле, эти поиски врага, русофоба, соблазнителя и отравителя, эта вечная убежденность, что их насилует весь остальной мир, и страстное желание однажды изнасиловать его так, чтобы мало не показалось. Думается, внятный психоанализ способен справиться и с этим комплексом, ибо некрофилия есть прежде всего показатель слабости. Мертвого не надо уговаривать и ублажать, и вообще с ним легче. Как и со стабилизированным обществом, в котором мы все жили до 24 февраля 2022 года, то есть до момента, когда оно пошло вразнос.

Идеология этой садомазохистской секты, которая крепко вцепилась в Россию и не отдает, довольно проста: наиболее убедительно она изложена в фильме Паскаля Ложье «Мученицы» («Les Martyrs», 2008), авангардном триллере, где в центре сюжета — секта под руководством загадочной и ужасной Мадам. Эта секта пытает молоденьких девушек (самых витальных и выносливых), чтобы под воздействием физической боли им стало доступно некое тайное знание. Когда одна героиня, с которой почти полностью сорвали кожу, открывает Мадам тайну загробной жизни, Мадам немедленно стреляется, унося откровение с собой. Поистине, прав был великий сексолог Лев Щеглов: главная цель всякого маньяка — самоуничтожение.

Примерно такая секта и управляет Россией, отрабатывая из века в век свои мрачные ритуалы и навязывая населению страны свой обскурантизм, садизм и культ запрета. Владимир Путин пребывает у власти в России почти 24 года и подсел на иглу мучительства чрезвычайно прочно: без очередного пароксизма мучительства у него начинается ломка. Чтобы удерживать население в подчинении, придуман кровавый культ Родины-матери, непрерывно требующей жертв: с точки зрения этой матери, живой сын несовершенен, а мертвый идеален, ибо уже отдал все, что у него есть. Никакого развития, кроме экспансии садизма, эта секта государству не сулит, а любая революция довольно скоро приводит лишь к новым закрепощениям с еще более масштабным и кровавым государственным насилием. За один только 2023 год в России было возбуждено около 4000 уголовных дел по обвинениям в фейках об армии, в распространении экстремистских материалов, в работе на ВСУ и пр. В лице России украинскому государству противостоят жрецы сатанинского культа с храмом защитного цвета в парке «Патриот», где в качестве главной реликвии хранится фуражка Гитлера. Эта сатанинская секта давно подчинила себе РПЦ, благословляющую убийство и призывающее русских христиан убивать украинцев. Нет ничего более далекого от христианства, чем эта безбожная садическая религия с ее темными ритуалами.

Древний и мудрый дух, как назвал его Достоевский, и противостоящий ему странствующий учитель доигрывают свою драму. Больше всего это напоминает рассказ Борхеса «Другой поединок», где два ножа доигрывают драму своих хозяев. Две сущности, проникнув в тела наших современников, сошлись в смертельном клинче и вовлекли в свое противостояние весь мир. И весь мир ничего не может сделать, потому что это уж пошли дела нечеловеческие.

II. Колониализм

Здесь надо наконец сказать, почему эта война не является по сути колониальной и почему советская или русская имперскость тут вообще ни при чем.

Алексей Арестович в нашем разговоре 21 августа 2023 года повторил свой излюбленный тезис о том, что Украина сроду не была колонией России, что этот термин вообще для нее унизителен и что еще неизвестно, кто кого колонизировал. На этот счет у нас имеется фундаментальная статья историка, этнографа и лингвиста Николая Сергеевича Трубецкого (1890–1938) «К украинской проблеме», опубликованная в «Евразийском современнике» в 1927 году. Трубецкой был евразийцем, антимарксистом и антифашистом — прекрасное и не столь уж частое сочетание.

Царь Петр поставил себе целью европеизировать русскую культуру. Ясно, что для выполнения этой задачи могла быть пригодна только западнорусская, украинская редакция русской культуры, уже впитавшая в себя некоторые элементы европейской культуры (в польской редакции этой последней) и проявлявшая тенденцию к дальнейшей эволюции в этом же направлении. Наоборот, великоросская редакция русской культуры, благодаря своему подчеркнутому европофобству и тенденции к самодовлению, была не только непригодна для целей Петра, но даже прямо мешала осуществлению этих целей. Поэтому Петр эту великоросскую редакцию русской культуры постарался совсем искоренить и изничтожить, и единственной редакцией русской культуры, служащей отправной точкой для дальнейшего развития, сделал украинскую редакцию.

Это, положим, спорно: отчего же именно украинскую, а не немецкую, не голландскую и т. д.? Влияние Западной Европы даже на уровне языковых заимствований гораздо очевидней украинского. Но Трубецкой показывает, что редактирование богослужебных книг заключалось именно в приведении их к киевскому стандарту, к киевской редакции церковно-славянского. Риторическая традиция Феофана Прокоповича и Стефана Яворского сформировала русскую поэзию и русский литературный язык.

Это примыкание к западнорусским традициям и отвержение московских традиций наблюдается не только в искусствах, но и во всех прочих сторонах духовной культуры послепетровской России. Отношение к религии и направление развития церковной и богословской мысли естественно должны были примкнуть именно к западнорусской традиции, раз западнорусская редакция русского богослужения еще при Никоне была признана единственно правильной, раз Могилянская Академия стала общерусским рассадником высшего духовного просвещения, и раз большинство русских иерархов долгое время были именно питомцами этой Академии. Западнорусской являлась и традиция послепетровской русской школы, методов духа и состава преподавания. (...) Западнорусская редакция русской культуры сложилась в эпоху, когда Украина была провинцией Польши, Польша же была в культурном отношении провинцией (при том глухой провинцией) романо-германской Европы; но со времени Петра эта западнорусская редакция русской культуры, став единой общерусской, тем самым сделалась для России столичной. Россия же сама к тому времени стала претендовать на то, чтобы быть одной из важнейших частей «Европы». Таким образом, украинская культура как бы переехала из захудалого уездного городка в столицу. Сообразно с этим ей пришлось существенно изменить свою дотоле сильно провинциальную внешность. Она стремится освободиться от всего специфически польского и заменить все это соответствующими элементами коренных, романо-германских культур (немецкой, французской и т. д.) Таким образом, украинизация оказывается мостом к европеизации.

На это можно возразить многое — в частности, заметить, что Петр перенимал голландскую и немецкую культуры непосредственно в Германии и Голландии, без посредничества Украины; но Трубецкой говорит не о языке кораблестроения, архитектуры и торговли, а о языке культуры, и тут, по-видимому, влияние украинской философии и богословия оказывается решающим.

Нельзя отрицать и того совершенно очевидного факта, что не только в создании, но и в развитии этой общерусской культуры наряду с великороссами принимали активное участие и украинцы, при том, именно как таковые, не отбрасывая своей принадлежности к украинскому племени, а наоборот, утверждая эту свою принадлежность: нельзя выкинуть из русской литературы Гоголя, из русской историографии — Костомарова, из русской филологии — Потебни и т. д. Словом, что русская культура послепетровского периода является общерусской, и что для украинцев она не чужая, а своя — этого отрицать невозможно.

Отрицать это, конечно, возможно, если очень захотеть, но вот вопрос: не приведет ли это к провинциализации, к уязвлен-

455

ному и провинциальному мироощущению? Кто и чьей колонией был при Брежневе, приведшим к власти днепропетровский клан, или при руководителе КГБ Владимире Смемичастном? Из имперскости давно уже сделали жупел, и чрезвычайная трудность разговора о ней заключается в том, что, щадя травму украинцев (травма — это еще сказано очень мягко), и европейцы, и либеральные русские стараются им не возражать. Имперство — универсальное клеймо, которое ставится на любом недостаточно восторженном собеседнике. Вы находите в Украине серьезные причины для беспокойства? — беспокойтесь о своем, а упрекать Украину — имперство. Вы не готовы мазать одной краской весь Советский Союз, включая высшие проявления его культуры, вроде фильмов и книг семидесятых, причем во всех республиках? — вы недостаточно раскаиваетесь за аннексию стран Балтии и высылку народов. Вы называете это аннексией, а не оккупацией? Это может стоить вам трудоустройства в тех самых странах Балтии.

В таких обстоятельствах вести осмысленную дискуссию крайне сложно, но мы рискуем так и не понять, что происходит между Россией и Украиной, если и дальше будем рассматривать вопрос в имперской парадигме. Отойти от нее попытался лишь антрополог Роман Шамолин, доказательно написавший о том, что путинская Россия — никакая не империя, да и царская Россия, как показал Александр Эткинд, колонизировала главным образом самое себя. Собственно, российскому населению доставалось от правительства ничуть не меньше, чем инородцам, и это давало некие основания для дружбы народов — ислам уживался с православием главным образом благодаря общему гнету. Мы не будем углубляться в историю отношений Украины и России, в полемику о Богдане Хмельницком или о Екатерине II — эта оптика сейчас и так стала преобладающей, имперскость упоминается в названии большинства научных трудов и публицистических статей о России. Всякий имеет право на свои тематические приоритеты, и полемизировать с этими авторами мы не будем; нам важно лишь подчеркнуть, что природа этой войны не колониальная, что все гораздо страшней, что речь идет не о попытке России восстановить былое территориальное величие и не о территориальных претензиях как таковых. Именно поэтому помириться на уступке территорий невозможно — это будет перемирие временное и непрочное. Украина как таковая России не нужна вовсе — она, как замечательно сформулировал Владимир Пастухов, оказалась не в то время не в том месте. Объектом притязаний со стороны России мог быть кто угодно, и территориальные претензии до такой степени шиты белыми нитками (все эти заявления Путина насчет создания Украины Лениным и пр.), что их минимальной достоверностью не заморачиваются даже в Кремле, а серьезные историки спорить о них отказываются априори. России важно состояние войны, позволяющее стимулировать народную любовь и бесконечно сохранять власть, а оппозицию уничтожать на корню. Это не колониализм — о, если бы это был колониализм! По идеологии и практике это самый что ни на есть пещерный национализм, да еще и в грубейшем охотнорядском исполнении. Достаточно прочитать любого z-идеолога, чтобы распознать квасной, перегарный, погромный дух. Зеленский ненавистен этой публике именно как еврей: украинцев она высокомерно презирает, считая заблудшими братьями, а вот евреев ненавидит глубокой ненавистью, ревнивой и завистливой. Иногда, кстати, я думаю, что Зеленский безошибочно осознает этот нарратив своим еврейским чутьем, а потому для него любая мысль о компромиссе так же неприемлема, как для Голды Меир: «Мы хотим жить, наши соседи хотят видеть нас мертвыми, это оставляет не слишком много пространства для компромисса». Так что с еврейским президентом, жестковыйно непримиримым к погромным тактикам, Украине еще раз повезло — вернее, она сделала единственно точный выбор.

У Владимира Путина есть три нарратива касательно Украины: для Запада, для собственного населения и для себя лично.

Нарратив для Запада: НАТО обещало нам не расширяться на Восток, не сдержали слова, мы пытались дружить, нас не хотели слушать, всячески унижали, послушайте теперь. Это нарратив никак не имперский — он произносится из позы «на четвереньках», чтобы не сказать грубее. В эту позу нас поставил коварный англосакс.

Нарратив для своих: Запад сталкивает лбами два братских народа, мы обязаны любой ценой освободить украинцев и избавить их от гипноза нацистской пропаганды. Мы не можем терпеть превращения Украины в анти-Россию, нам не нужно вражеское гнездо в непосредственном соседстве, мы обеспечиваем будущее наших детей и избавляем братский народ от гнета Запада. И это тоже никак не имперский нарратив, потому что не допускать превращения Украины в анти-Россию можно единственным способом: став для Украины привлекательней Запада. Империя не строится запретительными методами. Инки колонизировали население Мезоамерики не тем, что запрещали прежних божеств, а тем, что знали тайны архитектуры и растениеводства.

Нарратив для себя: Россия всегда была воинской державой, собиралась за счет войн, за их же счет формировала свою элиту, мы не умеем буржуазно жить, мы умеем только героически умирать, наше дело — собирать наши земли (а нашими землями по умолчанию являются все, ибо границы России не кончаются нигде). Государство может развиваться только экстенсивно, то есть прирастая землями; интенсивное развитие подменяет ценности, ибо на первый план выходят креативность и изобретательность, а главными добродетелями являются зверство (к врагу) и обожание (направленное на власть). Мы племя воинов, наш идеал — смерть за Отца и Отечество, а чекисты являются передовым отрядом по поддержанию общества в этом гипнозе. Но если и принять воинский путь формирования империй за основной — приходится признать, что воевала Россия не особенно удачно, и путь ее на новые земли — прежде всего в исполнении казачества — был скорее бегством от центральной власти: так и бежали, пока не уперлись в океаны.

Все эти теории не исключают друг друга, это как бы три грани одного тетраэдра, основанием которого является чувство российской исключительности, ничем не подкрепленное и наиболее наглядно выраженное зет-поэтессой Анной Долгаревой: «Ты, главное, в репортаже не сочини лишнего: мы все-таки русские, все-таки дети Всевышнего». Это прямое продолжение путинской версии будущего: мы попадем в рай, а они просто сдохнут.

Слову «империя» пора вернуть его изначальный смысл: когда Бродский говорил свое «Империя — страна для дураков», он имел в виду, как и во всей поэме «Post aetatem nostram», именно поздний СССР, реалиями которого щедро усыпан этот поэтический памфлет. Империя — форма существования большинства успешных стран, распространяющих свое влияние в мире либо военной силой, либо посредством экономического доминирования, либо, наконец, расшариванием своей культуры; если уж говорить о российской империи, воевала она не особенно успешно и экономически была непривлекательна, поскольку держалась на ресурсах и рабстве, да и сама слишком долго пробыла улусом Золотой Орды. Россия распространяла свое влияние в мире — по крайней мере начиная с XIX столетия — благодаря обширной эмиграции: как показал Нил Фергюсон в книге «Империя», наилучшей тактикой метрополии является создание невыносимых условий для жизни и работы в ней. Тогда все, кто на что-нибудь способен, бегут в новооткрытые земли, Newfoundland, и постепенно заселяют их, а потом добиваются независимости. Так было с Америкой, Канадой, Австралией — и с Россией, волны эмиграции из которой с правильной периодичностью накрывали остальной мир. Это напоминает схватки в огромной матке, большая часть обитателей которой пребывает в инфантильном состоянии и вполне уживается с материнским организмом, но некоторые перерастают ее и начинают требовать прав-свобод-профессиональной реализации. Их выталкивают в холодный мир, где они и начинают барахтаться, обрастая постепенно одеждой, автомобилем и домиком.

Путинская Россия может называться империей разве что по этому признаку. Вообще же никогда Россия не была дальше от имперского состояния, чем при Путине, ибо влияние ее в мире стремится к нулю и держится исключительно на наличии у нее ядерного оружия, то есть на страхе. Ее экономика неэффективна, жизнь на большей части скудна, образ жизни непривлекателен, особенно если отъехать километров на тридцать от крупных городов; главное же — Россия не космополитична. Именно космополитизм — то есть желание привлекать все флаги и быть предметом вожделений большей части соседей — отличает империю, в которую стремятся лучшие профессионалы и самые неотразимые красавицы. Черты империи есть в современном Китае, они несомненны в Америке, но Россия, взявшая курс на национальную изоляцию, автаркию и консервацию, не тянет на империю ни по монгольским, ни по британским меркам. Самосознание империи держится на ощущении собственной успешности и триумфа — а не ущербности и гиперкомпенсации. Путинская Россия в идеологических документах и пропагандистских программах постоянно называет себя жертвой коварного Запада и собственной доверчивости, мы как бы самые добрые и потому самые бедные, и именно поэтому сейчас всех вас убьем; но из положения жертвы войн не начинают. Россия ничем не подтверждает своего права владеть миром, да и не претендует на таковое владение, хотя идеологию ее сегодня определяет книга несчастного Михаила Юрьева «Третья империя» (несчастного, потому что рано умершего и весьма неудачливого в литературе: его книга предлагает россиянам захватить мир, но решительно ничего не говорит о том, что с ним делать дальше). Обманутая Западом, разваленная собственной властью, неконкурентная из-за собственной доверчивости и доброты, она желала бы закуклиться, свернуться, как медведь в берлоге, сосредоточиться, красиво говоря, и превратиться в «Остров Россию» из трактата Вадима Цымбурского, тоже умершего рано и не нашедшего признания со своими геополитическими фантазиями. (Вообще возникает чувство, что все идеологи имперской либо консервативной России были неудачниками, настолько они педалировали мысль о том, что им недодано, что их недооценили чужие, а оценки своих их не радуют, поскольку сами они этих единомышленников ставят невысоко; такое чувство, что все эти ненавистники Запада желали бы, чтобы их облизывал именно Запад, но мудрено добиться такого результата, постоянно обещая ему гибель). Империя привлекает своим блеском, а не ресентиментом, и даже для тех, кто жаждал стать частью русского мира (например, для Абхазии или Осетии), Россия не готовит никаких утопий, кроме разве высоких пенсий, да и те всегда под угрозой из-за нефтяной конъюнктуры. Россия размахивала Донбассом и Луганском как оправданием для агрессии, но присоединив их, тут же мобилизовала, хотя военное время и так началось для них с 2014 года; кроме разрушения и тотального бесправия, она ничем не может приманить новых граждан, а мазохисты, претендующих на такое, всегда в меньшинстве.

Империя — то есть «Успешная страна», как называется книга нашего давнего знакомца Валерия Примоста, — распространяет свои ценности и прежде всего свой образ жизни; но какой образ жизни предлагает Россия, если она постоянно утверждает, что рождена для войны и призвана быть ужасом мира (слова молодого Александра II), если настаивает на

461

постоянных лишениях, самопожертвовании и аскезе? О какой имперскости можно говорить в стране, закрывшейся от остального мира новым железным занавесом, закутавшейся в рогожку традиционных запретов и всем сердцем ненавидящей любые перемены, любой модернизм? О, если бы Россия в самом деле была империей, если бы ей по крайней мере было что распространять, если бы не претендовала колонизировать остальной мир! В этом не было бы, конечно, ничего хорошего, но это по крайней мере означало бы для нее более высокий статус. В 2022 году она начала войну за то, чтобы ее образ жизни, то есть нищета, отсталость и бесправие, стал всеобщим; это сильно напоминает русский марксизм, цель которого была достичь равенства в нищете вместо равенства в богатстве. Это и есть традиционная русская практика — чтобы всем стало так же плохо, как нам, и желательно хуже; но империи так не строятся. Так распространяется плесень, а не власть. И это, конечно, никакое не имперство, а банальный русский национализм в стадии окончательного вырождения: последний извод той ресентиментной философии, которую когда-то в сравнительно культурном виде продуцировали славянофилы 1840-х гг.: это у нас не тупик и не замкнутый круг, а особый путь.

Немудрено, что ответом на это русское имперство является не космополитизм западного толка, не строительство альтернативного модернистского государства (на котором, к примеру, постоянно настаивает Арестович и его единомышленники), а другой национализм, другая ограниченность, другое прибежище бездарности. Выше мы говорили о том, что борьба с русским языком объяснима и в некотором смысле естественна — язык захватчика не может быть терпим в воюющей стране, и никакой Израиль не состоялся бы без иврита — языка, постепенно вытеснившего язык изгнания. Но национализм не сводится к борьбе с языком — это программа национального самообольщения; это изоляция и страх влияний в сочетании с тем самоупоением, которое вспыхивает на фоне любой победы и преувеличивает эту победу. Чем меньше страна, тем агрессивнее ресентимент, и постепенно возникает дискурс оккупации, убежденность в том, что Россия всегда оккупировала Украину, эксплуатировала ее ресурсы и уничтожала ее интеллигенцию. Отношение Украины к России начинает копировать отношение России к остальному миру: вы всегда против нас злоумышляли! Вы всегда убивали или перекупали лучших представителей нашей интеллигенции и культуры! Вы с самого начала были нам онтологически враждебны, потому что мы духовны, а вы прагматичны! (В случае Украины: вы рабы, а мы свободные люди!) Украинские националисты не видят, насколько убого это отражение, насколько смешна эта попытка подражать России, отвечать ей зеркально и мазать всех русских одним квачом. Такой национализм выражается не в развитии своего, а в искоренении чужих; в травле своих режиссеров и литераторов, принявших участие в одном фестивале с россиянами; в массовых кампаниях против переводчиков, переводящих с русского и на русский. Ужаснее всего, когда это зеркальное отражение российского шовинизма (не дотягивающего до имперства так же, как современное НАТО не дотягивает до ястребов) распространяется на интеллигенцию, то есть на среду, по определению преодолевающую географические и национальные барьеры. Когда армянская и азербайджанская интеллигенция оставила попытки примириться и поляризовалась, стало ясно, что карабахская проблема в обозримом будущем не решится; когда украинская интеллигенция принялась улюлюкать вслед своим представителям, которые общаются с русскими и отказываются признавать их всех неофашистами, стало ясно, что Украина может и не удержать свою моральную победу. Во всяком случае наиболее радикальные националисты компрометируют страну, словно действуют по заказу Путина (и очень может быть, что это так и есть, ибо он привык играть на самых дурных инстинктах, для этого ума не надо, достаточно хитрости).

Одной из определяющих черт нацизма — черт, которые как раз и позволяют безошибочно его диагностировать — является его высокая контагиозность, заразность при слишком тесном контакте. В таком контакте с немецким нацизмом Россия провела четыре года войны (да и два предшествующих года союзничества). В результате идеология позднего сталинизма, замешенного на антисемитизме и чувстве национальной исключительности, от фашизма уже ничем не отличалась. Сегодня Украина находится с Россией в контакте столь тесном, что заражение практически неизбежно, и вся надежда на иммунитет.

III. Национализм. «Миротворец» и последствия

«Миротворец» — созданный в августе 2014 года сайт с персональными данными врагов Украины. Таковыми являются, с точки зрения его создателей: все, кто поддерживает российскую агрессию; все, кто распространяет «нарративы российской пропаганды»; все, кто посетил Крым с марта 2014 года. Понятно, что любые участники военных действий попадают туда автоматически.

Инициатором сайта выступил тогдашний советник (впоследствии заместитель, впоследствии опять советник) министра внутренних дел Украины Антон Геращенко, человек одновременно яркий и таинственный. Когда в июне 2022 года он организовывал мою поездку в Украину — по моей инициативе, чтобы своими глазами посмотреть на воюющую против России страну, — он свою причастность к «Миротворцу» отрицал: с 2016 года создатель сайта уже не имеет к нему отношения. Тем не менее в «Миротворец» я попал — за «Публичное распространение нарративов российско-фашистской пропаганды, участие в актах гуманитарной агрессии против Украины и ее граждан и манипуляцию общественно значимой информацией во время российско-украинской войны». Предлогом послужили мои слова о том, что любых националистов я считаю дураками, национальную политику в СССР ставлю значительно выше постсоветской, а роль русской культуры в Одессе мне представляется исключительно важной (отказавшись от своего мифа, город, по моему мнению, будет иметь вид жалкий. Правда, сказано это было в 2020 году).

«Миротворец» — сайт, в списках которого оказались Валерий Тодоровский, который из-за этого вынужден был снимать фильм «Одесса» в Молдавии; Виктор Шендерович, который, цитируя телеканал «Дождь», назвал воюющих в Украине призывников «нашими мальчиками»; Евгения Беркович, которая удочерила двух девочек, вывезенных из Украины, но на протяжении двух лет писала едва ли не самые яркие антивоенные стихи. Попал туда и Арестович — за упоминание о том, что ракета, упавшая на дом в Днепре во время ракетного обстрела 14 января 2023 года, могла быть сбита украинским ПВО; не «была сбита», а именно «могла быть», и до расследования говорить о причинах ее падения преждевременно.

«Миротворец» прославился тем, что опубликовал личные данные (включая адрес) киевского журналиста Олеся Бузины, застреленного около своего дома 16 апреля 2015 года (создатели «Миротворца» заявили, что выложили данные Бузины уже после его убийства — непонятно только, зачем это было делать постфактум). Предполагаемых убийц Бузины нашли и выпустили, вину они отрицали, дело остается нераскрытым, хотя сторонники Бузины уверены, что отпущены именно виновные, поскольку они участвовали в войне в составе добровольческих батальонов.

Мне представляется, что в базу «Миротворца» рано или поздно будет внесен Зеленский. Сказать об этом я обязан, потому что, по замечанию Бориса Стругацкого, любое общество, которое завело тайную полицию, рано или поздно перейдет к санкционированию убийств, а тайная полиция мысли ничем не отличается от любой другой. Поиск врагов — отличная антистрессовая терапия, но у нее сильные побочные эффекты. Украина обречена считать врагом любого носителя русского языка, это нормальное следствие войны, но «Миротворец» раскочегаривает ненависть, прислушиваясь при этом к самым отвязанным националистам вроде Сергея Стерненко, а это далеко не самый верный путь к победе.

В августе 2021 года я брал интервью у Олега Сенцова, одного из самых известных в мире украинцев. Крымский политический активист, он был осужден Россией по сфабрикованному делу на 20 лет колонии строгого режима, но благодаря усилиям украинской власти (в том числе лично Зеленского) попал в число обмененных пленных украинцев и после трех лет заключения, карцеров и 145-суточной голодовки (разумеется, на поддерживающих препаратах) вернулся в Украину. Тогда, за полгода до войны, он уверенно сказал: если украинский президент не станет украинским националистом, рано или поздно — скорее рано — он поедет в Ростов. Это был недвусмысленный намек на судьбу Януковича, пребывающего в Ростове в незавидном статусе беженца, хотя, пожалуй, по сравнению с Путиным и Лукашенко он оказался не столько трусом, сколько гуманистом.

И здесь мы должны поставить главный вопрос: что будет делать Зеленский, когда столкнется с радикальным национализмом? А не столкнуться с ним он не может, поскольку националисты играют пусть не решающую, то значительную роль в войне Украины с Россией.

Беда, если радикализированное общество — а другого не может быть в истерзанной стране — потребует от президента такой же радикализации, а может, еще и опережающей. Зеленский пришел к власти как президент мира, а стал — вынужденно, но от этого не легче — президентом войны. Зеленский многажды открещивался от национализма, но одним из парадоксов его судьбы может стать именно превращение русскоязычного артиста из русскоязычного города в принципиального противника всего русского. Самое печальное, что это будет объяснимо.

Об украинском национализме Зеленский высказывался до войны очень осторожно: «Как могу быть нацистом я? Расскажите об этом моему деду, который прошел всю войну в пехоте советской армии, а умер полковником в независимой Украине... Вам говорят, что мы ненавидим русскую культуру. Как можно ненавидеть культуру? Любую культуру! Соседи всегда обогащают друг друга культурно, однако это не делает их единым целым». 18 апреля 2019 года он давал интервью изданию «РБК-Украина»: «Да, мы информационно защищаем Украину, и говорим, что Россия — агрессор. А им, таким людям, как Макаревич и Ахеджакова, еще сложнее. Ведь они же там, на территории России, и они говорят: Кремль — агрессор, Россия — агрессор, как мы могли, забрали Крым, и что на Донбассе происходит, что это позор. Им тоже очень сложно. Поэтому к таким людям мы должны быть открыты. Для меня они сегодня большие украинцы, я их таковыми считаю. Поэтому — выборочно, список должен быть избирательным. Ко всему в жизни, вы же знаете, надо подходить избирательно. И, отвечая на первую часть вашего вопроса, должно ли правительство вмешиваться в средства массовой информации, — нет, вообще ни в коем случае. (...) Есть неоспоримые герои. Степан Бандера — герой для какого-то процента украинцев, и это нормально и классно. Это один из тех людей, которые защищали свободу Украины. Но я считаю, что, когда мы такое количество улиц, мостов называем одним и тем же именем — это не совсем правильно. Кстати, дело не в Степане Бандере.

Я могу то же самое сказать и о Тарасе Григорьевиче Шевченко. Я очень уважаю его потрясающее творчество. Но мы же с вами должны помнить о героях сегодняшних, о героях искусства, о героях литературы, просто о героях Украины. Почему мы их именами не называем — героев, которые сегодня объединяют Украину? Такой накал в обществе, что нужно делать все возможное, чтобы объединять Украину. (...) У нас реально большое количество людей говорит по-русски. Нельзя у них забрать русскоязычное телевидение. У нас есть люди, которые говорят и на других языках. Понимаете, тут большой вопрос с этими квотами. никто отменять квоты не будет, но есть регулирование...»

Все это было актуально до 2022 года. Все это безвозвратно ушло. Ни украинский народ, ни команда Зеленского не простят ему, если он скажет нечто подобное сегодня: всего этого добился Путин, это сделала война. Но это главный закон всякой войны: победивший Голиафа имеет повышенные шансы стать новым Голиафом, а покусанный оборотнем становится оборотнем. Россию во время Второй мировой покусали очень сильно. Эта болезнь растворилась в крови, но вышла на поверхность, и это дает не столько шанс ее излечить, сколько шанс от нее погибнуть. И следующим носителем вируса может стать Украина. А поскольку результаты войны могут быть и несколько скромнее, чем всем нам представляется в мечтах (например, вопрос о Крыме останется нерешенным и отсроченным), питательной среды для того самого ресентимента и мстительных чувств у обеих сторон будет в избытке. И я не уравниваю агрессора с жертвой, я лишь говорю о неизбежном сходстве их риторики.

Современная война — война по преимуществу внутренняя: это способ вертикального роста для молодых полководцев и тщеславных царедворцев. И не знаю, как в Украине — хочется верить, что все же не совсем так, — а в России с вертикальной мобильностью очень плохо: как известно, сын полковника не может стать генералом, потому что у генерала есть свой сын. В России война с Украиной поддерживалась, лоббировалась и рекламировалась почти исключительно писателями второго ряда — фантастами, авторами боевого фэнтези, посредственными социальными реалистами: не имея шансов завоевать внимание аудитории и международную славу, они попытались взять реванш, рекрутировавшись в идеологическую обслугу государства. С российской стороны это вообще война лузеров, неудачников, начиная с того, что Россия и сама лузер современного мирового рынка: ничего, кроме сырья, никаких условий для развития науки, полная цензура в культуре и отсутствие навыков нормальной конкуренции. Но ошибкой было бы думать, что такие явления невозможны в Украине: тут тоже проблемы с конкурентной средой, это прямое наследие советского опыта, и война — отличный способ заявить о себе.

Сделаем, конечно, скидку на то, что Россия гораздо больше, у нее неограниченный запас населения, а у населения — неограниченный запас терпения, плюс ядерное оружие, плюс огромные запасы устаревшего, но все еще функционирующего оружия неядерного. Для России война — способ сохранения власти и пирамидальной конструкции общества; для Украины война — вопрос самого ее существования. Но это не значит, что в Украине не появятся (точней, уже не народились) люди, которые воспользуются войной для самоутверждения, для того, чтобы вытеснить из Украины русскую культуру и окончательно утвердить свою — построенную на принципе национальной и языковой чистоты. Один видный режиссер еще в 2022 году предсказал, что «рагули» — так грубо именуются провинциалы, зацикленные на своей местечковой культуре — непременно получат свой золотой шанс избавиться от русской конкуренции, да и от тех, кто покажется украинской власти недостаточно лояльным. Во время войны, увы, всегда выдвигаются лучшие полководцы — и далеко не лучшие деятели культуры, по крайней мере в тоталитарных системах; только самые наивные люди полагают, что Великая Отечественная война легализовала Платонова и Гроссмана. Гроссмана очень скоро забили по шляпку, Платонова вычеркнули из литературы, а поднялись Симонов (гибрид Гумилева и Тихонова, хоть и не лишенный таланта), Бубеннов и Бабаевский. Именно они — «Белая береза» и «Кавалер золотой звезды» — задавали тон в послевоенной прозе, и если на короткое время было разрешено печатать в «Правде» Ахматову и Пастернака, то тренд определялся далеко не этим. Во время войны привилегия воевать доступна всем, но гордиться победой имеют право избранные — те, кого победители назначили достойными. И в этом смысле для Украины наступят действительно трудные времена.

Зеленскому предстоит пройти по чрезвычайно тонкой грани. Он всегда побеждал за счет человечности, но именно человечности может оказаться недостаточно (или, наоборот, она будет избыточно сложной для упраздненного послевоенного мира). Он и с Путиным надеялся договориться по-человечески, но с нелюдями это не проходит. Послевоенный мир может быть спокойнее (хотя вряд ли), но последняя битва архаики с будущим еще не началась, и ждет нас, к сожалению, не мир, а мирная передышка. Арестович заметил, что выигрыш в войне будет промежуточным, а вот проигрыш в послевоенной битве с коррупцией может стать окончательным. Во время войны существует вполне объяснимый и благородный мораторий на критику Зеленского — как в Украине, так и на Западе. После войны припомнят все. И самое печальное, что Зеленский может оказаться в этих условиях и недостаточно радикален, и чересчур цивилизован, и в числе его грехов окажется многолетняя работа в России, а там — как знать? — и еврейство, потому что радикальный национализм никогда еще не обходился без антисемитизма. Ужасно, но так: у нас порядочный материал для наблюдений.

И в победившей — или по крайней мере спасенной — Украине Зеленскому уже может не быть места. Тогда он со своей тягой быть президентом всех украинцев обречен на то, чтобы стать заложником неизбежного раскола. Значит, если не на изгнание, то по крайней мере на добровольный отъезд. Несомненно одно, хотя я очень рад буду ошибиться: для послевоенной Украины Зеленский не подходит. Ей будет нужен более радикальный лидер, который, увы, вполне может растратить весь накопленный при Зеленском моральный капитал.

Национализм — не альтернатива колониализму, а его кривое зеркало, болезненное последствие; чума — не альтернатива холере. Космополитизм, хотят этого националисты или нет — единственно приемлемое будущее всего человечества; отмена границ и глобализм, при сохранении своеобразия всех национальных культур — оптимальная среда для тех, кто не боится конкуренции. Если Украина выйдет из войны националистической — это будет означать, что она заразилась, но, к счастью, мы видим это лишь в немногих случаях, а в огромном большинстве украинцев отчетлив запрос на модернистский проект. Это то самое, не столько невозможное, сколько неизбежное, о чем Блок писал Маяковскому (да так и не отправил): «Разрушая, мы все те же еще рабы старого мира: нарушение традиций — та же традиция. Над нами — большее проклятье: мы не можем не спать, мы не можем не есть. Одни будут строить, другие разрушать, ибо „всему свое время под солнцем“, но все будут рабами, пока не явится третье, равно не похожее на строительство и на разрушение».

Зеленский пришел к власти на волне смягчения националистической риторики. Лозунг Порошенко «Армия, мова, вера» казался устаревшим. Тем печальней оказался бы вынужденный поворот самого толерантного украинского политика к непримиримости — и к идеям национальной исключи-

471

тельности, которые в сегодняшней Украине уже не выглядят маргинальными. Неважно, что в действительности думает о них Зеленский: национализм в исполнении интеллигентного еврея-сатирика в самом деле не очень органичен. Важнее, что аудитория — причем не самая малая ее часть — требует именно такой риторики, и уступка этой аудитории необходима, поскольку это самая активная и громкая часть электората. И самая противная, добавим мы, ибо если нынешняя война в исторической перспективе и послужит чему-нибудь доброму, то именно окончательной компрометации любого национализма в любом исполнении.

Будет поистине ужасно, если война между модерном и архаикой, которую Владимир Путин начал 24 февраля 2022 года, со временем выродится в битву — бойню, точней — между национализмом русским, представленным так называемыми z-идеологами, и национализмом украинским. Во Второй Мировой до такого не дошло, вырождение сталинизма в фашизм оформилось к концу сороковых. Одним из главных — пусть отдаленных — итогов Второй Мировой было отождествление коммунизма и фашизма, главным различием которых было именно отношение к еврейскому вопросу (за эту мысль, высказанную на «Дилетантских чтениях» в 2018, меня в путинской России травили полгода и обвиняли в реабилитации нацизма, доносы исчислялись десятками). Было бы очень хорошо для планеты в целом, если бы нынешняя война — которая еще вполне может перетечь в мировую, да и сегодня далеко переросла русско-украинский конфликт — привела к окончательному отождествлению национализма и нацизма, потому что в их эстетике и практике никакой разницы нет уже давно. Любой националист затруднится объяснить, почему он не нацист: на этот предмет существует довольно избитая мантра (националист гордится своей нацией, нацист ненавидит чужие), но мировая практика показывает, что одно без другого не обходится. Где начинается гордость любыми имманентностями вроде гендера, возраста или национальности, там унижение и угнетение остальных начинается автоматически.

Был ли у Советской России шанс превратить свою победу в утопию? Был, и именно этого ждали победители. Откровеннее всего эти надежды выразил Пастернак, почему публикация (и создание) его романа в стихах «Зарево» и была прекращена в сорок пятом.

> Мы на словах не остановимся,
> Но, точно в сновиденьи вещем,
> Еще привольнее отстроимся
> И лучше прежнего заблещем.
> ...
> А горизонты с перспективами!
> А новизна народной роли!
> А вдаль летящее прорывами
> И победившее раздолье!

Было им раздолье — начиная с осени сорок пятого страну восемь лет подряд вбивали в стойло, а просвет свободы, наметившийся в начале войны, прихлопнули так, что у победителей не осталось никаких иллюзий. А ведь отдельные граждане верили даже, что распустят колхозы и введут демократические выборы на местах... В Украине сегодня тоже сильно ожидание такой утопии, за которой сможет потянуться вся Европа; но ничуть не слабей и мечта о другой утопии — местнической, замкнутой, основанной на узости и сворачивании любой конкуренции; на поисках русских корней и прорусских цитат. И если это случится — я надеюсь, у Зеленского хватит сил покинуть украинскую власть (но не политику) и решительно встать на пути у так называемого рагульства.

И я увижу его в списке «Миротворца», все более почетном.

IV. Внешняя политика-2

Главной проблемой украинской внешней политики в 2023 году стала НАТО: пригласят ли туда Украину и с каким результатом закончится вильнюсский саммит.

Реальность сейчас такова, что ее нет, то есть ее интерпретация зависит не от фактов, а от априорных взглядов говорящего. Если говорящему нравится Зеленский и Украина в целом, он считает вильнюсский саммит огромной удачей Зеленского и министра иностранных дел Дмитрия Кулебы, свидетельством международного признания Украины и всемирного уважения к ее героической борьбе. Если он устал от войны и считает Зеленского неэффективным, неспособным к рутинной работе, не ищущим контактов с Востоком и Югом, — таких людей много и среди самых пылких националистов, и среди либералов, — ему кажется, что на саммите Украине указали на ее более чем скромное место в мировых раскладах. Ну, а русский «патриот», к чьему мнению можно бы и не прислушиваться за полной его предсказуемостью, считает, что Украина вообще до смерти всем надоела и ее скоро сбросят, как балласт, причем это и станет концом НАТО, которое до смерти боится смерти, а мы не боимся ничего. Но мы не анализируем здесь z-повестку, потому что она была мертва уже и во времена Черной сотни.

Объективно оценить положение Украины в мире сегодня невозможно, поскольку мир проходит через точку бифуркации, в нем слишком много неизвестных и непредсказуемых величин, и потому оценивать страну можно только с точки зрения ее собственной внутренней цельности и последовательности. На саммитах НАТО она была представлена достойно. 24 марта 2022 года Зеленский выступал там дистанционно, 11 июля 2023 — лично. После первого дня саммита он выступил на Лукишской площади. От него ждали упреков в адрес НАТО за нерешительность — он, напротив, сдержанно поблагодарил и пообещал всем, что больше никаких оккупаций в Европе не будет.

— Мы цивилизованные и нормальные люди, мы понимаем, что, пока идет война, Украина не может быть членом НАТО. Все это абсолютно понятно, но сегодня прозвучали очень важные сигналы на наших двухсторонних встречах. Это были сигналы о том, что Украина будет членом НАТО, и эта уверенность, как мне кажется, чувствуется впервые. Мы станем членом НАТО, когда будут условия. Я понимаю, что это произойдет тогда, когда на нашей земле будет безопасно, — сдержанно сказал он перед возвращением в Киев.

Я бы не сказал, что это было поражение или тем более фиаско, как написали «АиФ», «Комсомольская правда» и другие официальные (читай — помоечные) русские СМИ. Это не было победой, хотя первое заседание комиссии «Украина-НАТО» состоялось. Это была констатация растерянности. Очень многие в Украине справедливо писали, что НАТО — не орлы, а вот Тэтчер и Рейган в свое время... А что Тэтчер и Рейган? Бойкотировали в Москве Олимпиаду-80? Ничего нельзя сделать с ядерным монстром, и, если б этот монстр не осыпался из-за собственных конструктивных недочетов, боюсь, никакой западный мир с ним бы не справился.

Исключительность сегодняшнего положения Украины в мире — именно в том, что у нее нет никакого выхода, кроме героизма. Она уже воюет, все решения за нее приняты. Прочий мир все еще надеется задушить Россию санкциями, перемолоть ее армию руками украинцев, да ведь и Путин не вечен, и терпение русских не может быть резиновым...Рано или поздно все само треснет или рассосется, а мы пока будем поддерживать Украину — ровно настолько, чтобы она не проиграла, но и выиграть ей никто не позволит, а то мало ли.

Впрочем, в последнее время будто бы наметился перелом: Украина начала посылать дроны в глубь России, наносить ущербы аэродромам, попадать по жилым домам (россияне почему-то считают это терроризмом), а НАТО разрешило Украине использовать оружие по Крыму. Это же ее территория, а не российская.

Не берусь сказать, как эта ситуация будет развиваться, но уловить изменения в интонации Зеленского могу. Это интонация власть имеющего.

США настаивают на проведении выборов в Украине в марте-апреле 2024 года, хотя это и противоречит конституции страны, запрещающей выборы в военное время. Ничего, Зеленский не возражает. Он только предлагает американским наблюдателям за чистотой выборов приехать непосредственно в окопы, где будет голосовать большая часть мужского населения Украины. И с абсолютной, несколько даже издевательской уверенностью говорит о том, что собрался на второй срок: «Неужели я могу бросить любимую страну!».

В этом звучит гротескная, почти издевательская резкость: вы не даете оружия, которое мы просим, и при этом продолжаете учить нас демократии во время войны? Очень хорошо. Обсудим степень нашей демократичности под обстрелом. И, воля ваша, я чувствую его право на такую интонацию, а иногда повторяю про себя: так с ними и надо, с ними нельзя иначе. Самое любопытное, что его право на такую интонацию признает и Запад. Сегодня у артиста Зеленского остались две речевые маски. Первая — восхищение, преклонение, гордость — для разговора с Украиной. Вторая — сдержанность и легкое высокомерие — для Запада. А просить ничего уже не надо: все понимают, с кем имеют дело, сами придут и сами все дадут.

Да и кто тут сильнее — еще большой вопрос.

Наконец, нельзя не коснуться скептической позиции многих публицистов (в их числе есть искренне сочувствующие Украине) насчет возможности ее военной победы. Например, Владислав Иноземцев полагает, что даже выход Украины на границы 1991 года не приведет к краху путинского режима, а перенос войны на российскую территорию лишь окончательно сплотит население и заставит его поверить в «священную войну». Пока мы бьем — возможны разночтения, но уж когда наших бьют — тут и среди релокантов гарантированы пароксизмы патриотизма. Да и кто верит в этот выход на границы 1991 года, гарантированные Будапештским меморандумом? Вот есть такой политтехнолог Алексей Кунгуров, из числа людей, которые пошли в политологи в ранней молодости, пришедшейся на конец девяностых. Эти люди, увы, упустили момент, когда за политтехнологию перестали давать большие деньги и начали давать большие сроки: Кунгуров отсидел два с половиной года в колонии-поселении за оправдание экстремизма, выразившемся в осуждении операции РФ в Сирии. Теперь он резко критикует и Путина, и украинские власти — позиция, как мы помним по Хитченсу, распространенная и логичная. Вот как он оценивает перспективы войны:

С точки зрения стратегии победа Украины в войне на истощение с ресурсно более сильным противником принципиально невозможна. Надеюсь, не надо объяснять, что РФ имеет вчетверо больше людских резервов, вдвое большую армию, а ее экономика в 12 раз (!!!) превышает размер украинской. В таких условиях вести войну на истощение — верх глупости. Но если слабейшая сторона наступает, то есть активно расходует свой ресурс — это совершеннейшее безумие.

Это не мое мнение, это базовая аксиома стратегии. Единственный шанс для Украины — победить РФ политически, потому что именно внутренняя неустойчивость политической системы — то самая игла, на конце которой кощеева смерть. Причем данная неустойчивость носит потенциальный характер, и чтобы этот потенциал реализовать, надо хорошенько поработать. Вместо этого Киев говорит: «А давайте будем долбиться с москалями лбами — авось их череп слабее нашего окажется». Вот это идиотское побоище мы сейчас и наблюдаем.

Москва не может победить не потому, что слабее, а потому что не имеет цели в войне. Если она и была, то давно утрачена. Она проиграет по определению при любом раскладе на фронтах. А вот Украина, при том что ее цель вполне очевидна, не в состоянии победить лоб в лоб. Не только потому, что она очевидно слабее, но прежде всего потому, что никакие оперативные успехи не могут привести к стратегическому разгрому РФ. Вот вообще не важно, где будет пролегать линия фронта — по Днепру и таврическим степям или по Сивашу, Азовскому морю и Северному Донцу. Война будет продолжаться и продолжаться. Путин не остановится, даже если фронт пройдет по границам 1991 года. А если ВСУ вторгнутся на территорию РФ — это только придаст войне второе дыхание.

Очевидно, что сегодня глобальное противостояние происходит не между «силами добра» и вселенским злом в лице путинского режима, как это подают украинские媒体, а между США как мировым гегемоном, и Китаем, что пытается американскую гегемонию оспаривать. В этом контексте разгром России будет стоить Вашингтону много ресурсов, но ничем не усилит их позиции в игре с Китаем. Совсем другой расклад, если РФ удастся, во-первых, показательно выпороть, во-вторых, перетащить на свою сторону. В самом идеальном случае русские должны стать пушечным мясом, если дело дойдет до горячей войны с Китаем. Если при этом придется пожертвовать Украиной, Штаты пожертвуют, глазом не моргнув. Большая политика — она такая, в ней мет места идеалам, дружбе и прочей мишуре, тут все сводится к выгоде и интересам. Сейчас Украина выступает в роли кнута, которым дрессировщик заставляет льва подчиниться. Но когда кнут выполнит свою роль, нужда в нем отпадет. Тут уже сама Россия стает кнутом, которым будут наказывать Китай.

Не будем припоминать Кунгурову его прошломартовское заявление о том, что украинская армия разгромлена и сопротивляется очагово. И книгу его о том, что протоколы Молотова-Риббентропа являются подделкой, тоже забудем. И об отсутствии у него военного опыта и базового исторического образования промолчим — мало ли в России гениальных самоучек. Не будем упоминать даже членство в созданном Стрелковым «Комитете 25 января» — хотя мало в России персонажей противнее Стрелкова; как говорил Честертон, «ужасней его личности только его участь». Важно, что нам здесь явлены главные черты укрофобского дискурса, уже упомянутого выше:

1. Победить Россию на поле боя невозможно, она слишком большая;
2. Украина должна сделать в России революцию, а если не сделает, не победит;
3. В большой политике нет принципов, а есть интересы. С пикейной точки зрения, это не война Украины с Россией, а глобальные геополитические столкновения, в которых Украина как таковая никому не важна и будет слита.

Последний принцип легко объясним: черно-белая ситуация требует от каждого определиться и действовать, а серая, привычная, позволяет и дальше провозглашать чуму на оба дома, фактически поддерживая сильнейшего. Определяться всегда трудно и рискованно. При этом конспирология принципиально неопровержима, и Америка вполне может сдать Украину, и разговоры о том, что нет друзей, а есть интересы, всегда выдаются почему-то за политический реализм. Нет ничего невозможного в полном разгроме Украины, то есть в ее уничтожении ядерным или конвенциональным оружием, и в ссоре Украины с Америкой тоже нет ничего фантастического — откажется Киев договариваться с Москвой, и его накажут за непослушание. То есть самый пессимистический сценарий может осуществиться без всяких усилий со стороны Трампа.

Все это верно при известном взгляде на вещи (его называют трезвым или прагматическим), но все это служит лишь одному — повышению самоуважения для автора пессимистических прогнозов. С точки зрения общественного мнения всегда лучше быть пессимистом — умней выглядишь. Чем больше Украина будет уставать от войны, тем шире этот дискурс распространится — как в Москве, так и, не исключаю, в Киеве. И вся эта реал-политика не имеет ровно никакого значения, потому что победа в современной войне заключается не в присоединении территорий. Украина не будет завоевана, потому что не может быть покорена. Единственное, чего может добиться и успешно добивается Россия — это своей полной изоляции. Украина перевела войну на тот уровень, в те сферы, где количественные показатели ничего не значат. Украина показала пример самурайской готовности ко всему. Никакие дезертиры и взяточники ее не компрометируют. Россия, как всегда, обеспечила ей моральный пьедестал. А маньяк, который изнасиловал ребенка, не победил ребенка. Он заработал муки ада на том и этом свете, только и всего.

Люди любят быть хорошими, вот о чем нельзя забывать. Радость быть плохим — настроение очень кратковременное, по крайней мере для большинства. Зеленский и его страна дали всем возможность почувствовать себя хорошими — пусть при взгляде на Россию, пусть от противного, но это бесценный опыт. Ради этой эмоции люди будут донатить ВСУ, участвовать в боях, эвакуировать близких в безопасные места, писать антивоенные книги, принимать украинских беженцев.

Это и есть та сложная эмоция, о которой сказала Берггольц: эмоция, объединявшая в это время украинцев в бомбоубежище и русских в убежище политическом; всех людей, сорванных с места, лишившихся работы, близких, перспектив, но причастных к великому и не посрамивших момента.

В грязи, во мраке, в холоде, в печали,
Где смерть, как тень, ходила по пятам, —
Такими мы счастливыми бывали,
Такой свободой бурною дышали,
Что внуки позавидовали б нам.

Нам они и позавидуют. А зет-идеологи завидуют уже сейчас.

V. Коррупция-2

Как и было обещано, мы возвращаемся к этой теме в военных главах. Было бы необыкновенно приятно сказать, что коррупция в Украине во время войны сошла на нет, что нация сплотилась вокруг Зеленского и рассталась даже с теми пороками, которые из пороков уже превратились в национальные особенности. Но нет, ничего подобного, и даже те, кто искренне и страстно болеют за Украину, вынуждены признавать: война не улучшает нравы, пусть даже это война с жестоким и совершенно безнравственным противником, на фоне которого белоснежен любой ворюга. Нет, не белоснежен, ибо масштабы любого зла во время войны увеличиваются: в блокадном Ленинграде успешно функционировал, допрашивал и убивал НКВД, процветала спекуляция, отмечены случаи людоедства. В воюющей Украине подкуп распространился так, что 11 августа 2023 года Владимир Зеленский уволил всех военкомов страны, предложив на их место назначать инвалидов и ветеранов. Они, сказал Зеленский, не продаются. На этот счет особенного оптимизма нет — может быть, это как раз своеобразная компенсация инвалидам за увечья, ибо должность не только рискованная, но и хлебная. Увольнение всех военкомов сразу смахивает на пиар-акцию, но разбираться в каждом отдельном случае посреди войны некогда. Количество молодых украинцев в Европе говорит само за себя: европейцы утверждают, что никогда их столько не было, а ведь мобилизация, границы закрыты! Видимо, и границы преодолимы, и от мобилизации можно откупиться (это стоит, по разным данным, порядка 10000 долларов (Guardian называет 5000, в Одессе СБУ раскрыла синдикат, бравший по 7000, сюда входит белый билет и переход границы). Российские издания наперебой делятся цифрами: сняться с воинского учета — от 1200 до 1700 долларов, во Львовской области был раскрыт целый коллектив, который регулярно выдавал белые билеты по фальшивым основаниям, входили в эту компанию врачи и курирующая весь бизнес чиновница горсовета. У нее якобы изъяли 217 тысяч долларов. Это мелочь по сравнению с найденным у одесского военкома: 5 миллионов долларов плюс недвижимость в Испании. Раскрытие в Одессе целого синдиката по уклонению от армии привело к отставке и уголовному обвинению одесского мэра Геннадия Труханова.

Есть вариант уехать в качестве волонтера — об этом рассказал «МК», газета, которая давно перешла на сторону российской власти, да и в девяностых у нее была репутация «соврет — недорого возьмет», но мои украинские друзья подтвердили, что такая лазейка есть. Существует система «Шлях», которую, простите за каламбур, опекает Укртрансбезпека, и за полторы-две тысячи баксов можно покинуть страну в качестве волонтера, едущего за гуманитаркой или перегоняющего в Украину машины. На хорошо известном сайте «Шляха» вам предложат все услуги, включая информацию о подводных камнях этой затеи. Может, таким образом заманивают дезертиров — не знаю. Стоимость услуг — от полутора до двух тысяч долларов.

Есть возможность выехать из страны в командировку, причем предприятие может отправить за границу не более десяти процентов своих сотрудников. Это официально делается путем заполнения формы в интернете — за неделю до командировки вносится двести тысяч гривен на счет Ощадбанка.

Друзья — тоже склонные к эмоциональным преувеличениям, но их я по крайней мере не могу заподозрить в работе на путинскую пропаганду, с горьким смехом сообщают, что такой коррупции, как во время войны, не было ни при Януковиче, ни при Порошенко: тащат, как в последний день. Зеленский пытается с этим бороться, но именно его в конце концов назначат ответственным за всю эту разнузданность. Появился новый способ потрошения бизнеса — СБУ приходит к жертве и говорит, что нашла у нее русский след. Одновременно на счет жертвы приходит миллион рублей. Одним словом, шантаж со стороны органов вышел на новый уровень — военно-политический, а что творится с американской и европейской помощью — представить страшно.

И все-таки мы вынуждены повторить: коррупция в Украине — изнанка народной самостоятельности, инициативности и смекалки. Стоит в Украине появиться какому угодно запрету — и назавтра интернет будет предлагать десять способов его обойти.

В Украине воруют и будут воровать, поскольку это способ защиты народа от государства, поскольку это проявление низовой инициативы; поскольку из сегодняшних нарушителей закона иногда вырастают завтрашние моторы экономики. Вообще из того, с чем нельзя справиться, надо делать национальный миф. Собственно, «Квартал» этим и занимался — вот запоздалое, но самое точное определение его сущности.

«Хоть поздно, а вступленье есть».

VI. Варианты

В июле 2023 года получил я письмо из Киева. Автор — реальный (проверено, созвонились) тридцатилетний украинец. Книгу он, понятное дело, не читал, но слышал несколько лекций на ее основе.

«У вас получается книга не о Зеленском, а о его медийном образе. В связи с этим я хочу вас попросить обратить внимание на некоторые другие факты о Зеленском, перечисленные мною ниже, о которых обычно не говорят по ряду понятных причин.

1. Зеленский сознательно, по его собственному признанию, замалчивал и или отрицал опасность вторжения путинских войск в последние недели до начала войны. Вследствие чего, огром-

ное количество людей попросту не имело времени и возможности эвакуироваться и тем самым спастись от пыток, казней и изнасилований;

2. В нынешней системе власти Украины высшей сакральной ценностью является государство (государство как бюрократическая машина действующая на определенных территориях). И ради спасения государства можно пожертвовать всем остальным: жизнями, благополучием, свободой граждан и демократией в целом. Население не является субъектом, не имеет право голоса;

3. Украина фактически превращена в ГУЛАГ для мужского населения. Даже имея все законные основания для выезда за границу пограничники не выпускают людей (Орфография, пунктуация, синтаксис — сохранены). Людей ловят на улице сотрудники военкомата и применяют при этом силу. На медкомиссии все всегда годны.

4. В Украине установилась авторитарная система власти, законы работают выборочно, когда это нужно государству.

5. Решение о безальтернативности тотальной победы любой ценой как позиции Украины в этой войне принято без общественной дискуссии, без референдума. (Любопытно было бы узнать, как представляет автор референдум по этому вопросу). Утверждения о том, что, большинство граждан поддерживают войну до победного конца любой ценой, не имеет под собой реальных оснований. Учитывая что выезд из страны запрещен, можно сделать вывод о реальной поддержке такой стратегии.

6. Тотальная цензура и самоцензура в информационном пространстве.

И подводя некий итог: Украина была свободной страной и стала несвободной, не из-за путина, как все боялись, а из-за Зеленского, чего никто не ожидал.»

Понятное дело, все это не факты, а оценки, часть из них (насчет запоздалой реакции на американские предупреждения) здесь уже разобрана, другая высказывается регулярно. Я ответил в том смысле, что Украина воюет с очень большим и очень жестоким соседом, что мобилизация не мешает автору письма вывезти свою семью, что военное время предполагает известные цензурные ограничения, но главное-то ясно: автор не готов терпеть все эти ограничения и приносить требуемые жертвы. Украина не просто начала уставать от войны (устала она от нее гораздо раньше) — Украина и от Зеленского устанет, если он будет ассоциироваться с бесконечной войной и бесконечным продлением власти.

Если исходить из этого, варианты будущего для Украины и Зеленского могут быть абсолютно любыми. Мир проходит через такую бифуркацию, что количество неизвестных возрастает ежедневно. Равновероятны все версии, от ядерной катастрофы, которая обнулит будущее для всех, до процветания Украины на пути прогресса, с Зеленским в качестве национального героя.

Наиболее обсуждаемая сегодня (политологами, более откровенными политиками и украинскими публицистами) версия — навязываемая Украине кореизация. Она впервые выплыла в январе 2023 года, когда секретарь СНБО Алексей Данилов заявил: «Нам сейчас предлагают корейский вариант. Так называемая условная 38-я параллель. Вот здесь такие украинцы, а здесь не такие украинцы».

38-я параллель — линия между КНДР и Южной Кореей. Это будет означать мир в обмен на территории, превращение четырех отторгнутых от Украины областей в аналог Северной Кореи, только вдвое меньше, и постепенное установление худого мира; разумеется, Южная Корея не чувствует себя в безопасности, но американцы гарантировали ей неприкосновенность. Уже звучат мнения из аппарата НАТО (впрочем, немедленно дезавуированные Столтенбергом и иными первыми лицами альянса), что Украине предложено членство в НАТО при условии ее территориальной цельности, то есть отхода к России спорных территорий. Хотя — какие и для кого они спорные? Захваченные, с референдумами под дулами, со стиранием с лица земли Мариуполя, трагедия которого затмила все ужасы Вьетнама и Сирии. Кореизация нравится некоторым американским республиканцам, кажется оптимальным выходом Генри Киссинджеру (давнему путинскому лоббисту) и устраивает венгерского премьера Орбана. Кореизация кажется неприемлемой англичанам и, как можно судить по публичной риторике, Байдену. Кореизацию никогда не примут украинцы, хотя их усталость от войны возрастает быстро и накапливается как снежный ком. Правда, отступать им некуда. Относительно реальности этого варианта я говорил со многими экспертами, и на мои слова о том, что Украина никогда его не примет, они отвечают почти единогласно: «Примет. Нажмут — и примет».

Это звучит убедительно, потому что экономика Украины в огромной степени зависит от Запада, а военная мощь — тем более, хотя главной военной силой Украины остается мотивированность ЗСУ и военное искусство генералитета. То есть для проталкивания этого варианта могут понадобиться еще месяцы войны и тысячи жертв, плюс смена власти в Вашингтоне, на которую в России сильно рассчитывают, и политический кризис в Украине. Тогда возможен вариант, который широко освещается российской политологией: Зеленский завершает войну на условиях территориального раздела и платит за это немедленным уходом в отставку. Тем самым он заплатит за мир политической карьерой и личной репутацией, а в Украине установится зыбкое перемирие, которое закрепит статус-кво либо до смены власти в России, либо до новой смены власти в США.

Верю ли я в этот вариант? Давно наблюдая за Зеленским и пытаясь реконструировать его психологию — нет. Для него репутация важнее жизни, а потому заканчивать войну таким политическим компромиссом он не будет. Он понимает, что главным ресурсом Украины является вера, а веру страны в себя именно такой вариант подорвет необратимо. Для страны, готовой скорее исчезнуть, чем унизиться, кореизация не пройдет, и прав Залужный, говоря: если прекратится американская помощь — будут воевать одни. Надо будет погибать — погибнут.

Думаю, после войны Зеленскому крайне трудно будет сохранить пост, а самое главное — он совсем не будет в этом заинтересован, поскольку на Украину сразу обрушатся все проблемы, которые отодвинула война. Справляться с ними в мирное время, как мы увидели, Зеленский при всем наработанном авторитете не способен, хотя и Украина успела сильно измениться. Навалившаяся усталость может привести к дезорганизации, компромисс — пусть и необходимый, и спасительный, и на приличных условиях — к разочарованию, и расплачиваться за него будет Зеленский, ровно как Черчилль в сорок пятом.

И вот такой сценарий представляется мне оптимальным: он уедет отдыхать, заглянет в Голливуд и сыграет там главную роль в блокбастере «Зеленский». Если Финчер в 2010 году снимал кино о Цукерберге — кто мешает тому же Финчеру (а лучше Кирюшенко, у него есть опыт работы с этим актером) сделать кино о Зеленском? Я почел бы за честь не просто писать диалоги в эту картину или обсуждать сценарные повороты, а выполнять на этих съемках любую техническую работу. Такой фильм взял бы Оскара, и этот Оскар был бы для Зеленского высшей наградой от мирового зрителя — думаю, более престижной, чем Нобелевская премия мира, которую ему все равно не дадут.

Именно он способен сыграть эту роль лучше всех, но делать картину надо, конечно, не в Украине — не потому, что там мало денег или их разворуют, а потому, что осуществлять эту картину, оммаж Украине и ее лидеру, должны лучшие силы мировой кинематографии. Это должен быть фильм сложного жанра, сочетание всех тех жанров, которые мы попытались собрать в нашей книге — комедия на грани фарса, трагедия на грани эсхатологии и мистерия как их синтез. Для России это был бы бесценный опыт — они думали, что снимают проект «Титан», а это был «Титаник»! Там должны переплетаться как минимум три сюжета: история президента Украины, агония режима России и сложный рядовой персонаж, который в идеале мне видится Игорем Волобуевым, русским, добровольно воюющим на украинской стороне. Надо же и русским дать шанс — и показать, что не все они одинаковы.

Впрочем, мечтать нам не запрещает никто.

Абсолютно исключаю я только один вариант — насильственная гибель Зеленского в процессе окончательного озверения российского режима. Мне кажется, я не лишен именно стилистического чутья — которое иногда оказывается футурологическим: у истории другие планы для Зеленского. Его эволюция была слишком масштабна, чтобы закончить все в одночасье и по трагической случайности. Во всем, что происходит сейчас в мире, ощущается духота, теснота, неполнота — страшная жажда новизны, когда, бывает, после долгого удушья хочется вдохнуть всем телом. Зеленский уже продемонстрировал способность к радикальным трансформациям, и следующий рывок должен совершить именно он. Украина обречена стать центром новой утопии — или исчезнуть; этот вызов сопоставим с тем, на который она откликнулась в двадцать втором.

Комментарий сотрудника пресс-службы (на условиях анонимности): Ваша трактовка любопытна. Но, при всем уважении, жизнь — гораздо более изощрённый драматург.

...Не так уж трудно было считаться приличным человеком в семидесятые годы. Жить не по лжи — вполне исполнимая программа-минимум. Даже в восьмидесятые требования были приемлемы, но с концом СССР тектонические сдвиги стали неизбежны. Это и был, если называть вещи своими именами, пересмотр итогов Второй Мировой — потому что главным итогом Второй Мировой была победа гуманизма, с которой СССР сумел проассоциироваться. К гуманизму он имел весьма касательное отношение, но так вышло.

Этот пересмотр не мог не привести к эпохе нового варварства и новой простоты. Сильно упростилась не только Россия, но мир в целом. Это коснулось и Штатов, и Европы, и средней Азии, и постсоветского пространства — о Китае говорить не могу, это мир отдельный, всем, а не только мне, известный поверхностно.

Победа Зеленского в Украине была кратковременным реваншем интеллигенции, причем в личном случае Зеленского — интеллигенции советской, того среднего класса, который почти поголовно был уничтожен в девяностые. Для Украины и мира противостояние Зеленского новому варварству в лице России — уникальный шанс, говоря опять-таки по-набоковски, «круто втащить жизнь на прежнюю высоту». И все мы отвечаем сегодня именно на вопрос — готовы ли мы к такому психологическому рывку.

Это означает соблюдение гораздо более масштабных требований к себе. Это означает огромную работу по реставрации культурной и интеллектуальной жизни общества. Это противостояние уже не дряхлому хищнику советской власти, а куда более древнему и вечно юному соблазну дьявольщины. Это требует от человечества регулярных и сознательных усилий. Но проблема в том — как и в Украине, — что отступать некуда: если этот шанс будет упущен, другого не дадут. Ему просто неоткуда будет взяться.

Эта книга давно была бы дописана, но у нее не было финала. Открытый финал — давно прошедшая мода смутных шестидесятых с их приспособленчеством и мировоззренческой неопределенностью. Наши времена требуют высказываний ответственных и последовательных. Я дописывал книгу весной 2023 года, когда весь мир ждал контрнаступления ВСУ. Россия в своей пропаганде дошла до полного бесстыдства и ежедневно пробивала новое дно, Зеленский сетовал на недостаток боеприпасов, Арестович уверял, что Украина предпринимает беспрецедентные дипломатические усилия для получения оружия, но тут я вспомнил слова моего корнельского соседа: я работаю в Корнелле и живу на улице Каюга, а Набоков снимал дом в полумиле от меня на Сенеке.

«Кое-что дописать, — прошептал полувопросительно Цинциннат, но потом сморщился, напрягая мысль, и вдруг понял, что, в сущности, все уже дописано».

Все действительно дописано, потому что мы ведь не пишем историю войны между Россией и Украиной — она вряд ли окончится в течение ближайшего года, а в холодной стадии может не кончиться и в пределах этого века. И полная биография Зеленского, слава Богу, невозможна, потому что он жив и будет жить долго: человеку, которого столько раз могли уничтожить, явно обеспечено высокое покровительство, и он должен еще в полной мере испытать и славу, и неблагодарность, и даже, может быть, изгнание. Мы пишем книгу об одном конкретном переломе истории: о том, как нация гениальным чутьем выбрала человека, который в роковой момент не уклонился от великой исторической роли. И все уже сделано — независимо от того, захлебнется ли украинское контрнаступление или на территории Украины в самом деле в ближайшие полгода не останется ни одного оккупанта. Это важно для истории, но для будущего неважно. Война была выиграна в тот момент, когда Зеленский не уехал из Киева, а не предложение скорейшей эвакуации ответил фразой: «Мне нужны не такси, а патроны».

И потому достойную точку в этой книге может поставить пасхальная речь Зеленского, произнесенная 17 апреля в Киеве. Процитируем главное из нее.

Великий народ великой Украины!
Сегодня большой праздник. И я нахожусь в великом месте — великом Софийском соборе. В соборе, заложенном тысячу лет

назад на поле священного сражения, где войско Киевской Руси-Украины разгромило печенегов. В соборе, который не разрушило ни ордынское нашествие, ни нацистская оккупация, который выстоял вопреки всему!

Сегодня все мы верим в новую победу Украины. И все мы уверены, что нас не уничтожит ни одна орда и ни одна нечисть.

Мы преодолеваем темные времена. И в этот светлый день я и большинство из нас — не в светлых одеждах. Но мы боремся за светлую идею. На светлой стороне. И на нашей стороне — правда, люди, Господь и высшее небесное сияние. Сила заступницы рода человеческого — Богородицы Оранты. Она надо мной. Она над всеми нами.

Незыблемый столп Церкви Христовой, нерушимая стена главной твердыни — Киева, нерушимая стена государства. Пока есть Оранта — есть София, а с ней стоит Киев, а с ними — вся Украина!

Над образом Оранты написаны слова из Книги псалмов: «Бог посреди города, и он не поколеблется. Бог ему поможет перед рассветом». В этот великий день мы все верим, что наш рассвет скоро наступит.

Оранта на латыни означает «молящийся». В последние два месяца мы молимся все. И в Воскресение Христово, символизирующее великую победу жизни над смертью, каждый из нас просит у Господа одного и обращает к небу одинаковые слова, слова великой и единой молитвы «Боже Великий, Единый! Нам Украину храни!».

Защити тех, кто защищает нас! Защитите, небеса, тех, кто защищает родную землю. Укрепи волю тех, кто защищает нас от неволи. Сохрани тех, кто бережет Украину. Это наши военные, нацгвардейцы, пограничники, наша территориальная оборона, разведка. Эти и все другие наши воины света.

Помогай тем, кто помогает им. Это волонтеры и все небезразличные люди. Из Украины и всего мира. Дай силы всем, кто отдает все силы. Пусть каждый, кто ищет, всегда найдет. Пусть каждый, кто в пути, всегда его преодолеет. И пусть каждый, кто для спасения Украины делает все возможное, никогда не теряет веру в то, что все возможно.

Береги жизнь тех, кто спасает жизни других. Это все наши медики. Наши пожарные, спасатели, саперы. Пусть победа жизни будет символом не только этого праздника. Пусть жизнь выигрывает битву у смерти каждый день.

Береги наших матерей. Дай выдержки тем, кто ждет сына или дочь с войны. Дай стойкости тем, кто, к сожалению, не дождался своего ребенка с фронта. Помоги преодолеть нестерпимую боль тем, кто потерял родное дитя в мирных городах и селах, куда Россия принесла смерть.

А всем нашим матерям и всем нашим бабушкам дай крепкого здоровья еще на многие и многие годы. Чтобы дождаться своих. Чтобы дождаться мира и победы. Чтобы дождаться справедливости. И счастливой старости, которую у них пытаются украсть захватчики. И вместо того чтобы вязать внукам шарфики и свитера, они плетут сегодня маскировочные сетки. Дай им долгих лет мирной жизни.

Береги всех наших детишек. Дай каждому мальчику и каждой девочке счастливую юность, молодость, зрелость и старость, которые хотя бы немного позволят избавиться от воспоминаний их страшного детства во время войны. Недетские страшные игры, в которые их заставили играть. Прятки, но в подвале, от бомб. Бег, но от выстрелов. Путешествия, но из-за потери дома, спасаясь от войны.

Сохрани всех украинцев! Мы ни на кого не нападали, так дай нам защиту. Мы никогда не уничтожали другие народы, так не дай никому уничтожить нас. Мы не захватывали чужих земель, так не дай захватить нашу.

Сохрани Украину! Ее правый и левый берега во времена, когда нас подло бьют и по правой, и по левой щеке. В конце зимы к нам пришла совсем не весна. В наш дом принесли холода и стужу. На рассвете нам принесли непроглядную тьму.

Мы верим, Боже, что во время своего суда ты не забудешь их всех. Всех, кто забыл все твои заповеди.

Не забудешь о Буче, Ирпене, Бородянке, Гостомеле. Всех, кто пережил зверские преступления. Дай им и всей нашей земле человеческого счастья.

Не забудешь о Чернигове, Николаеве, Херсоне, Сумах, Харькове, Изюме, Краматорске и Волновахе, Попасной. Всех других городах и селах, которые слышат жуткие взрывы. Дай им и нам всем услышать салют победы.

Не забудешь о Мариуполе и его героических защитниках. Можно уничтожить стены, но невозможно уничтожить фундамент, на котором держится дух. Дух наших воинов. Дух всей страны.

Наши сердца наполнены лютым гневом. Наши души исполнены лютой ненависти к захватчикам и всему, что они натворили. Не дай ярости разрушить нас изнутри. Преврати ее в наши свершения снаружи. Преврати ее в добрую силу, чтобы победить силы зла.

Убереги нас от раздоров и расколов. Не дай нам утратить единство.

Укрепи нашу волю и наш дух. Не дай нам потерять себя. Не дай нам потерять жажду свободы. Следовательно, не дай нам потерять запал праведной борьбы. Не дай нам потерять надежду на победу и чувство собственного достоинства, а значит — не потерять собственную свободу. Не потерять Украину. А значит — не потерять веру.

Берегите себя. Берегите своих близких. Берегите Украину!

Христос воскрес!

Воистину воскрес».

Многие в Украине плакали, слушая это обращение. Война сделала всех, кого она коснулась, эмоционально лабильными: я замечал в Украине, что многие легко переходят от смеха к слезам, вообще не стесняются слез — в конце концов, слезы не признак слабости, это шанс на облегчение. Со слезами выходит боль и безнадежность. Самое страшное горе — бесслезное, не находящее выхода.

Пасха — время, когда самая полная и безнадежная тьма сменяется ослепительным светом. Пасха — время, когда не осталось надежды, когда вера поругана, когда позорнейшей казни подвергнут лучший из людей, и народ, когда-то избранный Богом, огромным большинством одобрил его казнь. Это время величайшего падения, ночь, которая не обещала рассвета. Как сказано в лучшем из пасхальных рассказов, «Студенте» Чехова, «Ах, какая то была страшная ночь, бабушка! До чрезвычайности унылая, длинная ночь!».

Эта ночь стоит над Россией. Эта ночь принесла тьму в Украину, когда в начале этой зимы была разрушена ее гражданская инфраструктура и один за другим гасли, оставаясь без тепла и света, украинские города.

Эта война — лишь начало долгой череды конфликтов и расколов, ибо мир переживает потрясение, сравнимое с первым веком христианства. Нам, автору и сочувствующим читателям, посчастливилось быть в этой войне на правой стороне — на стороне будущего. Украине выпало первой столкнуться с агрессией бешеной, обреченной архаики. Она выстояла в этом противостоянии и возглавила свободный мир. Российский проект потерпел окончательное поражение, хотя судороги его продлятся долго и могут стоить ее населению бесчисленных жертв. Но исход противостояния очевиден даже тем, что сейчас в бессильной ярости грызет землю на российских федеральных каналах.

Мы оставляем нашего героя в исключительно сложный момент. Хотя, правду сказать, нам не хочется с ним расставаться, и мы наверняка вернемся к его биографии, когда военный этап ее закончится. Шанс проманеврировать между крайностями, удержав нацию на той высоте, которую она взяла весной 2022 года — очень невелик, и это впору будет назвать вторым чудом Зеленского, особенно поразительным на фоне смуты, в которую почти наверняка погрузится Россия. И это второе чудо — или драма, которая тоже отнюдь не исключена — сможет стать темой второго тома этой книги, который все равно придется писать, потому что до развязки нам всем еще далеко.

Но нашей задачей было зафиксировать уникальный опыт страны, интуитивно выбравшей непредсказуемого, неформатного лидера — и доказавшей, что в экстремальных ситуациях, на высших точках истории системные политики бессильны, а нужно исключение из всех правил. Зеленский указал путь политике XXI века. Искусство берет слово тогда, когда умолкают в испуге голоса разума, расчета и трезвого анализа. Ибо только искусство может заставить человека подняться над собой, прыгнуть выше головы и совершить невозможное. Вне зависимости от того, как сложится дальнейшая судьба Зеленского, свой звездный час он встретил достойно.

Зеленский может распорядиться этим своим капиталом как наилучшим, так и наихудшим образом, и это никак не уменьшит его подвига. Юрий Гагарин, как известно, не всегда был идеален в быту, нередко выпивал и даже, страшно сказать, изменял жене. Но бессмертие его имени обеспечено теми ста восемью минутами, которые он провел в космосе.

И потому нет ничего необычного в том, чтобы описанием этой ситуации занялась литература — мать всех искусств. Экономисту, военному историку, хроникеру тоже найдется дело, но только после того, как литература осмыслит главное.

Обычно я начинаю писать книгу, только если у меня есть последняя строчка. Легче всего было бы закончить ее так, как заканчивает свои речи Зеленский. Но у меня нет права на это, и не в этом цель.

А задача моя, в общем, формулировалась очень просто: Musa gloriam coronat, gloriaque musam.

P.S.

Во многих русских книгах семидесятых годов — самиздатских и тамиздатских — содержался постскриптум: хотелось бы поблагодарить помощников и консультантов автора, но такая благодарность может стоить им свободы, если не жизни. Я никогда не думал (хочется написать «не смел надеяться»), что мне придется писать нечто подобное. Но редактора этой книги, своего любимого старшего друга, я назвать не могу. Гонорар за эту работу — поверьте, серьезную — может оказаться чрезмерным.

Не могу я поблагодарить и десяток первых российских читателей, указавших автору на множество его упущений. Им еще там жить и работать. Клянусь, друзья, в первом же российском издании... Но сейчас, когда — цитирую просто для фиксации духа времени — «Администрация президента России потребовала от подконтрольных Кремлю средств массовой информации перестать называть президента Украины Владимира Зеленского президентом. Требование касается всех типов медиа: от телеканалов до интернет-СМИ»... Черти ввели санкции за упоминание ладана. В этих обстоятельствах придется нам как-то обуздать тщеславие. Я и сам-то испытываю сильный соблазн подписать эту книгу «ДОБРОЖЕЛАТЕЛЬ».

Но всем огромное спасибо и низкий поклон.
Д.Б.

Послесловие

В самом начале сентября Дмитрий Быков прислал мне рукопись книги о Владимире Зеленском с просьбой сказать о ней несколько слов.

Я написал ему о своих впечатлениях сегодня утром. Думаю, что могу поделиться здесь с вами этими наблюдениями. Ведь речь идет о философском содержании новой книги, а не о личных делах.

Перед вами текст моего письма к Дмитрию (за вычетом нескольких личных абзацев).

«В первую очередь нужно сказать, что книга читается на одном дыхании. С первых же страниц Вам удается завладеть вниманием читателя и удерживать его внимание до самого конца повествования. Иногда повествование балансирует на грани развлекательного жанра, но никогда эту грань не переходит.

С другой стороны, меня не покидало ощущение, что передо мной какой-то новый жанр: смесь историософии с мифотворчеством, биографии (в солидной форме нон-фикшн) с литературным вымыслом («вымыслом» в самом благородном значении этого слова). Постепенно текст стал восприниматься мною еще и как разновидность теологического комментария (об этом — в конце письма).

Я не литературовед и мне лезут в голову избитые фразы о времени как главном герое и прочая, и прочая. Попробую перефразировать Гегеля: если философия — это схваченная в понятиях эпоха, то Ваш рассказ — эпоха, схваченная в творческом воображении. Причем творческое воображение у Вас облекается в форму документальной прозы и создает полную иллюзию реальности, ее «фактографического» изображения. Меня не покидало ощущение непрерывной игры: документальное исследование играло в «чудесную личностную историю», и мифотворчество маскировалось под беспристрастный и трезвый взгляд проницательного историка и летописца.

Текст дает читателю счастливую возможность поразмышлять вместе с Вами о событиях новейшей истории. Поразмышлять в меру серьезно, в меру иронично, в меру отстраненно и в меру пристрастно.

Когда я читал Вашу книгу, у меня все время вертелась в голове фраза Аверинцева: «Все могло быть прямо наоборот». Это я о Вашем образе Зеленского. Иногда, по ходу описания, легко поменять плюсы на минусы, героическое на комическое (и наоборот). Но Вы, разумеется, помните, кто сказал, что настоящий поэт умеет соединять трагедию и комедию. Вам это вполне удалось.

Боюсь, что к моменту публикации книги многие акценты могут радикальным образом поменяться. Вы и сами к концу повествования предсказываете для Зеленского сложные времена.

Я сам до сих пор не могу себе ответить на вопрос: а это хорошо или плохо, что президентом большой европейской страны стал комик, КВНщик, человек, совершенно не подготовленный к роли политического лидера? Особенно к роли лидера в «тяжелые времена».

До сих пор кажется, что у Зеленского получается справляться с ролью. Некоторые даже утверждают, что это как раз преимущество актера (да еще актера легкого жанра): оказаться в такое время на таком месте. В такой ситуации лучший выбор — хорошо играть свою роль.

Ведь политика изначально была связана с театром, с инсценировкой, с ритуалами, с традицией жестов и слов (в античности, Средневековье, раннем модерне). Только раньше это был «высокий штиль», величественные позы (недаром при дворе Короля-Солнце процветал балет), а с середины прошлого века политика стала превращаться в легкий (а иногда даже легкомысленный) жанр искусства. Сегодня политика – это массовое зрелище.

Скорее, скучный Шольц и безликий Сунак представляют собой исключение из правил. У Макрона красота жестов и всего отточенного профиля не в состоянии восполнить скудость личностного содержания. Нам подавай клинтонов, берлускони, трампов, джонсонов (которые борисы) и прочих шоуменов. Так почему же не Зеленский? И кто отличит сегодня игру от «реальности», маску от лица? Не знаю...

Кстати, о «Квартале» как своеобразном политическом театре Вы пишете в одном из разделов книги (по-моему, очень удачно и ярко).

Вы мечтаете о том благословенном времени, когда странами будут управлять актеры, художники и музыканты. Это своеобразная трансформация харизматической власти в артистическую. Я бы поддержал эту идею с оговорками. Когда граждане национальных государств будут настолько зрелыми, а сама роль государств будет настолько мала («минимум государства»), тогда всю государственную власть можно будет отдать актерам и художникам. Причем представителям легкого жанра.

В парламентах и госучреждениях будут происходить самые «архидурацкие» вещи (как в «Похвале глупости»), а граждане мира будут обходиться без политиков, без границ и без государств.

Кстати, подобная картина сегодня выглядит не так уж и утопично. Если верить пророкам технологической революции, политика и политическая власть действительно могут оказаться излишними. Тут бритва Оккама может сделать свое благородное дело онтологического и концептуального обрезания.

Возможно, сегодня мы переживаем последние судороги «серьезной» политики (с ее «геостратегиями», «национальными интересами», войнами и прочим музейным хламом). И тогда Зеленского можно описывать как предтечу новых времен...

Пока комик справляется с ролью политического лидера лучше, чем «настоящие» политики. Но, по моему ощущению, это очень убедительная иллюзия. При всех моих симпатиях к Зеленскому, политиков судят «по плодам». А плоды могут оказаться горькими...

Простите мое многословие. Если кратко: книга прекрасно, увлекательно и вдумчиво-философски выстраивает миф Зеленского. Но, поскольку мы находимся внутри мифа, история еще не закончена. И это обстоятельство связано с определенными рисками для книги и ее автора. Как если бы мы публично исполняли «Одиссею» еще до того, как Одиссей вернулся в Итаку. Действие не завершено. Герой еще в пути. Что с ним произойдет в каждый последующий момент повествования, мы не знаем. И возможно, во второй части романа знаки поменяются и акценты будут расставлены по-другому.

Но я понимаю, что Вы сознательно идете на эти риски. И, кстати, это придает всей книге особую привлекательность.

А теперь позволю себе несколько цитат и кратких комментариев.

Первые же предложения книги подкупают. «Прежде чем излагать чужую биографию, нужно хоть бегло коснуться своей. То есть объяснить, почему тебя вообще нужно слушать. Я опубликовал в своей российской литературной жизни около девяноста книг и среди них несколько биографий, главным образом писательских. Но читать меня стоит не поэтому».

Очень неожиданный ход (далее в тексте Вы очень хорошо обосновываете эту мысль). Но меня заинтриговало слово «нужно». Никогда не видел вещи так, как Вы их здесь описываете. Эта необходимая связь чужой биографии со своей собственной (автора и героя) никогда не была предметом анализа и подробного описания. Возможно, я ошибаюсь. Но это «нужно» здорово цепляет в самом начале книги.

«Эта книга пишется по совершенно другим причинам. Автор искренне хочет разобраться с главной тайной XXI века. Этот век за 22 года не предложил нам ничего более увлекательного. Ни ковид, ни массовое помешательство граждан

России, ни поколебленная последними наблюдениями теория Большого Взрыва (оказывается, большинство дальних галактик никуда не разлетается!) рядом не стоят с загадкой Владимира Зеленского».

Читателю дают шанс разглядеть в Зеленском загадку. То, что казус Зеленского — это загадка, далеко не очевидно. Собственно, читатель должен сделать по ходу чтения две вещи:

— понять (ощутить, догадаться, увидеть), что существует «загадка Зеленского».

— вместе с автором хорошенько поломать над ней голову.

Первая задача сложнее второй. Но зато книга предлагает увлекательную игру. Не каждый в конце справится с предложенной головоломкой.

«Он парадоксально оказался на своем месте, но дело не только в нем, а и в уникальности места. Ситуация же напоминает о величайших поворотах истории, последствия которых даже дальним потомкам становятся ясны не до конца».

«Уникальность места» — это «величайший поворот истории»? Место действия, время действия, образ действия?

Мне хочется верить, что мы переживаем величайший поворот истории. Но вполне может оказаться, что это прелюдия к чему-то другому, более важному.

Скажу честно, я не ощущаю происходящее как величайший поворот. Но для архитектуры повествования — очень удачная находка.

«На наших глазах сбывается сказка о Драконе, которую в обработке Шварца читала и смотрела вся Россия, несмотря на советские запреты. Великая империя рушится, пытаясь загнать в зону своего влияния собственную нелюбимую падчерицу, с которой вместе прожила почти четыреста лет, с самой Переяславской Рады, когда гетман Богдан Хмельницкий привел Украину к союзу с русскими».

Все-таки Ланселот против Дракона? Возможно, «советские запреты» — это уже не про «Убить дракона» (фильм

1988 года, запреты очень условные). Непривычно читать «нелюбимая падчерица» (Украина здесь немного превращается в Золушку). Обычная лексика: «братские народы» (тогда «младший брат», разумеется, в кавычках) или «сестры» (если церкви). А если падчерица, тогда Московское царство предстает в образе мачехи. Смелая метафорика...

А словосочетание «привел к союзу с русскими» может вызвать горячие споры, кто же тогда был русским)))

«Тайны тут, собственно, две: как Зеленский победил в президентской гонке на волне самого серьезного политического кризиса в украинской истории — и как он выстоял во главе страны, вступившей в самую серьезную войну в своей истории. Как Давид в очередной раз победил Голиафа? И как этому Давиду, сочинявшему псалмы в формате фельетонов, удалось напомнить всему миру о незыблемости великих библейских истин — ему, который еще вчера потешал российское руководство на корпоративах или в собственном шоу изображал игру членом на рояле»?

Завораживает динамика текста. Одна тайна превращается в две (а ближе к концу повествования проступает третья тайна — что же будет «после»?), Ланселот превращается в Давида, а Дракон — в Голиафа.

Особенно удачно завершение этого фрагмента: кавээновские дурачества возводятся волей обстоятельств до уровня библейской серьезности.

Снова рискованные формулы «в очередной раз победил» и «удалось напомнить». Мне очень хочется верить. Но история еще в самом разгаре...

«Это одно из тех чудес Божьих, о которых потом слагаются легенды. И хотя чудо это сотворил народ Украины, являющий примеры героизма и самопожертвования — у этого чуда подвижное еврейское лицо Зеленского, быстрые карие глаза Зеленского, хрипловатый узнаваемый голос Зеленского. Как бы ни сложилась его дальнейшая судьба, он был в первой половине двадцатых орудием того самого Абсолюта, в существование которого мир уже почти не верит, развращаясь неразличением добра и зла и мифом о всеобщей коррупции.

Есть ли для писателя более серьезная тема? Это же, понимаете, как если бы из леса вышел к вам динозавр, а потом еще и заговорил человеческим голосом.

И сказал бы: как хотите, а эту книгу вам пропустить нельзя».

Все-таки орудие Абсолюта! Это читалось уже в предыдущем абзаце. Тогда получается, что Бог избирает «малых сих»? Чтобы смирить гордыню надменных? Чтобы посрамить мудрецов?

Вот и первое объяснение «загадки Зеленского»: божественное чудо, орудие замысла. Тема для легенды. Тема для мифа. Для писателя нет более серьезной темы, чем мифотворчество (в возвышенном значении этого слова).

Чуть тревожной музыкальной линией звучит «как бы ни сложилась его дальнейшая судьба». Но Зеленский уже стал орудием Абсолюта. Хотя еще божественный замысел далеко не ясен (если он вообще проясниться в ближайшие десятилетия). Вот и четвертая загадка Зеленского: загадка Замысла.

Это уже не вопросы в форме «как?», а вопросы в форме «зачем?» и «с какой целью?».

Но тогда писатель, взявшийся за разгадывание этих загадок вместе с читателем, отчасти становится и теологом, почти пророком.

Разгадывая загадки Зеленского, он, намеренно или нет, приближается к разгадыванию загадки божественного Замысла о мире и об истории.

А уж более важную задачу трудно себе придумать...»

Андрей Баумейстер
26 сентября 2023 года

В издательстве Freedom Letters
вышли книги:

Сергей Давыдов
СПРИНГФИЛД

Светлана Петрийчук
ТУАРЕГИ. СЕМЬ ТЕКСТОВ ДЛЯ ТЕАТРА

Вера Павлова
ЛИНИЯ СОПРИКОСНОВЕНИЯ

Сборник рассказов для детей 10–14 лет
СЛОВО НА БУКВУ «В»

Дмитрий Быков
БОЛЬ-
ШИНСТВО

Ваня Чекалов
ЛЮБОВЬ

Демьян Кудрявцев
ЗОНА ПОРАЖЕНИЯ

Евгений Клюев
Я ИЗ РОССИИ. ПРОСТИ

Алексей Макушинский
ДИМИТРИЙ

Александр Иличевский
ТЕЛА ПЛАТОНА

Сборник рассказов
МОЛЧАНИЕ О ВОЙНЕ

Людмила Штерн
БРОДСКИЙ: ОСЯ, ИОСИФ, JOSEPH

Людмила Штерн
ДОВЛАТОВ — ДОБРЫЙ МОЙ ПРИЯТЕЛЬ

Шаши Мартынова
РЕБЁНКУ ВАСИЛИЮ СНИТСЯ

Shashi Martynova
BASIL THE CHILD DREAMS
Translated by Max Nemtsov

Алексей Шеремет
СЕВКА, РОМКА И ВИТТОР

Сергей Давыдов
ПЯТЬ ПЬЕС О СВОБОДЕ

Ася Михеева
ГРАНИЦЫ СРЕД

Виталий Пуханов
РОДИНА ПРИКАЖЕТ ЕСТЬ ГОВНО

Юлий Дубов
БОЛЬШАЯ ПАЙКА
Первое полное авторское издание

Юлий Дубов
МЕНЬШЕЕ ЗЛО
Послесловие Дмитрия Быкова

Илья Бер, Даниил Федкевич, Н.Ч.,
Евгений Бунтман, Павел Солахян, С.Т.
ПРАВДА ЛИ
Послесловие Христо Грозева

Серия «Слова України»

Генрі Лайон Олді
ВТОРГНЕННЯ

Генри Лайон Олди
ВТОРЖЕНИЕ

Генрі Лайон Олді
ДВЕРІ В ЗИМУ

Генри Лайон Олди
ДВЕРЬ В ЗИМУ

Максим Бородін
В КІНЦІ ВСІ СВІТЯТЬСЯ

Андрій Бульбенко
Марта Кайдановська
СИДИ Й ДИВИСЬ

Олег Ладиженський
БАЛАДА СОЛДАТІВ
(Вірші воєнних часів)

Олег Ладыженский
БАЛЛАДА СОЛДАТ
(Стихи военных дней)

Александр Кабанов
СЫН СНЕГОВИКА

Алексей Никитин
ОТ ЛИЦА ОГНЯ

Валерий Примост
ШТАБНАЯ СУКА

Артём Ляхович
ЛОГОВО ЗМИЕВО

Сборник современной
украинской поэзии
ВОЗДУШНАЯ ТРЕВОГА

Серия «Февраль/Лютий»

Светлана Еремеева
МЁРТВОЕ ВРЕМЯ

**** *******
У ФАШИСТОВ МАЛО КРАСКИ

Денис Греков
ГОВОРЯЩАЯ НЕФТЬ

Сборник эссе
НОСОРОГИ В КНИЖНОЙ ЛАВКЕ

Серия «Не убоюсь зла»

Натан Щаранский
НЕ УБОЮСЬ ЗЛА

Илья Яшин
СОПРОТИВЛЕНИЕ ПОЛЕЗНО

Выступления российских
политзаключённых и обвиняемых
НЕПОСЛЕДНИЕ СЛОВА

Серия «Отцы и дети»

Иван Тургенев
ОТЦЫ И ДЕТИ
Предисловие Александра Иличевского

Лев Толстой
ХАДЖИ-МУРАТ
Предисловие Дмитрия Быкова

Александр Грин
БЛИСТАЮЩИЙ МИР
Предисловие Артёма Ляховича

www.ingramcontent.com/pod-product-compliance
Lightning Source LLC
Chambersburg PA
CBHW061130120626
46546CB00005B/1725